들뢰즈
다양체

들뢰즈 다양체
Lettres et Autres Textes

지은이	질 들뢰즈
엮은이	다비드 라푸자드
옮긴이	서창현
펴낸이	조정환
주간	신은주
편집	김정연
디자인	조문영
홍보	김하은
프리뷰	권두현·김효영·이정섭·한동석
초판 인쇄	2022년 5월 30일
초판 발행	2022년 5월 31일
종이	타라유통
인쇄	예원프린팅
제본	바다제책
ISBN	978-89-6195-300-9 93100
도서분류	1. 철학 2. 현대철학 3. 사상사 4. 철학사 5. 문화이론
값	24,000원
펴낸곳	도서출판 갈무리
등록일	1994. 3. 3.
등록번호	제17-0161호
주소	서울 마포구 동교로18길 9-13 2층
전화	02-325-1485
팩스	070-4275-0674
웹사이트	www.galmuri.co.kr
이메일	galmuri94@gmail.com

일러두기

1. 이 책은 Gilles Deleuze, *Letters et Autres Textes*, David Lapoujade (ed.), Les Éditions de Minuit, 2015를 완역한 것이다. 다음 영어판을 참고하였다. Gilles Deleuze, *Letters and Other Texts*, Ames Hodges (trans.), Semiotexte, 2020.

2. 인명은 본문에서 원어를 병기하지 않았으며 인명 찾아보기에 모두 병기하였다.

3. 외래어로 굳어진 외국어는 표준 표기대로 하고, 기타 고유명사나 음역하는 외국어는 발음에 가장 가깝게 표기하였다.

4. 단행본, 전집, 정기간행물, 보고서에는 겹낫표(『 』)를, 논문, 논설, 기고문 등에는 홑낫표(「 」)를 사용하였다.

5. 단체(위원회), 회사, 학회, 협회, 연구소, 재단, 프로젝트, 행사, 영상, 텔레비전 프로그램 이름, 전시, 공연물, 법률, 조약 및 협약에는 가랑이표(〈 〉)를 사용하였다.

6. 지은이 주석과 엮은이, 옮긴이 주석은 같은 일련번호를 가지며, 엮은이 주석에는 *, 옮긴이 주석에는 **를 주석 앞에 두었다.

7. 원서의 대괄호는 〔 〕를 사용하였고, 옮긴이가 덧붙인 내용은 [ ] 속에 넣었다.

차례

1부 편지들

2부 다양한 그림과 텍스트

3부 청년기 저작들

이 선집은 세 가지 유형의 글을 포함한다. 첫째, 우정 때문이건 혹은 특정한 상황 때문이건 각각 다른 통신자에게 보내진 편지 모음. 둘째, 이전에 발간된 두 권의 유고집(『무인도와 그 밖의 텍스트들, 1953~1974』, 『광기의 두 시대 : 텍스트와 인터뷰 1975~1995』)[1]에 포함되지는 않았으나 들뢰즈 생전에 출간되고 유통되었던 일련의 텍스트들. 셋째, 들뢰즈는 원하지 않았으나 출간을 더는 미룰 수 없는, 1973년 이전에 발간된 네 개의 텍스트들.[2]

이 세 부문은 각각 독립적인 형태를 띤다. 편지에 대해서 나는, 각각의 조합 내에서 날짜 순서를 분명하게 따랐다. 최초의 수신인으로부터 최근의 수신인에 이르기까지, 명기된 또는 추정된 발송 및 작업 날짜를 활용했다. 이 수신인들이 보낸 편지는 남아있지 않은데, 그것은 들뢰즈가 편지를 일절 보관하지 않았기 때문이다. 이런 상황과 관련해서 들뢰즈가 생전에 부분적인 출간을 허락한 일부 편지들 중의 하나(이 책에 포함된 알랭 뱅송에게 보낸 편지)에 대해 주의를 준 사실을 상기하는 게 도움이 될 것이다. 1991년 10월 4일에 보낸 편지에서 그는 수신인에게 "날짜를 표기하고 이 편지가 사적인 편지임을 명기해달라"고 요청했다. 들뢰즈는 편지를 진행 중인 저술 작업의 연장이라고 생각했던 여타 필자들과는 이러한 점에서 차이가 났다. 보통 들뢰즈는 편지에 대해 — 편지가 저술의 일부일 수도 있을 것이라는 의미에서의 — 중요성을 부여하지 않았으며, 이러한 까닭으로 그 편지를 누가 보냈는지 상관없이, 받은 편지를 하나도 보관하지 않았다.

들뢰즈 생전에 발간된 일련의 텍스트들에 대해 말하자면 이것들은, 오랫동안 이용할 수 없었거나, 서로 다른 시기에 리뷰나 신문에 실렸던 텍스트들이고, 때로는 미출간된 텍스트들이다. 예컨대 (아래에 다시 실은) '저서 목록 초안'에서 보는 것처럼 들뢰즈가 출간을 고려하고 있었던 흄에 관한 강의, 그리고 미출간 상태였던 『안티 오이디푸스』를 발간한 이후 1973년 봄에 펠릭스 과타리, 레이몽 벨루와 가졌던 긴 인터뷰가 그것이다.

끝으로, 들뢰즈가 20세와 22세 때에 쓴 청년기 텍스트들이 이 책 말미에 실려 있다.

나는 녹음테이프에서 필사한 『안티 오이디푸스』 인터뷰를 제외하고, 모든 텍스트들을 통상적인 수정을 거쳐 초판본 형태로 체계적으로 정리했다.

나는 주석이 본문을 짓누르기를 원하지 않았다. 텍스트들이 쓰일 당시의 상황을 이해하는 데 도움을 주는 한에서 각각의 텍스트 앞에 전기적 내용의 주석을 다는 데 그쳤다.

암시가 빈번하게 사용되어 더 많은 정보가 필요한 편지들에 대해서도 동일한 원칙을 적용했다. 들뢰즈는 편지를 쓸 당시의 날짜와 장소를 명기하지 않았다. 일부 날짜는 맥락을 바탕으로 추정한 것이다.

특정 인용이 누락되었거나 불충분한 경우에는 일부 내용을 보충하였다. 대괄호 속의 정정이나 수정은 모두 엮은이가 한 것이다. 일부는 오늘날의 독자가 쉽게 찾아볼 수 있도록 최신의 것으로 바꾸었다. 모든 엮은이 주는 별표를 달고 알파벳 소문자로 표시했다. 번호가 딸린 주는 모두 들뢰즈가 단 것이다.[3]

다비드 라푸자드

: : 엮은이의 감사의 글

　우선 파니 들뢰즈와 에밀리 들뢰즈에게 심심한 사의를 표하고 싶
다. 그들은 책의 출간 과정 내내 믿음과 우정을 보여주었다. 그들의 도
움, 지원, 아량, 조언이 없었다면, 이 선집의 발간은 가능하지 않았을
것이다. 귀중한 도움을 준 모니크 들뢰즈, 로라 구요에게도 역시 감사
를 드린다.

　다음 분들에게도 특별한 감사의 인사를 드린다. 레이몽 벨루, 앙
드레 베르노, 다니엘 드페르, 클레르 파르네, 엘리아스 산바르, 이들
은 친절한 협력과 설명을 베풀어 주었다. 클레망 로세, 장-클레 마르
탱, 아르노 빌라니, 안투안 샤틀레, 파스칼 시트롱, 에릭 페스티, 미
셸 코헨-할리미, 에마뉘엘 보프레, 피에르 마슈레, 이렌느 랭동, 이들
은 정보 제공과 기고를 통해 도움을 주었다. 끝으로, 문서고에 출입할
수 있도록 허락해 준 도서관장 자크 두세와 현대출판기록물연구소
IMEC, 특히 나탈리 레제, 마조리 들라바르, 프랑수와 보르드에게 감
사를 드린다.

:: 저서 목록 초안[1]

I. 흄에서 베르그손까지

- 『경험주의와 주체성』 (1953 [2012] 〔2001〕)
    - 1955년부터의 미출간 강의
    - 흄 (철학의 역사, 샤틀레 [엮음]) [2007]
    - 본능과 제도
- 『칸트의 비판철학』 (1963 [2006] 〔1985〕)
    - 칸트 철학을 요약해줄 수 있을 네 가지 시적인 경구에 대하여 (1986 [2007] 〔1997〕)
- 『베르그손주의』 (1966 [2021] 〔1988〕)
    - 베르그손에게 있어서의 차이의 개념 (『베르그손 연구』, IV, 1956 [2007] 〔1999〕)
    - 베르그손, 1859~1941 (마제노 출판사) [2007]
    - 영어판 서문 (1988)

II. 고전 연구

- 『스피노자와 표현 문제』 (1968 [2019] 〔1990〕)
    - 스피노자, 그리고 마씨알 게루의 일반적 방법 (『형이상학과 도덕 평론』) [2007]
    - 네그리의 『야만적 별종』에 부친 서문 [1997]
- 『스피노자의 철학』 (1981 [2001] 〔1988〕)
    - 스피노자의 문체에 대하여 (레다 벤스마이아에게 보낸 편지) (1988 〔1995〕)
- 『주름, 라이프니츠와 바로크』 (1988 [2004] 〔1992〕)
    - 『리베라시옹』에 실린 인터뷰 (1988년 9월)

VI. 영화 연구

- 『시네마 1 : 운동-이미지』 (1983 [2002] 〔1986〕)
  - 경작자의 예술(산띠아고)
  - 베게트의 『영화』 (『미학 리뷰』의 특집호)
  - 영화 《6 곱하기 2》에 관한 세 가지 질문 (『까이에』)
  - 『리베라시옹』에 실린 편지 (1983년 10월)
  - 『까이에』에 실린 인터뷰 (1983년 10월)
  - 『시네마 1 : 운동-이미지』의 영어판 서문
- 『시네마 2 : 시간-이미지』 (1985 [2005] 〔1989〕)
  - 결정-이미지 (『호꺄드르 Hors Cardre 평론』, 1986)
  - 『까이에』에 실린 인터뷰
  - 『시네마』에 실린 인터뷰
  - 세르주 다네에게 보낸 편지
  - 파리미술학원에서의 강의 : 영화에서 사고하기 (1987) (창조한다는 것의 의미)
  - 영어판 서문 (1988)

VII 현대 연구

- 『디알로그』 (1977 [2021] 〔1987〕)
  - 크레솔에게 보낸 편지
  - 『타자 저널』에 실린 인터뷰 (1985)
  - 영어판 서문
  - 『매거진』에 실린 인터뷰 (1988)
  - 주체에 대하여 (영문) (『토포이』)
- 『푸코』 (1986 [2019] 〔1988〕)
  - 미셸 푸코와의 인터뷰 (『라크』)
  - 동즐로의 『사회적인 것의 부상』에 부치는 서문
  - 푸코에 관한 세 개의 텍스트 출처 : a. 『누벨 옵세르바테르』 [2007],

1부
편지들

알랭 뱅송에게 보낸 편지[1]

1964년 4월 11일

친구에게,

그대 소식을 듣고 기뻤습니다.…칸트에 관한 당신 질문은 아주 흥미로웠습니다. 하지만 당신 분석이 너무 정교해서 그 질문에 대한 당신의 답변 말고 다른 답변은 할 수 없군요.

(1) 물자체에 관한 이론에는 분명 두 측면이 있습니다. 현상의 기체 substrat와 의지의 토대, 요컨대 우리의 외부와 내부라는 두 측면 말입니다.

(2) 의지의 토대로서의 물자체는 '물[사물]'도 아니고 '자체[즉자]'도 아닙니다(이 점에 관해서는 에릭 베일[2]의 최근 저작 『칸트주의의 문제들』에서 흥미진진한 분석을 볼 수 있을 겁니다 – 제목이 정확하지 않은데 『칸트의 문제들』인 듯도 합니다).[3]

(3) 의지적인 합리적 물자체는 기체로서의 물자체의 특수한 사례, 즉 일개의 종별화[4]라고 말하고 싶습니다. 그러므로 나는 도덕적 세계를 현상 출현의 원천으로 만들려는 유혹을 당신보다는 덜 받을 것 같습니다. 도덕적 세계는 기껏해야 결국 현상을 이해할 가능성의 원천과 같다고 생각합니다. 확실히 당신이 제기한 문제는 실제로 칸트주의에서 제기된 문제지만 칸트 자신에 의해 해결되지는 않았습니다. 한편으로는 피히테가, 다른 한편으로는 쇼펜하우어가 이 문제를 해결했

죠 — 그리고 그건 당신이 보여주는 방향과 상당히 가깝습니다(쇼펜하우어에게서 의지는 확실히 현상의 원천입니다). 혹은 피히테와 관련해서는 이 관점과 관련된 뷔유맹의 『칸트의 유산과 코페르니쿠스적 전회』[5]에서 흥미로운 장을 보세요.

(4) 당신은 능력들의 조화 이상의 것, 요컨대 초감각적 통일성이 있다고 말합니다. 당신 의견에 전적으로 동의합니다. 그렇지만 오직 조화만이 인식될 수 있고 통일성은 거기서 따라 나오는 결론일 뿐입니다. 여기에는 더 상세한 설명이 필요할 겁니다. 왜냐하면 기체로서의 물자체chose en soi-substrat는 물질도 아니고 사유하는 존재도 아니지만, 우리는 사유하는 존재의 방식으로 인식하기 때문이고, 반면 의지로서의 물자체chose en soi-volonté가 사유하는 존재라고 해도, 우리가 알지 못하는 방식으로 그렇게 한다는 것입니다.

(5) 그대가 내 작은 책[6]을 비난하는 것이 정당한 까닭은, 내 책이 물자체가 갖는 두 측면의 문제와 관련해 대단히 불충분한 상태에 머물러 있기 때문입니다. 내가 제기하지 않았던 그 문제는 매우 중요한 문제였습니다. 하지만 설령 내가 그 문제를 제기했더라도 개인적으로 당신보다 더 멀리 나아가지도, 더 잘하지도 못했을 겁니다.

우정을 담아,
질 들뢰즈

클레망 로세에게 보낸 편지[1]

1966년 2월 26일

친구에게,

당신이 캐나다로 떠났는데도 편지를 쓰지 못했네요.[2] 무기력하기도 했고 (일이) 쇄도했기 때문입니다. 하지만 당신을 생각지 않았던 것이 아닙니다. 캐나다에서 당신이 생활하는 모습들이 떠오릅니다. 웃음이 납니다. 혹 거기서의 생활이 유쾌하지 않다면 그냥 내 우정으로만 봐주었으면 합니다. 당신의 침팬지에 관한 서신과 '테이아르'가 도착했습니다.[3] 아주 좋았습니다. 대단히 아름답고 훌륭한 문체입니다 (『롭세르바퇴르』지의 샤틀레라 … 이 점에 관해 생각을 마무리할 수가 없네요. 다양한 생각이 듭니다). 나는 철학에서의 새로운 문체 혹은 새로운 형식의 필요성과 관련해 막연한 몽상을 계속하고 있습니다. 자허-마조흐에 관한 긴 작업을 마쳤는데 그걸로 뭘 해야 할지 잘 모르겠네요.[4] 그런데 리옹도 일종의 캐나다입니다. 조만간 볼 수 있길 바라며 우정을 담아 보냅니다.

질 들뢰즈

1966년 9월 15일

빨리 말해야 할 것 같습니다(침팬지 편지를 받고 독서를 마친 기쁨을 전하고 싶어요. 정말 즐거웠습니다). 직업 문제와 관련해선 잘 모르겠습니다.

(1) T〔티에르〕 재단 : 거기서는 어영부영 3년을 보내게 될 수도 있습니다. 아니면 3년 안에 박사논문을 끝마칠 수도 있죠. 일단 시작하면 당신의 작업 능력은 대단하다고 생각하니까요. 그대의 박사논문이 훌륭할지 아닐지는 문제가 아닙니다. 훌륭하게 될 것이고 훌륭함 이상의 것이 될 테니까요. 문제는 당신이 신속하게 작업을 시작할 의향이 있느냐 하는 것입니다. 3년 안에 박사논문을 마치지 못하면 무슨 일이 일어날까요? 티에르 재단을 나온 후, 특히 그 직후에 당신이 연구원 자격을 획득하기는 힘들어 보입니다. 그러니 티에르를 붙잡는 것이 당장에는 가장 큰 관심사겠지만 박사논문을 완성하는 쪽이 상당히 긴급하다고 말하지 않을 수 없습니다. 분명 티에르를 나온 후에도 조교직을 구할 수 있을 겁니다. 하지만 그 경우에도 박사논문을 신속히 시작해 끝내는 것이 아무튼 당신에게 유익할 겁니다.

(2) 조교직 : 이것도 연구는 연구지만 그대가 생각하는 것보단 못할 듯하네요. 내가 장켈레비치의 요구(특히 원고 교정)가 뭔지 잘 모르는 것도 사실입니다. 그 사람 강의를 꼭 들어야 하나요? 아니면 단지 그대에게 기쁨을 주는 강의라서 듣는 건가요? 조교가 끝나면 자동으로 연구원의 권리를 획득하게 됩니다(사정이 변한다거나 혹은 조교 기간 이후 전임강사 목록에 올라 직을 담당하는 것이 적극적으로 요구되는 경우를 제외하고 말입니다).

나는 당신에게 조언하는 것보다 더 많은 것을 꿈꾸고 있습니다. 내가 쓰는 모든 문장은 모호하게 수정됩니다. 결단은 당연히 외적 상황에 의존합니다. 파리에서 다시 생활하게 될 때 자유롭고 사적인 형태를 원합니까, 아니면 학생과 교수의 접촉을 포함하는 직업적 형태를 원합니까? 우리 같은 직업에서는(예를 들면 연구라는 관점에서) 3년 사이에 무슨 일이 일어날지 아무도 알 수 없고 또 그러한 사실로부터 불확실성이 나옵니다. 아무튼 티에르든 조교든 양쪽 경우 모두에 공통되는 문제는 어떻게든 당신이 박사논문을 써야 한다는 사실입니다. 어떻게 하는 것이 최상의 일일까요? 최선의 자극제가 되는 건 무엇일까요? 아무튼 J〔장켈레비치〕와도 G〔구이에〕와도 사이가 나빠지지 않기를 바랍니다. (당신은 그들 중 어느 쪽에게든 긴 편지를 써서 그들의 바람을 거스르는 당신 선택에 대해 매우 합당한 이유를 기술할 수도 있기 때문입니다 ― 하지만 당신은 G가 당신에게 얼마나 많은 것을 이야기했는지, 무엇을 이야기했는지 말해주지 않았습니다.)[5] 결국 당신의 일을 생각하면 티에르 쪽이 좀 더 낫다고 생각합니다(하지만 거기서의 생활 양식과 '의무'에 대해 난 아무것도 모릅니다. 아니면 당신은 강의를 하고 싶은 욕구를 느낄지도 모르겠네요). 이게 다예요. 캐나다에서 잘 지내길 바랍니다. 결심이 서면 알려줘요. 우정을 전하며.

질 들뢰즈

1979년 5월

클레망에게,

답장이 늦어지는 이유가 오로지 나 때문이라는 오해를 불러일으키지 않을까 하는 생각이 들었습니다. 설마 내가 그대를 잊고 있거나 보고 싶어 하지 않는다고 생각한 건 아니죠? 오랫동안 못 보았네요(언젠가 내가 자리에 없을 때 전화 주었던 기억이 납니다). 여전히 그대가 그립습니다. 괜찮다면 다음에 들를 때 연락을 주세요. 우리만이 할 수 있는 푸짐한 점심 식사를 합시다. 한해가 번개처럼 지나가 버렸어요. 내 글들이 쌓여간다는 데 만족하고 있습니다. 하지만 끝을 내기까지 여전히 한없이 짧은 거리가 남아있어서, 신의 깜짝쇼가 없다면 과연 끝을 낼 수 있을지 잘 모르겠습니다.[6] 유일하게 깨달은 게 있다면, 써야 하지만 아직 쓰지 않은 페이지들을 제거해 나가야 한다는 것입니다. 이것이 시간을 벌 수 있는 유일한 방법이지요. 얼마나 기뻤던지. 그나저나 당신은 어떻습니까? 뱅상 데콩브에게 쓴 짧은 글을 첨부해서 그대에게 보냅니다. 주소를 몰라서요.[7] 이 글을 당신에게 보내는 것이 좋다고 생각합니다. 읽어보고 언제든 편할 때 그에게 전달만 해 주기 바랍니다. 사랑과 우정을 전하며.

질 들뢰즈

(다른 게 없어 조금 색다른 봉투에 담아 보냅니다. 에밀리가 빌려 주었습니다).

1981년 4월

친구에게,

그대 한마디에 무척 행복했습니다. 요컨대 당신은 일종의 은거 중이군요. 알다시피 나는 당신의 힘을 믿습니다. 그리고 당신의 모든 벗들이 예상하지 못하는 방식으로 환골탈태하여 은둔을 벗어나게 되리라 예감합니다. 오늘날의 문학과 철학의 상황에 관한 짧은 보고서를 작성했습니다. 당신에게 보내 의견을 듣고자 합니다. 곧 만나길 바랍니다. 우정을 담아.

질 들뢰즈

— 당신이 대학에서 겪은 기괴한 시련은 유쾌한 기분으로라도 자주 생각해서는 안 됩니다.[8] 상대적으로 힘이 있는 여러 사람들(이를테면 피에르 부르디외)이 이 사태에 대한 우려를 표명하기 시작했습니다. 이번에 만나면 인내력을 갖고 이 사태를 내게 이야기해 주기 바랍니다. 대항하는 움직임이 있기를 바랍니다.

1981년 10월 21일

클레망에게,

더는 만나지 못하고 말았군요. 마음이 아픕니다. 나는 파리로 돌아오지 않고 휴가 내내 리무쟁에서 보냈습니다. 당신을 만났더라면 정말 좋았을 텐데요. 우리의 사회당 정권 탄생 후로 사람들이 더 친절해지고 평화로워졌다고 생각하나요? 하지만 그 때문에 대학 세계가 나아지리라고 기대할 순 없겠죠. 난 끊임없는 격무에 시달리며 정신이 없습니다. 나이 때문이거나 약해진 건강 때문이겠죠. 빌라니 말인데, 깊은 유감을 느끼게 했던 일이 있었습니다.9 그가 내게 전화하고 나서 정확한 도착 날짜를 알려주지 않은 채 파리에 오는 바람에 그를 만날 수 없었던 겁니다. 괜찮다면 그에게 전해주겠어요? 유감스러운 일이지만, 철학적 대화는 고된 일이니만큼 너무 섭섭해하지 말라고요. 연구는 잘 되어 가나요? 사랑을 담아.

질 들뢰즈

성탄절에 [파리에] 올 건가요?

1982년 12월 3일

그대 소식을 듣고 기뻤습니다. 빌라니에게 이제 막 장문의 편지를 썼습니다. 이 편지가, 일어날 수도 있었던 일을 상상하고 추리하며 재구성하도록 그에게 사기를 북돋워 줄 수 있을지 모르겠습니다. 어쩌면 그가 당신에게 그 편지를 보여줄 수도 있을 것입니다. 간략히 말씀드리면 처음부터 오해가 있었고, 내가 빌라니의 편지를 좋아했던 바로 그 이유들 때문에 제롬이 점점 더 주저하게 되었다고 생각합니다. 왜냐하면 제롬은 학생들을 대상으로 하는, 훨씬 더 '교과서적인' 책을 원했으니까요.[10] 하지만 빌라니가 그것에 영향을 받았다고 하니 걱정이 되는군요.

그대의 교수 취임은 정말 기쁩니다.[11] 예, 나는 아주 심각한 호흡 장애가 있었습니다. 그래서 점점 더 은둔하게 되었지요. 그래도 경솔하게 행동하지만 않으면 몸 상태는 아주 좋습니다. 당신은 일시적 은둔 상태에서 벗어났나요? 나는 즐거운 마음으로 영화에 관한 연구를 진행하고 있습니다. 당신이 말했듯 어쨌든 이것은 미개척 주제입니다. 요새는 무슨 일을 하고 있나요? 조만간 봅시다. 우정을 담아.

질 들뢰즈

1983년 6월 18일

클레망에게,

우리가 이토록 오랫동안 만나지 못하다니 대체 어찌 된 일일까요? 나도 그렇지만 당신도 은둔을 필요로 하고 고독을 소중히 여긴다고 추측해봅니다. 하지만 이것은 결코 우리의 우정을 앗아가지 않았습니다. 당신에게도 그렇기를 바랍니다. 당신이 파리에 올 때 만났으면 합니다. 이번 니체 심포지엄은 유감스럽게도 내가 감당할 만한 일이 아닙니다.[12] 나의 참석을 최우선으로 고려하는 그런 영광일랑 제발 거두어 가줘요. 아무리 못해도 기관지염에 걸리거나 하다못해 종기라도 날 게 틀림없어요. 그 심포지엄에서의 내 유일한 즐거움은 당신을 만나는 것과 음악을 듣는 것이 되겠죠. 그러니 그대 생각대로 전체를 구성하는 것이 좋다고 생각합니다. 그러면 난 내 상태를 보고 최종적으로 갈 수 있을지 여부를 판단할 수 있을 것이기 때문입니다. 하지만 간다고 해도 말하기 위해서가 아니라 단지 음악을 듣기 위해서입니다. 말하는 건 정말 아닙니다. 아르토의 『로데즈 수첩』(두툼한 책으로 서너 권짜리)을 읽어 봤나요? 니체의 만년의 비망록만큼이나 중요한 어떤 것이라는 느낌이 들었습니다. 계보학과 환상적 리듬의 창조가 기독교에 대한 복수와 버무려져 있습니다. 감동 받았습니다. 아주 감동적이었어요.

당신의 다음 책을 행복한 마음으로 기다립니다. 비록, 친애하는 클레망, 설령 당신이 나를 엄혹하게 비판한다 해도 말이에요. 하지만 당신의 그런 엄혹함도 기묘한 책을 내게 보내온 (니스의) 마테이라는 사람의 가혹함에는 결코 미치지 못할 겁니다.[13] 곧 뵈어요. 사랑을 담아.

질 들뢰즈

1983년 11월 28일

클레망에게,

나도 당신 책을 읽었는데요,[14] 우리 책들에 접점이 있다는 게 마음에 듭니다. 훌륭한 페이지들 속에서 당신은 반박할 수 없는 주장을 끌어내고 있습니다. 그 주장이 많지 않다는 바로 그 점이 기쁨을 줍니다. 당신이 음악에 대한 글을 쓰는 것을 존경합니다. 당신의 문체. 영원회귀, 영원회귀, 난 좀 별로지만 상관없고, 전체적으로 아름다운 책이라고 봅니다. 그리고 클레망, 괜찮다면 한 가지만 말씀해 주세요. 언젠가 내게 말했던, 새들의 노래가 중요한 역할을 담당했던 것이 중세(?) 음악에서였나요 아니면 르네상스(?) 음악에서였나요? 거기서는 말의 빠른 걸음, 말발굽도 중요한 역할을 했었다는 게 사실입니까? 매너리즘에서는 말의 빠른 걸음 같은 무용이 많지 않았습니까? 빠른 무곡舞曲과 리토르넬로를 두 개의 상호 보완물로 만들 수 있다면 나로서는 아주 좋을 것 같습니다. 그것은 심지어 내게 완전히 필요한 것입니다. 언제 시간 여유가 된다면 그에 관한 정보를 보내주실 수 있을까요? 조만간 뵈어요. 우정을 담아.

질 들뢰즈

1983년 12월

클레망에게,

편지 고맙습니다. 내게는 대단히 귀중한 편지로, 당신이 찾은 모든 것이 흥미로웠습니다. 그 편지는 간직하려고 합니다(이 편지를 이용할 경우 당연히 당신을 인용했다고 명기할 겁니다. 이런 말을 전하는 것은 당신이 염려되어서가 아니라 나 자신이 염려되기 때문입니다). 그러고 보니 『르몽드』에 실린 글을 읽어보았습니다.[15] 당신이 어떤 사람과 닮았다면 그는 볼테르 같은 사람이 아니라 D. H. 로런스 같은 사람일 것입니다. 그러나 사람들은 이 점을 보지 못합니다. 당신의 텍스트 『리토르넬로』를 이제나저제나 기다리고 있습니다(하지만 보내주기 번거로우면 괘념치 마세요. 언제 출간될지만 알려주세요).[16] 조만간 뵈어요. 우정을 담아.

질 들뢰즈

프랑수아 샤틀레에게 보낸 편지[1]

질 들뢰즈
콜롱비에 길 53번지
리옹 7구

1966년 2월 28일

프랑수아에게,

몇 달 전부터 편지를 쓰려고 했어. 보내준 『플라톤』을 받자마자 읽기 시작했어.[2] 그리고 나서 다시 놓고 말았어. 감탄하지 않아서가 아니라 게으름 때문에 말이야. 그리고 나서 얼마 전에 다시 읽기 시작했어. 대단히 인상적이었던 건 이런 거야. 넌 철학을 규정한 것으로서의 플라톤주의라는 니체적 관념을 받아들이고 있어. 하지만 넌 플라톤주의를, 세계의 구분(가지계와 가시계의 구분)을 통해 정의하는 데 그치지 않고 훨씬 더 근본적인 것처럼 보이는 방법으로, 그러니까 이성의 논리와 담론의 합리성을 통해 정의하고 있어. 변증법의 관점과 존재의 이론으로부터 네가 끌어낸 것은 정말 심오해 보여.

조만간 파리에 가고 싶어. 우정을 담아 보내며.

질

질 들뢰즈
콜롱비에 길 53번지
리옹 7구

프랑수아에게,3

편지 고마워. 너도 잘 알다시피 『켕젠느[리테레르]』지에 글을 기고할 기회가 있으면 좋겠어. 하지만 불행히도 페인터Painter의 경우에는 내가 그를 위한 글을 기고하고 싶지는 않아. 너도 그렇겠지만 나도 그 책이 끔찍할 뿐만 아니라 무의미하고 기본적으로 서툴다고 생각하기 때문이야.4 그리고 난 어떤 것에 '반대'하거나 '혹평'하는 논문을 쓰고 싶진 않아(이 점과 관련해서도 너와 난 생각이 같다고 생각해. 왜냐하면 내가 알기로 너는 어떤 게 형편없다고 말하기 위해 논문을 쓴 적은 없기 때문이야). 글을 쓰려면 조금은 찬미할 수 있어야 해. 페인터의 책은 막연하게 탐정소설 같고 막연하게 민족학적이며 막연하게 박식한 형편없는 미국 책이야. 논의할 가치가 없어. 이번 달 말에 파리 갈 건데 시간 괜찮으면 만났으면 해.

우정과 행운을 담아,

질

(답장이 좀 늦었어, 아니, 너무 늦었어. 낭트에 갔다가 또 파리에서 며칠 지내고 어제나 돼서 돌아오는 바람에 그랬어.)

(알튀세르 그룹의 마슈레라고 알아? 정말 재능 있는 친군데, 최근 책을 보면 페인터의 방법에서 흥미로운 뭔가를 발견한 듯해.5 그가 무언가 할 말이 있을 것 같기도 하고…).

질 들뢰즈
콜롱비에 길 53번지
리옹 7구

일요일[6]

프랑수아에게,

아, 내 박사논문은 오만 가지 것들이 떠다니는 수프 같아(가장 훌륭한 게 가라앉아 있어야 할 텐데 그건 가장 잘 안 보이는 것이기도 하지). 논문심사 결정이 내려졌고 지금은 두 번째 독서를 위해 쉴[7]의 집에 있어. 12월 11일, 12일, 13일에 파리에 갈 예정이야. 시간 되면 만났으면 해.

네 『철학사』 말인데, 흄에 대한 텍스트를 네가 말한 마감일까지 마무리하자는 데 동의해.[8] 하지만 스피노자 관련해서는 불가능할 것 같아. 프레스PUF에서 작은 책을 쓰기로 약속했거든. 그렇게 되면 [스피노자에 대해서] 더는 쓸 이야기가 없을 것 같아.[9] 집단적 운동으로서의 구조주의를 중심으로 한 간략한 글을 네게 제안하고 싶어[10] — 물론 그 조건은 첫째, 너의 계획에 들어맞아야 하고, 둘째, 이 주제를 다른 누군가에게 서둘러 의뢰하지 않았다는 것이겠지. 이 일과 관련해 파리에서 논의할 수 있으면 좋겠다. 이것 말고도 다른 제안들이 있으니 말이야.

사랑과 우정을 담아,

질

콜롱비에 길 53번지
리옹 7구

월요일 저녁[11]

프랑수아, 친절하게 말해줘서 정말 고마워. 나도 널 다시 봐서 너무 기뻤어. 불행히도 만남이 너무 짧았지. 아, 그 논문 구두 심사에 대해 무슨 말을 해야 할지 생각해봤지만 유쾌한 건 하나도 없었어. 공허. 그다음 날 알키에와 만났는데 아무래도 나한테 절교를 선언하는 것 같았어.[12] 잘됐지 뭐야. 하지만 내년엔 꼭 (아직 자리가 있다면) 뱅센 대학이나 낭테르 대학에 취직을 해야겠어. 리옹에서 다시 시작하느니 차라리 결핵에 걸리는 게 낫겠단 생각이 들어. 그래서 하는 부탁인데, 내가 관심 가질 만한 건 다 알려줬으면 해. 이 비겁한 개자식들, 더러운 놈들. 자네트가 열정적인 글을 썼는데, (명백히) 훌륭한 글이라 생각해.[13] 내일 보내줄게. 그리고 네가 해준 모든 것과 네 우정에 감동하고 있단 걸 네가 알아줬으면 해. 무엇보다 먼저 '차이'와 '반복'에 관한—확신이 안 서는—이 책을 네가 빨리 읽어봤으면 좋겠어(너한테 이미 보냈어, 근데 리옹에서). 왜냐하면 네 판단이 나한텐 가장 중요하니까. 이 책이 네 마음에 들 경우에만 이 책에 대해 말해줘. 네가 쓴 글들이 나에게 중요하기 때문에 이런 말을 하는 거야. 사랑을 담아.

질

질 들뢰즈
마스 르베리 길
생 레오나르 드 노블라 87.

화요일[14]

프랑수아에게,

『교수들의 철학』[15]을 읽었어. 이 책은 경탄스러워. 그리고 좋아. 처음부터 끝까지 너무 웃기면서도 너무 진지하기 때문이야. 그건 범주표가 아니라 모든 범주표를 구성하는 요소들이야. 그 요소들을 통해서 철학이 철학 교수들을 만들어내지. 나는 키득거리며 웃었어. 그런데 바로 그게 내가 고등학교에서 한 일이었어. ('텍스트들'을 원하는 자들에 대한 네 비판이 포함된) 철학사에 관련되고 또 구체적인 것과 관련된 두 장은 정말 흥미로웠어. 하하, 에릭 베일. 내가 파리에 도착했을 때 넌 이미 파리를 떠나버린 뒤였지. 아무튼 네가 필요하다고 판단한, 처리해야 할 '절차들'(?)이 있다면 파리에 가도록 할게. 개강 전까지 임용이 결정되면 정말 마음이 놓일 텐데. 사랑을 담아(모든 일들에 대해서, 정말 고마워).

질 들뢰즈

질,
1982년 3월 3일 월요일

에브뢰16에 있는 널 생각해. 결국 넌 영혼의 실존에 관한 살아있는 증거야. 네 몸이 약해졌을 때 넌 영혼을 통해 스스로를 지탱했지. 최악의 순간에, 또 고통받을 때 네가 자기 자신의 모습 그대로 남아있었다는 사실에 감동받았어. 그게 네가 우리에게 줄 수 있었던 유일한 징표야. 너는 경이로운 사람이고 노엘도 경이로운 존재야(정말 말로 표현하는 데는 한계가 있네). 방금 노엘에게 전화했는데 여전히 병실에 문제가 있고 좀 엄격하긴 하지만 좋은 병원이라고 말했어. 괜찮으면 다음 주 8일쯤 문병을 가고 싶어. 학생들이 네게 깊은 애정을 갖고 있어. 그들에게 부족한 게 있다면 그건 다름 아닌 너야. 올해가 빨리 지나갔으면 좋겠어.… 네 치료와 회복 그리고 널 더 안전하게 해줄 생활 방식의 창조와 같은 단계들, 이 모든 걸 넌 할 수 있게 될 거야. 그건 노르망디에서 시작될 것이고, 놀라운 내적 여행의 모든 특성을 가지고 있어. 파니와 나의 애정과 사랑을 담아.

질

장 피엘에게 보낸 편지[1]

마스 르베리 길
생 레오나르 드 노블라
오트 비엔느

1966년 8월 27일

장 피엘 선생님께,

다시 한번 용서를 구합니다. 셀린에 관한 논문을 잊지는 않았지만 집필은 어려울 것 같습니다.[2] 쉽게 쓸 수 있으리라 생각했습니다. 하지만 이번 휴가 중에 증보한 자허-마조흐[3] 때문에, 또 제가 쫓아가는 만큼 되레 저를 쫓아오는 저 박사논문 때문에(그것이 목적이지만) 다른 것에 집중할 수가 없고, 또 셀린처럼 제가 찬미하는 주제에 필요한 시간을 할애할 수가 없습니다. 그래도 기다리실 수 있다면 집필하고 싶긴 하지만 언제 쓰면 좋을까요? 역으로 선생님 판단을 여쭙고 싶은 제안이 있습니다. 내년 초 갈리마르 출판사에서 출간될 흥미진진한 소설의 원고를 읽어볼 기회가 있었는데 그 소설은 도착倒錯의 발생을 추적하는 일종의 로빈슨 크루소류의 모험 이야기인데 대단히 탁월해 보입니다. 작가는 미셸 투르니에라고 합니다.[4] 그는 교정쇄를 받는 즉시 저에게 보내주기로 약속했습니다. 그러면 「신경증과 도착」이라 불리게 될 논문을 선생님께 보내드리도록 하겠습니다. 물론 이 기획이, 멈춰버린 다른 기획과 관련된 제 과실을 상쇄할 수는 없습니다. 여기서 보낸 시간은 끔찍했고 또 여전히 끔찍하지만 그래도 공부를 했습니다. 선생님 편지를 보니 선생님도 휴가가 전혀 없었던 것 같습니다. 리옹에는 9월 15일에, 파리에는 10월쯤 갈 예정입니다. 양해해 주시는 데 대해 감사드리며, 친애하는 선생님, 진심 어린 마음을 부디 믿어 주시기를 바랍니다.

질 들뢰즈

1967년 4월 29일 토요일

질 들뢰즈
콜롱비에 길 53번지
리옹 7구

선생님께,

편지 정말 고맙습니다. 리옹에서 시간 내주신 덕에 우리는 퍽 즐거웠지요. 선생님께서 미셸 투르니에의 소설에서 받은 인상을 듣고 아주 기뻤습니다. 제 인상도 비슷했습니다. 이 소설은 아마 아주 위대한 책인 듯합니다.

그런데 선생님께서 리옹을 다녀가신 후 다음과 같은 일이 발생하였습니다. 제 논문은 상당히 길어졌습니다. 책을 두 번, 두 수준에서 논의해야 했기 때문입니다. 달리 어찌할 방도를 찾지 못했습니다(동시에, 『크리티크』지의 정신에 적합한 것으로 인용할 수 있는 것은 피에르 마슈레와 라캉주의자에 의한 최근 작업으로, 중요하다고 생각됩니다[5]). 그래서 우리가 합의한 15쪽으로 줄이지 못하고 26쪽을 보내드립니다.

이 점과 관련해 선생님 편지 덕에 안심했습니다. 선생님 고견은 제게 필요하고 또 소중한 것입니다. 두 가지 사항과 관련해서도 여쭙고 싶습니다. 우선 제 논문이 적절한지요? 다음으로 이 논문의 길이와 말씀하신 계획에 비추어 만약 이 논문이 적절하다면 언제쯤 출판하실 생각이신가요? ─6월 전에는 파리에 갈 수 없을 것 같습니다. 전화 드리겠습니다. 우리의 생생한 추억과 우정을 담아.

질 들뢰즈

질 들뢰즈
콜롱비에 길 53번지
리옹 7구

1968년 4월 12일

선생님께,

선생님과의 너무나도 매력적인 저녁 식사 후로 많은 시간이 지나 펜을 잡습니다. 제가 말씀드렸던, 그리고 흥미를 보이셨던 계획이 완전히 달라졌습니다. 적어도 제 계획은 반은 미간행인 일련의 논문들로 이루어진 책이었습니다. 이에 그 논문들 중 하나인 루이스 캐럴에 대한 논문에 착수하게 되었습니다. 하지만 분량이 너무 늘어나 그것만으로도 책이 한 권 나올 정도로 방대해졌습니다. 이 책은 정확히는 루이스 캐럴에 관한 것이 아니라 의미의 논리 전반에 관한 것입니다. 제게는 기묘하게 생각되는 책입니다. 아무튼 제게는(아, 그것만으로는 충분하지 않습니다) 지금까지 해 온 것보다 훨씬 낫고 또 훨씬 유쾌한 것입니다. 그러므로 이것은 약 150쪽에 달하는 루이스 캐럴에 관한 '일종의' 책이라 할 수 있습니다. 여기에 부록으로 이 책의 논점을 개진하는 서너 개의 논문을 덧붙이고자 합니다.

물론 몇 가지 문제가 남습니다. 이 새로운 계획이 원칙적으로 선생님 마음에 드시나요? 다른 한편 이 텍스트가 선생님 마음에 들어야 합니다. 이미 90쪽을 썼습니다. 하지만 장기 휴가 전에 마칠 수는 없을 것 같습니다. 그러니까 늦어도 9월에는 마칠 수 있을 것 같습니다. 이 책이 선생님 마음에 든다면 물론 저는 이 책이 가능한 한 빨리, 12월 제 박사논문과 가장 가까운 시기에 출판되면 정말 좋을 것 같습니다(선생님 느낌을 여쭙기 위해 이미 쓴 페이지들을 보여드리는 건 지금도 가능하긴 한데, 좋은 방법일지 모르겠습니다. 미완성이라서요).

이상의 점들과 관련해 선생님 의견을 여쭙고 싶고 또 마찬가지로 장기 휴가 이후 선생님의 총서 계획 속에서 위의 모든 것이 가능할지 여쭙고 싶습니다.

선생님은 제가 더 상세한 소식을 전해드리면 즉시 제 책을 예고할 준비가 되어 있다고, 정말 친절하게 말씀하셨었죠. 하지만 부디 그러지 마시길, 또 화제로 삼지 말아 주시길 간곡히 부탁드립니다(왜냐하면 프랑스 대학출판사[6]는 제가 그들에게 충실하기를 바란다고 누차 반복한 바 있고, 무엇보다도 사소한 문제 때문에 대학출판사가 제 박사논문의 인쇄를 늦추지나 않을까 염려스럽기 때문입니다). 5월 하순에는 파리에 갈 생각입니다. 혹시 그전에 리옹에 들르실 수 있으신지요? 제 감사와 진심 어린 우정을 믿어주시길 바라며.

질 들뢰즈

질 들뢰즈
콜롱비에 길 53번지
리옹 7구

1968년 5월 7일

선생님께,

편지 고맙습니다. 하지만 지난번 제 편지는 시기상조였던 듯합니다. 텍스트가 많이 길어져서 지금은 200~250쪽 되는 것 같거든요. 아무튼 가능합니다. 하지만 지금으로서는 확실히 알 수가 없네요. 그 때문에 신학기를 위한 선생님 출판 계획이 어려워질 게 분명합니다. 게다가 8월에 텍스트를 끝낼 수 있을지도 의심스럽습니다. 이런 일정 변경을 용서해주시기를. 이 작업이 갖는 형태에 놀랐습니다. 책 제목은 『의미의 논리』, 부제는 '루이스 캐럴에서 스토아주의자로'로 예정하고 있습니다.

그래서 지금은 여기에만 전념하고 있습니다. 다시 말해, 『크리티크』지를 위한 선생님 제안을 받아들인 것은 제게 큰 기쁨이지만 걱정스럽기도 합니다. 제 생각에는 제가 현재의 작업을 위해 최근에 썼던 글, 「분열증자와 말」이라는 제목을 붙일 수 있는 그 글 이외에는 없는 듯합니다. 하지만 그것을 아르토의 옛 텍스트와 『현대』*Les Temps Modernes*지의 비교적 최근 논문에 '결부시키는 것' 이외에 방도가 마땅치 않다는 사실이 곤혹스럽습니다. 다음 주에 파리에 갈 예정입니다. 대학의 지도교수들(그분들이 시간을 내주실 수 있다면)과 더불어 프랑스 대학출판사와 만나야 하고 또 구두 심사 날짜를 결정하기도 해야 할 것 같습니다. 출발 전 리옹에서 전화드리겠습니다. 그때 선생님과 만나기 위해 여전히 유동적인 체류 기간 중의 자유 시간을 말씀드리는 결례를 부디 용서해주시기 바랍니다. 사랑하는 선생님, 내 진심 어린 우정과 감사를 믿어주시길 바랍니다.

질 들뢰즈

펠릭스 과타리에게 보낸 편지[1]

질 들뢰즈
마스 르베리 길
생 레오나르 드 노블라 87.

1969년 5월 13일

친구에게,

편지 고맙습니다. 나도 우리가 서로를 알기 전부터 친구였다는 느낌을 받습니다. 부디 다음과 같은 점을 강조하는 것을 양해해 주기 바랍니다. 분명 당신은 라 보르드에서의 실천적 탐구를 통해 만들어진 대단히 참신하고 중요한 몇 가지 복잡한 개념들을 창출하고 활용합니다.[2] 예를 들어 집단 환상이 그렇고 횡단성 개념이 그렇습니다. 횡단성은 "개인 무의식-집단 무의식"처럼, 낡았지만 언제나 되살아나는 이원론을 극복할 수 있는 개념이라고 생각합니다(당신이 고발하는 주제 중 하나를 되풀이해보자면, 이것은 이상할 수도 있고 이상하지 않을 수도 있습니다. 칼 구스타프 융이 말하는 집단 무의식이 위계를 갖고 있듯이 말입니다). 혹은 당신이 자본주의 구조와 분열 구조 사이에서 발견하는 평행관계 등도 그렇습니다. 하지만 마찬가지로 명확한 것은 이 개념들이, 시간과 기회가 없어선지 모르지만, 아직 엄밀한 의미에서의 이론적 고안의 대상이 되지 못했다는 것입니다. 그러기엔 아직 조건이 좋지 않다든가, 작금의 지옥 같은 정세 속에서 사태가 수월하게 진행되지 않는다든가, 당신 컨디션이 좋지 않다든가 하는 건 내가 볼 땐 사실이 아닙니다. 왜냐하면 이것은 글쓰기를 지금 당장 이 지옥에서 벗어나 상황을 호전시키는 겸손하지만 적극적이고 효과적인 요소로 보지 않고, 사태가 좋을 때에만 글을 쓸 수 있다고 말하는 것과 똑같기 때문입니다. 외부인 입장에서 판단하는 건 사실이지만 나는 반대로 이런 이론적 고안을 해야 할 시기가 당신에게 왔다는 생각이 듭니다. 추가로 아무쪼록 염두에 둘 점이 있는데, 만약 당신이 당신의 논문들[3]을 있는 그대로 출간하려는 계획을 실천에 옮긴다면, 당신이 원고의 완벽한 숙성을 차후로 미루고 있을 뿐이라는 점을 스스로 말할 수 없게 된다는 점입니다. 그것은 불가능해집니다. 왜냐하면 이미 말한 어떤 것으로 다시 돌아가야 한다는 인상을 주게 되는 그런 사태에 이를 것이기 때문입니다. 그럼에도 불구하고 여전히 이러한 구축 작업이 지금으로서는 무리라고 판단된다면 (아, 투사들의 유구한 방식에 따르면 이런 작업을 하는 데 교도소보다 좋은 곳도 없었죠) 다른 해결책으로는 일련의 논문들을 그대로 출간하는 것이 바람직하고 최선의 해결책이 될 것입니다. 한시라도 빨리 회복되어 만날 수 있기를 기원합니다. 우정을 담아.

GD

마스 르베리 길
생 레오나르 드 노블라 87.

1969년 7월 16일 금요일

펠릭스에게,

그러니까 격식 차린 모든 형식적 표현들은 버려야겠지만, 친구 사이에 말을 허락하는 우정의 형식을 버리지는 말아야겠죠. '웃기지 마, 이해가 안 돼, 그건 아니야' 등의 형식 말입니다. 뮈야르[4]는 이 서신 교환에 반드시 참여해야 합니다. 그리고 마지막으로 강제된 규칙이 없어야 합니다(다른 할 일이 있을 수도 있고 성찰이 필요할 수도 있고 어떤 텍스트를 참조할 수도 있고 또 곧바로 답장을 하지 않을 수도 있습니다).

이렇게 당신이 말한 것에서 내가 우선 유념한 것은 정신병의 형태들이 '오이디푸스 삼각형화를 거치지는 않는다, 아무튼 사람들이 말하는 것처럼 꼭 그런 것은 아니다'라고 한 것입니다. 무엇보다도 이게 핵심적이라고 생각합니다. 왜냐하면 우리 모두가 다루고 있는 문제, 즉 맑스주의와 정신분석에서, 혹은 분석적 경제학이나 진정한 "메타심리학"에서, 혹은 뭐가 됐든, 문제를 제기할 수조차 없게 하는 것은 무엇일까요? 그것은 우리가 정신분석의 "가족주의"로부터, 요컨대 아빠-엄마(당신이 읽은 내 텍스트는 완전히 거기에 해당합니다[5])로부터 잘 헤어나지 못하기 때문입니다. 그래서 한편에는 가족의 문제가 있고 다른 한편에는 경제 메커니즘이 있어서 부르주아적 가족 규정과의 접속이 쉬이 주장되기 때문에 사람들은 이를 미처 이해하기도 전에 이미 출구 없는 길에 들어선 상태에 있게 됩니다(나는 라이히가 이 모든 것의 포로가 되어 있었다는 것, 또 그것이 그가 문제를 발견한 순간 문제 제기를 방해했다는 것을 어렵지 않게 보여줄 수 있다고 생각합니다). "가족 → 사회 → 신"과 같은 피라미드가 존재하는지는 확실치 않다고 당신이 말했죠. 달리 말해 가족과 오이디푸스를 매개로 해서만 경제 구조들이 무의식에 도달할 수 있다고 생각하는 한, 우리는 이 문제를 이해할 수조차 없다는 말이죠. 왜냐하면 이렇게 되면 두 개의 길만이 남기 때문입니다. 오이디푸스를 복잡하게 만들든가(제4의 요소를 도입하는 등…) 아니면 오이디푸스를 민족학적으로 변화시키든가 말이죠. 이것은 다시금 출구 없는 두 개의 길이 됩니다. 이 모든 비판적 부분은 잘 이해하고 있습니다. 적어도 대략적으로는 이해하고 있다고 생각합니다.

그러므로 문제는 정신병을 다루면서, 예를 들면 사회-경제적 메커니즘이 어떻게 무의식을 직접 대상으로 삼을 수 있는지를 보여주는 것입니다. 이것은 당연히 사회-경제적 메커니즘이 있는 그대로의 것(예를 들면 잉여가치, 이윤율 등)을 갖고 있다는 걸 의미하는 것이 아니라 뭔가 훨씬 더 복잡한 것을 의미하는데, 언젠가 당신이 광인은 단순히 우주생성론만을 만들어내는 것이 아니라 정치경제학도 만들어낸다고 했을 때, 혹은 당신이 뮈야르와 함께 자본주의의 공황crise capitaliste 과 분열증의 발작crise schizophrénique 간의 관계를 고찰했을 때 접근했던 것은 그만큼 복잡한 것이었습니다. 하지만 바로 이 점들과 관련해 당신은 훨씬 더 모호해졌습니다. 어떤 점에서 광인이 정치경제학을 만들어낸다는 거죠? 그것은 (라 보르드의 당신 엔지니어처럼) 단순히 광인이 개량주의적이거나 유토피아적인 섬망을 만들어냄으로써 시작되는 것도 아니고, (예를 들어 니진스키가 증권거래소의 악마적 성격을 설명할 때처럼) 광인이 금융과 경제의 구조를 세계의 착란으로서 파악하는 것도 아닙니다. 이 두 논점은 확실히 중요하고 상세히 분석해 볼 필요가 있지만 그것은 한층 더 심층적인 어떤 것, 요컨대 사회-

경제적 구조가 정신병적 무의식을 직접 대상으로 삼는 방식과 관련된 징후들입니다(어쩌면 여기서는 내가 잘 모르는 당신의 두 개념, 요컨대 기계와 반-생산이 중요한 위치를 차지하는 것 같습니다).

이것은 오이디푸스 삼각형화나 이런 종류의 복잡한 구조가 개입하지 않는다는 의미도 아닙니다. 하지만 내가 당신을 잘 이해했다면 오이디푸스 삼각형화는 오히려 "그러므로 그건 네 아버지다", "그러므로 그건 네 어머니다"와 같은 양식으로, 전제가 아닌 결론 수준에서 개입하는 것 같습니다. 마치 부모의 위치는 다른 속성을 가진 메커니즘의 결과, 그것도 부분적 결과로서 결정되기라도 했다는 듯 말입니다. 당신이 직접적으로 더 멀리까지 나아가 이것을 죽음에까지 적용한 것은, 분열증의 문제는 죽음과 직접 관련된 것이 결코 아니며 죽음이 나타나는 것은 오히려 분열증자가 자신의 구조를 외재적 지시대상의 체계로 번역할 때라고 기술할 때입니다. "그러므로 그건 죽음이다…." 이 모든 것에서 문제는 늘 보편화된 무의식적 매개로서의 가족이고 바로 이것이 진정한 문제 제기를 가로막습니다(가족이 부르주아 가족으로서 비판될 때조차도 말입니다).

당신이 열어젖힌 영역은 다음과 같은 이유로 대단히 풍요로워 보입니다. 사람들은 무의식이 비도덕적이라는 둥 범죄적이라는 둥, 그런 식으로 말하기 위해 무의식에 대한 도덕적 이미지를 만들어내며, 무의식이 비도덕적이어도 괜찮다고 덧붙일 때조차 그것은 도덕이 무의식적이라고 말하기 위해서입니다(초자아, 법, 위반). 언젠가 뮈야르에게 말한 적이 있습니다. 그건 내겐 해당되지 않는다고 말입니다. 무의식은 종교적이지 않고, 무의식에는 "법"도 없고 "위반"도 없으니 그건 바보 같은 소리라고도 말했습니다. 사람들은 종교를 무의식, 심지어는 착란의 즉흥적 표현으로 만들어버리면서 종교에 너무 많은 것을 부여합니다. 그리고 부차적인, 완전히 부차적인 합리화가 존재하는 것과 마찬가지로 부차적인 비합리화가 존재합니다. 종교는 결코 하나의 현상이 아니라, 심지어 무의식적인 현상이 아니라 현상에 대한 해석입니다. 뮈야르는 제가 과장하고 있다고, 또 라캉에서 유래하는 법과 위반은 그런 모든 것과 전혀 관련이 없다고 말했습니다. 물론 그 사람 말이 맞겠죠. 하지만 아무래도 상관없습니다. 아무튼 난 초자아 이론은 다 허위라고, 그리고 죄의식 이론도 다 마찬가지라고 생각합니다. 죄의식은 무의식의 구조가 아닙니다(내가 인정하는 건 사랑의 상실에 대한 불안과 관련된 제1단계뿐입니다. 그 밖의 것들과 관련해서는 초자아도 아니고 죄의식도 아닌 또 다른 것이 개입하고 있는데, 거기서도 "죄의식"은 결론 수준에서 외재적extrinsèque 지시대상의 체계 내에서의 번역이라 말해야 할 겁니다). 요컨대 우리는 직접적으로 사회분석적인 무의식이라는 동일한 문제를 다시 발견하게 됩니다.

물론 지금 쓴 건 정리된 게 하나도 없고, 보다 풍부한 뉘앙스와 엄밀한 정확성이 요구됩니다. 아직 그런 상태에는 도달하지 못했습니다. 이러한 서신 교환에서 뭔가를 끌어낼 수 있을지 여부를 판단하는 건 당신입니다. 난 그렇다고 생각합니다. 파리에 가면 전화할게요. 이번에 당신 집에 들를지는 확실히 모르겠지만 아마 그럴 것 같습니다, 그리고 열쇠를 내게 맡겨 주어서 행복합니다. 아무튼 연락할게요.

우정을 담아,

GD

1969년 7월 29일

펠릭스에게,6

당신 텍스트 세 편을 살펴보려고 해요. 당신 편지, 「기계와 구조」7, 그리고 슈레버에 대한 당신 주석 말입니다. 내 질문은 무의식적인 것과 직접적으로 관계할 수 있는(즉 평범한 가족의 형상을 거치지 않고, 반대로 "전사"transcription의 방식으로, "그러므로 그건 … 이다"의 양식으로 아마도 그것들의 병리학적 반응résultats pathogènes을 평범한 가족의 형상에 각인하게 될) 사회-경제적 메커니즘은 무엇인가였습니다.

당신은 그것이 (산업사회의) 기계라고 답했습니다. "당신 자신을 기계화하라! 분열증은 산업사회의 기계를 환유적으로 표현한다. … 분열증은 IBM 기계[컴퓨터]가 정보를 다루듯 당신을 다룬다." — 훌륭하고 엄밀한 답변입니다. 이 답변은 온갖 종류의 문제를 제기합니다.

(1) 가장 쉬운 문제 — 한편으로 예를 들면 타우스크의 논문으로 돌아가 분열증적이거나 편집증적인 유형의 기계를 연구해야 합니다. 내 기억에 타우스크의 논문은, 기계가 주로 신체의 이미지에 영향을 미친다고 보고 있다는 점에서 제한적입니다.8 기계가 그 이상의 것임을 보여줘야 합니다. 그리고 모든 기계와 마찬가지로 분열증적 기계는 첫째, 생산의 한 유형, 요컨대 여기서는 엄밀한 의미에서의 분열증적(생산)과 분리될 수 없는 것으로 정의되어야 합니다. 둘째, 분열증적 기계는 또한 일정 양식의 전사 및 기록과도 분리 불가능합니다. 다시 말하지만 그건 이 기계가 신체의 이미지를 전사한다는 의미에서가 아니라 더 근본적인 의미에서 이 기계가 자기 고유의 절차를 기록의 표면에 전사한다는 것으로, 이 기록의 표면에서 그것의 한계, 폐쇄를 표시하는 것입니다(예를 들어 저울은 자기 과정의 결과를 문자판 위에 기록합니다). 피드백이 전사의 양식을 생산의 유형으로 도입함으로써 기

계의 새로운 회로를 확보한다는 건 명백합니다.

앙리 포르의 새로 나온 책[9]이 생각납니다. 분열증적 객체에 대한 완전히 무의미한 책인데, 왜냐하면 그러한 객체가 가진 생산하는 메커니즘을, 분열증적 생산의 성격을 전혀 고찰하지 않기 때문입니다. 반면 제가 기억하기로는 분열증적 일람표의 생산에 관한 몇 가지 참신한 지적을 미쇼의 신간에서 발견했습니다.[10] 그 구절들을 다시 살펴봐야 합니다. 그리고 라 보르드에서의 당신 경험은 분명 다음 사항과 관련해 즐거우면서도 구체적인 온갖 분석을 우리에게 제공할 겁니다. 요컨대 분열증적 생산, 사용과 소비가 생산과 관계할 때의 매우 특수한 방식, 기록의 매우 특수한 양식(일반적으로 이해할 수 있는 것은, 사용과 소비는 생산과 귀속적assignable 관계에 있음에도 불구하고 기계와 관련해 외재적이라는 것, 그러나 기록은 외부–내부이며 어떤 감싸는 한계라는 것입니다. [기록이] "외부"인 이유는 결과가 전사되는 외재적 표면을 개입시키기 때문이고, "내부"인 이유는 구성적으로 기계의 일부를 이루고 생산과정을 조정하기 때문입니다) — 이 모든 것에서 그러니까 순수하게 분열증적인 경제학을 정의하는 것(순수하게 분열증적인 경제학이라는 건 존재하지 않는다고 훗날 깨닫게 된다 해도)과 관련해서도 말입니다.

(세부사항과 관련된 문제 : 분열증의 질서에는 특히 소비의 고통이 있지 않나요? 있다면 어떤 종류의 것일까요?)

동일한 그룹의 문제들 중에는 슈레버에 관한 주석에서 당신이 말한 것, 즉 고대적 분열증과 봉건적 분열증에 대한 시차적 연구 수행이 있습니다. 칼리굴라에 대해 뭔가를 해보고 싶지만 뭘 하면 좋을지 모르겠습니다. 악의에 찬 수에토니우스의 보고에 따르면 광기에 사로잡힌 칼리굴라는 자기 군대를 반으로 나누어 절반을 해변에 데려가 조개를 줍도록 한 뒤 그들로 하여금 나머지 절반을 살해하게 하거나 혹은 그 반대로 합니다(이 일화는 내가 말하는 것보다 훨씬 유익합니다). 이건 합리적으로 잘 설명됩니다. 요컨대 "조개껍질"은 특정한 전쟁기계의 동의어이고 칼리굴라에게는 자기 군대의 일부가 봉기한다고 믿을 만한 이유가 있었으므로 무장해제시키고 괴멸시켰다 등등. 이 모든 걸 생각해 보면 거기엔 (하지만 어떤 의미에서는 수에토니우스 쪽에서) 어떤 분열증적 기록이 있습니다. 요컨대 조개껍질-전쟁기계 coquillage-machine de guerre라는 언어유희에 힘입어 기계의 과정이 다른 영역으로 전사됩니다) ─ 예를 들어 슈레버와 근본 언어, 울프슨과 그의 종잡을 수 없는 말과 같은 언어의 분열증적 문제는 슈레버에 관한 당신 지적에 합치하는 방식으로 제기되어야 합니다. 이 문제는 분열증적 생산 유형과 쌍을 이루는 것으로서 기록 양식 내에 필연적으로 개입합니다.

다시 말하지만 세밀한 연구를 위해, 그리고 이 모든 논점을 위해 우리는 많은 작업을 수행해야 하지만 그건 다른 문제들과 더불어 수행되어야 한다고 생각합니다.

(2) 연관된 다른 문제 : 당신은 편지 서두에서, 분열증자에게는 이제 현현/기저상태manifestation/sous-jacence의 대립이 작동하지 않는다고 환기합니다. 이는 요컨대 콤플렉스가 의식을 엄습할 경우, 그것이 현실감의 상실을 대가로 하는지 아니면 상징계 ─ 나이, 성, 등등 ─ 의 붕괴를 대가로 하는지를 말하는 데 있습니다. 그럴 수도 있습니다. 하지만 이는 라캉이 박사논문에서[11] 상기시키듯 부분적으로만 옳습니다. 왜냐하면 완전한 변형 체계가 존재하고, 이 변형이 개입해 예를 들면 동

성애가 "현현하지" 못하도록 하는 일 등이 발생하기 때문입니다. 그리고 사실 당신은 기계 개념을 통해 다른 것을 말하고 있는 게 분명합니다. 이렇게 말하면 정확하게 표현하는 걸까요? — 요컨대 분열증적 주체에는 기계가 내재하고 있어 분열증에서는 "현현/기저상태"라는 대립이 "생산/기록"이라는 쌍으로 대체되고, 모든 기록의 수준이 위장 작업과 더불어 전개된다고 말입니다.(「기계와 구조」, p. 5의 말미가 다른 한편으로 시사하는 것). 나는 이게 아주 중요하다고 생각하고, 여기서도 당신 덕분에 쉽게 정리된 이론을 감지합니다. ("현현/기저상태" 같은 대립은 절대적으로 가족적인 질서 내에 한정되어 존재하지만, 정신병의 관점에서 보면 가족적 소여는 그것이 현실적이건 상징적이건 다른 본성을 갖는 과정을 전사-기록한다는 것입니다. 아래의 (4)를 참조할 것).[12]

(3) 가장 어려운 것이 여기서 시작됩니다. 당신은 기계를 하나의 절단으로, 아니 오히려 여러 절단의 실존으로 규정했습니다.

a. 테크놀로지의 역사라는 관점에서 본 각 기계의 출현에서(그와 관련해 난 아는 게 없는데, 나 스스로는 잘 모르지만 당신이 나를 확실히 납득시킨다고 생각합니다. 구체적인 예들이 필요합니다).

b. 한 측면은 기계 쪽에, 다음 측면은 산업기계 쪽에 동시에 걸쳐 있는 주체와 관련하여(이 점은 잘 이해가 갑니다. 동의합니다).

c. 기계의 생산과정 속에서(왜냐하면 기계는 늘 햄 절단기 유형에 속하며, 이로부터 기계가 내포하는 반복과 재생산의 유형 — 맑스에 따라 이 두 개념을 구별해야 합니다 — 이 나오기 때문입니다. 기계는 당신이 하나의 기표작용적 사슬 혹은 복수의 기표작용적 사슬이라 부르는 바를 절단합니다. 훨씬 더 단순한 수준에서 기계는 [관념] 연합의 단

순한 사슬을 절단합니다. 분열증자는 관념을 연합할 수 없다는 문제를 바로 이러한 관점에서 다룰 필요가 있습니다. 아무튼 어떤 작업이든 사슬의 절단이라는 관념은 서로 다른 다양한 양식으로 주체성과 기계가 구성된다는 것과, 이러한 양식들이 혼합되면 구성된 주체성은 기계가 된다는 것입니다. 이 점과 관련해 라캉을 참조할 필요는 없습니다. 오히려 역으로 당신의 기계 이론을 가지고 라캉의 주장을 고찰해야 합니다(나는 이게 본질적이라고 주장합니다!). 관념 연합 사슬의 절단으로서의 주체성이라는 관념에 대한 반론의 여지 없는 사례는 예술, 문학에서 발견할 수 있습니다. 바로 그것을 통해 해당 예술작품은 기계가 됩니다).

　d. 당신이 말하듯이 (이미 다른 유형의 절단인) 연합의 사슬로부터 분리되고, 기계의 일부가 아니면서 재현의 재현자로 기능하는 기계의 기표 속에서(이 점에 대해서는 일단 당신을 따르겠지만 아직 잘 모르겠으니 부디 설명해 주기 바랍니다).

　e. 절단의 또 다른 유형, 생산과정과 기록 양식 간의 내적 절단(이것은 (1)에서 내가 요약한 것 전체와 관련됩니다. 이 절단은 그러므로 기계에 고유한 외적 기록의 표면을, 그리고 표면 위에서의 생산의 번역을 가져옵니다).

　f. 생산-소비의 절단.

　생산-자본 등.

　(이제 문제가 되는 건 기계와 관련해 완전히 외재적인 표면과 영역인데, 그럼에도 불구하고 기계는 이 영역을 전제합니다. 이런 관점에 입각해 나는 당연히 맑스에 다시 의거해야 합니다. 오랫동안 그리하지 않았는데 말이죠.)

　그런데 기계의 차원에서 이 모든 절단이 매우 일관된 상을 이룬다는 걸 난 잘 알고 있습니다. 하지만 분열자가 이 모든 절단에 의해 침범당하고 자신의 주체성을 기계 내부로 이전시킨다고 이해할 수 있을까요?(이것이 상기시키는 것은 기계-주체의 관계가 반드시 분열증적인 것도 아니고 주체의 절단이 반드시 기계에 의해 이루어지는 것도 아니라는 것인데, 어떤 의미에서 그런 걸까요?) — 아니면 반대로 (「기계와 구조」 후반부가 그렇게 나를 유도해가듯) 분열자는 더는 절단하지 않고 기표적이거나 심지어는 끊임없이 연합적인 연쇄에 사로잡힌 순수한 연속체 안으로 항상 이동하는 상태에 있다고 이해해야 할까요? — 그도 아니면 둘 모두인 걸까요? 이 논점은 신속히 해결돼야 할 듯합니다. 왜냐하면 애매함은 당신 분석이 아닌 내 정신에 들어 있다는 느낌이 들기 때문입니다.

(4) 마지막으로 나는 당신의 반-생산 개념의 정합성이 더는 우려스럽지 않습니다. 그 개념은 다음과 같은 다양한 사물들을 규합하기 때문입니다. a. (생산관계들을 포함하면서) 기계가 특정 기능을 수행하게 되는 영역, b. 비-생산적 사회 제도(예를 들면 가족). 이것이 사회에서 담당하는 정상적 기능 중 하나가 일종의 기록입니다. c. 표면의 자격으로 기계에 속하는 이 지극히 다른 유형의 기록. 이것을 통해 기계는 자기 자신의 생산과정을 기록합니다 — 바로 이 세 가지가 분열증적 질서 속에서 뒤섞인다고 이해해야 할까요? 예를 들어 분열증적 주체성이 기계에 의해 투자될 때 무의식적 기계에 고유한 기록 절차는 그것만으로 경제적 영역 a에 관련된 정보와 가족에 관련된 정보를 "그러므로 그건!!"이라는 "전사적"transcriptuaire 형식하에서 분배합니다. 하지만 아무튼 내가 당신 사유를 이해하지 못했거나 아니면 내가 기계-구조와 같은 당신의 단도직입적 이원론을 거치지 않고 그것을 오히려

기계적 다원론으로 대체함으로써 당신 사유를 [달리] 제시하는 수단을 발견하고 있든가 둘 중 하나입니다.

더 상세히 말해야 하는데 피곤해서 이만 쓰겠습니다. 다음에 하죠. 약속대로 뭔가 떠오르면 답장해 주기 바랍니다. 이런 식으로 우리가 함께 나아갈 수 있을 것입니다. 답장에 당신이 답변하려는 질문들의 번호를 기입해 주겠어요?

우정을 담아.

〈날짜 없는 편지〉[13]

당신 메모는 아주 훌륭하고 본질적입니다. 확실히 우리에겐 그게 필요했습니다. 나는 극한으로서의, 그러므로 시원적이지도 않고 구조적이지도 않은, 그러나 종말론적인 것으로서의 오이디푸스에 대한 분석을 더 진척시켜 보겠습니다. 시간 너머의 사건도 아니고 빈자리도 아니지만 도달되지 못한 극한 혹은 우리 사회 내에서만 도달되는 극한으로서 말입니다. 당신이 횡단성과 오이디푸스적이지 않은 섹슈얼리티에 대한 착상들을 한데 모을 기회가 있다면 대단히 소중하리라고 생각합니다. 하지만 당신이 기획한 작업의 흐름은 방해하지 않았으면 합니다. 카프카의 『만리장성』 끝부분에 보면, 징집이 이루어질 때 다른 지역의 소녀들이 기꺼이 그 침략당한 지역에 와서 찬사를 받지만(이때 그녀들에 의한 축복은 선조들의 축복 이상의 가치를 갖습니다), 징집 의식이 끝나자마자 경멸의 대상이 되어 추방됩니다. 카프카는 분명 누군가 들려준 어떤 의식에서 착상을 얻었을 겁니다. 이 점과 관련해 생각하는 게 있습니까? 파니와 난 리옹에 가서 리옹의 아파트를 팔아야 합니다. 그 후 즉시 파리에 아파트를 찾아봐야 할 듯합니다. 시작 전부터 참 피곤한 일입니다. 괜찮다면 뒤종[14]에는 확실히 가겠습니다. 하지만 일정은 진행 중인 일이 대략 언제 마무리되느냐에 달렸습니다. 파리에서 랭동과 만났습니다(페다인들에 관한 책에 서문[15]을 쓰는 바람에 검사인 아버지로부터 의례적으로 저주를 듣게 되었다 해서 아주 흥분했습니다). 우리 책 구상에 큰 관심을 갖는 것 같던데 아무튼 봅시다. 두 사람에게 사랑을 담아.

질

펠릭스에게,[16]

원고를 보냅니다. 불행히도 흥미로워지는 순간, 정말 흥미로워지는 순간에 원고가 끊겼습니다. 하지만 엄격하고 신중한 그 긴 문장이 내게는 힘들었지만 필요한 것이었습니다. 거기엔 두 가지 이유가 있었습니다. 첫째로, 코드의 잉여가치 개념은 훌륭하고 진실하지만 제게는 대단히 모호한 상태여서 말하기가 너무 어려웠기 때문입니다. 둘째로, 레비-스트로스의 경우는, 그의 제자들을 통해 그를 읽는 식으로 우회해야 했기 때문입니다. 억지로라도 말이죠. 이 점과 관련해선 성공한 듯합니다. 이 장 전체가 끝나면 당연히 민족학자에게 읽어 달라고 부탁해야 합니다(카트리 혹은 당신 지인인 월로프족 전문가가 좋지 않을까요?[17]) 동의를 구하기 위해서가 아닙니다. 우리가 그런 것을 개의치는 않지요. 오히려 마술적인 예방책에 따른 것으로 요컨대 전문가가 보기에 지루한지 아닌지 알고 싶어서입니다. 마지막으로 사막의 편집증자를 다루기 시작하면서 다시금 즐거움을 느낍니다. 좋은 학회가 되길, 인상적인 발표를 하길, 선량한 박사[18]를 격려해 주길 바랍니다. 사랑을 담아.

질

당신의 룰루Lulu 녹음은 더할 수 없이 아름답습니다. 차원이 다른 비교 불가능한 룰루입니다.

— 복숭아가 근사하게 담긴 줄리앙의 소포가 방금 도착했습니다. 정말 고마워요. 나는 반대로 아주 얇은 시계를 당신께 보내는 것을 잊고 말았습니다. 부끄럽네요. 동봉해서 등기우편으로 뒤종으로 보내겠습니다.[19]

1970년 4월 15일

펠릭스에게,

당신 주석들은 여전히 정교한데, 나는 좀처럼 속도가 붙지 않고 있습니다. 당신에게 걱정을 끼치면 안 되는데, 내겐 늘 그런 일이 일어났고 늘 일어나고 있습니다. 그래도 소소하게 정리한 것을 보냅니다. 전제군주에 관한 단편은 끝내지도 못했지만 말입니다(pp. 200~201에서의 억압된 재현자, 억압하는 재현작용, 전위된 재현내용의 구별이 유효하다면, 영토 기계 내부로 전위된 재현내용인 오이디푸스가 전제군주 기계의 내부에서 억압하는 재현작용이 되고, 최종적으로는 자본주의 기계 내부에서 억압된 재현자가 됩니다. 그러므로 이것은 생물학적 의미에서의 오이디푸스의 진정한 이주migration일 것입니다). 나시프가 좀 재미있는 사람을 데리고 왔었는데 도착한 바로 그날 저녁에 쇄골이 부서졌습니다.[20] 참 매력적인 사람으로 우려했던 일(이론적 범람)은 전혀 일어나지 않았습니다. 우리 친구로 만듭시다(그는 당신 집에 간 적이 있다고 우리에게 말하더군요). 당신이 고수하지 않는 한 『현대』지에 대해서는 포기하기로 했습니다. 완성되지 않은 뭔가를 발표하는 건 장점만큼의 단점이 있는 듯합니다. 사랑을 담아.

질

예, 조속히 A, Z, 그리고 카트리[21]를 만났으면 합니다. 가급적 손에 넣는 대로 창구唱句의 물[22]에 관한 Z의 박사논문의 해당 구절을 보내주었으면 합니다. A의 책 세 권을 늦어도 이번 달 말까지 보내겠습니다. 당신 책이라고 생각하면서도 그리올Griaule의 책에 연필로 메모하고 줄을 친 게 마음에 걸리네요(당신이 전혀 불편해하지 않으리라는 건 알고 있습니다). 그나저나 나는 왕족의 근친상간은 존중했습니다. 그가 우리를 비난하지 않기를 바랍니다.

펠릭스에게,[23]

당신 편지는 여러 면에서 참 기쁩니다. 우선 위대한 박사[24]가 당신에게 호의적이었고 당신이 뭔가를 획득하도록 해주었다니 참 좋은 일입니다(그것이 뭔지는 전혀 알 수 없고 나시프도 전혀 도와주지 않습니다.[25] 작은 목석같은 이 레바논 남자는 매력적이지만 화강암처럼 견고하기 때문입니다. 그가 전화했을 때 난 악동처럼 굴었지만 ― "뭐 재밌는 일이 있었어요? 그래서 뭐가 등등" ― 소용이 없었습니다. 그는 내게 장광설만 늘어놓았을 뿐입니다). 아무튼 박사는 아첨을 받고 **좋아한다**는 말을 들어야 합니다. 당신 스승은 바로 당신 자신이며 당신은 더 이상 그의 제자가 아님을 그가 깨닫게 되겠지만 말입니다. 다른 한편 당신이 우리 텍스트가 잘 되어가고 있다고 느낀다니 정말 행복하네요. 우리에게 점점 더 중요해지는 카트리의 의견도 기쁨이 됩니다. (이미 그의 지적에 따라 세부 사항을 수정할 수 있었고 뒤에 가서도 그럴 것입니다. 그러므로 그와 계속 연락해야 합니다). 그렇지만 우리 둘의 동의가 가장 중요하다는 것에는 변함이 없습니다. 당신 말에 힘이 납니다. 분명 이 장이 가장 어려운데, 이 덩어리가 다른 장들을 보다 가볍게 만들겠죠. 전제군주에 관해 정리한 것을 곧 보내겠습니다. 이 장의 끝에 자본주의가 오게 될 텐데, 예정대로 5월 말까진 완성될 것 같습니다. 자료도 고맙고 오늘 아침에 새로 받은 묶음도 고맙습니다(이건 제4장을 위해 중요합니다). (1) 장플레니가 당신에게 말한 창구의 물에 관한 세부 사항들이 필요합니다.[26](가급적 **빨리** 부탁합니다. 그것이 흥미로운 이유는, 그것이 살바도르 달리가 편집증적 방법을 통해 이해하는 것과 정확히 일치하기 때문입니다. 다만 그는 [창구의 물보다는] 우유에 적시는 편을 선호하지만요). (2) 카트리에게 전해줬군요. 다른 사람들에 관해서는 아마 이 장이 완성될 때까지 기다리는 편이 좋을 듯합니다. 하지만 원하는 대로 하기 바랍니다. (3) 룰루는 룰루입니다. 참조가 필요한가요? 룰루는 포레Fauré가 아닙니다. (4) 책들과 관련해 바란과 스위지의 『독점자본』을 읽고 있는 중입니다. 그들은 일종의 미국 트로츠키주의자들인데 정말 흥미로운 책입니다.[27] 오이디푸스와 관련된 라캉의 문장을 입수하는 대로… 그것과 포테스(『오이디푸스와 욥』), 그리고 특히 룩 더 호쉬의 『아프리카에서의 왕실 근친상간』에 몰두할 여유가 있다면 주저하지 말아요.[28] 5월 중으로 파리에 갈 예정이지만 언제가 될지는 모르겠습니다. 사랑을 담아.

질

펠릭스에게,[29]

　방금 당신 노트를 받자마자 한번 죽 읽어봤습니다. 늘 그렇듯 훌륭합니다. 거기에 광기 따위는 없거나 아니면 가장 탁월한 광기가 있을 뿐입니다. (제국적 기호나 음운론적 전제군주의 기표 개념을 더욱 세련되고 더욱 엄밀하게 도입함으로써 당신은 앞서 내가 보낸 것에 포함된 불쾌한 두 페이지를 이제 〔낱말들이 누락됨〕 시작할 수 있다고 생각합니다). 그래요. 다음에 들를 땐 기꺼이 라캉을 보러 가겠습니다. 하지만 당신과, 당신과 함께라는 조건에서 말입니다. 당신 노트를 일단 전부 다시 보내 달라는 요청을 공교롭게도 잊어버린 건 미안합니다. 지난번 편지에서 이미 요청했었는데 말입니다. 하지만 당신 노트를 전부 당신에게 보내게 되면 내가 무척 곤란합니다. 나는 문자 그대로의 의미에서의 휴가에 완전히 들어가지 못했기 때문입니다. 특히 지금은 글을 쓰고 있지 않지만, 한편으로는 읽고 또 읽고, 다른 한편으로는 그와 동시에 자본주의를 되짚어볼 준비를 위해 당신 노트에 주석을 달고 있습니다. 그렇기 때문에 실은 당신 노트가 그 어느 때보다도 필요합니다. 당신 노트를 읽다가 내가 읽는 것으로 넘어가기도 하고 반대로 하기도 합니다. 노트를 다듬어 세부 사항들을 채워 넣고 있습니다. 그러니 가능하다면 자본주의에 관한 마지막 부분이 완결될 때까지는 노트가 없어도 참아주기 바랍니다. 그때가 되면 노트 반환에 지장이 없을 겁니다. 당신 의견을 듣고 싶습니다. 곧 뵈어요. 사랑을 담아.

질

1970년 7월 20일

펠릭스에게,

당신이 방문해 주어 기뻤습니다. 당신이 말한 것 중에 특별히 중요한 것이 있습니다. 늘 그렇듯 정작 그땐 그다지 신경을 쓰지 못했지만, 나중에서야 그 중요성을 깨달았네요. 우리는 치료의 두 가지 방향을 이야기하고 있었습니다. 그중 하나는 형상의 흐름을 오이디푸스적 이미지로 속박하는 것, 요컨대 오이디푸스화하는 데 있습니다. 다른 하나는 미래의 방향으로, 분열증화하는 데 있습니다(이것은 버로스가 문제는 마약 없이 마약의 능력을 획득하는 것이라고 말했던 것, 또는 경이롭게도 밀러가 [술이 아닌] 맹물로 취하는 것과 좀 유사한 것 같습니다). 하지만 당신은 이미 실천에서 분열증화하는 치료의 방향을 응용해 당신 환자들이 도약하도록 해서 오이디푸스(로 환원하는 것이 아니라 오이디푸스)에서 벗어나도록 이끌었다고 말한 바 있습니다. 바로 이것, 요컨대 치료에서의 당신의 현재 방향에 대해 썼으면 합니다. 괜찮다면 한두 가지 예를 가지고 원하는 대로 자유롭게 쓰면 좋겠습니다. 정말 대단할 것입니다. 그것이 제4장을 빛나게 할 것입니다. 사랑을 담아.

질

(바로 이것이 지금까지 이해되지 못했던 저항에 관한 분석이 될 것입니다. 왜냐하면 전이의 문제는 흐름에 대한 순전히 분석적 문제를 전제로 하기 때문입니다. 리비도의 입자 참조.)

펠릭스에게,[30]

전제군주에 대한 마지막 구절을 첨부합니다. 끝부분의 문장들은 명백히 너무 안 좋아서 다시 써야 할 듯합니다. 거기서 어조가 떨어지고 피로가 묻어납니다. 그렇지만 이미 말했듯 중요한 건 그게 아니라, 이 장의 전반적인 부분에 드러나는 권태입니다. 난 진중하게 한 걸음씩 자본주의에 접근하고 있습니다. 나중에 몇몇 페이지를 다시 수정할 걸 감수하고 이 구절을 끝내려 합니다. 내 손은 이 장에 머물러 있지만, 마음은 이미 마지막 장에 가 있습니다. 이 마지막 장은 욕망하는 생산의 반복으로, 무의식의 비인칭적 위상으로서의 욕망의 기계들로 시작될 것입니다. 이전 장들에서 우리가 논의한 바를 고려하고 또 우리가 아직 논의하지 않은 바를 고려하면서 지금부터 당신이 여기에 몰두할 수 있다면 완벽할 것 같습니다. 그것은 무의식-기계의 보편적 위상입니다. 당신이 할 수 있는 모든 걸 내게 보내주기 바랍니다. 아들러가 요청한 책 세 권을 함께 보내드립니다. 베케트의 걸작 『첫사랑』[31]을 읽어봤습니까? 리옹에 가야 했기에 파리 가는 건 연기했습니다. 이 지긋지긋하고 골치 아픈 아파트를 팔 길이 없군요. 언제 우리가 파리에 갈지 알게 되면 알려줄게요. 사랑을 담아.

질

통화 후: 당신 목소리를 들어서 정말 좋았습니다. 새로운 구절들을 학수고대합니다. 15일에서 20일 사이 확실히 파리에 갑니다.

〔날짜 없는 편지〕 32

아, 우리 책이 12월 31일에 마무리된 건 참 대단한 일입니다. 끝이 곧 시작이라는 걸 분명히 보여주었으니까요. 당신만의 창조력과 나의 창의적이고 풍성한 노력의 증거인 이 작업은 정말 훌륭합니다. 당신만 좋다면 다음을 명백히 해야 할 것입니다. (1) 5년간의 휴가 (2) 하지만 그건 알려지지 않은 측정 단위에 따라 묵시록적, 해석학적, 밀교적 의미에서 이해되어야 합니다. (1)은 내게 해당되는 것으로 당신에겐 해당되지 않습니다. 당신은 오히려 속편을 부지런히 준비해야 할 것 같습니다. (2) 한편 난 우리 할아버지가 장 우리^{Jean Oury 33}한테 [정신]분석을 받으시도록 해야 할 것 같습니다. (1) 이 제1권에서 우리는 많은 것들을 방치하지 않을 수 없었습니다. 지금 남아있는 것은 두 번째 타자 원고로 5월에는 전부 넘기기로 하겠습니다. 아를레트가 엑상프로방스에서 감기에 걸린 것 같습니다.³⁴ 새해 복 많이 받아요, 행복을 기원합니다.

질

아, 펠릭스,35

늘 그렇듯 열정이 지나고 나면 의심이 찾아옵니다. (1) 그래서 푸코
는 자신이 염두에 두지 않았던 우리의 예측에 자신이 납득된 것 같다
고 말합니다. 다만 나는 그가 말한 것이 어디까지 농담이고 어디까지
진심일지 궁금합니다. 나는 그에게 B[베르나르]-H[앙리] 레비를 봤다고
말했습니다. 그러자 푸코는 "누군가"의 집에서 아탈리하고 레비랑 저
녁을 먹었는데 레비는 수줍게 침묵하고 있었다고 하더군요. 우리는 그
를 우리 쪽으로 끌어들이지 못하고 있는 것 같다는 걱정을 말했습니
다. 푸코는 전혀 걱정할 필요 없다고 말했고요. … 그리고 그는 권력과
법의 동일시를 고발하는 작은 책을 끝마쳤다고 했습니다.36 그의 입
장은 대체로, 일단 저지르고 나면 실수인지 아닌지 알 수 있다라는 것
같네요(공동 전선 없는 일종의 다소 은밀한 연대). 다만 그는 리오타
르에 대한 경멸, 그리고 자기 인터뷰를 논문집에 게재한 레비에 대한
분노를 몇 번이나 표현하더군요.37

(2) 그 후로 골똘히 생각해 봅니다. 왜 레비는 우리의 공격문을 신
문잡지에 싣기를, 가능하면 『옵세르바퇴르』지나 혹은 그가 좀 영향
력을 갖는 신문잡지에 싣기를 바라는 것처럼 보일까? 이 계획과 관련
된 모든 사람은 우리가 훌륭하게 수행한 이 작전을 전혀 알거나 인식
하지 못하고 있기 때문입니다. 우리가 신문잡지에 발표하면 아무 일도
일어나지 않거나 아니면 모두가 우리에게 등을 돌릴 겁니다. 적敵은 많
은 신문들을 운용하고 있습니다. 이런 관점에서 『리베라시옹』지에 우
리 공격문을 게재해달라 해도 변하는 건 없습니다. 요컨대 소개문, 전
문前文, 부제도 전혀 보장받을 수 없을 뿐 아니라, 『리베라시옹』 역시
다른 신문들이랑 똑같이 오래도록 우려먹을 논쟁거리를 찾고 있는 겁
니다. 이건 결코 우리가 목적한 바가 아닙니다. 결국 나 때문에 (나는

그것이 어느 정도나 질병이거나 비자발적 습관인지 자문해 봅니다)
비록 레비를 통해서이긴 하지만 만인이 우리가 계획하고 있는 기사를
알거나 알게 될 것입니다. 하지만 당신이 말했듯 우리 힘은 보잘것없
지 않습니다. 요컨대 사람들은 우리를 함부로 공격할 수 없을 겁니다.
사람들은 당신을 지워버리고 나를 추상화하는 편을 선호합니다. 1년
새 당신이 정치적 우위를 재탈환했다고 말하는 건 정당합니다. 나로
말하자면 나는 기력이 약하기 때문에 그 무엇에도 응수하지 않았고
그 어떤 논쟁에도 참여하지 않았습니다. 이것이 우리가 아무 일도 하
지 않았다는 걸 의미하지는 않는다고 생각합니다. 하지만 우리가 한
모든 일은, 그리고 이상하게도 확실히 나보다도 당신이 행한 일은, 그
주요한 의미에서 공격에 속하는 것이 아니었습니다. 당신의 공격은 실
증적인 어떤 것에서 기원합니다(예를 들면 당신은 반–정신의학도, 제
도적 분석도 결코 공격하지 않았고 당신의 비판은 당신의 실증적 개
념으로부터 기인했습니다). (마찬가지로 당신이 자생주의spontanéisme에
반대해 말한 것 속에서 비판은 배치라는 실증적 주제로부터 발생합
니다. …). 필연적으로 공격과 고발이 우세를 점하는 신문잡지 기사를
씀으로써 이른바 그것이 "신문잡지"라는 장르의 법칙에 의거한다 해
도, 우리에겐 우리의 우세한 위치를 상실할 위험이 있고 또 당신이 막
아낼 수 있었던 모든 복수들이 우리에게 다시 가해지는 것을 볼 위험
이 있습니다. 우리는 통제할 수 없는 논쟁에 휘말리겠지만 그건 아주
사소한 것을 둘러싼 논쟁일 겁니다.

(3) 이런 생각을 하면서 난 제롬[38]의 집에 도착했습니다. 그가 내게
한 말을 알 겁니다. 『리좀』과는 아주 다른 삼사십 쪽짜리 소책자는 어
떻겠냐고 말입니다. 그는 친절하게 이렇게 말했습니다. '당신의 강점
중 하나는 당신 글을 즉각적으로 출간할 수 있는 훌륭한 출판사[를

가지고 있[다는 것이다.' ⋯ 더 흥미로운 건 신문잡지 기사와 소책자의 차이에 관한 제롬의 주장입니다. 신문잡지 기사는 한번 나온 후 아무도 그것을 참조하지 않는다고 합니다. 사람들이 날마다 참조하는 건 오히려 우리가 선택한 적 없는 영역에서 전개되는 논쟁 상황이고 우리는 이에 대해 모두가 다소간 우리의 적이라 할 수 있는 신문들의 지면에서 답할 수밖에 없다는 것입니다. 반면 소책자의 장점은 a. 그것이 책처럼 존재하고 그 결과 소책자가 야기할 수 있는 공격들은 그것이 아무리 사적이라 할지라도 필연적으로 책에 대한 비판의 양상을 띠게 되고, 거기에 우리가 답해야 할 필요도 없어서, 신문잡지들과 우리의 힘의 관계가 우리에게 유리한 방향으로 역전된다는 것입니다. b. 소책자는 실증적인 것들(욕망은 본래 어떤 것인가, 회고적인 힘들의 분석, 배치와 자생주의의 대립 등)을 전경에 놓고 거기로부터 우리의 공격이 생겨나지만 그 공격이 격렬함을 상실하지는 않는다는 것입니다(리오타르에 대한, 클라벨-레비의 작전에 대한, 선거지상주의에 대한 대항). c. 마지막으로 소책자는 우리로 하여금 소문에 대해 변명하지 않아도 되게끔 한다는 것입니다. 왜냐하면 사람들은 [소문에 대해 변명하는 것으로서의] 기사를 기대하니까요.[39]

또 다른 소책자를 내는 것이 좋은 생각일까요? 제롬은 그렇다고 말하는 것 같습니다. 정확하진 않지만, 펠릭스, 충실하게 보고하는 겁니다. 그대 반응이 궁금하네요. 따뜻한 마음을 담아,

질

펠릭스,

그대의 귀국, 볼로냐의 상황, 당신이 한 모든 것을[40] 기쁘게 생각합니다. 당신이 피곤하지 않기를. 난 주부가 된 기분입니다. 담배를 끊기는 했는데 그리 오래되진 않았어요. 우리 책의 끝이 보입니다. 다음을 판단해 줬으면 해요.

개요(밑줄이 그어져 있지 않은 것은 아직 작업이 완료되지 않은 것입니다.) :

우리에겐 완성되지 않은 부분들의 요소들이 아직 많이 있습니다. IV는 화용론과 언표에 관한 당신 텍스트[41]를 참조할 것입니다. XII는 X

가 끝날 무렵 준비될 것이고 새에 관한 당신의 최근 텍스트와 음악을 둘러싼 새로운 전개에 관련될 것입니다(나는 메시앙에 관련된 것들을 찾고 있습니다). XI은 스피노자 식으로 체계적으로 증명될 것입니다(하지만 나는 국가 장치와 관련해 정체되어 있어서 당신과 만나야 합니다).

당신에게 보내는 것에서 중요한 것은 고른판과 관련된 모든 것, 음악에 관한 끝부분입니다. 당신이 안 좋다고 생각하면 이 부분은 재작업할 필요가 있습니다. 하지만 그것은 한편으로는 XII에, 다른 한편으로는 결론에 착수하기 위해 만들어진 것입니다. 깊은 사랑을 보냅니다. 다음 주에 뵈어요.

질

(군대에 관한 두꺼운 책 세 권을 다시 보내줄 수 있을까요? — 그걸 가지고 작업할 예정이 아니라면 말입니다.)

일요일[42]

펠릭스에게

이 편지는 마약 여행에서 돌아오는 당신을 맞이하기 위한 작은 편지입니다. 당신을 다정히 포옹하며, 집에서 당신을 기다립니다.

내 생각에 여행은 당신에게는 호흡과 같고, 트랜지스턴스transistances[43]이며, 당신에게 착상들을 가져다줍니다. 그런데 올해 내 작업 계획은 다음과 같습니다. 한편으로는 영화와 사유에 관한 강의를 할 예정입니다.[44] (영화인들의 글을 조금 읽었는데 범상하기 이를 데 없습니다. 거기에 함께 개입해야 할 필요가 있습니다). 강의를 베르그손의 『물질과 기억』과 관련시킬 생각인데, 이 책은 무궁무진한 책인 것 같습니다. 하지만 다른 한편으로 우리 작업과 일치하는 이 범주표를 이어나가고자 합니다. 그리고 거기에서 내게 중심이 되는 것은 "철학이란 무엇인가?"에 대한 지극히 명료하고 간단한 답을 찾는 것입니다.

여기에서 출발점이 되는 두 가지 문제가 발생합니다. (1) 내 생각에 당신이 제기했던 문제, "왜 '범주'라 부르는가?", "'내용', '표현', '특이성' 등과 같은 개념들은 정확히 무엇인가?", "퍼스와 화이트헤드가 근대의 범주표를 만들었는데 범주라는 관념은 어떻게 발전되었는가?"입니다. (2) 그리고 우리가 이 가장 단순한 범주들, 요컨대 '내용'과 '표현'으로부터 출발한다면 나는 "왜 당신은 배치의 관점에서 표현에 명백한 특권을 부여하는가?"라는 내 질문을 다시 던지고자 합니다. 당신은 인내력을 가지고 이 문제에 답할 필요가 있습니다.

이것은 내게 출발점과 같은 간단한 편지이지만, 아마 당신은 완전히 다른 지점에 가 있을 수 있습니다. 어서 돌아와요, 사랑을 담아.

질

출발점이 되는 세 번째 질문을 추가합니다. 실존의 좌표에 대한 무관심이라는 관념으로 회귀하기 : 이 관념에 확고한 위상을 부여하기.

르벨에게서[45] 전화를 받았습니다. 당신이 돌아오는 대로 이에 관해 논의해야 하겠습니다….

펠릭스에게,[46]

브라질이 침울한 폴란드보다 훨씬 유쾌했기를 바랍니다.[47] 반체제 인사들이 사형 집행인들보다도 유쾌하지 않을 때, 심지어 감정의 관점에서, 무엇을 어떻게 해야 할까요? 브라질 쪽이 그래도 나은 게 틀림없습니다. 한시라도 빨리 만나고 싶습니다. 당신이 예정보다 빨리 돌아올 거라 생각하면서 전화했는데 전화 받은 스테판[48]은 당신이 17일 즈음에 돌아온다고 말했습니다. 가능하다면 내가 변함없이 틀어박혀 있는 이곳으로 와 주면 좋겠습니다. 왜냐하면 난 나쁜 예감에 사로잡힌 것처럼 신학기를 아주 불길하게 보고 있기 때문입니다. 모든 것은 아주 음울하고 레바논 이야기는 내게 참을 수 없는 것으로 보입니다.[49]

돌아오자마자 부탁할 중요한 건이 있습니다. 클레르의 어머님이 군대 쪽 연줄로 줄리앙의 병역을 면제시키는 데 성공했습니다(줄리앙은 비장을 잃을 뻔했는데 그의 인생에는 불운한 운명 같은 것이 있다고 말해야 할 것 같습니다).[50] 그런데 파르네의 아들 중의 하나가 라보르드의 당신 병원에서 자신이 연수했다는 걸 보증해줄 수 없는지 물어왔습니다(석사학위를 위해 필요하다는 겁니다). 수락해준다면 정말 기쁘겠어요. 내게 미리 알려주면 프랑수아 파르네가 당신에게 연락을 취하게끔 하겠습니다. 하지만 곤란하다면 솔직히 말해 주기 바랍니다.

당신 편지를 여러 번 읽어 보았습니다. 당신은 이렇게 말했죠. 우리의 공동작업이 시들해졌고, 공동작업이 당신에게 무엇이었는지, 그리고 당신 자신이 현재 어디에 있는지 더는 잘 모르겠다고 말입니다. 나는 잘 알고 있습니다. 나는 당신이 "야성적" 개념의 놀라운 발명가라고 생각합니다. 그것은 영국 경험주의자들이 나를 아주 매료시켰던 특징인데 당신은 확실히 그걸 갖고 있습니다. 당신 말대로 당신의 철학적 관념들이 외부에 대한 신념과 사회참여로부터 오는 것인지 아닌지 난 확신할 수 없습니다. 아무튼 그 역도 마찬가지로 사실입니다. 그러니까 초월론적 경험주의의 일종이 당신에게 정치적 활기를 불어넣었다고 말할 수 있습니다. 영토, 우주 등과 관련해 당신이 쓴 최근의 여러 장 전체를 읽었습니다. 전체가 훌륭하고 풍부한 작품입니다.[51] 두 경우가 있을 수 있습니다. 당신이 그것을 독자적으로 추진하든가 아니면 우리가 다시 합류해 공동작업을 재개하는 것 말입니다. 나는 지금 열중하고 있는 영화론을 마무리해야 합니다(여기에서 많은 양을 집필했고 올해 안에 완성할 예정입니다). 그러면 나는 완전히 자유로워질 것입니다. 왜냐하면 "철학이란 무엇인가?"와 관련해 내가 하고 싶은 것이 있는데 그것은 "영토-우주-기계"라는 당신의 주제를 필요로 하기 때문입니다. 아무튼 또 둘이서 작업할 수 있게 되리라 굳게 믿고 있습니다(덧붙이자면 우리 둘 모두가 사랑하는 작가에 대한 짧은 문학적 작업도 정말 해보고 싶습니다. 흥미로운 종류의 작업이 될 겁니다).

아, 그래요. 신학기가 시작되는 것이 싫습니다. 생 드니는 이제 더 이상 내 관심을 끌지 않습니다. 나는 나의 건강이 매우 위태롭다는 소문이 점점 퍼지게 하고 있습니다(놀라지는 마세요). 당신과 곧 재회할 것을 생각하니 기쁘기 그지없습니다. 깊은 사랑을 담아.

여기엔 20일쯤까지 있을 예정입니다.

질

생 레오나르드 노블라 87000

피에르 클로소프스키에게 보낸 편지[1]

마스 르베리 길
생 레오나르 드 노블라 87.

1969년 12월 19일

선생님께,

방금 수술을 마쳤습니다. 유기체에 대한 조심스러운 공격이었고 불쾌한 수술이었지만 상태는 훨씬 호전되었습니다.[2] 선생님을 종종 생각하면서 선생님의 『니체와 악순환』[3]을 다시 읽었습니다. 선생님에 대한 저의 경의는 전면적이고 절대적입니다. 『니체와 악순환』을 다시 읽은 이유는 현재 집필 중인 책[4]에서 논의할 필요가 있었기 때문입니다(저는 선생님에 대해 언급한 부분들이 가장 훌륭했다고 생각합니다). 신실한 마음과 깊은 우정을 담아(가까운 시일에 뵈었으면 합니다. 조만간 파리에 갈 예정이거든요).

질

마스 르베리 길
생 레오나르 드 노블라 87.

수요일5

선생님께,

카트린 바케스-클레망으로부터 제가 무척 좋아하는 소식을, 선생님에 관한 특집호 소식을 전해 들었습니다.6 거기에 꼭 참여하고 싶고 그렇게 된다면 참 기쁘겠습니다. 제가 생각하고 있는 것은 다음과 같은 형태의 것입니다. 이전 편지에서 전해드린 것 같은데요, 제 친구 중 하나인 펠릭스 과타리와 함께 책을 쓰고 있는데 거기에는 선생님으로부터 착상을 얻어 『니체와 악순환』의 주제를 주해하는 긴 단락이 있습니다. 그러니까 제 제안은 이 단락을 다시 손질해서 출간 예정인 저작에서 발췌한 것으로 싣는 것입니다(이 책의 제목은 『자본주의와 분열증』이 될 텐데, 발췌할 그 단락은 '세 가지 종합'이라는 제목으로 선생님이 사유 방식을 쇄신한 연접connexion, 이접disjonction, 통접conjonction을 그 대상으로 합니다) — 이 텍스트에서는 선생님에 대한 우리의 감탄을 이야기하며 제가 과거에 사용했던 것과는 다른 언어로 그것을 표명하는 이점이 있다고 생각합니다.7 하지만 무엇보다도 우선 이러한 방침이 선생님의 마음에 들어야 합니다. 불편하신 점이 없는지 알려주시기 바랍니다. (만일 불편하다면 다른 방식으로 글을 쓰도록 하겠습니다). 하이데거의 『니체』8라는 중대한 과제는 마무리하셨는지요? 새로운 작업을 위해 조속히 자유롭게 되시기를 기원합니다. 『국제 바보』지에 실린 선생님의 대담9을 읽었습니다. 대단히 훌륭했고 즐거웠습니다. 파리로 돌아가기 위해 자리를 찾느라 고심하면서 소르본 대학에 원서를 막 냈습니다. 그건 정말이지 일종의 재앙이었습니다. 저는 사랑받고 있다고 생각하면서 증오받고 있는 자신을 발견하는 순진한 소년과 같은 경험을 했고 제 자부심은 혹독한 보복을 당했다고 할 수 있습니다. 아무쪼록 뱅센 대학이 없어지지 않고 저를 받아줄 수 있기를 기원해봅니다. 왜냐하면 무슨 일이 있어도 파리에 재정착하기를 바라기 때문입니다(몸이 이제 회복되었습니다). 선생님과 다시 만나면 참 좋겠습니다. 진심 어린 찬미와 우정을 담아.

질

비제르트 길 1-2번지
파리 17구

1970년 10월 30일

선생님께,

우리는 다시 파리에 정착했습니다.[10] 그리웠던 이 도시를 되찾은 느낌이고 또 특히 우리가 사랑하는 사람들과 더 가까워진 느낌이 듭니다. 우리 아파트는 사람들이 우글거리는 클리쉬 광장 근처에 위치하고 있지만 이상할 정도로 조용합니다. 지금 작업을 위해 집단성과 선별에 관해 선생님이 쓴 텍스트의 구절들을 다시 읽고 있습니다. 그 구절은 『니체와 악순환』에서 프로이트주의를 초극하는 특이한 방법을 보여주는 놀랍고 혁명적인 텍스트입니다. 몇 차례 반복해서 읽어도 이 책은 참 훌륭하고 새롭습니다. 우리는 만성절[11] 전에 출발하려 합니다. 괜찮으시다면 돌아와서 전화드리겠습니다. 곧 선생님과 재회할 수 있기를 학수고대합니다. 깊은 우정을 담아.

질

비제르트 길 1-2번지
파리 17구

1971년 2월 18일

선생님께,

카트린 바케스가 제게 이렇게 말했습니다. 선생님께서 『라크』지[12] 이번 호에 실을 텍스트를 거의 완성했고 선생님의 소묘 가운데 한 점 (예를 들면 손가락 하나를 세우고 있는 경이로울 정도로 작은 남자) 의 사용을 허락했다고요. 그리고 선생님께서 저에 대한 소묘 초안도 그리셨다고도 말했습니다. 『라크』지 이번 호가 저에게 불러일으키는 것은 일종의 두려움이고(왜냐하면 저는 그에 상당할 만큼 성숙했다고 생각지 않기 때문입니다) 당연히 불안한 즐거움입니다. 하지만 이 번 호에 선생님께서 나오신다는 것이 모든 것을 변화시킵니다. 왜냐하면 그것이 모든 것을 나보다 높은 수준으로 끌어올릴 것이고 선생님 께서는 틀림없이 제게 비교할 수 없는 무엇을 주실 것이기 때문입니다. 심심한 감사와 경외의 마음을 품고 있음을 전해드리고 싶습니다. 조만간 만나 뵙고 우리 집에서 저녁 식사를 할 수 있을까요? 괜찮다 면 전화드리도록 하겠습니다. 깊은 우정을 표합니다.

질 들뢰즈

분열증에 관한 저희 책, 과타리와 저의 책이 2월 말에 출간됩니다. 꼭 한번 읽어 봐주시길 당부드립니다. 이 책이 나오면 정신분석가들과 전쟁을 벌이게 될까요, 아니면 조용히 넘어가게 될까요?

비제르트 길 1-2번지
파리 17구

1971년 4월 21일

선생님께,

아, 때가 되었습니다. 이제는 확실히 그 시간이 왔습니다. 전 곧바로 선생님 책 한 줄 한 줄을 읽고 또 읽었습니다. 뱅센 대학에는 푸리에에 관한 논문과 『살아있는 통화』[13]를 연구하는 모임이 있습니다. 이 두 텍스트는 선생님 작품의 전환점이 아니라 새로운 모습을 보여주고 있다고 생각해요. 동일성에 대한 근본적 비판은 경이롭고, 선생님께서는 "신"과 "인간"으로부터, 만들어진 객체와 제도로까지 내려가 이 비판을 수행하십니다(이런 관점에서 『니체와 악순환』에서 이미 저를 매료시킨 많은 구절들은 그 모든 귀결을 발전시킵니다.) 선생님께서는 하부구조에 욕망을 도입하거나 혹은 같은 말이 되겠지만 역으로 욕망에 생산의 범주를 도입하십니다. 이것은 제게 엄청난 중요성을 갖습니다. 왜냐하면 이것이 (1) 불임의 맑스-프로이트, 돈-배설물의 평행이론으로부터 벗어나게 해주는 유일한 수단이고 (2) 빌헬름 라이히가 그의 천재성에도 불구하고 실패한 곳에서 성공할 수 있는 유일한 수단이기 때문입니다(왜냐하면 라이히 역시 하부구조에 욕망이 삽입되는 지점을 보지 못하고 이데올로기 비판의 수준에 머물러 있었기 때문입니다).

이렇게 다시 한번 저는 선생님의 뒤를 따라가고 있습니다. (케인스에게 몰두해야 할 것 같습니다. 왜냐하면 저는 케인스가 욕망-화폐의 기묘한 관계를 발견했다는 선생님의 지적을 신뢰하기 때문입니다.) 선생님께서 진행하고 있는 것 속에는 맑스주의-정신분석과 같은 이중의 현상유지주의immobilisme를 동요시키고 아마도 뛰어넘게 하는 것이

넉넉하게 존재합니다. 그러면 너무나 유쾌할 것입니다. 편지를 쓰는 데 이렇게 오랜 시간이 걸리는 것을 우정으로 용서해 주시기 바랍니다. 저는 분열증을 주제로 줄곧 과타리와 함께 작업을 해오고 있는데 저는 제가 해온, 그리고 하고 있는 작업에서 항상 선생님과 가까이 있다고 느낍니다. 그래서 저의 열광을 선생님에게 전하는 일은 계속 늦어지고 있습니다. 저는 정신없이 지냈습니다. 뱅센 대학의 삶은 작열하는 삶입니다. 다행히도 우리는 곧 이 책을 끝마칩니다. 이 책을 있는 그대로, 요컨대 선생님의 뒤를 잇는 것으로 받아주시기 바랍니다.

『살아있는 통화』에서 텍스트와 사진들 간의 관계는 "메타심리학적"이라 부를 수 있는 것입니다.[14] 우리 두 사람으로부터의 찬탄의 마음을, 지극히 깊은 찬탄의 마음을 전합니다(조만간 전화 드리겠습니다. 만나 뵙게 된다면 정말 행복하겠습니다).

질 들뢰즈

비제르트 길 1-2번지
파리 17구

1972년 12월 1일

선생님께,

휴가 직전 전시회[15]를 보러 갔었습니다. 훌륭하더군요. "아주 좋아요"(이것은 제가 다른 것보다 더 좋아한다는 것을 의미합니다)라는 너무 단조로운 경의를 표하는 걸 양해해 주시기 바랍니다. 파니와 제가 좋아한 것은 다음 그림이었습니다. 로베르트가 측면을 향해 앉아 있고 그녀의 무릎 위에 서 있는 구레나룻 수염이 난 작은 인물이 로베르트의 손가락을 잡는 것과 그 손가락이 작은 인물의 일부가 되기도 하는 것, 누워있는 알몸의 남자-여자, 믿기 어려울 정도로 우아한 젊은 오지에Ogier였습니다. 하지만 사실 우리는 데생 하나하나에 감동했습니다. 그리고 1971년 이래로 선생님 안에서 그림과 관련된 새로운 확신이 생겨난 것은 아닌가 하는 느낌이 듭니다. 우리의 진심 어린 기원과 경의 그리고 우정을 담아 보냅니다.

질 들뢰즈

생 레오나르드 노블라

1978년 7월 25일

피에르 선생님께,

특별호 『영화 로베르트』의 독서를 막 끝마쳤습니다.[16] 경이로운 책입니다. 시사회에 시간을 낼 수가 없어서 아직 영화는 보지 못했습니다. 영화를 보기 전이었지만 이 책자는 어떻게 이 영화가 활자화된 작품으로부터 파생되는지 그리고 그럼에도 영화가 어떻게 자율적일 수 있는지를 보여줍니다. 막대기들barres이 평행선을 이루며 나란히 있는 그 주요 장면의 필름 편집은 일종의 "박층구조적"lamellaire 편집이고 선생님에게 있어서 평행선을 주제로 한 이유의 중요성을 충분히 보여줍니다. 책자 전체는 "사회극장"이라는 선생님의 개념을 빛나게 합니다. 그리고 이미지의 두 근원에 관한 쥐카의 텍스트는 선생님 자신의 텍스트와 마찬가지로 본질적인 것으로, 선생님 작품 전체와 합치하는 것 같습니다. [여기에서] 본질적이라는 것은, [쥐카의 텍스트가] 선생님에게 있어서의 "기호"-"이미지"의 차이와 관계를 이해하는 데에 본질적인 것으로 생각된다는 것입니다. 빨리 영화를 보고 싶습니다. 개봉이 예고된 〈유예된 소명〉을 보러 갈 예정입니다.[17]

『디알로그』와 관련해 편지를 주셨습니다. 참으로 깊은 이해심과 우정 어린 편지에 감동했습니다.[18] 제가 이런 편지를 받을 자격이 있는지 잘 모르겠습니다…. 펠릭스와 함께 쓰는 이 책[19]을 완성하기 위해 오랫동안 거의 완전한 은둔 상태에 있었습니다. 이 책은 너무 불균형하고 장황하게 되어버렸습니다. 하지만 끝이 보입니다. 그래서 행복하고 안심이 됩니다. 마치 제가 말한 것처럼 선생님께 불쾌한 말이 전해진 것 같다는 말을 듣게 되었습니다. 부디 그러한 말을 일순간이라도 믿지 마시기 바랍니다. 단적으로 제가 당신에 대해 가지고 있는 경의의 성질 자체가 변할 수 있는 것이 아니기 때문입니다. (특히 선생님의 작품에서 제가 좋아하지 않는다는 의미의 "환상" 같은 것은 조금도 발견한 적이 없습니다). 선생님께서 만들어내는 것 안에서 저는 언제나 아름답고 중요한 것을 발견합니다.

이번 책에서 다루고 있지 않은 것으로 생각되는 한 가지는 선생님의 영화에서 소리의 역할, 그리고 소리와 이미지의 관계입니다. 선생님께서는 전반적으로 "음성"에 새로운 역할을 부여하시기 때문에 이 점에 관한 책자의 침묵은 다분히 영화로 되돌아가게 하려는 의도임이 틀림없어 보입니다. 그만큼 더 빨리 보고 싶은 마음이 듭니다. 그러면 좋은 휴가가 되시길 기원합니다. 드니즈와 선생님에게 존경과 친애하는 마음을 보냅니다.

질

파리

피에르 선생님,

편지를 너무 늦게 쓰는 것에 대해 양해를 바랍니다. 이 편지는 제가 그 영화로부터 받은 감동이 없다면 어떤 가치도 없을 것입니다.[21] 그것은 완전히 한 편의 영화, 실재-영화réel-cinéma이지 선생님께서 쓰시거나 그리신 것의 적용application이 아닙니다. 그러므로 여기서 기본 요소는 이미지입니다(이 이미지는 선생님의 글에 나타나는 삼단논법 그 자체와도 다른 것이며, 선생님의 그림에 나타나는 지극히 특수한 성격을 지닌 "윤곽선"과도 다른 것입니다. 비록 이 다른 것들이 이미지와 내적 관계를 이루고 있다고 해도 말입니다). 그러므로 저는 『오블리크』[22] 특별 호를 읽으면서 갖게 된 인상으로부터 다시 출발합니다. 순수한 이미지의 두 극과 관련된 쥐카의 텍스트가 대단히 중요한 것은 이 텍스트가 선생님의 사유와 합치하고 그로 인해 아주 독창적인 것이 되었을 뿐만 아니라 이 텍스트가 당신들이 함께 만들어낸 영화의 실천을 표현하고 있기 때문이기도 합니다. 현재, 이미지를 진정으로 사유하는 네 명의 위대한 작가가 있다고 생각합니다(단지 이론적 측면에서만 아니라 실천의 측면에서도 사유하고 있고, 오늘날 우리 세계의 현대적 요소로서 이미지를 사유하고 있습니다). 이들은 선생님, 고다르, 매클루언, 그리고 버로스입니다. 그런데 이 네 사람이 이미지의 양극성에서 시작하여 마치 강도의 차이를 통과하는 것처럼 운동을 정확하게 생성할 수 있다는 것이 흥미롭습니다. 하지만 그들이 두 극을 동일한 방식으로 배분하고 있는 것은 결코 아닙니다. 만약 제게 기회가 주어진다면 한편에는 선생님과 쥐카를, 다른 한편에는 나머지 세 사람을 각각 위치시키고 그 일치와 불일치의 일람표 같은 것을 (재미 삼아) 작성해보고 싶은 생각이 듭니다. 선생님 자신의 분배법, 대략 이미지-문서, 이미지-환상으로부터 시작한다면, 영화 〈로베르트〉 전체는 지속이나 순간성에서의 소통, 순환, 항구적 이행을, 그리고 한 극에서 다른 극으로의 변형을 확보하는 데 완전히 성공합니다. 사실 이것은 오직 영화를 통해서만 획득될 수 있는 것입니다. 영화에 단순히 영사projection라는 가치만이 아니라 진정한 "투사물"projectile의 가치를 부여할 수 있는 것입니다. 이런 의미에서 생각해보면 옥타브는 자기 나름의 신학에 입각하여 기술병으로서 혹은 전쟁기계의 주인으로서 행동하게 되며 로베르트의 유희는 이 투사물의 작용과 대단히 긴밀하게 연관되어 있다고 생각됩니다(예를 들면 손의 역할). 감동의 관점에서 말해보면 마치 이 영화는 모든 감정을 제거한 것 같습니다(아마도 앙투안은 예외적인 것 같지만 그것은 의도적인 것 같습니다). 그래서 그것은 "브레송 식"이 아닙니다. 왜냐하면 그것의 독창성이 모든 감정을, 그리고 "도착적"이라 정의될 수 있는 시도를 제거했기 때문입니다. 그것의 독창성은 감정과는 완전히 다른 정동affects의 능력을 해방하는 것입니다. 선생님과 유사한 무엇인가를, 요컨대 정동-투사물-이미지의 관계를 제가 발견하는 것은 클라이스트에게서입니다. 결국 이미지의 두 극의 기능 속에서, 그리고 그것에서 따라 나오는 결과에 의해 우리는 평행선이라는 주제의 실천적 중요성을 느낄 수 있고 이 주제가 아마도 선생님의 글, 영화, 그림에 공통적인 유일한 요소가 되는 것 같습니다. 하지만 그것은 유클리드적 평행선은 아닙니다. 이러한 관점에서도 역시 로베르트의 유희, 그녀의 신체의 자세, 또는 그녀의 미소의 극도의 중요성이 생깁니다. 직선적으로 밀리미터 단위의 정확도를 갖는 이 미소는 가변적인 정동적 가치를 갖는 평행선을 묘사합니다. 마지막으로 제가 지난번 편지에서 제기한 문제가 이 관점에서 필연적인 해결책을 발견하게 됩니다. 그것은 소리의 역할에 관한 문제였는데 소리는 두 개의 극-이미지의 소통에 불가결합니다(예를 들면 지극히 아름답고 대단히 희극적인 식사 장면). 반대의 실험을 해보죠. "인상"의 두 번째 계열 내에서 소리가 제거되고 그와 동시에 "자연"이 전체를 엄습할 때 어떤 일이 일어날까요? 바르베-슈미트-자동차의 장면이 극들의 순환이 동시에 가동적이 되는 영역을 표현해서 대단히 좋았습니다. 미래의 영화배우는 이제 배우도 아니고 특히 영화 애호가도 아니며 선생님-로베르트처럼 다른 곳에서 온 창조자이든가 혹은 영화감독입니다. 왜냐하면 영화감독에게는 그들만의 독특한 연기 연출 방식이 있기 때문입니다(〈미국인 친구〉에서 이미 충격을 받은 것이지만, 이 영화에서 빔 벤더스는 거의 감독들만으로 연기를 하게 합니다). 하지만 이렇게 글을 써가는 와중에 느끼게 된 것이지만 제가 말하고 있는 모든 것이 그로테스크하고 창피스러울 정도로 지성적이지, 구체적인 것을, 영화 속에서 보이는 것을 말하고 있지는 않다는 것입니다. 경애와 친애의 마음을 드니즈와 선생님에게 보냅니다. 화요일에 만나 뵐 수 있기를 진심으로 기원합니다.

추신 1 : 저는 이제 편지를 쓸 힘이 없습니다. 끔찍한 일입니다. 고독의 결과이지만 아무튼 고독을 사랑하고 있습니다.

추신 2 : 이 영화는 진정으로 순수한 영화라고 확신합니다. 이런 나의 확신은 이런 영화가 일반 영화관에서 개봉되지 못하기에 저를 더 안타깝게 합니다. 하지만 이것은 대단한 일이 아닙니다. 가장 본질적인 것은 사람들이 이것을 볼 수 있다는 점에 있으니까요.

비제르트 길 1-2번지
파리 17구

1979년 4월 4일

피에르 선생님,

선생님께서 제게 너무 많은 것을 요구했다는 생각일랑 절대 하지 마시고 그렇게 말씀하지도 마셔요. 그렇게 생각하신다면 제가 너무 부끄러울 테니까요. 선생님의 작업과 선생님의 존재 방식에 의해 선생님께 이렇게나 빚지고 있는 것이 저인 까닭입니다. 저는 단지 영화에 대해 쓸 수 없었던 데 대해 자책하고 있는데, 왜냐하면 저는 일종의 사막과 절대적 무능을 건너고 있기 때문입니다. 바로 그 순간 (1) 선생님께서는 저를 조금 필요로 했고 (2) (일시적으로, 일시적으로) 갑자기 "고꾸라져" 더는 글을 쓰지 못할 정도가 되었기에, 저는 제 몫의 긴 작업을 끝내고 있다고 믿었습니다. 쥐카가 말씀을 살짝 드렸길 바랍니다. 그런 일이 우리 모두에게 닥칠 수 있지만 실상 걱정할 만한 일이 아니기를 바랍니다. 어쨌든 제가 알기로 뱅센의 모든 이들과 그 영화를 본, 제가 아는 모든 이들이 그 영화에 "매료되어" 영화관을 나왔다고 합니다. 선생님을 생각합니다. 선생님의 작품은 일종의 오페라로 여겨질 수 있겠지만 분산되어 있습니다. 그것은 모든 목소리보다 우선합니다(선생님의 문체는 경이롭고 언어적이지 않고 음성적입니다. 선생님께서는 라틴어와 관련된 아주 순수하고 아주 복잡하면서도 그야말로 목소리를 위한 통사론을 만드는 법을 알고 계셨습니다.). 선생님의 그림과 화판은 진정한 장식인데, 장식이 매우 창조적이라는 의미에서 그렇습니다. 쥐카의 영화는 이 오페라의 다른 요소가 될 것입니다. 이 오페라에서 쥐카의 힘은 선생님의 힘과 만나 조화를 이루는 것 같습니다. 그리고 드니즈가 이 모든 것에 관련되어 있습니다. 그러니까 작품 안에 배치된 요소들이 우리에게 차례로 제시된 오페라가 된 것입니다. 선생님이시기에 이런 말씀을 드리는 것인데, 그것에 관해 글을 쓰라고 요구하지는 말아 주세요. 전 지금 아무것도 할 수 없습니다. 펠릭스와 함께 그 책을 다시 쓰고 완성하기 위해서는 휴식이 많이 필요합니다. 선생님께 속한 많은 것들을 이 책에서 찾으실 수 있을 겁니다.[23] 제겐 긴 잠이 필요합니다. 그런데 그럴 수가 없군요. 제 편지를 첨부해 다시 보내드립니다. 뛰어난 것은 아니지만 이 편지는 선생님께 속한 것이니까요. 제가 선생님을 존경하고 또 사랑한다는 것을 부디 알아주시길 바랍니다.

질

미셸 푸코에게 보낸 편지[1]

친구에게,[2]

내 의견을 말해 볼게요. 내가 볼 때 당신은 우리 세대에서, 경이롭고 또 진정으로 새롭기도 한 작품을 쓰는 사람 중 한 명이랍니다. 내 경우엔 오히려 "소소한 것들"로 가득한 것 같고 너무 많은 교과서적인 토막글들로 어지럽혀져 있습니다(분열증이 멎으면 자연히 해결될 것 같긴 한데, 장담은 못 하겠네요). 당신을 우연히 마주치거나 당신과 닮은 뭔가를 생각하거나 [당신이 좇고 있는 것과] 유사한 과업을 좇는 일이 종종 있답니다. 하지만 그저 당신 글 때문에 단숨에 전진하게 되는 일은 더 자주 일어납니다. 그리고 어떤 텍스트에서 당신은 당신 생각에 내 글은 경이롭다고 썼죠.[3] 내가 느낀 기쁨을 말로는 할 수 없으니 짐작해 봐요. 당신의 필력과 문체로 나를 칭찬해 주니 나 자신도 믿을 정도예요. 오늘 아침 그걸 읽고 느낀 기쁨은 다른 그 어떤 것에서도 찾기 어려울 것입니다(단순한 자만심 이상의 분명 다른 이유들도 있을 것입니다). 굉장한 글입니다. 당신이 나를 완전하게 이해하고 있다는 인상과 당신이 나를 넘어서고 있다는 인상을 동시에 받습니다. 그러니까 그야말로 꿈같은 일이죠. 특히 내 맘에 드는 건 당신이 환상적인 것으로서의 철학사(3), 현상학과의 대립에 대해(6), 사건에 관한 세 가지 이론(14), 개념의 기능(25)에 대해 쓴 것, 『부바르와 페퀴셰』에 대한 부분들(원고의 이 부분에서 당신이 말풍선에 넣은 구절을 지웠는

데 너무 애석하다고 말하지 않을 수 없습니다), 마약에 대한 아주 아름다운 구절(말풍선에 쓰여 있는 "그들은 우리에 대해서 뭐라고 생각할까?")⁴, 그리고 회귀에 관한 마지막 부분 전체입니다. 하지만 무엇보다 이 모든 걸 특별하게 만드는 당신 특유의 "어조"가 있습니다. 이번 주말에 전화하겠습니다. 내 모든 우정을 알아주시길.

GD

마스 르베리 길
생 레오나르 드 노블라 87.

화요일

친구에게,[5]

편지를 받고 무척 기뻤습니다. 휴가를 침울하게 보내지 말아요. 당신의 복귀를 생각하면 즐겁습니다. 당신이 콜레주드프랑스에 있다는 건 엄청난 일이 될 거라고 생각하기 때문입니다. 내게는 물론이고 당신에게도 아름답고 훌륭한 한 해가 될 거예요.[6] 우린 이사했습니다. 피곤하더군요.[7] 한 달 전부터는 일에서 완전히 손을 놓아 아무런 결실도 거두지 못했습니다. 내가 무슨 말을 하고 싶어 하는 건지는 잘 알고 있지만 그걸 행할 용기가 없는 겁니다. 이걸 치료하는 두 개의 길이 있다고 말할 수 있을 텐데, 하나는 전통적인 방식으로 오이디푸스화 l'œdipianisation traditionnelle하는 것입니다. 다른 하나는 분열증화 schizophrénisation하는 것으로, 후자가 해방을 가져다줄 수 있는 유일한 길입니다. 왜냐하면 분열증에는 보편적 생산자와 같은 어떤 것이 있기 때문입니다. 이 문제는 버로스의 문제(어떻게 마약을 하지 않으면서도 마약의 능력을 얻을 것인가?)나 밀러의 문제(맹물로 취하기)와 비슷할 겁니다. 내 문제는 이렇습니다. 어떻게 분열증자처럼 되지 않으면서도 분열증적 진전을 이뤄낼 것인가? 아르토와 분열증을 아주 가까이 접근시키는 데 대해 '텔켈' 그룹이 어깨에 힘주면서 격분할 때 너무 짜증이 납니다. 그들은 아르토로부터 어떤 엄밀한 개념을 갖고 있는 듯 행세하지만, 분열증에 대한 가장 전통적이고 가장 역겨우며 가장 보잘 것없는 개념을 갖고 있을 뿐입니다. 그들은 들레Delay와 동조하고 있습니다. 약간의 신경증은 창작에 이롭지만 과해서는 안 되며, 특히 정신병은 안 된다는 겁니다. 정말이지 깜짝 놀랄 멍청이들입니다. 말하고 싶은 것은, 당신이 내 글을 읽었고 게다가 마음에 들었다니, 정말 행복했다는 것입니다. 나에 대한 논문의 기획이나 피엘이 [가진] 주교의 지팡이가 당신에게 부담이 되어서는 안 됩니다.[8] 당신이 지금 이 순간 글을 쓰고 싶지 않다면, 그 순간을 함부로 건드려선 안 되기 때문입니다. 글을 쓰면 안 된다는 겁니다(제발 내 말을 들어요). 튀니지라면, 그럼요, 기꺼이 가야 하겠지만, 잘 모르겠습니다. 내가 여행이랑 잘 맞지 않아서요. 다음 주에는 파리에서 며칠 있게 될 겁니다. 당신이 다시 거기 있게 된다면 뱅센에 관한 모든 것들을 부탁하고 싶습니다.[9] 파니와 나의 모든 우정을 담아.

GD

게라심 루카에게 보낸 편지[1]

질 들뢰즈
비제르트 길 1-2번지
파리 17구

1972년 9월 27일

선생님,[2]

최근 『한계-영웅』[3]에 실린 글들을 읽었습니다. 저는 열광했고, 선생님의 글이 가진 힘과 참신함에 깊은 인상을 받았습니다. 선생님 글들을 다 읽어보고 싶습니다. 『한계-영웅』 이후로 쓰신 글들이 어떤 것들인지 (또 필요하다면 제게 정보가 없는 그 이전 것들도) 부디 쪽지를 남겨 주시거나 전화를 좀 해주실 수 있으실는지요? 국립도서관에 몇 권 있긴 하지만 너무 적습니다. 선생님께서 트로스트와 함께 쓰신 「비-오이디푸스 제1선언」[4]이 실린 『신정신분석저널』을 읽어 보고 싶은데, 어디서 출간되었는지요? 귀찮게 해드려 죄송합니다. 부디 제 크나큰 경탄의 증거로만 봐주셨으면 합니다.

질 들뢰즈

1972년 10월 6일 금요일

게라심 루카 선생님께,

저한테 편지 쓰기 편집증이 있다고는 생각하지 말아주세요. 대화에 의미를 부여한다고도요. 전 대화를 싫어하는 사람입니다. 하지만 이제 다시 편지를 쓰는 까닭은 제가 (국립도서관에 있는) 선생님의 글을 다 읽었고, 선생님의 음반도 많이 들었기 때문입니다. 선생님께서 말씀하고 쓰신 것은 제가 상상할 수 없었던 어떤 냉정한 심오함과 참신함, 그리고 아름다움에서 나왔다는 것을 확실히 압니다. 제가 어떻게 선생님 글을 읽게 되었는지 이야기하겠습니다. 시장은 선생님을 "톡 쏘는 사치품"의 저자로 만들어버리니까요. 그러니까 어떤 잡지에서 참고문헌에 대한 아무 정보도 없이 「비-오이디푸스 제1선언」을 언급하는 걸 발견했고, 어리석으면서도 호기심 어린 방식으로 이걸 꼭 읽어야겠다고 생각했던 것입니다.5 읽으려던 건 찾지 못한 채로 『한계-영웅』을 집어 들어 진지하게 완독했고 단순한 호기심이 생겼는데, 왜냐하면 곧바로 대혼란을 느꼈기 때문입니다. 그러고 나서는 선생님과 만나보려고 한 걸음 내디딜 때마다 더 멀어지거나 멈춰 서야 했습니다(루블리 l'Oubli 6라는 신비로운 출판사를 탐색하고 미노타우로스 Le Minotaure 서점을 방문하고 제가 알 수 있는 파리의 루마니아인들한테, 또 심지어는 어떤 초현실주의자한테까지 전화하고 등등). 마침내 선생님은 제게 음반을 보내주셨고, 전 그 발행인이 지보당7이라는 걸 알게 되었습니다. 그 사람은 분명 제가 선생님 글을 읽기 며칠 전에 이런저런 일로 저를 보러 왔던 것입니다. 이 일이 이렇게 매듭지어지니 아주 만족스럽습니다.

선생님의 음반은 신체의 신경망과 영혼 위에서 어떤 강력하게 감성적인 순수 기계처럼 작동하는데, 전 그런 것을 들어본 적이 없습니다. 선생님 책들에 대해서는 말할 것들이 이미 너무나 많지만(아, 어떻게 그렇지 않을 수 있을까요? 주석 다는 일을 멈출 수가 없답니다), 지금은 그보다는 선생님 책들이 제게 준, 더 정확히는 그것들이 제 안에 심어놓은 감정과 찬탄에 더 관심이 있습니다. 만날 날짜를 부디 정해 주시길 바랍니다. 모든 마음과 애정을 담아.

질 들뢰즈

게라심 루카 선생님께,[8]

누차 죄송합니다. 요즘 스케줄을 예상할 수가 없어요. 불가피한 회의들이 너무 많습니다. 그럼에도 제게는 선생님을 방문하는 것이 가장 소중한데, 그렇게 되면 제가 탐색하고 있는, 또 선생님 덕분에 가까이 갈 수 있는 것들 쪽으로 강하게 나아갈 수 있을 테니까요. 내일 갈 수 없는 것을 부디 이해해 주시기 바랍니다. 정신의학 사태에 갉아 먹히고 있습니다. 『열쇠』 감사드립니다.[9] 아주 근본적인 텍스트더군요. 괜찮다면 주중에라도, 시의적절하지 않은 일거리들이 진정되는 대로 편지 드리겠습니다. 마음으로부터 선생님께.

질 들뢰즈

1972년 12월 30일

게라심 루카 선생님께,

대체 어찌 된 일일까요, 한 주 또 한 주 지나는 동안 살아있다는 안부조차 전하지 못하다니, 전 이렇게나 선생님이 보고 싶고 또 선생님도 저를 너무나 깊이 환영해 주시는데 말입니다. 정치적인 일이든 뭐가 뭔지 모를 일이든 온갖 종류의 일들에 사로잡힌 채 (생쥐처럼) 있었고 제 모든 작업들은 지연되고 있었으며 가장 본질적인 것을 위한 시간조차 전혀 뜻대로 할 수 없었습니다. 제 일들이 정돈되면, 이런 제 사정을 헤아려주셔서 이전에 그리하였던 것처럼 강력한 우정의 표시로 다시 저를 맞아주시기를 바랍니다. 게다가 저는 오해를 낳을 수 있는 사건 때문에 낙담한 상태랍니다. 『크리티크』지에서 저에 대해 예고하기를, 조만간 선생님에 대해 쓴 글을 게재한다고 하면서 그 제목을 "루마니아의 두 시인 루카와 트로스트에 대하여"라고 붙여버린 겁니다. 제가 볼 때 트로스트가 시인이 아닌 것은 차치하고라도, 제가 선생님을 "루마니아" 시인으로 여긴 적도 전혀 없는데 말입니다. 저는 즉시로 『크리티크』지에 편지를 썼습니다. 그 바보 같은 삽입구를 바꿔달라고요. 최근 우리의 만남들, 그리고 앞으로 있을 우리의 만남들이 제게 큰 영향을 끼치고 있다고 말해 두어야겠습니다. 경탄과 우정을 담아.

질 들뢰즈

질 들뢰즈
비제르트 길 1-2번지
파리 17구

1973년 6월 7일

『잉어의 노래』[10]는 놀랍습니다. 거기 나오는 모든 것이 훌륭해요. "빠, 빠Pas, pas …"라고 쓴 것을 봤을 때의 감정 … (그보다 더 강력한 시는 없었으리라고 계속해서 생각하고 있습니다[11]). 아, 왜 더는 선생님을 뵈러 가지 않는지, 왜 전 그럴 수 없는지. 제 작업에, 제 삶 자체에, 이런 진동들이 일어나 이제 제게는 아무런 자유가 없습니다. 저는 제가 알지도 못하는 뭔가를 위해 싸우는데, 그건 제게 단 한 순간조차 허락하지 않습니다. 그럼에도 선생님 자신과 선생님이 하시고 있는 일은 제 안에 여전히 깊이 남아 있습니다. 깊은 애정을 전합니다.

GD

질 들뢰즈
비제르트 길 1-2번지
파리 17구

화요일〔1975년 5월 26일〕

게라심 루카 선생님께,

선생님의 낭독을 듣기 위해 갔었습니다. 아름다움의 감정이 북받쳐 제게는 흔치 않게 귀중한 저녁 시간이었습니다.[12] 낭독회가 끝난 후 선생님을 뵐 수도 없었고 "축하한다"라는 말조차 전할 수 없었습니다. 선생님께서 한 너무나 위대한 일과 선생님이라는 너무나 위대한 존재에 비한다면 저는 너무나도 시시한 것들밖에는 말할 수 없다고 생각한 까닭입니다. 가장 깊은 찬탄과 애정을 전합니다.

GD

질 들뢰즈
비제르트 길 1-2번지
파리 17구

1986년 3월 11일

게라심 루카 선생님께

선생님께서 코르티 출판사에서 재판을 찍게 되었다는 소식에 너무 행복합니다. 선생님은 가장 위대한 시인 중 한 명이십니다. 선생님을 생각하면 가장 깊은 찬탄과 애정을 멈출 수 없습니다.

질 들뢰즈

질 들뢰즈

1989년 3월 4일

게라심 루카 선생님께,

　FR3의 저녁 방송(이미 너무 오래된 일이지만)은 충격적이었습니다.[13] 선생님께서는 삶, 힘, 엄정성을 시에 부여하시는데, 가장 위대한 시인들에게서가 아니라면 그에 비길 만한 것은 없습니다. 선생님께서는 그들 중 한 사람이십니다. 선생님 작품을 듣거나 읽는 건 어떤 절대적 발견이며, 그때마다 선생님의 천재성에 대해 찬탄과 존경을 느낍니다. 『가로누운 소용돌이』[14]를 보내주시어 감사드립니다. 훌륭합니다. 저는 선생님 작품에서 각각의 시를 움직이는 특이한 "논리"의 힘에 점점 더 사로잡힙니다. 부디 제 깊은 애정을 받아주시기를 바랍니다.

질 들뢰즈

질 들뢰즈
니엘 가 84번지
파리 17구

1991년 3월 24일

그 어느 때보다 더 깊은 찬탄을 보냅니다.

(숲의 광휘)

아르노 빌라니에게 보낸 편지[1]

1980년 10월 21일

빌라니 선생에게,

그대를 만나보지 못해 나도 매우 아쉽습니다. 특히나 나를 볼 목적으로 파리에 왔었다면 말이죠(그런데 왜 미리 언질을 주지 않았던 거죠?). 제시간에 되돌아가지 못한 데 대해서는 면목이 없습니다. 어쨌든 너무 마음에 담아두지 말아요, 아마도 글을 통한 이 방법이 더 나을 겁니다. 난 대화가 범상함을 넘어서면 잘 따라가지 못하거든요. 당신 질문들에 대한 불충분한 답변이나마 첨부합니다. 당신의 작업과 내게 보내온 텍스트들에 큰 흥미를 느낍니다. 진심이 전해지기를 바라며.

질 들뢰즈

질문지[2]

당신은 괴물인가요?

"괴물", 이건 우선 어떤 합성적composite 존재입니다. 그리고 내가 언뜻 보기에 다양한 주제에 관해 써 온 것도 사실입니다. 괴물에는 두 번째 의미도 있습니다. 그 극단적 규정성이 미규정성을 완전하게 존속시키는 그러한 어떤 것 혹은 어떤 자라는 의미 말입니다(이를테면 고야^{Goya}에게서의 괴물). 이런 의미에서라면 사유는 괴물입니다.

당신 작품에서 퓌시스^{physis}가 큰 역할을 하고 있는 것처럼 보입니다만.

맞습니다. 나는 '자연'이라는 특정 개념 주변을 돌고 있는 것 같습니다. 하지만 이 개념을 직접적으로 검토하는 데까지는 아직 다다르지 못했습니다.

당신이 좋은 의미에서의 "소피스트"라고 말할 수 있을까요? 그리고 안티로고스는 소피스트들에게 대항하는 플라톤의 회귀라고 말할 수 있을까요?

꼭 그렇지는 않습니다. 내가 볼 때 안티로고스는 소피스트적인 의미에서의 책략보다는 프루스트적인 의미에서의 무의지적인 것과 더 많이 연결되어 있습니다.

당신에게서 사유는 "생식적"^{spermatique}입니다. 이런 의미에서 사유는 섹슈얼리티와 명확한 관계를 맺고 있습니까?

『의미의 논리』까지는 정말 그랬던 것 같습니다. 거기서는 여전히 섹슈얼리티와 형이상학 간에 표현 가능한 관계가 있습니다. 그런데 그 후에는 섹슈얼리티가 오히려 어떤 허술한 추상 개념인 것처럼 보이더군요.

종합들을 통해 당신이 말하는 진화의 이론적 모델을 세울 수 있을까요?

나는 내 진화를 다르게 봅니다. 내가 미셸 크레솔에게 쓴 편지를 아는지 모르겠는데,[3] 거기서 내가 보는 한에서의 내 진화에 대해 설명해 놓았습니다.

용기와 모험으로서의 사유에 대해서 말씀해주시겠습니까?

용기와 모험으로서의 사유까지는 아니고요. 내가 쓴 글에서 나는 이 사유의 이미지라는 문제, 그리고 이미지로부터 해방된 사유라는 문제를 강하게 믿고 있습니다. 『차이와 반복』에서도 그랬고, 『프루스트와 기호』에서도 마찬가지였으며, 『천 개의 고원』(p. 464~470)[4]에서도 그랬습니다.

무슨 일이 있어도 기어코 진짜 문제들을 발견하는 능력을 갖고 있으십니다.

과찬입니다. 그 말이 사실이라면 그건 문제라는 개념을 구성할 필요성에 대한 내 믿음 때문이겠죠. 『차이와 반복』에서 이미 그런 시도를 했었고, 그 문제를 재검토하고 싶기도 합니다. 하지만 실제로는 이를 통해 각각의 경우 어떻게 문제가 제기될 수 있는지를 탐구하는 쪽으로 이끌려 갑니다. 바로 이러한 방식으로 철학이 어떤 학문처럼 여겨질 수 있는 것 같습니다(문제의 조건들을 규정하기).

들뢰즈-과타리-푸코-리오타르-클로소프스키라는 리좀에 시작이 있습니까?

그런 것이 있었을 수도 있지만, 실제로 만들어지지는 않았습니다. 사실 리좀은 펠릭스와 나 사이에만 있답니다.

『천 개의 고원』의 결론은 위상기하학적 모델로 이루어져 있습니다. 이 모델은 철학에서는 매우 독창적인 것 같습니다. 이 결론이 수학적으로나 생물학적으로 치환될 수 있을까요?

『천 개의 고원』의 결론은 내 생각에 범주들의 일람표입니다(불완전하고 불충분하긴 하지만요). 칸트식이 아니라 화이트헤드식의 범주표입니다. "범주"는 그러므로 어떤 아주 특별하고 새로운 의미를 갖습니다. 이 점과 관련해 연구해 보고자 합니다. 당신은 수학적으로나 생물학적으로 치환될 수 있냐고 물었습니다. 아마 그 반대일 겁니다. 근대 과학이 그 자신의 형이상학, 즉 근대 과학이 필요로 했던 형이상학을 발견하지 못했다고 베르그손이 말할 때 난 스스로가 베르그손주의자라고 느낍니다. 나는 그 형이상학에 관심이 있습니다.

삶에 대한 사랑이 그 끔찍한 복합성 속에서 당신 작품 내내 당신을 이끌어가고 있다고 말할 수 있을까요?

그렇습니다. 이론적으로나 실질적으로 나를 역겹게 하는 것은, 삶에 대한 모든 종류의 불평, 모든 비극적 문화, 그러니까 신경증입니다. 나는 신경증자들을 정말이지 참을 수가 없습니다.

당신은 반-형이상학적 철학자입니까?

아뇨, 나는 스스로를 순수 형이상학자라고 생각합니다(위의 답변을 참고하세요).

당신이 보기에 한 세기가 들뢰즈적인 세기, 가벼운 세기일 수 있습니까? 아니면 당신은 흔적들의 힘과 정체성으로부터 스스로를 해방시킬 가능성에 대해 비관적입니까?

아뇨, 나는 비관론자가 전혀 아닙니다. 상황의 불가역성이라는 걸 믿지 않으니까요. 문학과 사유를 둘러싼 오늘날의 파국적 상황을 예로 들어 봅시다. 내가 볼 때 이것이 미래를 위해 심각한 것은 아니라고 생각합니다.

『천 개의 고원』 다음은요?

프랜시스 베이컨(화가)에 관한 책을 마무리한 참입니다. 하나 보내 드릴 수 있으면 좋겠군요. 그리고 딱 두 개의 기획이 더 있는데, 하나는 '사유'와 '영화'에 대한 것이고 다른 하나는 (범주들의 문제를 다루는) "철학이란 무엇인가?"에 관한 큰 주제를 다룬 책이 될 겁니다.

이 세계는 이중적입니다. 즉 거시물리학적(사유의 이미지는 여기서 아주 잘 기능합니다)이면서 미시물리학적(과학, 예술 분야에서 동일한 종류의 혁명이 있고부터 몇 년쯤 지난 후에 그것을 설명하는 것이 바로 당신의 모델입니다)이기도 합니다. 이 두 개의 관점 사이에 논쟁적 관계가 있을까요?

거시와 미시의 구분은 아주 중요하지만, 그걸 구분하는 건 나보다는 펠릭스의 일입니다. 나는 오히려 다양체multiplicités의 두 유형을 구분합니다. 나한테는 이게 본질적입니다. 이 유형들 중 하나는 미시-다양체를 가리키는데 그건 결과일 뿐입니다. 사유의 문제에서조차도 그리고 과학에서조차도 내가 보기에는 (리만이 도입한 것으로서의) 다양체 개념이 미시물리학 개념보다도 중요한 것 같습니다.

1981년 12월

친구에게,[5]

그대의 강연문을 보내준 것, 고마워요. 강력하면서도 아주 아름답더군요. 감동 받았습니다. 처음부터, 당신이 문제의 개념과 세부의 개념을 도입하는 것이 인상적입니다. 하지만 어떻게 한 번에 이 모든 걸다 이야기할 수 있었나요? 당신은 많은 점들을 길게 논의하면서 앞서나가고 있습니다. 내가 당신보다 앞서 있다고 느껴지는 점이 딱 하나있긴 합니다. 나는 구조주의에 대한 텍스트들에 거의 중요성을 부여하지 않고, 여전히 정신분석의 영향(빈칸 그리고 "계열들"이라는 너무나 구조적인 관념)하에 있는 『의미의 논리』의 전편에서도 구조주의에거의 가치를 부여하지 않습니다. 그럼에도 불구하고 당신의 강의는 전체적으로 [나에 대한 텍스트들 중에서] 나에게 무언가를 가르쳐 주는 유일한 텍스트입니다. 나는 당신의 거기에서 훌륭한 독자의 능동적 사유를 느낍니다.

파랑–비알이 나에 대해 쓰려고 했는지는 몰랐습니다.[6] 부탕에 대해서는 알고 있었지만, 그의 책도 읽어보지는 못했습니다.[7] 이런 부류는 절대 읽지 않는다고 하는, 내 나름의 지혜로운 규칙을 하나 만들었습니다(크레솔의 책도 읽지 않았습니다[8]). 거기에서는 고통이나 허영심을 끌어내게 될 위험이 상존하기 때문입니다. 하지만 당신과 관련해서라면 이제 이 규칙은 아무 의미도 없습니다.

바로 그렇기 때문에 그대에게 아주 정중히 호소하는 바입니다. 그렇다고 강요하는 건 아닙니다. 다만 내게 매료되지도 말고 나 때문에골머리 썩지도 말기를. 스스로 누군가의 "제자"가 되기를 원하는 사람들의 경우를 봐 왔습니다만, 그들은 분명 "스승"만큼이나 재능이 있었는데도 재능이 고갈되어 그 품을 떠났습니다. 끔찍한 일이죠. 나에 대해 연구하는 것에는 두 가지 주된 단점이 있습니다. 우선 대학에서의 그대 경력에 도움이 되지 않을 겁니다. 아마도 이게 본질적인 것은 아니겠지만 그래도 아주 중요하죠. 그리고 무엇보다도 당신은 당신만의 시적이고 철학적인 작업을 해야 할 텐데, 그런 작업은 내 작업으로 인해 생기는 제약을 견딜 수 없을 것입니다.

이와 관련해서는 내 편지를 클레망 로세에게 보여주기 바랍니다. 그는 우리 두 사람이 함께 아는 친구니까요. 내 말이 일리 있다고 인정해 줄 거라 생각합니다. 그대는 나에 대한 주석가가 되기에는 너무 가치 있는 사람입니다. 당신이 나에 대해 쓴다면 당연히 기쁠 것입니다(특히 당신이 기획하고 있는 것처럼 접근하기 쉬운 책이라면 말이에요). 나는 당신이 원하는 만큼 당신을 도울 준비가 되어 있습니다. 하지만 그것은 당신 자신의 작업을 지연시키거나 축소하지 않는 한에서입니다.

다시 한번 말하지만, 당신의 글을 읽고 얼마나 행복했는지 모릅니다. 진실한 우정을 담아.

질 들뢰즈

1982년 2월 23일

친구에게,9

그대에게 편지를 쓴 지가 실로 오래되었군요. 그대의 편지 두 통이 내게 큰 기쁨을 주었어요. 고맙습니다. 사실 랭동이 내게 그 기획에 대해 이야기해 주었습니다. 당신이 아주 훌륭한 뭔가를 할 거라고 확신합니다. 그 일에 관해서는 내가 그대에게 빚을 진 것이지 그 반대는 아닐 겁니다(당신이 나를 분명코 스승이라 부르지 말아야 하는 이유가 바로 이것입니다). 탈주선을 어떤 종합으로, 즉 내재적 용도와 초월적 용도라는 가능한 두 용도의 어떤 종합으로 다룰 수 있는 가능성에 대해 말한 것은 아주 인상적이었습니다. 내 관점에서 탈주선은 어떻게 보면 어떤 사회 안에서 일차적인 것입니다. 한 사회는 우선 그 사회의 모순들에 의해 정의되는 것도 아니고, 권력의 중심들과 저항의 선들에 의해 정의되는 것도 아닙니다(푸코). 바로 당신이 말하는 것처럼 필연적으로 종합적인, 진정한 탈주의 장에 의해 정의되는 것입니다. 당신에 따르면 그 내재적 활용은 리좀이나 거미줄이겠지요. 거미줄에 대한 매우 흥미진진한 박사논문을 썼던 심리학자 틸캉이 기억납니다. 거미줄이 그의 전공이었죠.10 당신 때문에 그 논문을 다시 읽고 싶어지는군요. 리좀형 거미줄이 있는지, 또 (부당하게) 더 우월하거나 초월적인 것으로 여겨지는 거미들에게서 훨씬 더 중앙집권화된 수목형 거미줄이 나타나지는 않는지 보고 싶어서 말입니다.

나는 더는 학회 같은 곳에도 가지 않고 강연도 하지 않습니다. 이 정도면 됐죠. 이렇게 된 지가 꽤 됐습니다. 내 건강이 나쁘다는 뜻은 아닙니다. 움직이면 몸이 좀 안 좋아지고 한참을 쉬어야 해서 그렇습니다. 결코 시간이 많지 않습니다. 내 꿈은 글을 쓰고 더는 아무 말도 하지 않는 겁니다. 올해는 고통스럽지 않은 한 해가 될 걸로 생각해서 영화에 관한 수업을 맡아버렸는데, 이렇게나 걱정과 준비를 많이 해야 하는 수업도 없다는 것이 드러나고 말았습니다. 계산 착오였습니다.

정을 담아,

GD

1982년 8월 1일

친구에게,[11]

다 읽었습니다. 아주 열중해서요. 나에 대한 연구 그 이상이던 걸요. 마치 어떤 동맹과 같습니다. 이건 내게 아주 충격적입니다. 이상한 감정에 사로잡혔습니다. 다른 좌표(당신만의 작가들)를 갖는 다른 환경(당신의 환경) 속에 당신이 나를 풍덩 빠뜨려 놓은 것 같습니다. 정확성에 대해 말하는 게 아닙니다. 내 생각에 정확성은 온전합니다. 내가 말하는 건 어떤 종류의 굴절, 혹은 어떤 환경에서 다른 환경으로의 이행입니다. 당신이 나를 지중해적인 성격으로 변화시킨 것 같습니다. 그리고 그것은 대단히 성공적이었어요. 나는 그렇게 봤어요. 내 뒤에 너무 오래 서 있지 말고 당신 자신의 연구를 지연시키지 말라는 내 걱정을 기억하나요? 그런데 당신은 반대로 둘 다를 성공적으로 해냈어요. 정확성, 그럼에도 당신만의 세계와 당신만의 문체. 그것들이 이 굴절을 작동시킵니다. 바로 그렇기 때문에 이것이 독창적이면서도 또 동시에 여전히 정확함을 잃지 않은 시론인 것입니다.

초반부에 펠릭스를 빼버린 방식에 대해서는 수정해야 할 듯싶네요. 당신의 관점은 여전히 정당하고, 펠릭스를 빼고 나에 대해 이야기할 수 있습니다. 그렇다고 해도 역시 『안티 오이디푸스』와 『천 개의 고원』은 두 개의 가능한 관점 중 어느 쪽을 따라가더라도 온전히 그의 것인 동시에 온전히 나의 것이기도 합니다. 그렇기에, 강요는 아니지만, 나를 고수하는 것이 그대의 기획 자체에 의한 것임을, 그러므로 펠릭스가 부차적이거나 "임시적"인 특성을 갖기 때문에 그런 것이 전혀 아니라는 점을 명시할 필요가 있습니다. 이건 아주 중요합니다. 그리고 그대는 이걸 나보다 더 잘 말할 수 있을 겁니다.

이제 좀 피곤하지만 소들을 바라보니 피로가 좀 풀리고 활력이 도는군요. 그대도 좀 쉬고, 당신들 모두 행복한 휴가를 보내길 바랍니다.
바라건대 내 모든 우정을 믿어주길.

G

1982년 11월 18일

친구에게,[12]

나는 안 좋은 시기에서, 호흡부전에서 빠져나오고 있습니다. 내 삶은 점점 더 움직이지 않게 되고 은둔하게 될 거라는 생각이 드네요. 하지만 마음에 듭니다. 지금은 다 좋아요. 보내준 것들 고마워요(그 영국 시인은 흥미로워요. 그는 일본적 전망과 관련 있지요. 그대가 그걸 잘 아주 잘 번역했습니다). 그대의 두 번째 판본과 첫 번째 판본을 비교해 보지 못했지만, 많은 변화가 있다는 인상을 받았습니다. 어쨌든 어조가 더 생기 있어 보입니다. 그 격렬함은 당신의 미덕입니다. "거친 바다"eau vive라는 의미에서 말입니다. 당신의 글 곳곳이 그렇습니다. 그대의 글 마지막 장이 좋습니다. 그건 분명 흥미로운데, 어떤 의미에서는 당신에게나 나에게나 아주 재미있습니다. 니체의 텍스트를 기억할 겁니다. '한 사상가가 어딘가에서 화살을 쏘면 다른 사상가가 그 화살을 주워 다시 다른 곳으로 보낼 것이다…' 그런데 당신은 내 것으로 추정되는 화살을 잘 주워들었지만 그걸 내 쪽으로 다시 되돌려 보냅니다. 내가 받은 인상을 달리 표현할 수 없습니다. 그대가 내 안에서 발견한 것을 당신은 당신만의 힘으로 완전히 재창조할 수 있으면서도 그걸 내게 다시 주고 있는 것입니다. 그대가 나에게서 어떤 가상의 이미지를 만들어 낸 까닭에, 당신이 우리 둘 사이에 가능한 공동작업에 대해 이야기할 때 나는 그보다 더 놀라운 일은 없으리라는 생각을 하게 됩니다. 아주 이상하게도 우리 둘 사이에서 발생한 책이지만 당신에게 모든 것을 빚지고 있습니다.

난 아직 "철학이란 무엇인가?"에서 여전히 떠나지 못하고 있습니다. 영화에 관해서 내 나름의 기호 분류를 계속하고 있습니다(90이나 200, 혹은 그보다 더 많은 기호를 분류하고 싶습니다). 지금의 이 일이 아주 좋습니다. 제롬 랭동의 의견을 말해줘요. 자, 이제 뭘 할 건가요? 감사와 우정을 담아.

GD

1983년 7월 15일

친구에게,

당신 소식을 듣고 당신의 텍스트들을 읽어 아주 행복했답니다. 아, 당신의 첫 번째 편지를 찾지 못하겠고 내용이 정확하게는 기억이 나지 않고 있습니다. 하지만 그대의 책을 낼 준비가 잘 되었다 해도 나는 서문을 쓰지 못할 것 같습니다. 왜냐하면 내가 나 자신에 대한 책의 서문을 쓰는 것은 불가능하기 때문입니다. 하지만 더 나은, 더 완벽한 답변을 할 수 있을 질문지를 만들어 드리겠다는 내 제안을 확실히 하겠습니다. 루셀에 대한 텍스트는 아주 좋습니다(나는 늘 푸코의 언어학적 관점을, 그러니까 언어를 기계를 포함한 모든 것을 설명하는 비밀의 과정으로 만들어버리는 그 관점을 거북살스럽게 생각하고 있었습니다. 너무 명확하게 말할 필요도 없이, 당신은 완전히 다른 관점을 갖고 있는 것처럼 보입니다). 『강의리뷰』*Revue de l'Enseignement*에 실린 텍스트를 보면 그것이 정말 대단한 강연이었던 것으로 보입니다. 당신의 분석과 문체는 대중적인 장르를 잘 고려하고 있으면서도(그건 아마도 랭동이 원했던 거겠죠?), 당신 자신이 잘 녹아 있습니다. 당신 저서에는 왜 이걸 집어넣지 않은 거죠? 아름다운 텍스트인데 말이죠. 영화에 관한 내 책이 9월에 나올 건데 하나 보낼게요. 휴가 잘 보내요. 우정을 담아.

질 들뢰즈

수요일13

친구에게,

그대가 보낸 편지를 받지 못한 것은 별로 놀랍지 않아요. 사실 얼마 전에는 가방 안에 넣어둔 우편물을 잃어버린 적도 있거든요. 하지만 우리의 만남에 대해 잊어버리고 있었던 건 상당히 당황스럽군요. 다시 한번 사과를 구합니다. 그대가 『천 개의 고원』을 독서하고 재독서하는 방식에 깊은 행복을 느낍니다. 하지만 모든 공을 내게 돌리기보다는 우리의 마주침rencontres을 찬양해야 합니다. 내가 선호하는 두 장은 '동물-되기'와 '리토르넬로'입니다. 당신이 몇 가지 점에서 내 작업으로부터 영감을 받은 만큼이나 나도 당신의 작업에 의해 압도당할 수 있습니다. 그러므로, 당신은 미시논리학을 강조하고 난 그렇지 않다고 당신에게 답했을 때 그건 "미시"적인 것이 내가 볼 때 그보다 더 중요한 다수성 이론에 의존하기 때문이었는데, 난 내 말이 옳다고 말하려던 것도 아니고, 당신의 관점도 마찬가지로 정당하며, 당신이 그로부터 끌어낸 것에 따르자면 심지어 더 풍부하다고 생각합니다. 당신이 "탈주"의 요구를 "모든 것을 파괴하지 않고"라고 정의하는 것은 아주 잘한 것입니다. 크레솔의 경우 그의 호전성은 어떤 복수였지만 어떤 종류의 매력을 배제하지는 않았는데, 그건 바로 삶입니다.

잘 지내요,

GD

일요일 (1985년 3월)

친구에게,

그대의 논문을 읽었는데, 내가 볼 땐 그대의 논문은 그대만의 "어조"와 더불어 아주 흥미롭고 탁월했습니다. 다른 몇 가지 점들이 마음에 걸리지만 않았더라면 황홀했을 겁니다.

물론 당신에게는 펠릭스와 내가 함께 만든 책들에 대해 나만 언급하는 관점에서 책을 다룰 권리가 있습니다. 하지만 그건 나에 "관한" 책이라는 관점에서만 진실이라고 봅니다. 반대로 이를테면 『크리티크』 같은 잡지에 게재된 경우, 둘이서 쓴 책이 주제인데도 나에 관해서만 말하는 분석은 나로서는 아주 불편합니다. 책의 서두에 있는 당신의 일러두기조차도, 당신이 나를 유일하게 유효한 저자로 간주하는 걸 부인하는 것으로도 충분하지 않습니다. 그렇기에 만약 그대가 친절하게도 내 의견을 묻는다면, 이런 조건들에서라면 이 텍스트가 아무리 훌륭하더라도 나는 그게 출판되지 않았으면 합니다.

나는 이게 참 걱정스럽습니다. 그래도 그대의 작업에 대한 다른 소식들은 기쁩니다. 라 디페랑스 출판사가 나에 관한 뭔가의 출판을 기획하고 있다는 건 놀랍군요. 그 출판사와는 사이가 틀어져 있고 나는 베이컨에 대해 그들을 고소해야 했으니까요….

그대의 아들이 심각한 병마를 물리쳤다 하니 기쁩니다. 우정을 담아.

질 들뢰즈

1985년 3월 21일

친구에게,

새 텍스트와 이전 텍스트 간에 큰 차이가 없어 보인다고 고백해야겠어요. 잡지라는 틀에서 이 텍스트를 『천 개의 고원』 분석으로 제시하는 것은 부당하다고 내가 믿는 이유를 말한 바 있습니다. 하나의 분석에는 독창적일 모든 권리가 있지만, (아무리 신중하더라도) 그 책이 본질적으로 나 혼자만의 저작이라 주장할 권리는 전혀 없습니다. 그러므로 나는 당신이 그 논문을 『크리티크』지에 실으려는 것을 대단히 유감으로 생각합니다. 안녕히.

질 들뢰즈

1985년 3월 30일

친구에게,

분명 그대 말이 일리가 있습니다. 우리가 서로를 잘 알지 못했더라면 내가 당신의 기획에 대해 전혀 몰랐을 테니 문제가 없었을 테죠. 내가 당신에게 요구하지도 않은 나에 대한 변호를 당신이 자주 하곤 했던 걸 기억할 겁니다. 그러니 나도 펠릭스가 내게 요구한 적은 없지만 그를 변호해야겠습니다. 당신은 우리가 서로를 반쯤 아는 까닭에 일종의 모호성이 생겨났다고 주장합니다. 내 의견은 다릅니다. 이 모호성은 다른 데 있습니다. 내 입장에서 당신 텍스트를 잡지에 게재하는 게 얼마나 거북살스러운지 당신은 전혀 이해하지 못한다고 나는 진심으로 확신합니다. 마찬가지로 나는 당신이 왜 다른 텍스트가 아닌 그 텍스트를 굳이 늘 잡지에 싣고자 고집했는지를 이해하지 못하겠습니다. 당신 말마따나 내가 격노한 것은 아니지만 정말 난처합니다. 진심을 담아.

질 들뢰즈

1986년 12월 29일

친구에게,[14]

그대 소식들을 듣고 행복했습니다. 새해에도 그대의 철학적, 시적 작업이 계속되기를, 그리고 무엇보다도 최적의 출판 조건들이 계속되기를 바랍니다. 내 경우에는 상당히 좋지 않습니다. 이 대학에서 이렇게나 잡일을 많이 한 해는 처음입니다. 간신히 내 작업을 지켜낼 수 있었고, 빨리 은퇴하기만을 바랄 뿐입니다. 그래서 기분이 좋지 않아요. 일을 더 많이 하는 당신에게 할 말은 아니죠. 학생들이 우리에게 보상해 주는 건 사실입니다.

당신은 내게 내 책들을 어떻게 서로 개별적으로 분리된 논문들로 간략하게 요약해서 실을 수 있는지 물었습니다. 사실 이건 흥미로운데, 왜냐하면 그 책들이 통일되어 있다고 가정해서는 안 될 것이기 때문입니다. 어떤 책이 존재가치가 있다면, 그것은 빠르게 세 측면으로 제시될 수 있다고 봅니다. 즉 다음의 경우에만 "가치 있는" 책이 쓰였다 할 수 있습니다. (1) 동일한 주제 혹은 관련 주제에 관한 책들이 일종의 전면적 오류에 빠져 있다고 당신이 생각하는 경우(책의 논쟁하는 기능), (2) 그 주제와 관련된 필수적인 무언가 간과되었던 것들을 생각하는 경우(책의 발명하는 기능), (3) 새로운 개념을 만들어낼 수 있다고 추정하는 경우(책의 창조하는 기능). 물론 오류, 간과, 개념은 양적 최소점입니다. 그 책이 누군가에 관한 것이든 혹은 무언가에 관한 것이든 그건 별로 중요하지 않습니다. 철학에 관해서만 말하는 것이 아닙니다. 다른 말을 사용하는 다른 "장르"에 관해서도 유효한 것입니다. 따라서 나는 필수적인 겸손을 내팽개치고 내 책 하나하나에 대해 다음과 같이 물어볼 수 있을 겁니다. (1) 이 책이 맞서고자 했던 것은 어떤 오류인가, (2) 이 책이 회복하고자 했던 간과된 것은 무엇인가,

(3) 이 책이 창조한 새로운 개념은 무엇인가. 오래 걸리지 않을 겁니다. 이를테면 마조흐에 관한 내 책이라면 이렇습니다. 고통에 강조점을 두었던 것이 맞서고자 했던 오류이고 계약의 중요성을 무시했던 것이 간과된 것이며(내가 볼 때 이 책이 성공한 지점은, 그 이후로 모든 사람들이 마조흐의 계약에 대해 말했다는 것입니다. 그전에 계약이라는 것은 아주 부수적인 주제였는데 말입니다) 사디즘과 마조히즘의 분리가 이 책에서 창조된 새로운 개념입니다. 프루스트에 관한 책도 예로 들어 봅시다. 오류는 기억이고 간과된 것은 기호들이며 개념은 (두 개의 시간이 아닌) 세 시간의 공존입니다. 이런 식으로 각각의 책에 대해 할 수 있을 것입니다. 그리고 결론적으로는 통일성의 여러 양식이 밝혀지는 것을 볼 수 있을 겁니다. 그것은 대부분 수량화할 수 있고 무엇보다 객관적인 조합론일 것입니다(속임수를 쓸 수는 없을 것입니다. 할 말이 아무것도 없는데도 이러한 제시 양식을 견뎌낼 책이 몇이나 될까요?).

조만간 봅시다. 내 모든 우정을 담아.

질 들뢰즈

1992년 12월 15일

친구에게,

그대 소식을 듣게 되니, 또 그대의 작업이 진척되고 있다 하니 참 행복합니다. 사람들이 내게 말하길 콜레주에서의 이번 모임이 상당히 불안하다고 합니다. 내 건강은 더 안 좋아졌는데, 병에 걸린 것은 아니나 숨 쉬는 것이 늘 어려운 상태입니다. 그게 얼마나 많은 걸 바꾸었는지 모를 겁니다. 내 작업까지 바뀌었으니 말입니다. 교정이 필요한 일이라면 난 가장 단순한 작업도 전혀 할 수 없습니다. 그래서 그대가 내게 화이트헤드에 관해 요청했던 일도 할 수 없으니 그에 대해서는 참 송구합니다. 나는 다만 『과정과 실재』의 첫 부분에서 너무나 낯선 범주들의 출현 앞에서 느낀 눈부심을, 그리고 나서는 영원한 객체를 보고 느낀 일종의 도취를 기억할 뿐입니다. 엄청난 책입니다! 나의 무능을 용서하세요. 안녕히.

질 들뢰즈

조세프 에마뉘엘 보프레에게 보낸 편지[1]

비제르트 길 1-2번지
파리 17구

1982년 1월 25일

선생님,

편지는 잘 받았습니다. 당신이 아주 훌륭한 독자인 까닭에 당신의 질문들은 어렵습니다. 내가 보기에 가장 단순한 순서대로 답변해 보겠습니다.

(1) 초월론적인 영역의 발견과 전개는 칸트가 발명한 것입니다. 내가 칸트에 관한 책을 쓴 까닭이 바로 이것입니다.

(2) 초월론적 경험주의라는 관념은 한편으로는 경험적인 것과 초월론적인 것 간에 어떤 본성의 차이가 있다고 주장하지만, 다른 한편으로는 초월론적인 것이 그 자체로 경험이고 실험이라고 가정하며, 결국 그 둘 간의 어떤 완전한 내재성을 정립합니다.

(3) 초월론적 경험주의의 첫 번째 관념은 경험의 조건들이 실재적 경험의 조건들이라는 것입니다. 어떤 의미에서 이는 이미 포스트칸트주의자들의 주장이기도 합니다. 하지만 실재적 경험의 조건을 발견하는 것은, 그 발견으로 인해 조건이라는 개념에 뒤따르는 변화와 더불어서 완전히 다른 지평에서 이루어지게 될 것 같습니다. [그 지평이란 다름 아닌] 베르그손인데, 여기에서 베르그손에 대한 내 책이 나오게 됩

니다.

(4) 그 어떤 개념도 경험적인 것으로부터 초월론적인 것으로 옮겨 갈 수 없습니다. 주체 개념이 초월론적인 것에서 나타날 수 없는 것이 바로 이런 이유입니다. 심지어 정화된 주체 개념, 혹은 다른 어떤 주체 개념이라도 말입니다.

경험적인 것에서 가치를 갖는 모든 것은 초월론적인 것에서는 더는 그 가치를 갖지 않습니다. 그런 까닭에 '비판' 개념이 보존되어야 하고 급진화되어야 하는 것입니다. 인식, 도덕, 종교 등의 개념들은 용해될 수밖에 없습니다. 『천 개의 고원』에서 분자적인 것은 소형화된 몰적인 것이 아니라고 종종 이야기되는 것 역시 이런 의미에서입니다.

(5) 초월론적인 영역은 사건들, 특이성들 등으로 가득 차 있습니다. 사건들, 특이성들 등과 관련되는 (차이의 개념이라는 의미에서의) 개념은 경험적 개념들(개념적 차이들)과 대조됩니다.

(6) 사건들은 아주 경험적인 것으로 보이기 때문에 (5)가 (4)를 고려하지 않는다고 말할 수도 있을 것입니다. 그러므로 사건들이나 특이성들에서 초월론적인 것과 관련되는 부분과 실현화effectuation와 관련되는 부분들을 구분해야 합니다. 이는 『차이와 반복』("미분화différentiation–분화différenciation"의 구별을 참조)과 『의미의 논리』(사건과 그 현동화actualization 간의 구별)로부터 얻어진 것 같습니다.

(7) 현동화되지 않은 것이 있다면 그것은 무엇일까요? 그것이 "가능적인 것"에 속할 수는 없습니다. 그것은 '실재적인 것'에 속합니다. 이것은 아주 특별한 의미에서의 잠재적인 것에 속하며, 그 관념을 제안하는 것이 바로 베르그손과 프루스트입니다. 잠재적인 것 ≠ 가능적인 것.

(8) 이 '실재적인 것'이 아무것도 결여하고 있지 않은데 그것은 왜

경험에서 현동화되어야 할까요? 내 생각에 이것은 잘못된 문제 제기입니다. 사건의 두 상태 또는 특이성의 두 상태의 내재성이 있으니 말입니다.

(9) 내 현재 작업에서는 이 문제들을 설명하는 용어들이 바뀌어 왔습니다. 점점 더 추상적 기계들과 구체적 배치들의 쌍이 된 것입니다. 과타리와 나는 바로 이 방향으로 가고자 합니다.

(10) 초월론적 경험주의는 개념들의 창조를 의미합니다. 이를테면 베르그손과 더불어 초월론적 경험주의로 아주 멀리 나아가는 철학자가 바로 화이트헤드입니다(이제 그의 작품을 좀 더 잘 이해하기 시작했습니다).

그대의 질문들에 그다지 적합한 답변들이 아님을 잘 알고 있습니다. 급하고 서툴게 말해진 것들이니 답변이라기보다는 오히려 반응이라 할 수 있겠습니다. 그럼에도 이것들이 당신께 유용하기를 바랍니다.

깊은 우정의 마음을 담아.

질 들뢰즈

질 들뢰즈
비제르트 길 1-2번지
파리 17구

1983년 6월 16일

선생님께,

마침내 당신의 편지를 읽을 수 있었습니다.[2] 당신이 내 의견을 기다리고 있다는 걸 알고 있지만, 적어도 당신이 원하는 의미에서의 의견은 거의 없습니다. 즉 당신은 처음부터 시작하는 것이고, 나는 그 길을 되풀이할 수 없다는 것입니다. 나에게 가장 중요한 것은 사건에 대한 특정한 관념으로, 그것은 마침내 철학과 문학을 단 하나의 동일한 "실험"으로 만드는 것입니다. 『디알로그』에서는 영문학이라는 주제로, 『천 개의 고원』에서는 헤세이티들[이것임들]heccéités의 분석으로 모든 것을 다시 집중시키는 경향이 있습니다. 하지만 동시에 나는 개념들의 발명이나 창조로서의 '철학이란 무엇인가'에 대한 어떤 것을 써보기를 꿈꿉니다. 나는 당신이 당신의 출발점으로 삼은 문제의 이 범주로 되돌아가게 될 것 같은 느낌이 듭니다. 영화에 관한, 운동-이미지에 관한 책 한 권을 막 끝낸 참입니다. 그대가 본 많은 것들이 들어가 있는데, 좋아할지 모르겠네요.

당신에 대해 이야기하는 것이 더 좋겠습니다. 당신이 아주 뛰어난 엄밀성을 갖고 있다는 것, 그리고 개념들에 대한 어떤 감각, 어떤 (경험적) 촉각을 갖고 있다는 건 분명합니다. 내게 그 개념들은 철학과 함께일 수 있을 뿐입니다. 당신은 당신이 말하는 모든 것에 대해 아주 잘 이해하고 있습니다. 그리고 당신은 이미 어떤 문체를 갖고 있습니다. 그러므로 사람들이 말하는 것처럼, 당신은 이미 나를 떠나 나로부터 당신에게 소용되는 것만을 취할 수 있을 만큼 완전히 무르익었습니다. 내 생각에는 두 가지 가능성이 있습니다. 당신이 사랑하고 일신할 수 있는 위대한 고전의 연구에 착수하든지, 아니면 더 나은 것으로는 당신만의 책, 당신만의 주제에 착수하는 것입니다. 아마 이런 의도를 가진 기획들을 이미 갖고 있겠죠. 어느 쪽이든 난 당신이 작가라고 생각합니다.

당신의 질문은 이것이지요? "그 책을 출판할 수 있을까요?" 이 질문엔 답하기 어렵군요. 당신은 당신 스스로의 질문만이 아니라 주제와 관련된 질문을 던져야 하는 상황에 처해 있으니 말입니다. 나에 관한 책이 현재 출판 가능한가요? 그 책을 당신의 첫 번째 책으로 출판해도 괜찮겠어요? 당신은 그것을 미뉘 출판사에 보여줄 수도 있을 겁니다. 하지만 이에 관해 나는 개입할 능력도 의향도 없습니다. 나에 관한 책은 읽지도 않을 겁니다. 절대.

앞서 내가 이야기할 수 없다고 말했던 당신 책의 내용으로 돌아가고자 합니다. 저는 글을 쓸 때마다 어떤 단순한 관념에 사로잡힙니다. 그 관념은 어떤 주제에서 본질적인데 사람들이 이해하지 못했던 것들입니다. 이를테면 프루스트에 관한 내 책에서의 단순한 관념은 기억이 중요하지 않다는 것입니다. 마조흐에 대한 내 책에서 그것은 사디즘과 아무 관계도 없다는 것이었습니다. 카프카에 대해서는 죄의식과 법이 아무 관계가 없다는 것이었습니다. 이러저러한 인물들과 관련되지 않은 내 책들도 마찬가지입니다. 그러니까 나는 때로는 사람들은 무엇이 문제인지를 이해하지 못한다고, 또 때로는 무엇보다도 다양체가 하나의 실사라는 것이 어떤 의미에서 그러한 것인지를 전혀 이해하지 못한다고 생각했습니다. 만약 당신이 내게 당신 책에 대한 비판을 요구한다면 그것은 다음의 두 가지가 될 겁니다. 하나는 아마도 당신은 내가 출발점으로 삼았던 이 단순하고 부정적인 관념들을 충분히 끌어내지 못한 것 같다는 것이고, 또 하나는 다양체의 위상에 충분한 중요성을 부여하지 않았다는 것입니다.

이 모든 것들을 훨씬 더 겸손하게 말해야 했겠죠. 가장 낮은 수준에서 흥미로운 것은, 이게 때로는 잘 작동하고 때로는 잘 작동하지 않는다는 겁니다. 프루스트에 대한 내 책으로 말하자면, 많이 읽힌 것이 무색하게도 사람들은 언제나 기억에 대해 말합니다. 카프카에 대한 책은 더 안 좋습니다. 마조흐에 대한 책은 좀 더 사정이 좋은데, 왜냐하면 그 책 이후로 모든 사람들이 계약에 대해 말해야 한다고 믿기 시작했기 때문입니다. "리좀"이나 "동물-되기" 같은 개념들은 상당한 충격을 줬는지, 사람들은 모든 논리를 거부하는 구실로서 다루고 있는데, 그 방식이 그야말로 과타리와 나를 진절머리 나게 합니다. 참으로 놀라운 일이 아닐 수 없습니다. 난 때로 어리석은 기생충들 때문에 속이 다 타버리는 느낌입니다.

그러니 나와는 정반대로 이미 엄밀성과 재능을 가진 당신 같은 사람 앞에 서면 나는 당신이 나와 함께 공모하게 되기를 바라게 됩니다. 말하자면 당신 역시 "단순하고 부정적인" 관념들을 가지고 당신만의 책들을 썼으면 하는 것입니다.

당신을 만족시키기 위해 할 수 있는 것은 다했네요. 부디 내 우정을 믿어주었으면 합니다.

질 들뢰즈

엘리아스 산바르에게 보낸 편지[1]

1985년 7월 15일 월요일

엘리에게,

우울함이 오래되니, 그것조차 익숙해지는군. 첫 선집 기획을 보내는 게 너무 늦었네. 이 기획은 모두 네 우정에 빚지고 있는데 말이야.[2] 영화에 대한 내 글을 끝마치고 전체를 다시 읽는 일이 나를 피곤하게 했을 뿐 아니라 곤혹스럽게 하고 또 불안하게 했어. 제롬한테 벌써 넘겼으니까 더는 이야기하지 말자. 그러니까 이게 내가 너한테 제안하는 텍스트들의 정보인데, 중요한 건 그것들이 네 마음에 드느냐지. 어느 쪽이든, 하나의 제안일 뿐이야. 일관성 있게 해보려고 했어. 내일 우리는 리무쟁으로 떠나고 2주 동안은 일을 하지 않으려고 해. 너희도 조금 쉴 수 있었으면 해. 세 사람 모두에게 키스를 보낸다.

우정으로,

질

마스르베리 길
생 레오나르 드 노블라 87000

I.『마조히즘 : 냉정함과 잔인성』(éd. 10/18)

"유머, 아이러니, 법" p. 81~90[3]

II. 『카프카』

"법과 내재성" p. 50~51("사법이 자신을 표상케 하지 않는다면, 이
는 그것이 욕망이기 때문이다."부터, "사법이란 이처럼 가변적인 한계
를 가지고 언제나 치환되기 마련인 욕망의 연속체인 것이다."까지).4

III. 『안티 오이디푸스』

"무의식은 극장이 아니라 공장이다." p. 1~8 5

IV. 『천 개의 고원』

(1) "고전주의, 낭만주의, 현대예술" p. 338~343("고전주의라는 말
은 형상-질료 관계 또는 오히려 형식-실체 관계를 가리킨다."부터, "철
학도 종합 판단이 아니라 여러 사유를 종합하는 신시사이저로서 사
유를 여행시키고, 사유를 가동적인 것으로 바꾸고 '코스모스'의 힘으
로 바꾸는 것이다(소리를 여행하도록 만들어주는 것과 똑같은 방식
으로 말이다)."까지).6

(2) "유목론" p. 380~382("유목민은 영토를 갖고 있으며 관습적인
궤적을 따라 이동한다."부터, "유목민은 오히려 국지적 절대성, 즉 국지
적으로 표현되고 다양한 방향으로 전개되는 국지적 조작 체계를 통
해 생산되는 절대성, 예를 들어 사막, 스텝, 빙원, 바다 같은 국지적 절
대성 속에 존재한다."까지), p. 387~392("하지만 상황은 이제까지 서술
해 온 것보다는 훨씬 더 복잡하다."부터, "이것은 단순히 이전의 자율
성을 회복하려는 혈통 씨족들의 항의나 국가 장치의 통제를 둘러싼
권력 투쟁의 예고가 아니라 전쟁기계에 고유한 긴장으로서 이 기계에
특수한 권력과 "우두머리"의 권력에 가해지는 특수한 제한에서 유래
하는 긴장인 것이다."까지).7

(3) "수목과 리좀" p. 15~21("사유는 결코 나무 형태가 아니며, 두뇌는 결코 뿌리내리거나 가지 뻗고 있는 물질이 아니다."부터, "말하자면 모든 종류의 "생성(=되기)"이 중요한 것이다."까지).[8]

V. 『운동-이미지』

"두 유형의 공간, 구로사와와 미조구치" p. 187~189("중국과 일본의 회화는 두 가지 근본적인 원리들을 환기시킨다."부터, "중요한 것은 이 무규정적인 질문의 추출 형식이고, 그것의 내용보다는 그것의 강도, 그것의 객체보다는 그것의 소여들이며, 이것들은 어떤 경우든 그것을 스핑크스의 질문, 마녀의 질문으로 만드는 것이다."까지), p. 192~193("구로사와와 미조구치 사이의 대비는 꼬르네이유와 라신느 사이의 그것만큼이나 잘 알려져 있다."부터, "우리가 거기에서 다시 발견하게 되는 그 커플은 이제 '몇 달 뒤에' 저녁을 들고 있다."까지), p. 194~195("선은 전체 속으로 결합해 들어가는 것이 아니라, 이질적인 요소들을 연결하거나 이으면서 그것들을 이질적인 것으로서 계속 유지시킨다."부터, "그 영화에서 어머니로부터 아들에게로 나아가는 우주의 선은 그녀가 낳은 젊은 왕자로부터 이 불행한 여인을 몇 번씩이나 분리시키는 호위병들에 의해 결정적으로 가로막힌다."까지).[9]

VI. 『프루스트와 기호들』(7장)

"기호의 분류" p. 103~109("이때 우리는 본질에 귀착하는 것을 본질로 되돌릴 수 있고, 모든 종류의 기호들처럼 시간의 모든 질서를 되찾아 그것을 예술작품 자체의 필수 불가결한 일부가 되게 할 수 있다."까지).[10]

VII. 『니체와 철학』

　　"원한" p. 111~115.[11]

VIII. 『스피노자의 철학』

　　"스피노자와 삶" p. 25~29("윤리학과 도덕이 동일한 원리를 다르게 해석하는 데서 서로 만족한다면, 둘의 차이는 단지 이론적일 뿐일 것이다."부터).[12]

IX. 『의미의 논리』

　　(1) "플라톤주의란 무엇인가?" p. 253~256("그렇다면 플라톤이야말로 플라톤주의의 전복을 처음으로 시도한 사람이 아닌가?"까지).[13]
　　(2) "명제란 무엇인가?" p. 12~22("많은 저자들이 명제가 세 가지 상이한 관계를 내포한다는 점에 동의한다."부터).[14]

X. 『차이와 반복』

　　"사유의 공준들" p. 132~138("만일 사유로부터 이런 형태-왜곡적 이미지를 투사하는 그 공준들이 먼저 검토되지 않는다면, 새로운 진리론을 내놓겠다는 주장은 공허한 메아리로 그치고 만다."부터, "그러므로 재인의 공준은 그보다 훨씬 더 일반적인 어떤 재현의 공준을 향한 첫걸음이었다."까지), p. 149~159("오류는 보편적인 본성의 사유라는 가설 안에서 자연스럽게 개진되는 '부정적인 것'이다."부터, "왜냐하면 그 초월론적 귀결들은 명시적으로 도출되지 않은 채이고, 사유의 독단적 이미지는 권리상 존속하고 있기 때문이다."까지).[15]

장-클레 마르탱에게 보낸 편지[1]

1988년 8월 3일

마르탱 선생

편지는 잘 받았습니다. 어쨌든 당신은 단 몇 줄로, 베르그손에 대한 나의 졸저에서 본질이 되는 두 가지 주제를 끌어냈습니다. 감동적입니다. 그것은 훌륭한 작업의 징후와 같은 것이어서 내가 그 대상이 된 것이 너무 행복하답니다. 그런데 이 작업을 누구와 함께 진행할 것인가가 당신에겐 사실 아주 성가신 문제가 되겠지요. 낭시[2]는 '가능'하리라 생각합니다. 파리에서는 르네 쉐레[3]와 교류하고 있는데, 이 친구는 내가 아는 가장 지적인 철학자들 중 한 명이지만 은퇴가 얼마 남지 않아 할 일이 산더미입니다. 아니면 낭테르의 라뤼엘[4]이 있습니다.

이미 언급했지만, 당신과 관련된 다른 걱정거리를 전해야 하겠습니다. 나를 대상으로 한 논문이 미래의 심사위원단으로부터 그다지 "호평"을 받지는 못하리라는 것을, 당신이 좋은 지도교수를 찾는다 해도 그렇게 되리라는 것을 아마 예상할 겁니다. 박사논문이 학부에서 일거리를 찾을 기회를 줄 것은 당연하지만, 주제로서는 내가 오히려 방해가 될 겁니다. 내 작업이 도움이 될 수 있는, 하지만 직접 나를 대상으로 하지는 않는 주제를 고를 수는 없을까요? 이미 말한 것 같긴 하지만, 당신의 장래를 생각해 다시 한번 말하는 것입니다.

GD

1990년 11월 22일

친구에게,

이사를 했는데 피곤했습니다. 영감에 고무된 새가 아니라 스스로를 채찍질하는 당나귀처럼,『철학이란 무엇인가?』의 원고 최종 교정에 쫓기고 있습니다. 끝나면 얼마나 후련할는지! 편지는 잘 받아 보았습니다. 보운다스5가 당신에게 제안한 것들이 나는 아주 만족스럽고, 당신 작업의 열의에 대해서는 더욱 그렇습니다. 편지 말미에 쓴, 두뇌에 관한 이야기에 내 상상은 한껏 고무되었습니다. 당신은 이렇게 말했죠. "사유 가능한 최소한의 것보다 더 작은 것은 시냅스들 속으로 들어가지만, TV 화면을 조정할 때 그러하듯, 정의된 단계를 벗어날 만큼 강도들을 민감하게 만드는 강렬화를 통해 지각 가능한 것이 될 수 있다." 가능한 한 빨리 세부 사항을 알려주길 바랍니다. 내게는 진심으로 이러한 생각이 필요하고 차기작에서 당신에게 경의를 표하고자 합니다. 당신은 거기서 중요한 몇 가지를 끌어내고 있는데, 나는 그걸 더 잘 이해하고 싶습니다.

우정을 담아
질 들뢰즈

앙드레 베르노에게 보낸 편지[1]

1994년 5월 28일, 파리

앙드레,

그대 생각을 참 자주 하게 됩니다. 예술 안에 있는 더 폭력적인 것, 더 무시무시한 것에서 피난처를 찾음으로써 우리의 실존(우리 둘의 실존을 말하는 것입니다)이 만성적인 위기 상태로부터 자신의 상태를 보호하고 있다니 참 이상한 일입니다. 그러니까 이 공포는 이 세계의 비참함이 패주하도록 하는 것입니다(이 미천한 희극과도 같은 운명이 하루라도 우리에게 오지 않는 날이 없고, 우리 시대를 혐오하도록 하지 않은 날이 없네요. 그것도 회한이 남는 과거의 이름으로가 아니라 더 없이 심층적인 현재의 이름으로 말이에요). 보내준 몽고의 노래들은 무시무시하군요. 목소리가 너무 공허해서, 무시무시할 정도로 공허해서, 다른 목소리들로 채우고 싶어집니다.[2] 우리에게 남은 건 이제 둘밖에 없습니다. 바로 폭력과 예술, 니콜라라는 한 아이의 은총과 아름다움이라는 또 다른 폭력 말입니다.[3] 좀 뒤늦은 감이 있지만 라벨을 알게 됐고 또 사랑하게 됐습니다. 다른 그 누구와도 닮지 않은, 급진적인 상이성을 지니고 있는 듯해요. 그리고 그 역시 자신의 예술이 갖는 비상한 폭력이 제공하는 피난처에 허약한 실존을 기대고 있는 것 같아요. 나는 있는 힘껏 일하고 있어요. 그대가 내게 쓴 편지들은 너무 아름답게 느껴집니다. 무슨 일이 있어도 그걸 사라지게 하면 안 됩니다. 나는 6월 20일경에 리무쟁 쪽으로 떠나요. 가능하면 그전에 만날 수 있었으면 합니다(언젠가 그대가 리무쟁에 와준다면 얼마나 좋을까요. 하지만 좀 나중에 와줬으면 합니다. 7월 전에는 좀 힘들거든요. 왜냐하면 아직 적응하지 못하고 있을 때, 특히 아침나절에는 내 실존이 쇠약한 상태여서 소중한 친구와 함께 지내는 것이 좀 힘드니까요). 그댈 사랑하는 만큼의 포옹을 담아.

질

1995년 6월 8일

앙드레,

　요즘 몸이 좀 좋지 않지만 글을 쓰고 있어요. 그대 생각을 정말 많이 합니다. 그대는 마치 사유가 불가해한 방식으로 관계 맺고 있는 고통과 더불어 살고 있지요. 이 사유의 사건을 어떻게 기쁨으로 바꿀 수 있을까요? 니콜라는 이 전환의 어슴푸레한 기호, 아니 오히려 빛나는 기호가 아닐까요? 그는 꼬마 신처럼 아름답고 그대의 사진들은 그 아름다움을 더욱 도드라지게 합니다. 아르토에 대해서라면 그대가 나보다 훨씬 더 잘 알고 있을 텐데 내가 그대를 어떻게 도울 수 있을까요? 그대는 아르토와의 사이에서 개인적이거나 사적인 관계도 일반적인 관계도 아닌, "탈인격화"의 강도적 관계를 얻었지요. 내가 볼 땐 두 가지 문제가 있습니다. (1) 『까이에』지가 아르토의 새로운 이해를, 어떤 회귀를 어디까지 소개할까요? 니체에게서 힘의 '의지'라고 이름 붙여진 수첩이 그랬던 것처럼 말이에요. 그대는 로데의 텍스트에 대해 때로 애매한 태도를 보이고 있는 것 같습니다. 그대가 로데의 텍스트들에 너무 가까이 있어서일 겁니다. 그대도 알다시피 그의 책들은 희극 대신에 어릿광대가 되는 세계를 그리고 있어요. 그대는 너무 겸손해서 그것을 알기를 주저하고 있는지도 모르겠습니다. 로데[의 작업]은 (유기적) 창조에 대립하는 (생명의) 계보학입니다.[4] 아마도 이 『까이에』지가 부분적으로 다른 모든 텍스트를 바꾸고 말 거예요. … (2) 아르토의 작품 자체에서 비교 불가능한 방식으로 돌과 흐름과 힘들을 지배하는 건 엘라가발루스입니다. 이 점에서 이 이상 그대와 가까운 책도 없어요. 거기서 그대는 완전히 그대 방식대로 비유기적 생명력(나무의 역할, 투사의 양식, 수직성과 십자가의 위상)을 되찾습니다. 지리적 방향성에서가 아니라 아마도 이 『까이에』지에서 모든 최종적 이유가 발견될 겁니다. 그러니까 동양에 특권이 있는 것이 아니라 반대로 타라우마라족 사람들의 나무와 십자가와 함께 남미가 있는 거지요. 비유 기적 생명력은 엘라가발루스, 그리고 『까이에』지의 내부하고만 관련 되지, 그것을 번역할 뿐인 매혹적 외부하고 관련되는 게 아닙니다.[5] 내 가 쓰는 모든 것이 다 어리석고 불충분하지만 그대는 나보다 1천 걸 음은 더 앞서 나가고 있으니. 당신 스스로 1백 쪽의 글을 쓸 수밖에 없 도록 조건을 만드는 당신의 광기는 마치 도박 빚처럼 글쓰기의 동기로 서는 안성맞춤인 것 같습니다. 글을 쓰기에 불충분하다는 건 이유가 되지 못합니다. 우리는 우리의 불충분함과 더불어서만 글을 쓸 수 있 으니 말이에요. 그대 안에 있는 모든 힘을 그대가 어떻게 느끼지 않을 수 있을까요. 그런데 그대는 그 힘을 끊임없이 자기 자신에게 등을 돌 리는 데 쓰고 있어요. 아마 그대가 자존심이 너무 강하고 너무 심오해 서일 수 있습니다. 나는 그대를, 그대가 글을 쓸 때의 그 글쓰기 방식 을 존경하고 있습니다. 내 온 마음으로부터 생각하는 것은 그대가 끔 찍한 전장戰場이라는 것, 그리고 우정은 거기서 기쁨과 공모共謀를 끌 어낼 수 있으리라는 겁니다.

질

2부
다양한 그림과 텍스트

다섯 개의 그림

들뢰즈가 그린 다섯 개의 그림은 1973년 칼 플링커가 『들뢰즈 푸코. 혼합물 : 힘과 표면. 질 들뢰즈의 여섯 개의 표면과 함께』라는 큰 표제le titre général하에 발간한 두 권의 소책자 속에 담겨 있다. 첫 번째 소책자는 "얼굴과 표면"이라는 제목을 달고 있다. 들뢰즈와 스테판 체르킨스키의 인터뷰가 실려 있다(이것은 ID, p. 391에 다시 실린다). 이 인터뷰에 (여섯 개가 아닌) 다섯 개의 그림이 딸려 있다. 두 번째 소책자는 푸코가 "권력과 규율"이라고 부른 텍스트였다.

그림 1. 무제

그림 2. 무제

그림 3. "괴물 번호 10. 괴물이 입김을 불어 손가락을 만들고 있다."

그림 4. 평생 친구인 장-피에르 벙베르제의 목을 조르고 있는 들뢰즈의 자화상

그림 5. "괴물 번호 31"

세 권의 책 : 브레이에, 라벨, 르 센느[1]

세 권의 책들이 저자들 사후에 출간된다. 에밀 브레이에의 『고대 철학 연구』(PUF 출판사), 루이 라벨의 『정신의 내밀함에 대하여』(오비에Aubier 출판사), 르네 르 센느의 『신의 발견』(오비에 출판사)이 그 것이다. 이 세 사상가의 중요성은 잘 알려져 있다. 그들은 각자 다른 방식으로 프랑스 철학의 거장이었다. 이 책들은 몇몇 미발표 논문을 제외하면 기발표된 논문들로 이루어졌지만, 그 논문들은 찾아보기 힘든 잡지에 실려 있다.

◇

조르주 대비와 피에르-막심 슐이 서문을 쓴 에밀 브레이에의 논 문집은 그리스 철학의 기원부터 신플라톤주의까지를 그 대상으로 한 다. 개괄적인 검토가 아니다. 각 논문의 주제가 대단히 정확하다. 아주 짧기는 하지만 각 논문은 무언가 중요한 것을 가르쳐 주고, 관념의 역 사, 지속, 부침, 변형을 보여준다. 「신플라톤주의에서 무無 관념과 근원 적 기원 문제」나 「스토아학파의 로고스, 기독교의 말씀, 데카르트의 이성」 같은 아름다운 텍스트를 예로 들어보자. 주지하듯이 에밀 브레 이에는 철학사를 통해 철학 그 자체, 그가 본질이라고 부른 것을 찾으 려고 했다. 책은 브레이에가 자신의 기획을 설명하는 귀중한 텍스트들로 시작된다. 그에게는 언제나 철학의 특수성에 대한 예리한 감각이 있다. 철학의 이 특수성은 말하자면 외부적으로도 긍정되고 내부적으로도 긍정된다. 먼저, 철학은 철학사와 독창적 관계, 예컨대 과학이 과학사와 유지하는 관계나 종교가 종교사와 유지하는 관계와는 전혀 다른 관계를 유지하기 때문에 내부적으로 긍정된다. 그리고 모든 사유 일반, 모든 세계관이 철학이어서가 아니라, 세계관 안에서, 인간의 조건에 상응하는 균형, 불균형을 극복하는 지혜, 브레이에가 말하는 "차가운 피"sang froid, 생물학적 종으로서가 아니라 도덕적이고 이성적인 존재로서의 인간의 구성을 표현하는 것이 철학적이기 때문에 외부적으로 긍정된다. 따라서 브레이에는 '철학자 되기'를 통해서 철학사에 개입한다. 마찬가지로, 철학은 그리스적인 어떤 것이며, 인본주의는 철학의 역사이다. 이런 의미에서 우리에게 제시된 논문들은 본질에 관한 두 가지 위대한 관념, 두 가지 차원의 탐구에 의해 지배되는 것처럼 보인다. (1) 철학에서 문제란 무엇인가? 어떤 종류의 문제가 철학적인 문제인가? 철학적인 문제를 다른 유형의 문제와 구별 짓는 것은 무엇인가? 그 점에 관해서 [브레이에의 논문집에서] "문제 개념"에 대한 열정적인 논문을 읽을 수 있다. (2) 철학적 사유와 철학적 사유가 이용하는 이미지들 사이의 정확한 관계는 무엇인가? 그가 어떤 맥락 속에서 자신을 표현하기 위해 차용하는 이미지와 순수한 개념을 분리하면 안 되는가? 브레이에는 소크라테스 이전 철학자들에 관해 이러한 물음을 제기한다. 그런데 고유하게 철학적인 이미지들도 있지 않은가? "플로티누스의 이미지들, 베르그손의 이미지들"에 관한 뛰어난 논문에서 그는 이러한 물음을 던진다.

르 센느와 라벨 두 사람은 각자 다른 스타일로 정신 철학의 기초를 이루는 공통 관념을 전개한다. 그 공통 관념은 객체에서 정신의 소외를 거부하고 고발하는 데 있다. 르 센느는 가치 관념에 의해, 라벨은 현실태 관념에 의해 일종의 구원설에 도달한다. 그들의 책은 그들이 오비에 출판사에서 발간한 총서에 마침표를 찍는다. 라벨의 작업 전체는, 정신적 삶의 과학으로, 철학의 완성으로 간주되는 지혜 이론을 지향한다. 즉 『정신의 내밀함에 대하여』는 정확히 그러한 지혜 — 인식 이상의 과학, 지성·감성·의지 등 영혼의 다양한 역량들이 통합되기 위해서만 서로 대립하는 살아있는 변증법 — 에 관한 전언으로 끝난다. 책 전체에서, 라벨이 고안한 독창적 개념들에 대한 주해가 발견된다. 소여와 대립하는 현실태, 우리가 현실태에 대해 갖는 경험으로서의 참여[분유], 그로부터 파생되는 시간의 발생 및 시간의 여러 차원 — 현재의 현존 자체인 현실태, 존재 이유로서의 힘과 가능태인 미래, 상관적 소여인 과거 — 의 구성, 끝으로 본질 자체가 시간적 성격에 영향을 미치는, 본질과 실존의 독창적 관계의 구상[개념화]. 중심 관념은 세계가 "우리의 정신적 존재의 형성 도구"라는 것이다.

르 센느는 자신의 성찰 방향을 신 쪽으로 돌렸다. 그는 신의 발견을 철학적 소명의 목표로 간주했다. 르 센느의 의무 철학 혹은 의무의 가치 철학이 어떻게 르 센느를 거기로 이끌었는지는 잘 알려져 있다. "나의 철학에는 세 가지 중심이 있다. 의무와 자아, 그리고 신, 즉 신적인 주체가 그것이다. 이 세 가지가 행복을 놓고 경합해야 한다." 에두아르 모로 경이 편찬한 책은 1931년과 1932년 사이에 쓰인 사적인 수기의 발췌로 시작된다. 르 센느는 거기서 가치는 절대적인 것이지만 절대적인 것은 주체, 인격임을 보여준다. 그는 몇 가지 점에서 신플라톤주의를 상기시키는 일자 이론을 여러 번 되풀이해서 표현한다. 그러나 더 깊이 들어가면 그에게 관념론과 인격주의와의 통접이 등장한다. 그는 그것을 다음과 같은 여러 논문을 통해 전개한다. 「주체와 인격」,

「관념-실존적 관계」, 「인간적 유대」, 「인간과 가치」, 「가치론의 문제」, 「가치의 경험」, 끝으로 「내재성과 초월성」. 책은 희망의 기술과 르 센느가 기획했고 정확히 『신의 발견』이라는 제목이 붙을 수밖에 없었던 작업의 밑그림으로 끝을 맺는다. "우리가 말하는 신이 모든 유한한 객체를 넘어서는 어떤 피안을 의미한다면, 왜 우리가 이 피안을 신이라고 부르고 인식 불가능한 것이나 무라고 부르지 않는지를 명확히 해야 한다."

◇

라벨과 르 센느의 작업은 대단히 중요하다. 어떤 의미에서 중요한가? 그들은 프랑스에서 최초로 철학을 가치 철학으로 만들고, 가치 철학을 대학 철학, 즉 가르치는 철학으로 만든 사람들에 속한다. 그들이 찾으려고 했던 것은 철학의 내용 전체를 재사유하고, 과학과의 파멸적 혼동에서 철학을 구해내고, 철학의 특수성을 보존할 수 있는 지반이었을 것이다. 라벨은 가치론에서, 우리 근대인들을 위해, 플라톤주의를 재사유할 특권적 가능성을 보았고, 르 센느는 변증법을 재형성해야 하는 영역으로 보았다. 그래서 일종의 종합 철학 philosophie totale의 형태로 가치가 우리에게 다가왔다. 이러한 도래는 우리의 존경과 감탄을 자아낸다. 그러나 우리는 더 해야 할 일이 무엇인지도 느낀다. 가치 철학의 더 먼 기원으로 거슬러 올라가 보면, 니체의 경우에 이론은, 비판 및 고발과 결코 분리되지 않기 때문에 — 분리되기는커녕 오히려 이론이 그 비판 자체다 — 놀라우리만큼 구체적이고 긍정적이고 폭발적인 채로 남아있음을 알 수 있다. 반대로 20세기에 프랑스에서는 이론 측면과 비판 측면이 따로 떨어져 나갔다. 이 지점에서 우리는 1939년에 「가치 철학에 대한 회의」(『형이상학과 도덕 평론』)[2]라는 제목의 매우 중요한 논문을 발표한 브레이에라는 이름을 다시 발견한다. 그렇게 가치 철학이 비판과 분리되면서, 비판은 가치 철학 자체에 대한 비판이 되었다. 오늘날 두 번째 시대, 즉 비판과 가치 철학이 분리되지 않은 기원으로의 회귀가 시작되는 것처럼 보인다. 특기할 만한 최초의 저작물들이 다음과 같은 여러 방향에서 발견된다. 그 자체가 실증적 연구의 대상이 되는 해당 규범들 – 생물학적 규범이나 사회적 규범 – 에 따라 항상 우리에게 가치들을 제시하는, 레이몽 폴랭의 도덕 연구라든가 조르주 캉길렘, 조르주 프리드먼 등의 작업을 예로 들 수 있다. 이 새로운 방향은 라벨과 르 센느의 작업에 빚진 것들을 잊지 않으면서 점점 뚜렷해지고 있다.

페르디낭 알키에, 『초현실주의 철학』[1]

알키에의 책은 처음부터 끝까지 열중해서 읽을 수 있다. 단지 문체가 아름다워서가 아니라 그 책에 신비로운 통일성이 있기 때문이다. 이 초현실주의 철학을 저술하면서 저자는 자신에게 소중한 인생관을 밝히고 형이상학 전체에 관한 성찰을 전개한다. 알키에의 분석은 진정한 분석이다. 단지 주제들만 구별하는 것이 아니라 중요도까지 구별한다는 점에서 그렇다. 사실 오류는 텍스트가 말하지 않는 것을 텍스트로 하여금 말하게 하는 데에 있다기보다는 주제들의 중요성을 뒤집는 데에, 본질적인 것이 아닌 것, 의존적인 것을 본질적인 것으로 제시하는 데에 있을 것이다. 그래서 알키에는 초현실주의자들에게 본질적인 것이 무엇인지 차례차례 보여준다. 그에 따르면 초현실주의자들에게 본질적인 것은, 그들의 많은 작품에서 표현되고 있기는 하지만, 비관주의, 부정, 불안, 반항이 아니다. 표현에 관한 관심, 미에 대한 집착, 몇몇 초현실주의자들이 도달하고 있기는 하지만, 언어에 대한 탐구도 아니다. 본질적인 것은 그들을 사로잡거나 끌어당기는 비의秘義, 강신술降神術, 연금술도 아니다. 카루즈가 원하는 것처럼 초인 숭배도 아니다. 그것은 헤겔 변증법도 맑스주의와 혁명도 아니다. 비록 초현실주의자들이 이것들과 분리되기를 원하지는 않지만 말이다. 끝으로 그것은 독일 낭만주의의 재연이나 과장도 아닌데, 독일 낭만주의의 기획 자체가 초현실주의의 기획과 사뭇 다르기 때문이다. 본질적인 것은 아니지만 그래도 이 주제들은 모두 초현실주의에 현존하는 것들이다. 알키에는 그 주제들이 어떻게 초현실주의에 현존하는지 보여주지만, 거기서 그치지 않고 그 주제들이 본질적이거나 가장 근본적인 것이 아니라는 것도 보여준다. 이 가장 근본적인 것을 찾기 위해 저자는 여러 가지 접근 수단을 갖고 있었다. 먼저 초현실주의 운동에의 그의 개인적 참여, 즉 체험되었을 때의 이점을 들 수 있다. 하지만 그는 막판에 조에 부스케를 감동적으로 표현한 단평에서만 이 참여를 내세울 뿐, 그 이외에는 이 참여를 직접 내세우지 않는다. 다음으로 어떤 사실. 즉 앙드레 브르통과 갈라선 사람들은 대체로 초현실주의라고 자칭하는 것을 멈추기 때문에 초현실주의가 어떤 면에서는 브르통과 동일시된다는 사실이다. 끝으로 이전의 주제들은 다른 것에서 출발할 때만 한꺼번에 이해될 수 있다는 것을 알키에가 보여주는 분석 방법이다.

이 모든 것에 의해 이미 초현실주의의 역사에서 본질적인 것들을 자명하게 한다. 알키에는 초현실주의의 역사를 만들길 원치 않는다. 그는 초현실주의 철학을 만든다. 그렇다면 어떤 것이 가장 본질적으로 심오한 것인가? 저자에 따르면 그것은 삶의 특정 주제이다. 즉 사랑, 욕망, 희망 등일 것이다. 그리고 이 사랑은 삶의 피안을 추구하는 것이 아니라 사랑하는 존재들에게, 사랑하는 여성들에게, 세계의 형상들과 모습들에게 보내는 경험적 사랑이기 때문에, [그 사랑은] 욕망이다. 그러나 이 욕망은 무엇보다도 소유 욕망이 아니기 때문에(알키에가 그의 특수한 상황을 설명하는 달리의 경우를 제외하고), 이 욕망은 오히려 마음 씀, 기다림, 주의[배려]이기 때문에, 그것은 동시에 희망, 기호의 파악, 객관적이고 지상적인terrestres 마주침을 좋아하는 취향, 경이에의 열림이다. 글을 쓰는데도 문학을 경멸할 수 있다는 것에 우리는 가끔 놀란다. 이런 의미에서, 초현실주의자들은 시를 썼지만 미학이 심오한 것이라고 생각하지 않은 것이 사실이다. 미$^\text{美}$는 원래 미학의 문제가 아니라 삶의 문제, 마주침의 대상, 파악되는 기호이기 때문에, 그것은 작품에서 말하기 전에 욕망으로 말하기 때문에, 그것은 우선 윤리적인 요청, 삶의 요청에 응하는 것이기 때문에, [초현실주의자들의] 그런 태도는 정당하다. 그래서 매우 아름다운 지면에서 알키에는 시는 문학과 다른 것이고, 심지어 미학적[예술적] 작품과도 다른 것임을 상기시킨다. 따라서 초현실주의 관념은 이중적임을 알 수 있다. 욕망 또는 사랑의 세계는 주체의 세계다. 즉 그 세계는 소여를 거부하고, 논리적으로 정의된 어떤 객체에서도 닮은 점을 발견하지 못하며, 근본적인 자발성을 표현하고, "탈현실화함"으로써 자신을 표현한다. 그러나 욕망하는 이 주체가 최종적 표현$^\text{dernier mot}$은 아니다. 이 주체는 기대하고 감탄하고 기호를 받는다. 무의식의 탐구와 마주침의 경험, 자동기술과 객관적 우연은 서로를 참조하는 두 가지 주제이다. 알키에에 따르면, 브르통이 항상 다음과 같은 두 가지 위험을 피할 수 있었기 때문에 초현실주의의 균형이 존재한다는 것이다. 한편으로 욕망의 역량을 끝까지 밀고 가는 것, 그리고 그렇게 자의적인 것을 위해 의미를 부정하는 것, 기호가 어떤 의미의 기호임을 망각하는 것. 다른 한편으로 기호가 욕망에 고지하는 것에 이름을 붙이는 것, 기호를 해석하는 것, 의미를 어떤 사물·소여와 혼동하는 것, 그리하여 객체로 돌아가 자유를 잃어버리는 것. 사실상 욕망은 객체를 넘어서지만, 존재를 넘어서지는 못한다. 기호는 존재와 객체 사이의 이러한 긴장된 균형이자, 어떤 객체도 존재가 아니게 되고, 모든 객체가 기호가 됨으로써 뒤집히게 되는 살아있는 조건이다.

그런데 초현실주의는 이런 조건을 완전히 수행할 수 있을까? 욕망이 언제나 그러한 이중적 성격을 갖는다면, 그것은 욕망에 고유한 진리의 관점에서만 그런 것이 아닌가? 욕망 그 자체는 양면적이다. 왜냐하면 그것은 매 순간 존재 안에서 길을 잃거나 전능한 것으로 긍정되기 때문이다. 비관주의와 사디즘을 포함해서 우리가 이차적인 것으로 간주하는 모든 주제들이 바로 거기서 발원한다. 욕망이 스스로 자신의 베일을 벗고 진상을 드러내는 것이 아니다. 오직 욕망에 대한 반성만이 그렇게 욕망의 베일을 벗겨 그것의 진상을 드러내는 것이다. 그래서 알키에는 브르통의 진화를 희망에서 희망에 대한 반성으로의 이행으로, 냉철함으로의 이행으로 제시할 수 있다. 초현실주의에서 그것은 현실과 비현실의 통일에 이르는 문제, 종합의 문제가 아니다. [현실과 비현실] 양자가 일체가 되는 지점인 초현실 또는 존재는 재발견해야 하는 것이 아니라 규정해야 하는 것이다. 그리고 피안으로서, 초자연적인 것으로서가 아니라 반대로 인간 존재를 낳는 분리의 원리로서, 시를 낳는 이행의 원리로서, 즉 현실에서 비현실로, 비현실에서 현실로 "의지를 이행하는 수단"으로서, 끝으로 윤리를 낳는 긴장의 원리로서 규정해야 하는 것이다. 양자 간의 긴장과 이행은 언제나 동일한 진리, 기호에서 표현되는 진리를 정의한다. 즉 욕망은 사물 이상이라는 것, 그러나 존재 이하라는 것, 그리고 바로 존재 이하이기 때문에 사물 이상이라는 것. 그런데 이 진리는 욕망 자체가 접근할 수 있는 것인가 아니면 욕망에 대한 반성, 다시 말해 이성만이 접근할 수 있는 것인가? 여기서 알키에가 형이상학에 대해 갖는 견해와 초현실주의가 어떻게 다시 만나는지 알 수 있다. 초현실주의 철학이 뜻하는 것은 초현실적 철학도 초현실주의자들이 만든 철학도 아닌 반성인데, 이 반성과 형이상학의 관계는 초현실주의와 시의 관계와 같다. 그리고 알키에의 철학에 의해 처음으로 합리주의에서 체계가 거부되는데도 이

중의 내용 — 욕망과 기호 혹은 정신분석과 시 — 으로 풍요로워지는 일이 일어난다. 그로부터 놀랄 만큼 생기 있는 형이상학이, 그리고 그 안에 가장 심오한 초현실주의 해석이 생겨난다.

페르디낭 알키에, 『데카르트, 인간적 면모와 작품』[1]

알키에는 "인간적 면모와 작품"을 주된 주제로 하는 총서의 한 권으로 데카르트에 관한 책을 출간한다. 데카르트에 관한 책들이 무수히 많지만, 알키에의 책들은 단연 두드러지는데, 왜냐하면 그의 책들이 데카르트에게서 이해해야 하는 작업만이 아니라 보존해야 하는 철학관, 형이상학의 본질 자체를 표현하는 사유도 보여주기 때문이다. 알키에는 1950년에 대단히 중요한 학위논문 『데카르트에게 있어 인간의 형이상학적 발견』(PUF 출판사)을 책으로 펴냈고, 게루 씨는 1953년에 『이성의 질서에 따른 데카르트』(오비에 출판사)를 출간했다. 그래서 우리는 최근에 데카르트 연구를 쇄신하는 매우 다른 두 가지 해석을 갖게 되었다. 새로운 책에서 알키에는 자기 논문의 몇몇 논점을 반복하는데, 그것은 각기 다른 의도와 목적에 따른 것이다. 알키에의 해석을 두드러지게 하는 이 독창적인 논점들을 살펴보자. 알키에에 따르면 우선, 데카르트 철학에는 하나의 질서가 아니라 상보적인 두 개의 질서가 있다. 즉 체계의 질서와 시간의 질서, 이성의 질서와 역사의 질서, 실재의 질서와 그 현전의 질서가 있다. 무한은 유한에 대해 일차적이지만 그럼에도 불구하고 무한은 유한 뒤에 출현한다. "인식의 질서에서 일차적이며 그 자격으로 언제나 되풀이되어야 하는 코기토는 존재의 질서에서는 신이 일차적이지만 사유에 있어서는 그것[존재의 질서]을 따라야 한다는 점을 드러낸다." 더욱이 알키에는 [신에

의한] 영원한 진리의 창조라는 데카르트의 관념에 엄청난 중요성을 부여한다. 즉 진리 자체가 신에 의해 자유로이 창조된다는 것은 진리가 고갈될 수 있고, 그 자체로 이해될 수 있으며 제한된 분석의 대상이 된다는 것, 요컨대 사유는 진리를 넘어서고 진리의 우연적 측면을 파악한다는 것, 게다가 존재는 다른 곳에, 창조주 신 안에 있다는 것, 다시 말해 사유가 따르는 근거 안에 있다는 것도 의미한다. 즉 인식의 질서에서는 일차적이고 존재의 질서에서는 이차적인 것, 사유는 언제나 그러한 것이며, 따라서 자신의 본성 자체에서 두 가지 질서의 구별을 드러내는 것이다. 사유의 그러한 본성이 바로 [데카르트의] 회의懷疑와 코기토가 의미하는 것이다. 그리고 알키에가 처음 두 성찰을 분석하고 특히 『방법서설』부터 『성찰』까지의 코기토의 진화를 이론의 여지가 없는 방식으로 보여주는 대목을 그의 책에서 가장 아름다운 대목 중 하나로 꼽아야 한다. 끝으로, 알키에는 데카르트 철학에서 "관념"이라는 말의 두 가지 의미를 구별할 필요성을 강조한다. 영혼과 신은 삼각형이나 연장延長과 같은 의미에서 관념일 수 없기 때문이다. 즉 삼각형 관념이나 연장 관념은 재현représentations이고 그것에 대해 사유는 계속해서 일차적이지만, 영혼 관념과 신 관념은 진정한 현존présences이고, 이러한 현존은 존재를, 아울러 그 속에서 사유가 이차적이 되는 또 다른 질서를 여실히 보여준다.

그런데 알키에가 "인간적 면모와 작품"에 관한 이 책을 쓴 목적은 무엇인가? 그는 데카르트의 개성을 보여주고 그의 저서를 설명한다. 그러나 여기서 인간적 면모와 작품의 통일성은 더욱 심원하다. 즉 통일성은 어떤 활동에 있다. 알키에는 자신의 책 전체에 걸쳐서 데카르트의 놀라운 활동을 소개하고 그 활동에 대해 이야기한다. 동일인이 펼치는 과학적 활동과 철학적 활동 : 데카르트는 어떻게 두 가지 활동을 하는가, 어떻게 한 활동에서 다른 활동으로 이행하는가, 어떻게 전자를 넘어 후자를 발견하는가, 이 발견은 어떤 뜻밖의 것과 어떤 변화를 초래하는가, 그것이 이 책의 주제다. 알키에에게 데카르트는 형이상학 자체의 원리가 파악되는 본질과 같은, 모범적인 사례다. 무엇보다도 인간의 활동으로서 과학과 철학의 정확한 경험적 관계가 존재하기 때문이다. 데카르트는 과학자로 시작하고, 보편 과학과 확실한 기술을 꿈꾼다. 그는 수학적 확실성을 모든 과학으로 확장하려고 한다. 그래서 그는 형이상학보다 수학적 유형의 방법에 더 의존한다. 『정신지도의 규칙』의 그러한 관점은 『방법서설』에서도 여전히 본질적인 것으로 존속한다. 매우 심오한 페이지에서 알키에는 『방법서설』의 회의와 코기토가 형이상학적 질서에 속하기보다 여전히 과학적인 질서에 속하기 때문에 『성찰』의 회의와 코기토와는 다르다는 것을 보여준다. 그런데 『방법서설』에서 『성찰』로의 이행은 정확히 어떻게 일어나는가? 데카르트는 보편적이고 확실한 과학이라는 자신의 기획의 근원적 조건을 잘 알고 있었다. 자연, 즉 공간적·현실적·기계론적 체계가 그것의 두께, 잠재성, 질, 자발성을 박탈당한다는 것이다. 자연이 존재가 아니라는 의미에서, 세계는 우화이다. 그러나 "세계에서 존재가 박탈될 때 반드시 다른 곳에서 그 존재가 발견될 것이다. 그 존재의 명증성은 모든 정신 안에서 일차적이다." 자연이 존재가 아니라면, 존재는 자연이 아니며, 과학적으로 이해되는 것이 아니라, 모든 객체, 모든 본질, 모든 객관적 메커니즘과 구별되는 것으로서 철학적으로 개념화될 것이다. 그래서 데카르트는 형이상학적 근거, 과학의 근거라는 관념으로 이끌리지만, 과학을 벗어난다는 조건에서 그리로 이끌린다. 자연은 코기토에 종속되고, 코기토는 신의 존재를 보존하며 신에게 종속된다. 그리고 과학이 근거를 요구했을 때, 형이상학이 과학에 제공하는 근거에서 파생되는 귀결을 과학은 예상할 수 없었다. 『철학 원리』와 후기 저작들에는, 흔히 볼 수 있는 것처럼 단순한 속성으로 환원되지 않는 물질적 실체, 관념과 구별되는 물질적 존재에 대한 이론과 함께 존재의 관점이 재도입되기 때문이다. 세계는 실체성을 발견한다. 예상한 대로, 자연이 존재를 갖지 않는 한에서 근거가 되는 것은 더 이상 확실한 과학이 아니다. 오히려 세계가 확실한 과학적 지식의 대상이 되지 않는 한에서 세계의 존재가 스스로 근거가 된다. 근거의 작용은 지각 가능한 것, 개연적인 것, 감정을 재도입한다. 데카르트의 작품의 처음과 끝에서 가장 크게 변한 것은 과학이라는 관념 자체다.

알키에의 책으로부터 활동으로서의 철학이라는 관념이 도출된다는 것을 알 수 있다. 저자는 다른 곳(『존재의 노스탤지어』, PUF 출판사)에서 그것을 피력한 바 있지만, 이번에 처음으로 특수한 사례의 상세한 역사를 통해 그것을 고찰한다. 알키에에 따르면 철학적 활동에는 세 가지 주요 특징이 있는 것처럼 보인다. (1) 우선 누구도 철학자로 태어나지 않는다. 철학자들은 재생산되지 않는다. 철학자는 "고유한 운동에 의해 철학을 발견하며, 그 운동에 의해 주변 사람들의 습관, 스승의 가르침, 가문이나 국가의 전통, 객관적 세계 자체와 단절하게 된다." (2) 철학은 필연적으로 그것이 단절하는 것과 관련하여 구성되고, 그렇게 단절하는 것이 없으면 그것은 철학이 아니다. 특히 어느 시점에 과학의 상태가 그렇다. 어떤 면에서는 과학이 철학을 불러내지만, 철학은 과학이 기대한 것과 전혀 다른 것을 과학에 제공한다. 철학은 과학에 "자리"를 지정해 주기 때문이다. 이런 의미에서 철학은 언제나 놀라움을 준다. 철학은 놀람에서 태어날 뿐만 아니라 결과를 통해서 다른 놀람에 이르게 한다. 철학의 위대함은 바깥에서 철학에 요구하는 것과 다른 것을 주는 것이다. 철학은 결코 정당화하는 역할을 하지 않는다. "철학적 행보의 고유한 점은… 그것이 어디에 이를지 아무도 모른다는 것이다."(3) 따라서 철학은 주관적 행보와 분리될 수 없으므로 체계가 아니다. 철학은 엄밀한 의미에서 형이상학이다. 그리고 형이상학은 역사이고 역사적 질서이다 — 그러나 어떤 의미에서 그런가? 형이상학은 철학자의 심리로 환원되지 않고, 또한 철학자의 심리를 결정하는 역사로도 환원되지 않는다. 반대로 형이상학은 역사와의 단절이다. 그러나 이 단절 자체에도 역사가 있으며, 그 역사는 다양한 정도로 하나의 정신의 역사이고 정신 그 자체의 역사이다. 정신은 어떻게 규정된 객체들과 실증적 진리들보다 자신이 우월함을 발견하는가, 그리고 정신은 어떻게 자기보다 우월한 것으로서 존재를 발견하는가, 그것이 형이상학을 구성하는, 영원히 되풀이되는 시간적 운동이다.

흄에 대한 강의 (1957~1958)[1]

I. 서론

A. 흄의 개념 목록

『인간 본성에 관한 논고』(이하 『논고』)는 1739년에 출간된다. 1746년, 콩디약:『인간 인식의 기원에 관한 에세이』. 관념 연합론의 진정한 창시자는 하틀리다. 1749년,『인간과 그의 골격, 의무, 운명에 대한 관찰』은 흄 책보다 10년 뒤에 나온다.

관념 연합론자들은 실제로 흄을 원용하지 않았다. 그들에 따르면 흄은 역설을 너무 좋아하기 때문이다. 벤덤은 흄에 대해 좀 더 공정한데, 그것은 흄이 연합의 원리들을 유용성의 원리들에 종속시켰기 때문이다.

『사회계약론』:1761년. 루소의 영국 여행:1746년.

『논고』는 두 번으로 나뉘어 출간되었다. 1739년에「오성에 관하여」와「정념에 관하여」가 출간되고 1740년에「도덕에 관하여」와 부록이 출간되었다.

서론에서 흄은 정치와 비판에 대해 논하지만 [본론에는] 정치론과 비판론 둘 다 없다. 『논고』는 논리와 도덕에 대해서만 논한다. 정치론에는 무엇이 담겼을까? 사실 통치 이론은 도덕론에 이미 있다. 정치론은 아마 정치경제학을 전개했을 것이다. 그렇다면 비판은? 취미 비판,

즉 미학이다. 흄이 그것을 쓰지 않은 것은 『논고』보다 접근하기 쉬운 책을 쓰기로 선택했기 때문이다.

1741~42	『도덕과 정치에 관한 에세이』(취미의 규칙에 관한 중요한 논문이 들어 있다). 추가로 경제학 에세이.
1748	『인간의 불멸, 자살에 관한 에세이 — 오성에 관한 탐구』
1751	『도덕의 원리에 관한 탐구』
1752	『정치론』
	『영국사』
1772	『자연종교에 관한 대화』(유고)

흄에 대해서는 다음을 읽을 것:

J. 라포르트, 『필연성 관념』

『추상의 문제』

가스통 베르제, 「후설과 흄」(『국제 철학 평론』 *Revue Internationale de Philosophie*, I, 2, 1939년 1월)

흄은 거대한 프로젝트에 착수하지만 그것을 끝내지 못한다. 『논고』가 그것이다. 그의 서신에 두 가지 주제가 되풀이해서 나타난다. "나는 『논고』를 잘라내고 다듬고 있다." 그는 너무 어렵거나 너무 위험해서 『논고』에 집어넣을 수 없는 것을 『도덕과 정치에 관한 에세이』에 집어넣으려고 한다. 『논고』 다음에 나온 책[『도덕과 정치에 관한 에세이』]에서 사라지는 것이 있다. 사물의 동일성과 자아의 동일성이 그것이다.

흄의 저서에 어떤 진화가 있었나? 인간 과학에 대한 직접적 의존이 보여주는 점점 더 큰 관심, 즉 도덕과 비판, 자연종교가 띠는 점점 더 큰 중요성, 인간 과학에서 실험에 부여되는 점점 더 큰 중요성. 즉 역사는 가능한 실험 재료이다.

흄과 그의 진화에 대한 세 가지 가능한 해석이 있다. 회의주의적 해석 : 『논고』에서 이미 흄은 끊임없이 스스로 모순되는 말을 한다는 해석. 전통적인 해석 : 『논고』의 핵심은 오성이라는 것을 암시하는 해석. 급진적인 해석 : 핵심은 실천이라는 해석. 원리들은 그 자체로는 이해될 수 없다. 법 이론은 이미 하나의 실천이다. 노먼 켐프 스미스의 해석(1941)은 다음과 같은 것이다. '연합은 공리주의의 관점에서 보면 법 이론이다. 믿음은 통치와 소유권을 위한 것이다.' 상상력은 언제나 실천의 관점에서 고려된다. 즉 입법자들은 [구체적] 사례를 상상한다.

연합 원리들은 인간 본성의 원리들이다. 본성과 구별되는 것은 관례, 인위다. "인간은 [발명에 재주가 있는] 창의적인 종이다." 인위에 해당하는 것은 원리들에 직접 의존하지 않는다. 우회적 방법 : 그래서 습관은 오성으로 우회하고 정의는 도덕으로 우회한다. 모든 것은 본성 안에 있지만 모든 것이 본성은 아니다.

인위적인 것 또는 자연적인 것 : 원리들의 간접적 효과 또는 직접적 효과. 정의[사법]가 도덕 세계의 인위인 것처럼 습관은 오성 세계의 인위다. 그러나 유용성 원리는 용어 그 자체로서 나타나지는 않는다. 유용성 원리는 정념의 원리들에 해당할 것이다. 정념의 원리들 중에는 순수하고 단순한 쾌락과 관련된 원리들이 있을 것이다.

연합 원리들 : 유사성, 인접성, 인과성. 그런데 『논고』2 : 습관의 원리는 (경험과는 다른) 또 다른 원리다.

관념 연합론자, 예컨대 콩디약의 근본적 차이 : 그의 『에세이』의 부제는 '오성에 관련된 모든 것이 하나의 원리로 환원되는 작업'이다. 대비가 잠재적인 네 번째 연합 원리가 아님을 보여줄 때를 제외하면, 환원은 흄과는 완전히 무관한 것이다.

원리는 법칙이다. 다시 말해 어떤 결과들의 항상적 규칙이다. 원리는 원인이 아니라 결과에 의거한다.[3]

원리의 결과들 중에는 복합 관념이 있다. 그래서 다음과 같이 표현할 수 있다.

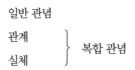

— 일반 관념 : [여기에서] 관련되는 것은 유사성 원리이며, 이는 일반 관념의 구성에서 유일한 원리다.
— 실체 : 그것은 인과성과 인접성이다.[4]
— 관계 : 세 가지 원리가 대등하게 작용한다.

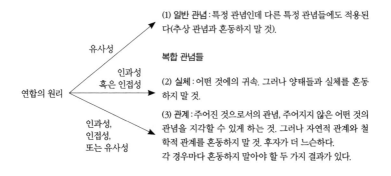

관념들의 관계와 사실의 질료를 구별하는 것은 철학적 관계들 내부에 있다. 즉 관념들의 관계는 객체가 달라짐에 따라 달라지지만 사실의 질료는 객체가 동일한 것으로 머물러 있는 가운데 달라질 수 있는 것이다.

모든 관계는 항 외부에 있다.[5] 등치[합동]égalité는 관념들의 관계에 속한다. 즉, 등치[합동]는 도형들의 내생적 특성이 아니다. 그것은 오직 정신이 도형들 사이에 수립하는 비교에서만 나온다.[6]

연합 원리의 의미와 기능:

연합 원리는 우리를 하나의 관념에서 다른 관념으로 이행시키며, 관념들 사이에 관계를 수립한다.[7]

흄의 문제는 보편적이고 항상적인 것, 즉 인간 본성을 찾는 것이다. [반면에] 합리주의자에게 문제는 이성의 구조가 실존한다는 것을 보여주는 것이다. 그런데 흄에게 기본적 사실은 관념은 항상적인 것이 아니라는 것이다. 누구도 같은 단어 위에 같은 관념을 놓지 않는다. 따라서 보편성과 일관성은 관념들에 있지 않다. 흄은 합리주의자들에게 이렇게 말한다. '당신의 관념을 보여줘라!'

보편성과 일관성은 하나의 관념에서 다른 관념으로 이행하는 방식에 있다 — 어떤 규칙들에 따라서 나는 어떤 관념들로 이행한다. [합리주의자들이 찾으려고 하는] 이성의 구조 같은 것은 없다. 그런데 이는 원리 없이는 정신이 [관념들을] 연결할 수 없다는 말인가? 전혀 아니다. [원리 없이도] 그 연결은 잘 이루어지지만, 무작위로 이루어진다.[8] 원리가 부재할 때는 오직 우연에 의해서만 관념들이 접합될 것이다(흄은 관념들이 접합되지 않는다고 말하지 않는다).

상상력은 착란, 즉 공상이다. 그래서 관념들 사이에는 연결이 없지 않지만 그때 관념들이 갖는 연관은 착란적 연관과 다른 것이 아니다. 공상은 자기가 원하는 모든 것을 분리하고 다시 결합할 수 있다.[9] 그래서 "날개 달린 말, 불을 뿜는 용, 괴물 같은 거인 등을" 만들어 낼 수 있다….

착란으로서의 상상력과 연합 원리에 의해 규제되는 상상력을 구별해야 한다. 원리는 관념이 아니라 질, 그러나 인간 본성의 질이다. 상상력 속에서 연합된 관념들은 우리가 찾고 있는 인간 본성 안의 보편적이고 항상적인 것을 나타낸다. 그러나 상상력에 의해서 연합된 관념들은 착란이 된다.

따라서 상상력을 구속하면서 바깥에서 작용하는 연합 원리와 구속당하기를 거부하는 공상 사이에 갈등이 존재한다.[10] (공상은 관계를 덧붙이려고 하지만 상상력은 규제된다. 특히 비-철학적 확률, 허구 개념과 관련해서는 특히 그렇다. 원리들은 진정된 공상에 대해 작용하지만, 경험의 한계를 벗어나는 원리들의 비합법적 사용이 있다.) "프랑스인은 진지함을 가질 수 없다." … 이것은 인과성과 동일성에 대한 공상의 복수다. 후자의 관점에서 그것은 허구 이상이다. 비-철학적 확률의 경우에서처럼 그것을 교정할 수 없다. 근본적인 모순이 있다. "잘못된 이성이냐 비이성이냐" 중에서 선택을 해야 한다.

인과성의 세 가지 비합법적 사용:

(1) 비-철학적 확률: 허구적 경험에 개입하지만 개연성 규칙에 의해 교정될 수 있다.

(2) 동일성에 관하여: 잘못됐을 뿐만 아니라 모순적이기도 한 사용, 그것은 더는 교정될 수 없다. 그것은 인간 본성의 필연적 허구다.

(3) 『자연종교에 관한 대화』 안의 신

두 번째 사용은 칸트에게서는 발견되지 않는다.

B. 관념 연합

[『논고』 1권 「오성에 관하여」 1부] 2절과 2권 「정념에 관하여」의 1부 1절 「주제의 구분」을 참조할 것.

감각 인상과 반성 인상;정념의 관점에서 본래적 인상과 이차적 인상.

본유 관념이라는 개념을 반성이라는 개념으로 대체한 것은 로크다.

주제의 구분:흄은 그렇게 오성에 [주제의 구분을] 도입한다. 그러나 그는 실천과 정념에서 차용한 예를 든다. 오성을 다룬 1권의 목적지는 (정념을 다루고 있는) 2권에서 잘 나타난다. 더욱이 흄은 이 인상들을 동질화하려고 애쓴다.[11] 따라서 방법의 역전이 일어난다.

감각 인상에서 관념(감각 관념)이 생겨난다. 자연적 방법은 인상에서 관념으로 가는 것이다. 그런데 관념 자체에서 새로운 인상, 즉 반성 관념을 발생시키는 반성 인상이 파생된다. 정리하면 다음과 같다. 감각 인상 → 관념 → 반성 인상 → 반성 관념.

감각 관념에서 어떻게 그것과 닮지 않은 인상이 생겨날 수 있는가? 소여에 잠재성virtualité은 없다. 소여는 단박에 주어지니까 말이다. 우리는 인상에서 관념으로 갈 수 없다. 반성 관념들의 경우에 관념에서 그것과 닮지 않은 인상으로 가야 한다. "우리의 관념들은 그것들이 재현하는 인상들에서 파생된다." 유일한 예외가 있다. 같은 색의 여러 색조들의 관념이 그것이다. 우리는 상응하는 인상 없이 관념을 형성한다. 그렇다고 해서 일반적 격률을 바꿀 필요는 없다. 관념은 선행하는 인상을 재현한다. 이 원리는 관념들의 기원에 관계된다. 인상은 본유적이지만 감각은 그렇지 않다. 인상은 그 자체가 아닌 다른 것을 재현하지 않는다. 그것은 순수한 소여다.[12]

감각 인상은 실존의 근원적 시작이다. 본성의 능력들이 있고 본성 안에 실제 능력들이 있을 것이다. 우리는 그 능력들을 그 자체로는 인식할 수 없다(자연 철학도, 뉴턴도 그것에 실패한다.[13] 객체들의 감각적 외관 너머의 회의주의와 불확실성). 감각 인상은 객체에도 의거하지 않고 그것이 전제하는 원인에도 의거하지 않는다.

감각 인상과 그것의 조건과의 관계에 속하는 것에 대해서는 그저 감각sens만 참조하라. 감각작용sensation에 대한 연구는 "해부학자들과 자연 철학자들"[의 작업]에 속한다. 18세기는 시각 이론을 통해 물리학을 해부학과 관계시키는 뉴턴 작업에 민감하다. 이것은 자연/본성nature의 능력에 대한 사변이 아니라 인상의 유기체적이고 해부학적인 조건에 대한 사변이다. 그래서 감각 인상은 — 자연 철학 혹은 해부학의 관점이 아니라 — 인간 과학의 관점에서 첫 번째 자료이다. 그러한 것으로서 감각작용은 다른 연구(해부학)의 영역에 속하지만 인간 과학의 관점에서 그것은 근원적인 출발점이다.

감각 인상과 반성 인상은 동질적이지 않다. 어떤 점에서 그런가?[14] 감각 관념 안에는 그 관념이 우리에게 주는 모든 것이 담겨 있다. 감각 관념이 우리에게 주는 것 외에 다른 것을 감각 관념에서 끌어내는 것은 불가능하다. 감각 관념 안에는 어떤 잠재성도 없다. 인상에서 관념이 파생되는 것, 관념에서 새로운 인상이 도출되는 것은 본성의 원리다.

감각 인상의 경우, 본성의 원리는 필요하지 않다. 관념의 경우, 상상력과 공상으로 충분하다. 그러나 인상이나 관념으로부터 그것과 닮지 않은 인상이나 관념이 발생한다. 원리들이 작동하기 위해서는, 예컨대 쾌감 인상에서 희망이라는 새로운 정념이 태어나기 위해서는 인간 본성이 있어야 한다.

따라서 흄은 우선 주로 반성 인상(인과성과 정념들)을 고찰한다. 인간 본성의 원리들의 효과는 반성 인상(실체, 양태, 일반 관념 등)이다.

감각 인상의 층위가 아니라 반성 인상의 층위에 관념들이 있다.

(1) 인과성에 상응하는 관념이 아니라 복합 관념들이 있다. (2) 이 복합 관념의 응시contemplation에서 반성 인상이 나온다. (3) 이는 인간 본성의 원리가 작용하기 때문이다.

원리들은 이중의 작용을 한다. 즉 한편으로 상상력 속에 반성 인상을 생산하고, 다른 한편으로 몇몇 감각 관념들을 선별한다. 즉 선별하고 규정하는 역할. 인간 본성의 원리가 있으면, 이미 복합 관념들 안의 관념들을 선별하는 규칙이 있다(공상도 선별하지만 어떤 규칙 없이 그렇게 한다). 규정하는 역할로 말할 것 같으면 그것은 복합 관념의 응시로부터 반성 인상을 생산한다.

선별이 없으면 관념들의 순전히 공상적인 복합체가 존재한다. 원리는 이제 규정하는 역할만 한다. [『논고』 1권 1부] 5절 「관계들에 대하여」 참조. "[관계는] … 공상에서의 두 관념이 자의적으로 합일하는 경우라 해도 [우리가 그 관념들을 비교하기에 적합하다고 생각하는] 개별적 여건[을 의미하기 때문이다]."15 연합 원리는 규칙으로서 작용하지만 상황은 원리의 역할을 수행할 수 있다. 정념은 성격caractère의 문제다.

이 관념 연합 개념에서 새로운 것은 무엇인가? 그 용어를 도입한 로크(4판, 1700년)와 라이프니츠로 거슬러 올라가야 한다. 홉스는 사실 관념들의 연결에 대해 말한다. 로크의 『인간 오성에 대한 에세이』, 라이프니츠의 『신인간지성론』.

흄 이전에 관념 연합은 무엇이었나?

라이프니츠에게 (1) 그것은 괴상한 것, 특수한 것, 개인적인 것의 영역이다. 개인적인 광기. 그것은 가장 특수한 것과 가장 개인적인 것의 규칙이다. (2) 연합은 동물 정기esprits animaux의 메커니즘과 관련되어 있다. 이성의 본성에 비해 연합은 가장 특수한 것, 변화무쌍한 것, 정념적인 것이다. 그렇지만 연합에도 법칙(동물 정기의 경로)이 있다.

동물 정기의 운동 법칙 ─ 사유의 법칙이 아니라 연장의 법칙 ─ 에 의거하는 법칙.

로크에게도 연합은 여전히 가장 특수한 것의 규칙이고 그 때문에 어떤 끈질긴 오류의 원천이다. 그러나 로크는 인간 본성의 판명한 이유로 간주되는 사유의 본성을 부정한다. 본유 관념은 영혼이 다양한 활동을 통해 갖게 되는 반성 관념이나 의식 혹은 인식으로 대체된다. 로크는 여전히 연합을 생리학 모델에 그리고 자신의 활동에 대한 정신의 반성에 종속시킨다. 연합은 우리가 저지르는 오류의 원인이고, 반성에 복종하자마자 더는 우리를 오류로 데려가지 않는다.

흄 이후에, 우리는 진정한 연합론에, 다시 말해 생리학 모델을 보존하는 하틀리에 의거해야 한다(동물 정기는 "작은 진동들"로 대체되고, 연합은 정신의 활동 ─ 정신이 자신의 관념들에 대해 할 수 있는 활동들 ─ 에 종속되는 만큼 그 진동들에 종속된다). 달리 말하면 흄 이전과 이후에 연합은 항상 다른 것(생리학 모델, 라이프니츠의 동물 정기, 하틀리의 작은 진동들)에 기초해서 이해되고 반성에 종속되거나 (로크와 라이프니츠) 정신의 활동들에 종속된다(하틀리).

흄이 보기에 그런 식의 문제 제기는 문제를 그르치는 것이고, 경험 철학의 대상에 관해 전혀 이해할 수 없는 처지에 놓이는 것이다.

(1) 생리학 모델은 연합을 전제하며, 기껏해야 우리가 범하는 오류를 설명하는 데 쓸모 있을 뿐이다.

(2) 정신의 활동은 관념 외부에 있다. 활동으로부터 원리를 설명하는 것이 아니라 원리에 의해 활동을 설명해야 한다.

〔Ⅱ. 공간과 시간〕

〔페이지 유실〕

··· 실재적 구별 외에 다른 구별은 없다는 것을 의미한다.[16] 이성상의 구별도 양태적 구별도 없다.[17] 완전한 실체 관념은 없다. [실체의] 기준이 자기 스스로 존재하는 것이라면 이 경우에 모든 지각은 실체다··· .[18]

추상 관념은 무엇인가? 추상 관념은 본성상으로는 여전히 개별적이지만 그것이 표상하는 바에 의해서는 일반적이게 되는 관념이다. 유사성 원리에 의해 나는 여러 객체에 동일한 이름을 부여한다. 그 이름은 내 안에 특수한 관념을 불러일으키고 이 특수한 관념에 능력의 인상, 잠재성의 인상을 더한다. 따라서 동일한 이름이 그에 어울리는 전혀 다른 관념으로 대체될 수 있을 것이다. 언어에 의해 반성 인상이 더해지는 관념은 추상 관념이다. 다음과 같이 단순화시켜 설명할 수 있다. 즉 그것은 대체 가능성, 교정 가능성이다. 이에 대해 흄은 "감탄할 만한 것이 하나도 없"다고 말한다.[19] 지성의 명민함은 필요와 효용 영역에의 종속을 가능하게 한다.

추상 관념은 없다. 일반 관념만 있을 뿐이다. 그러나 본성상으로가 아니라 단지 그것이 표상하는 것에 의해서만 그렇다. 사고상의 구별은 없다. 검은색 대리석 구체와 흰색 대리석 입방체를 예로 들 수 있다. 나는 형태와 색을 분리할 수 없다. 나는 상이한 두 관념을 분리된 것으로 파악했다. 이 구별에서 나는 분리된 두 가지 관계를 구별한다. 추상적 관념, 필연적 연결, 이성상의 구별 혹은 양태적 구별은 불가능하다. 실재적 구별만 있다. 그것이 경험주의의 기준이다. 따라서

(1) 절대적으로 단순한 항이 있다. 즉 최소치가 있다.

(2) 관계는 항들 외부에 머문다. 관계는 비교되는 항들이 아니라 비교하는 정신에 의존한다.

공간과 시간은 연합 원리 중에서 아무것도 전제하지 않는다. (두 관념 사이의 인접성과 연합 원리들을 혼동해서는 안 된다). 최소치.[20] 현미경과 관련하여 말브랑슈(치즈응애)와 버클리(나방) 사이에 문제가 발생한다. 문제를 야기하는 것은 현미경인데, 왜냐하면 현미경은 언뜻 보기에 우리에게 단순한 외연으로 보여지는 것이 [실은] 합성된 것으로 드러날 수 있다는 것을 보여주기 때문이다. 그것이 절대적으로 단순한 항의 긍정에 대한 근본적인 반론이다. 그에 대해 흄은 다음을 구별하는 것이 중요하다고 반박한다.

(1) 언제나 내가 지니고 있는 가장 작은 관념과 동일한 객체보다 더 작은 객체가 있다. 모래알에 대한 관념과 모래알의 만분지일에 대한 관념 사이에서 변하는 것은 객체이지 관념이 아니다. 그런데 그 이하로는 우리가 인상도 관념도 갖지 못하는 최소치가 있다. 그것이 원자다.

(2) 그러나 가장 작은 관념보다 더 작은 객체는 없다. 관념의 존재 자체는 정신 안의 관념(최소치, 원자)이다.

버클리는 다음과 같이 말한다. 그것은 동일한 관념이 아니다. 따라서 그것은 동일한 객체가 아니다. 말브랑슈는 이렇게 말한다. 그것은 동일한 객체이지만 우리의 지각의 진짜 원인은 감각적 객체가 아니다. 가시적인 최소치의 문제는 현미경과 특수한 관계가 있다. 흄은 이렇게 대답한다. 그것은 항상 동일한 관념이지만, 현미경 속의 객체를 보기 이전과 이후에 변하는 것은 외생적 명명이다. 현미경으로 보기 이전에는 동일한 관념이 모래알을 가리킨다. 현미경으로 본 이후에는 동일한 관념이 합성된 객체를 가리킨다.

관념의 최소량은 흄의 이론에서 본질적이다. 그것은 공상 자체 안에 있는 항상적인 것이다. 모든 사람은 동일한 관념의 최소치를 갖는다. 항상적인 것은 원자, 미립자, 분할 불가능한 점이다. 원자론은 분할 불가능하며 서로 외부적인 것으로서의 인상 혹은 관념에 대한 이론이다. 연합론은 인상과 관념에 외부적인 것으로서의 관계에 대한 이론이다.

흄은 원자론적 심리학을 만들지 않는다. 오직 관념의 최소치만이 항상적이지만, 이것이 인간 본성의 심리학을 가능케 하는 것은 아니다. 그것은 시공간 이론만을 가능케 할 뿐이다. 주어진 것에서 주어지지 않은 것으로의 이행을 가능케 하는 것은 연합이다. 그것이 인간 본성의 심리학을 가능케 할 것이다.

흄과 수학:

흄에 따르면 수학의 정의들은 확실하지만 증명들은 그렇지 않다. 그의 의도는 지각을 탈-수학화하는 것이며, (데카르트의 「굴절광학」과 말브랑슈의 「진리 탐구」에 반대해서) 지각이 사실은 자연 기하학에 의해 작동하지 않음을 보여주는 것이다. 버클리는 이미 감각적인 것이 수학에 종속되지 않는다고 주장했다.

흄의 관점에서 볼 때 모든 인상이 시간관념을 우리에게 주지만, 공간 관념을 주는 것은 시각과 촉각 두 가지 인상밖에 없다. 흄은 버클리처럼 [감각적] 영역에 대한 지각 문제에는 관심이 없다. 거리는 우리에게 [감각적] 영역을 주지 않는다. 흄은 오히려 수학적인 것을 감각적인 것에의 종속에서 벗어나게 하는 싸움에 전념한다. 수학에는 권리상의 기준, 즉 (궁극에는 산술의 정초를 가능케 할) 분할 불가능한 점이 있다. 그러나 그것뿐이다. 수학은 정의에서는 외관과 외관의 수정을 통해 진행되므로 견고하다. 증명에서는 허구를 통해 진행된다.

공간의 점들은 가시적이고 촉지 가능한, 감각적 점들이다. 공간은 점들의 결집, 적어도 두 개의 점의 결집이 배열되는 방식이다. 공간과 시간은 적어도 두 개의 점 또는 분할 불가능한 순간들의 출현 및 배열 양식이다. 그것은 추론의 산물이 아니라 구조다. 그것은 결코 배열되는 인상들(플루트의 5음)과 분리된 인상이 아니다. 적어도 두 개의 점 또는 순간의 현시 및 배열 양식은 시공간의 형식이다.

Ⅲ. 인과성과 개연성.

A. 인식의 본성:

인과성은 모든 인식 활동과 관련해서 근본적인 특권을 누린다.[21] 다른 관계들에 대해서는 관계로서, 인접성과 유사성에 대해서는 원리로서 그렇다.

연합 원리는 다른 관념으로부터 하나의 관념을 도입하기 위한 규칙이다. 내가 이행해 가는 관념은 그 자체로 주어졌다. 이를테면 기억의 관념. 인과성의 경우에 새로운 것은 주어지지 않은 어떤 것의 관념으로 내가 이행한다는 것이다. 카이사르의 죽음, 일출 등등. 따라서 인과성 원리는 단지 관계만 발생시키는 것이 아니라 추론도 발생시킨다. '나는 소여를 넘어선다, 나는 추론한다, 나는 믿는다 등등.'[22]

기억과 감각의 체계는 연합 원리들에 근거하지만, 판단의 체계는 인과성 원리에 근거한다. 경험주의 철학의 근본적 결과는 다음과 같다. 인식한다는 것은 인간 본성의 사실이다. 인식한다는 것은 주어지는 것 이상을 말하는 것이다. 예컨대 "언제나", "… 할 때마다"라고 말하는 것이다. 인식을 설명하는 것은 소여가 아니다. 인식을 통해 나는 소여를 넘어서기 때문이다.

『순수이성비판』 초판,「두 번째 종합에 대하여」를 보라. 연합의 법칙은 경험적 법칙이다. 그런 넘어섬을 가능케 하는 원리는 무엇인가? 칸트는 소여 자체가 왜 넘어섬에, 인식에 복종하는지를 설명하지 않았다고 흄을 비난한다. 따라서 소여 자체가 소여의 넘어섬에 근거를 제공하는 원리들과 같은 유의 원리들에 복종해야 한다. 때로는 붉고 때로는 검은 진사cinabre의 예. 따라서 칸트에게 그것은 경험적 원리들일 수 없다. 그것은 초월론적 원리들의 문제다.

그러나 흄은 그 문제를 보았다.[23] 해가 뜨는 것은 어찌 된 일인가? 자연의 원리들과 인간 본성의 원리들 사이에는 선구성된 조화가 있다 : 궁극목적론이 초월론을 대신한다. "우리의 사유와 우리의 개념작용은 언제나, 우리가 보는 바로는, 자연의 다른 작품들과 같은 속도로 움직였다."[24]

보통은 관계를 연구하고 관계에 따라 추론을 연구해야 할 것이다. 그러나 반전 혹은 역전이 일어난다. 즉 [관계를 연구하기 전에] 먼저 추론을 연구해야 한다.[25] 사태는 추론을 통해 규명되어야 한다.

B. 인과성 :

인과성 관념은 어떤 인상에서 생기는가? [인과성 관념을 발생시키는] 그 인상은 감각 관념인가? 감각 인상들은 분리 가능하다. 그런데 인과성은 원인과 결과의 분리 불가능성이다. 고로 인과성은 인간 본성의 원리에서만 생길 수 있다. 따라서 다음과 같은 두 가지 새로운 문제가 제기된다.

첫째, 필연적 연관 관념 일반은 어디에서 오는가?

둘째, 그 관념은 우리를 어디로 데려가는가?(추론으로 데려간다.)

『논고』 [1권 3부] 3절에서 흄은 첫 번째 문제에 착수한다. 그런데 새로운 난관에 봉착한다. 그러한 원리는 불가지적일 것이다. 왜냐하면 그 원리 자체가 언제나 미리 전제되기 때문이다. 고로 관계가 아니라 추론을 검토해야 한다.[26]

추론은 사실, 즉 경험에 의존한다. 인간은 경험을 거치도록 만들어진 동물이다. 경험을 특징짓는 사실이란 어떤 것인가? 그 사실이란 유사 사례들의 반복이다. 기대는 경험에 의해 만들어지지만, 경험은 원리가 아니다. 원리에 의해서 나는 경험을 넘어서기 때문이다. 경험을 우회해서 우리는 적어도 찾고 있던 원리는 발견할 것이다.

어떻게 경험이 추론을 야기하는가? 오성에 의해서인가 상상력에 의해서인가?[27] 오성의 활동, 예컨대 개연성은 인과성을 전제한다. 경험은 추론의 원리가 될 수 없다.

원리는 습관의 원리이다.[28] 습관을 들인다는 것은 내가 반복적인 경험을 한다는 것을 내포하며 또한 내가 습관을 들이는 습관이 있다는 것도 내포한다.[29] 이는 당연한 것이 아니다. 내가 습관 일반을 들일 수 있게 해 주는 인간 본성의 원리가 필요하다. 고로 추론의 근거를 제공하는 것은 반복 – 경험 – 이라고 말할 수 있다. 아무것도 변화시키지 않는, 물자체에서의 반복과 그것을 응시하는 정신에서 새로운 어떤 것을 생산하는 반복을 구별한다는 조건에서 말이다. 경험은 원리이지만, 경험이 추론을 생산한다면 그것은 오성에 의해서가 아니라 상상력에 의해서다.

인과성은 자연적 관계(습관을 원리로 하는 추론)로 정의되거나 철학적 관계(경험 속에서 반복의 관찰)로 정의될 수 있다.

그러나 감각 인상에 대한 반성 인상의 외부성 때문에 매 순간 반성 인상이 그것의 합법적 한계 밖으로 나를 데려갈 위험이 있다. 이것이 개연성 문제다. 그래서 반성 인상을 합법적 한계 내에 유지하는 규칙을 발전시키는 것이다.

C. 믿음.

장 라포르트, 『형이상학과 도덕 평론』, 1933년, 1994년 1~2월 참조.

믿음과 인격적 동일성은 본질적 주제로서 흄은 『논고』 부록에서 이를 재론한다.

흄을 기점으로 해서 이 믿음 개념이 근본적 중요성을 띠게 된다.

a. 믿음은 인식에 종속된다. 그래서 권리의 문제가 개시된다. 인식의 권리가 무엇인지 물어야 한다.

b. 정신 행위로서 믿음은 오성의 원초적 가능성에 정신을 열어준다. 단, 믿음에 의해 우리가 반드시 무언가를 인식하는 것은 아니라고 생각한다는 조건에서 그렇다.[30]

c. 실존의 문제는 이제 객체와 관련해서 제기될 수 없고 우리의 인식 능력과 관련해서 제기될 수 있다. 가능한 것[믿음-상상력]과 실재적인 것[인식-오성]의 원천과 구별은 이제 객체에 있지 않고 인식 능력에 있다(칸트 참조).

실제로 사물의 실존은 이미 인식 능력에 관계된다. 때로는 인상과 관념 간의 단순한 정도(생생함) 차이에 의해서 때로는 믿음과 개념이라는 두 가지 정신 능력 간의 본성의 차이에 의해서. 첫 번째 경우에 실존의 정립은 감각작용의 선명함과 뒤섞인다. 두 번째 경우에 실존의 정립은 정신 행위로서의 믿음에 관계되고 감정과 혼합된다. 두 가지 능력의 이질성이 있고, 흄은 그 사이에서 망설이고 주저한다. 그리고 흄은 그 두 가지 능력의 통일 ─ 첫 번째 경우가 두 번째 경우에 종속되는 통일의 문제 ─ 문제를 제기한다.

(1) [『논고』 1권] 2부 6절[31] : 실존의 관념. 실존의 관념이 있는가? 없다. 분리된, 별개의 실존 관념은 없다. 관념을 갖는 것은 언제나 객체를 실존하는 것으로 사고하는 것이다. 모든 관념은 가능한 실존의 관

념이다. 문제는 개념이다.

(2) 실재적 실존 : 실존은 인상과, 인상의 생생함과 뒤섞인다. 실존이 분리된 관념이라면 나는 아무것이나 믿을 수 있다. 공상의 항상적 능력이 관념들과 결합하기 때문이다. 그러나 증언을 매개로 해서 실존은 인식 능력들에 관계된다. 첫 번째 경우 : 믿음은 인상의 생생함에 의존한다. 그런데 그것은 무엇을 뜻하는가?

(3) 원리의 특성은 우리를 하나의 관념에서 다른 관념으로 이행시키는 것이다. 원리의 작용이 있을 때 나는 나의 관념을 믿는다. 내일 해가 뜰 것이다, '내일'은 인상이 아니다, '내일'은 주어지지 않는다. 그렇다면 "관념을 믿는다"라는 것은 무엇을 뜻하는가? 다음과 같은 두 가지 경우가 가능하다.

a. 관념은 생생함을 띤다. 들린 말의 인상은 그 말 자체의 생생한 어떤 것을 관념에 전달한다. 사고된 관념은 기억의 관념이 된다. 관념과, 관념이 닮은 인상 간에는 매개媒介의 정도가 있다. 기억의 관념이 그것이다. 여기에는 정도의 차이만 존재한다.

b. 인과성 : 나는 인상에서 관념으로 이행하지만 인상이었던 적이 없는 관념으로 이행한다. "내일 해가 뜰 것이다." 이것은 주어진 적이 없는 어떤 것에 대한 관념이다. 더는 '기억의 관념'의 매개를 내세울 수가 없다.

믿음에서 "생생한 관념은 현재의 인상과 연결 혹은 연합된다."[32] 첫 번째 경우에 관념은 생생함을 띤다. 이것은 단순하다. 관념은 내가 떠올리는 기억이 된다. 두 번째 경우에 관념은 순전히 관념으로 머물러 있지만 그럼에도 불구하고 그것을 단순한 사고작용과 구별 짓는 생생함을 띤다. 이것은 더는 정도의 차이가 아니다. 거기에는 두 가지 이질적 능력이 있다. 오직 인과성만이 현재의 인상이 주어진 적 없는 어떤 것의 관념에 자신의 생생함을 전달할 수 있는 원리다. 그럼에도 불구하고 관념은 그대로 관념으로 머물러 있다.

그런데 공상의 양도할 수 없는 덕목은 인상에게 생명력을 준다는 것이다. 공상이 원리들에 의해 고정될 때 그것은 인상과 연결된 모든 관념에 자신의 생명력을 전달하기 위해 원리들을 이용한다. 생명력이 언제나 관념의 규정이 아니라 인상의 규정으로 머물러 있다면 이는 극적劇的인 것이다. 우리는 인상이 아닌 것은 전부 믿지 않을 것이다. 역으로 공상이 이긴다면(고정되지 않고 관념에도 인상에도 자신의 생생함을 전달한다면), 우리는 모든 것을 믿게 될 것이고 광기 상태에 빠질 것이다. 이 두 가지 극단적인 경우 사이에서 본성은 신중하게 중도를 선택했다.[33] 우리가 인상만 믿게 될 경우와 우리가 모든 것을 믿게 될 경우 사이에 중도가 있다. 본성의 신중한 절차.

그런데 본성의 신중함은, 인상의 생명력을 관념에 전달하는 공상의 경솔함과 충돌한다. 그래서 두 번째 경우에 믿음은 개념의 이질적인 능력이다.[34]

D. 개연성

추론은 경험 안에서 유사 사례들의 반복에 의존한다. 그것은 원리가 아니다. 추론은 습관의 원리에 의존한다. 내가 습관을 들일 수 있게 하는 본성의 원리가 있어야 한다. "나는 기대한다."

경험의 응시. 이런 의미에서 경험은 분명 원리다. 그런데 습관은 다른 원리다.[35] 그렇게 경험을 응시함으로써 내가 여러 가지 습관을 형성하고 습관을 들일 수 있다는 원리. 이런 의미에서 습관은 경험에서 파생되지 않는다.

내가 본성의 순전한 자발성에서 그친다면 어떤 것도 보장받을 수 없다. 경험의 원리는 나의 정신 안에서, 오성에서의 객체들의 결합을 결과로 갖는다(그리고 분리도 결과로 갖는다. 나는 유사 사례들의 반복이건 아니건 경험을 관찰한다). 이 사례들은 서로에 대해 독립적이다. 객체들은 분리되어 있다. 반면에 습관의 원리는 상상력에서 관념들을 결합한다. 사례들은 오성에서는 계속 분리되어 있지만 상상력에서는 "결합된다". 습관은 반성에 의해 형성되지 않는다.[36] 과거에 대한 경험은 있지만, 과거에 대한 반성은 없다.

바로 여기서 공상이 복수전을 벌인다. 상상력 안에서 관념들은 서로 융합된다. 그러나 그로부터 허구적 반복이 나온다. 허구적 반복은 거짓 믿음을 초래한다.[37] "믿음의 위조", "믿음의 시늉"이 그것이다.

이 공상의 복수는 무엇으로 이루어지는가?

a. 그것은 인과성 원리에 따르지 않는다. 그래서 유사성과 인접성의 비합법적 사용으로 귀결된다.

b. 그것은 반복을 가장한다(교육[38], 거짓말을 자주 반복함으로써 마침내 자신의 거짓말을 믿게 된 거짓말쟁이[39], 시[40] : "마르스, 주피터, 비너스", 웅변술[41], 광기의 상태[42]). 이것은 상상력이 관념들에 남기는 생생함의 개가凱歌이다.

정동적 상황 때문에 우리는 반복이 아닌 것을 반복으로 착각한다. 정념은 우연적인 것을 필연적인 것으로 착각하게 만드는 것이다. 그런 일이 일어나지 않도록 예방할 수단은 없지만 ― 습관은 반성을 경유하지 않기 때문에 그렇다 ― 적어도 그것을 교정할 수단은 있다. 그래서 습관이 경험 속의 진정한 반복과 합치하도록 보증해야 한다. 그렇게 일반 규칙이 나타난다.[43] 거기서 습관은 우회적으로 결과를 산출한다. 그러한 것이 확률 계산의 대상이다. 고로 예방이 아니라 교정의 방식으로만 원인에 해당하는 것과 결과에 해당하는 것을 발견할 수 있다. 이것이 흄의 방법론적 규칙이다.

동일한 것이 오성에서는 분리되고 상상력에서는 결합된다. 상상력 안에서 융합은 관념의 생생함을 산출한다. 따라서 일반 규칙을 통해 오성 안에서는 여전히 분리된 채로 머물러 있는 유사성들을 진정으로 계산하게 된다. 그 결과 생생함은 유사 사례의 수에 비례한다. "따라서 우리의 일반 규칙들은 어느 정도 서로 대립적인 상태로 있다."[44] 결과적으로 두 종류의 믿음이 있는데, 하나는 철학적 믿음이고 다른 하나는 비-철학적 믿음이다.

일반 규칙들은 동일한 원리 – 습관 – 에 의존하지만 그것들을 교정하기 위해서 비-철학적 확률을 관찰해야 한다. 따라서 습관은 거짓 믿음의 원리이자 동시에 거짓 믿음의 교정을 가능하게 하는 활동의 원리이기도 하다. 비-철학적 확률의 일반 규칙들은 반복으로 가장하는 어떤 것에 따라서 정신 안의 활동들을 규정한다. 이 일반 규칙들은 우선 외연적이며 인과성의 비합법적 사용을 나타낸다. 다른 한편, 철학적 확률의 규칙들로 말하면, 그것들은 양[ ]의 계산을 통해 첫 번째 규칙들을 교정한다. 그래서 『인간 오성에 관한 탐구』 10장[45]에서는 다음과 같이 논의된다. 기적은 필연적으로 양의 계산을 통해 교정되어서 확률의 관점에서는 사실상 확률이 제로가 된다! 요컨대 진정한 기적은 기적을 믿는 사람 안에서 일어난다. …

IV. 동일성[46]

믿음의 문제에서 가장 중요한 점은 잘못된 믿음이다.[47] 우리는 무슨 권리로 믿는가? 우리는 심지어 허구까지 믿는데 무슨 권리로 그렇게 하는가? 그런데 인과성의 층위에서 허구적 믿음은 확률(철학적 확률probablité philosophique) 계산에 의해 교정된다. 그런데 신체의 실존에 대한 믿음은? 신체의 실존에 대한 믿음은 허구이지만 교정될 수 없는 허구다. 왜냐하면 그 자체가 원리가 되었기 때문이다. 이 체험된 모순은 극복 불가능하다.

무슨 권리로 우리는 신체의 실존을 믿는가? 우리는 신체의 연속된 실존과 신체의 [별개의] 독특한 실존을 믿는다.

(1) 연속된 실존 : 우리가 연속된 실존을 믿는 것은 소여의 몇몇 특징에 의거한 것이다. 지각의 일관성 혹은 정합성이 있다. 정합성은 허구다. 정합성으로부터 우리는 다시 더 큰 정합성을 추론하기 때문이다. 인과성의 정상적 사용(주어진 지각에서 기대되는 지각으로 [이행하는 것])이 문제가 아니다. 이 [더 큰 정합성을 추론하는] 경우에 우리는 지각을 기대하지 않는다. 일관성은 [정합성의 경우보다] 더 복잡한데 왜냐하면 세 가지 허구가 개입하기 때문이다. 일관성은 두 가지 불연속적 지각의 유사성이다. 첫 번째 허구. 나는 두 가지 불연속적 지각을 동일한 것으로 간주한다. 그런데 동일성은 그 자체가 허구다. 동일성은 단일성도 다수성도 아니다. A는 a이다. 내가 시간을 불변적인 하나의 객체에 관련짓게 하는 허구(시간의 다수성과 객체의 단일성의 혼합). 두 번째 허구. 나는 불연속적인 유사 지각들을 동일하다고 가정된 하나의 객체 지각과 혼동한다. 그런데 내가 유사 지각들에 귀속시키는 동일성과 그 지각들이 나타나는 불연속성 사이에 모순이 있다. 나는 제3의 허구, 즉 [물체 혹은 객체의] 연속적 실존을 통해 그 모순을 해결하려고 한다. 그것은 논리적이지만 거짓이다. 왜냐하면 [객체의] 연속적 실존과 나타남의 불연속성 사이에 모순이 있기 때문이다. 그래서 [객체의] 독특한 실존을 긍정할 필요가 있다.

(2) **독특한 실존** : 지각은 불연속적이지만 객체는 연속적이다. 지각과

객체의 구별. 이것은 철학적 체계다. 고대철학에서 실체와 우유성의 구별(버클리 참조). 근대 철학에서 제2성질과 제1성질의 구별. 그런데 새로운 모순이 있다. 인과성의 무분별한 사용이 그것이다. 나는 하나의 객체를 내가 그 객체에 대해 갖는 지각과 독립적으로 파악하지 않는다. 지각과 객체를 구별하는 것은 헛된 짓이다.

따라서 상상력과 반성, 감각과 오성, 감각과 이성, 상상력의 원리들과 이성의 원리들 사이에 모순이 있다.[48] 그런데 왜 감각과 상상력 사이에는 동맹이 있는가? 인간 본성의 비합법적 사용은 공상의 원리, 신체의 실존에 대한 믿음의 원리가 된다. 동일성은 이런저런 객체에 관련되지 않고 우리의 지각에 의해 창조된 체계, 세계에 관련된다. 이는 진정한 허구의 원리다. 고로 비합법적 사용을 하나의 원리로 배치하는 것이 존재한다. 이 원리를 책임지는 것은 감각이다. 공상과 연합 원리들 사이의 근본적 모순은 인과성의 경우에서와 다르다. 공상은 이제 다음과 같이 말할 수 있다. '나는 감각들의 바로 그 원리이다. 우리는 본래 미쳤다.'

결론. 다음의 세 가지 논변을 정리해 볼 수 있다.

(1) 암담한 고독. '나는 괴물이다.'

(2) 인간 본성은 공상이라는 기초에 바탕을 두기 때문에 인간 본성이 변덕스럽다는 것.

(3) 동일성과 인과성 사이의 환원 불가능한 모순.

이것은 착란이다. "고장 난 이성을 선택하든가 아니면 아예 이성을 선택하지 않아야" 한다. 나는 인과성과 동일성을 동시에 믿고 모순되는 말을 하거나 아니면 그 둘을 분리하되 공상을 제거해서 오성을 무너지게 한다. 그러나 당연히 '자연'이 있을 것이다. 우리는 언제나 주사위 놀이를 하며 친구들과 대화하며 유쾌하게 웃을 수 있다.[49] 1권의 의미는 2권에서만 발견된다.

(3) 자아의 가정된 실존 : 허구의 새로운 온상. 이제 연속성이 아니라 불변성이 문제다. 인격의 동일성에서 우리는 서로 다른 인상들에서 출발한다. 가변적 흐름, 그런데도 가변적 결집의 불변성에 대한 믿음. 기억은 가장 가변적인 지각들에서 유사성을 생산하는 능력이다. 그것은 인격의 동일성을 발견하는 데 필요하다. 나는 지각들의 결집, 장소 없는 극장이다. 연합 원리들은 바깥에서 지각들의 이 흐름에 규칙을 부과한다. 나를 구성하는 관념들의 결집 속에 이 원리들이 있다. 이 관념들의 결집은 '나'라고 말한다. 이것이 어떻게 가능한가?

관계는 항 외부에 있다. 그리고 상이한 지각들은 분리 가능하다. 그 자체로가 아니라 자아와 관련된 모순. 그래서 다음이 도출된다. 관념들은 연합 원리들과 무관하게 어떤 특징들을 갖는다. 관념들은 그 자체로서 질화되며 그것들이 위치하는 하나의 집합에 속한다. 질화의 관점에서 인간 본성의 원리들을 통해 우리가 관념에서 객체로 혹은 관념에서 관념으로 이행할 때 객체의 관계(사실의 문제)가 있다.

관념의 관계와 객체의 관계의 차이는 무엇인가? 관념의 관계에서 나는 관찰을 경유할 필요가 없지만 객체의 관계에서 관찰은 필수 불가결하다. 즉 증거 또는 확률에 의한 인식. 인식이 무엇보다도 행동의 규칙인 것이 사실이라면 인식은 인과성의 수단을 경유함으로써만 이 목적을 달성할 수 있다. 이론적 인식의 최종 목적은 인과성에 있다.

기억은 보다 희미한 관념에서의 과거의 재생산이다. 습관은 시간에 행사되는 종합이다. 실재적인 것은 그 어떤 것도 시간에 의해 생산되지 않는다. 생산하는 것은 [시간이 아니라] 습관이다. 즉, 습관은 체계다. 그것은 과거를 미래의 규칙으로 구성한다.

〔'Ⅳ. 동일성'의 필기본〕

세계의 정립은 신체들의 (1) 연속되고 (2) 독특한 실존에 대한 믿음을 내포한다. 여전히 권리의 문제가 발생한다. 이 믿음은 무엇에 근거하는가? 여기서도 우리는 소여를 넘어선다. 우리에게 주어지는 것은 불연속적 지각들(부단한 실존들)이며, 우리가 그것[객체]에 대해 갖는 지각과 별개의 독특한 객체는 우리에게 주어지지 않는다 — 연속되고 독특한 실존에 대한 믿음은 허구들에 직접 기초한다는 것을 보게 될 것이다. 인과성의 경우에 허구는 인간 본성의 원리의 오용에 간접적으로만 개입하며, 따라서 (확률 계산에 의해) 교정될 수 있었다. 여기서는 반대로 허구는 교정 불가능할 것이다. 허구 자체가 원리가 된다.

1. 연속된 실존에 대한 믿음

소여 안에서 몇몇 인상들은 그들의 질에 의해 구별된다.[50] 이 질은 일관성(나무의 불변성 : 내 침대, 나의 탁자, 창 …)과 정합성(변화가 있는 경우에 변화의 정합성)이다.

A. 정합성으로부터 : 문소리가 들리고, 우체부가 내 앞에 나타나서 멀리 있는 친구의 편지를 나에게 전해준다. 나는 나를 친구와 분리시키는 문, 계단, 바다가 연속해서 실존했다고 가정한다. 내가 그것들을 지각하지 못했는데도 말이다. 다시 말해 주어진 일정 정도의 규칙성으로부터 나는 더 높은 정도[의 규칙성]를 추론한다. 나는 나의 지각에서 내가 관찰하는 정합성보다 더 큰 정합성을 객체들에 부여한다.

거기에는 이미 인과성의 허구적 사용, 확장적 혹은 넘치는 사용이 있다. 왜냐하면 두 객체가 통일되어 있었던 인과성에서 나는 한 객체를 지각하고 다른 객체를 지각할 것으로 기대하지만, 여기서는 다른 객체를 지각할 것으로 기대하지 않는다. 나는 다른 객체의 실존을 긍정한다. 내가 그 객체를 지각하지 못하는데도 말이다.

B. 일관성으로부터 : 이것은 훨씬 더 복잡한 경우이다. 나는 같은 것을 여러 번 본다. 일관성은 그 상이한 현전들에서 객체의 부분들의 유사성을 의미하거나 끊어진 인상들의 회귀에서 질서의 영속을 의미한다. 여기에는 세 가지 허구가 개입한다. 먼저 끊어진 두 지각의 유사성은 나에게 그 두 지각을 동일한 것으로 간주하도록 이끈다. 그런데 동일성은 그 자체로 이미 허구다. 왜냐하면 그것은 우리가 시간의 관념, 즉 여러 객체의 계기 방식을 불가분의 객체에 적용한다는 것을 내포하기 때문이다.[51] 다른 한편, 지각들의 유사성을 완전한 동일성과 혼동하는 것은 첫 번째 허구에 두 번째 허구를 더한다.[52] 끝으로 유사한 지각들의 불연속과 우리가 그 지각들에 귀속시키는 이 완전한 동일성 사이의 모순을 피할 수 없기 때문에, 우리는 우리의 지각들이 연속된 실존을 갖는다고 가정함으로써 제3의 허구를 통해 전체를 완전하게 만든다.[53] 이 제3의 허구는 정합성이 있으며 분명 모순을 제거하지만("감각에 나타남이 중단된다고 해서 반드시 실존에서 나타나는 것이 중단되는 것은 아니다"), 그래도 허구에 지나지 않는다.

2. 독특한 실존에 대한 믿음

연속된 실존은 분명 모순을 해소한다. 유사물들에 귀속된 동일성과 그 유사물들의 나타남의 불연속성 사이의 모순을 말이다. 그러나 연속된 실존을 상정하는 것은 그래도 역시 잘못된 것인데 왜냐하면 그것은 인과성의 잘못된 사용을 내포하기 때문이다. 이제 나타남들의 불연속성과 연속된 실존 자체를 어떻게 양립시킬 것인가? 유일한 수단은 연속된 실존을 지각의 독특한 객체들에 귀속하는 것이다. 지각들은 불연속적인데, 객체들은 "부단하며 연속된 실존과 동일성을 유지한다."[54] 그러나 그것은 연속된 실존의 신선함조차 없는 "미봉책"이다. 즉 그것은 더는 대중적[통속적] 체계가 아니라 철학적 체계다. 그리고 그것은 이전의 허구들을 유지할 뿐만 아니라 허구를 하나 더, 인과성의 새로운 비합법적 사용을 하나 더 더한다. 왜냐하면 소여는 내가 갖는 지각의 독특한 객체를 나에게 제시하지 않았기 때문이다.

3. 고로 이미 서로 다른 다섯 가지 허구가 있다. 그런데 문제는 이 허구들 자체에 있지 않고, 이 허구들에 대한 믿음에 있다. 반성, 오성, 이성은 우리에게 불연속적 실존을 상기시키고 보여준다. 흄은 이렇게 말한다. 반성과 상상력 사이에 모순이 있다. 오성과 감각 사이에, 아니면 이성의 원리들과 상상력의 원리들 사이에 모순이 있다.[55] 세계의 정립에서 허구는 더는 단지 인간 본성의 오용이 아니라 그 자체로 원리가 되었기 때문이다. 그리고 허구 자체가 원리가 될 때 그것은 감각에 대해 원리 역할을 한다.

V. 정념 이론

문제는 연합의 원리들과 도덕 및 정념에 관한 원리들의 관계를 발견하는 것이다. 연합 원리들이 정념과 도덕에서 참된 의미를 발견하기 때문이다. 인과성은 소유권에서 진정한 의미를 발견한다. 정념의 층위에서 일반 규칙들이 다시 등장해서 오성의 규칙들의 진정한 의미를 발견한다.

흄에 의한 정념의 취급과 그 방법: 프랑스 전통에서는 정념을 거의 다루지 않았다. 그렇지만 그것은 분명 경험주의의 정념 개념과 결부

된다. 그런데 흄에게는 정념에 대한 근본적인 독창성이 있다.

(1) 책의 개요 : 정념은 직접 정념과 간접 정념으로 나뉜다. 간접 정념 : 두 가지 큰 그룹(자부심과 겸손 ─ 사랑과 증오), 직접 정념 : 욕망, 혐오, 기쁨, 슬픔, 희망, 두려움.

흄은 간접 정념에서 시작한다. 1755년에 그는 「정념에 관하여」를 출간하는데 거기서는 반대로 직접 정념에서 시작했다. 그것이 더 간단했을 것이다. 그런데 『논고』에서 이성은 단지 간접 정념들의 복합체가 아니다. 흄은 간접 정념들 안에 "다른 질들의 통접", 추가로 개입하는 어떤 것이 있다는 점에 주목한다. 간접 정념들의 경우에 관념의 관계가 그것에 끼어들기 때문이다. 그런데 이 텍스트만 보면 간접 정념은 직접 정념보다 더 복잡한 것에 지나지 않을 것이다. 그러면 왜 직접 정념이 아니라 간접 정념에서 시작하는가?

복합성의 차이 외에 무엇보다도 본성상의 차이가 있다. 즉, 간접 정념은 기본적으로 직접 정념과는 다른 자연적 성향을 갖는다. 그것은 본질적인 것이다. 합리주의 전통에 비해 독창적인 방법이 존재한다. 정념은 분해의 대상이 된다. 그것은 물리학적 분해 방법이다. 흄은 인간 과학계의 뉴턴이다. 단지 법칙 일반을 찾는 것만이 문제가 아니다. 그것[정념]의 분해 과정을 고려하는 것도 문제. 정념은 그 자체로는 단일한 운동이지만, 단일한 운동을 합성된 운동들로 분해하는 물리학자가 발견하는 규칙들과 유사한 규칙들이 존재한다.[56]

인간 본성은 분할 불가능한 전체이다. 그것은 하나의 힘이다. 그러나 그럼에도 불구하고 물리학자가 하는 것과의 유비를 통해 그것을 분할할 수 있다 ─ 다른 관점에서이지만 그것은 분명 단일한 힘으로서 유지된다.

바로 이 물리학적 분해 방법에 의해 흄은 간접 정념에서 시작할 수 있는 것이다.

(2) 『논고』의 부제 참조[57] : 10권에 「도덕적 주제들에서 실험적 방법」이 있었나? 그 방법은 정확히 어떤 것인가? 역사는 특권적 장소다. 물리학이 항상적인 인과 관계가 확인되는 특권적 장소인 것처럼 역사는 항상적인 동기-행동 관계가 검증되는 특권적 장소다. 흄에게 도덕적 증거와 물리적 증거 사이에는 본성상의 차이가 없다(죄수는 자신의 사형집행이 호송인의 단호함과 충실함만큼이나 도끼의 작동으로도 이루어진다는 것을 안다).[58] 역사는 인간 과학을 위한 자연적 실험실이다.

그것이 정말 흄의 계획이었나? 하지만 자부심과 겸손에 관해서는 [2권] 1부 6절 초반부를 참조하라. 흄은 정념 이론을 입증하기 위해 해야 할 일련의 실험을 알리고 8절에서는 해야 할 두 가지 실험의 필요성을 강조한다. 그리고 체계를 공고히 하기 위한 7가지 실험을 예고한다.[59] 흄이 여기서 내세우는 것은 역사가 아니라 일련의 상상적, 정신적 실험이다. 관념 혹은 인상의 관계들을 정신적으로 변화시키는 것이 문제다. 이론이 올바르다면 관념의 억압은 정념의 억압을 초래할 것이 분명하기 때문이다. 흄은 정념이 존재하는 정확한 순간과 정념이 정념이기를 멈추는 정확한 순간을 발견하기 위해 관계를 변화시킨다. 정념을 다루는 것은 "실험적" 방법과 연결되어 있다.

(3) 합리주의는 (이성은 정념과 직접 싸울 수 없고 인간의 모든 정

념을 사라지게 하는 것은 불가능하다는 유보조항을 달고) 언제나 정념의 치료를 정념의 축소로 생각했다. 그런데 언제나 오성의 모든 힘을 내세워 정념을 축소하는 것이 문제다. 오류 또는 실수와 혼동된 정념은 "해소"되어야 한다.

흄은 투쟁의 존재를 인정한다. 그러나 그것은 더는 [정념을] 축소하는 것, 해소하는 문제가 아니다. 흄이 정념을 비난하는 것은 [정념이] 우리를 편파적으로 만들기 때문이다. 우리는 인접한 것, 유사한 것, 원인인 것(이웃, 형제, 아버지)을 좋아한다. 그리고 우리는 정념의 편파성 자체를 덕으로 삼는다. 자식보다 이방인을 더 좋아하는 아버지는 매우 안 좋게 평가될 것이다. 따라서 그것은 정념을 축소하는 문제가 아니다. 오히려 정념을 확장하는 문제다. 정념의 편파성을 넘어서서 어떤 행동을 평가하거나 비난할 수 있어야 한다. 오성에 의해 정념을 제한할 것이 아니라 상상력에 의해 정념을 확대해야 한다.

간접 정념과 직접 정념의 구별 :

정념은 언제나 반성 인상이다. 필연성, 실체, 철학적 관계 또는 비철학적 관계, 그것은 언제나 무언가에서 나오는 반성 인상이다. 불가피하게 정념은 감각 인상 혹은 감각 관념에서, 쾌감과 고통에서 나온다. [반성 인상인] 정념이 존재하기 위해서는 [감각 인상인] 판명한 쾌감 또는 고통이 있어야 한다. 그래서 관념 연합으로 환원되지 않는 새로운 유형의 연합이 나타난다.[60]

반성 인상이 감각 인상에서 나오기 위해서는 인간 본성의 원리들이 있어야 하며, 이 원리들은 더는 관념 연합의 원리들이 아니다.

인간 본성의 원리들

(여기서는 연합의 원리들

선택하는 인상들 → 반성 인상들

쾌감 또는

고통의 인상들)

경험 일반의 사실인 쾌감(또는 고통)과 쾌감을 추구하는 경향은 별개다. 원리는 쾌감은 추구의 대상이고 고통은 회피의 대상이라는 것이다. 왜 그런가? 그것은 인간 본성의 사실이다. 쾌감에 대해 나는 '예'라고 말하고 고통에 대해서는 '아니오'라고 말한다. 다르게 할 수도 있겠지만 그렇다. 사랑에서 다른 정념들이 나온다. 예컨대 사랑하는 사람의 행복을 바라는 호의. 그런데 그 역도 가능할 것이다. 즉 인간 본성은 다를 수도 있을 것이다.

(1) 반성 인상은 정신mind을 반성 인상이 유래한 좋음 또는 나쁨, 쾌감 또는 고통 쪽으로 돌릴 수 있다. 반성 인상은, 그것이 유래한 좋음 또는 쾌감과 나를 결합하는 성향이다. 이 경우 정념은 직접적이며 이는 첫 번째 유형의 자연적 성향이다.

(2) 혹은 그 자체로 다른 유의 반성 인상을 결정하는 자연적 성향이 있다. 이 반성 인상은 정신을 자신이 생산하는 객체의 관념 쪽으로 돌린다. 이 경우 정념은 간접적이다.

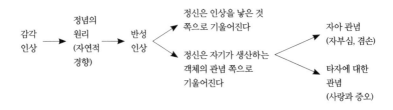

이것은 서로 다른 두 가지 자연적 성향이다. 그런데 간접 정념에 고유한 성향은, 직접 정념과는 다르게 인상의 연합뿐만 아니라 관념들

의 연합도 요구하는 그러한 것이다.

쾌감과 정념 자체는, 쾌감의 원인(쾌감을 주는 것)과 나 또는 타자 (간접 정념의 객체) 사이의 관념의 관계에 의해 이중화되어야 한다.

가령 나는 [부동산] 소유주이고, 아름다운 집을 가지고 있다. 나는 그 집을 본다. "정말 아름다운 집이다!" 나는 거기서 먼저 판명한 쾌감을 발견한다. 그 외에도 나는 이 쾌감과 나를 결합하는 경향으로서 반성 인상을 느끼며, 따라서 나를 자아 관념으로 기울이는 다른 반성 인상(자부심의 희열)을 느낀다. 쾌감의 원인이 '나'의 것(집)이기 때문이다. 쾌감의 원인(집)과 간접 정념의 객체(나 또는 타자) 사이에 관념의 관계가 있다. 나아가서 직접 정념과 간접 정념은 항상 뒤섞인다. 예컨대 기쁨은 자부심과 뒤섞인다.

정념과 상상력의 관계 :

상상력에 대한 정념의 작용과 정념에 대한 상상력의 작용을 구별해야 한다.

a.정념에 대한 상상력의 작용 : 원리들은 광기에 규칙을 제공하고 상상력을 고정하며 상상력에 본성을 부여한다. 연합 원리들은 관념들 사이의 용이한 이행을 상상력 안에 도입하는 작용을 한다. 정념의 원리들은 상상력에 성향 혹은 장 라포르트가 말하는 것처럼 "선호"를 부과하는 결과를 낳는다. 이 경향은 세 종류이다.

(1) 자아와 관련하여.[61] 나는 나의 형제에게서 나로 용이하게 이행하고 나에게서 나의 형제로는 용이하게 이행하지 못한다. 관념 연합의 관점에서 운동은 두 가지 방향으로 일어났다. 나의 형제는 나의 것 [나의 형제]이고 나는 그의 것[그의 형제]이다. 그러나 정념 원리의 관점

에서는 하나의 방향만 있다.

(2) 시간과 관련하여.[62] 상상력은 기대한다.

(3) 타자와 관련하여.[63] 악의와 시기 개념.

정념 원리에서 나온 성향은 연합 원리가 보증하는 상호성, 가역성을 갖지 않는다. 성향은 정념들 자체의 규칙을 정의한다. 성향은 이런저런 유의 정념이 나타나는 상황을 결정한다.

사실 정념에 대한 상상력의 작용은 훨씬 더 복잡한데 왜냐하면 상상력에 작용하는 정념의 원리들이 이런저런 정념에 필수 불가결한 규칙, 상황을 제공하기 때문이다.

b. 상상력에 대한 정념의 작용.[64] 정념은 상상력을 고정시키고 구속하지만 특정한 방식으로 한다 — 정념은 "공명한다." 즉, 공명의 힘이 있다. 중요한 음악적 메타포. "… 인간 정신[이 정념의 측면에서] … 취주 악기의 본성을 갖는 것은 아니다. 취주 악기는… 호흡이 중단되면 곧 소리도 내지 않는다. 정신은 오히려 현악기를 닮았는데, 현악기에서는 매번 퉁겨진 뒤에도 그 진동이 어느 정도 소리를 내며, 그 소리는 점차적으로 감소하며, (소리가 감소되는 과정을) 감지할 수도 있다."[65] 이 울림이 다시 상상력에 고유한 정념을 형성하는데 이 정념은 취향의 정념(상상력의 감정)이다. 상상력에 고유한 이 정념 작용은 미학적·도덕적·법적 감정에서 표출되며 그것은 상상력 속의 정념의 "공명"이다. 그로부터 쾌감이 생기는데 이 쾌감은 이해관계와 관련된 것이 아니라 상상력의 자유로운 행사와 관련된 것이다.

VI. 도덕 및 법 이론

정념에 대한 연구는 다음 두 가지로 귀결된다.

a. 정념은 존재하며, 존재하는 한에서 정념은 [관념들의] 연합 원리로 환원되지 않는 인간 본성의 원리를 가정한다. 그 원리는 인상들(쾌감 또는 고통과 감동)의 연합 원리다. 그 원리는 정신, 즉 공상에 어떤 작용을 하는가? 정념 원리의 작용으로 상상력은 정념에 의해 고정되고 다른 한편으로 성향을 수용하는데, 이 성향은 정념이 나타나는 상황과 관련된 진정한 규칙을 한정한다. 성향은 [반성 인상의] 배타적 의미를 규정한다. 반성 인상은 관념 연합에 관계되느냐 아니면 정념 원리들에 관계되느냐에 따라서 다른 유형에 속한다.

b. 흄은 일반 규칙이 정념에 미치는 영향에 대해 말한다.66 "상상력은 상상력 자신의 성향과 달리 정념화된다." 성향의 의미는 전적으로 가장 가까운 것에 우위를 부여하는 것인데도 나는 가장 먼 것에 정념을 느낀다. 상상력은 자신의 경사를 거슬러 올라가며 가장 먼 거리에 있는 것을 위해 가장 가까운 것들을 희생시킨다. 그렇지 않으면 도덕은 없을 것이다. 그래서 상상력의 영향은 공상의 진정한 반작용, 즉 [공상이] 정념의 원리들이 부과하는 구속을 넘어서고 극복하는 반작용이다. 그것은 필요한 경우 합법적 행사 밖에서 정념의 원리들을 작용하게 함으로써 정념의 원리들을 자신에게 봉사시킨다. 그래서 이것은 직접 정념으로도 간접 정념으로도 환원되지 않는, 완전히 새로운 정념들의 작용으로 귀결된다. 이 정념들은 현재 상황 밖에서 그리고 현재 상황과 무관하게 독립적으로 느껴진다. 즉, 그것은 격렬한 정념들과 대립하는 고요한 정념들 — 미학적·도덕적·법적 감정 — 이다.67

A. 정념과 이성:

연합 원리들의 귀결이 아닌 정념 원리들의 환원 불가능성, 정념과 이성의 환원 불가능성68.

a. 연합 원리의 결과로서 관계는, 관념 또는 객체의 관계가 문제라면 행동을 결정하지 않는다. 그렇지만 그 관계는 분명 행동을 결정하지만, 오직 인과성을 매개로 해서만 그렇게 한다.[69] 그래도 역시 인과 관계는 자체 내에 어떤 선善으로 상정된 결과를 가져야 한다. 행동[작용]에서 원인은 수단이 되고 결과는 목적이 된다. 결과를 바람직한 것으로, 목적으로 상정하기 위해서는 감수성, 정념과 정념의 원리들이 필요하다.[70] 이성은 한 가지, 즉 내가 틀렸을 경우에 유용한 것 한 가지만 말할 수 있다. 따라서 이성은 한 가지만, 즉 복종하는 것만 할 수 있다. 목적은 우선 정념에 의해서 상정되기 때문이다. 전투가 있다면 그것은 이성과 정념 간의 전투가 아니라 고요한 정념들과 격렬한 정념들 간의 전투다.

b. 이성은 비교한다 : 모든 관계는 비교다. 왜냐하면 관계는 모두 항들에 외재하기 때문이다. 그런데 정념은 비교 불가능한 소여다. 쾌감, 감정, 감동은 아무것도 재현하지 않는다. 정념은 심지어 이성의 반대편에 있을 수도 없다. 목적들의 위계가 있지만 어떤 목적도 다른 목적보다 더 이성적이지 않다. "내 손가락의 생채기보다 전 세계의 파멸을 선택했다는 것은 이성에 반하지 않는다."[71] 이성은 어떠한 행동도, [자유]의지도 생산하지 않으며, 어떠한 행동도, [자유]의지도 거역하지 않는다. 그러나 모든 목적이 가치 면에서 서로 같지 않다는 것, 비난받을 만한 행동이 있고 칭찬할 만한 행동이 있다는 것은 본성의 사실이다.[72] 행동은 칭찬할 만하거나 비난받을 만할 수 있다. 행동은 이성적일 수도 비이성적일 수도 없다.

B. 도덕과 이성

2권 [1부] 1절과 2절, 그리고 칸트의 도덕과의 비교를 위해서는 3권

2부 1절 참조.

도덕도 정념 못지않게, 이성이나 인식이나 명석한 판단에 의존할 수 없다. 6가지 논변을 살펴보자.

(1) 간접적 [논변] : 행동에 작용하는 것은 이성이 아니라 도덕이다. 그때 도덕은 무엇에 의해 작용하는가? 관념에 의해서 작용하는가, 인상에 의해서 작용하는가? (쾌감 또는 고통의) 인상에 의해서 작용한다. 그것은 도덕 인상이며 관념은 어떤 것[객체]을 재현하는 관념을 의미한다. 그런데 관념이 인상에서 파생된다고 해도 그것이 쾌감 인상인 것은 아니다.

(2) 부조리함에 의거함 : 우리는 오류와 악덕을 동일시하고 진리와 덕을 동일시한다. 악은 잘못된 판단에 있다고 합리주의자들은 말한다. 잘못된 판단은 악행을 하는 내 안에 있거나 다른 사람이 내가 행동을 하는 것을 볼 때 그 사람 안에 있다. 첫 번째 경우에 나는 목적을 설정하며 흄에 따르면 그것은 참·거짓 판단, 인식 판단과 아무 관계가 없다. 두 번째 경우에는 타자 안에 잘못된 판단을 제거하기만 하면 악덕이 미덕이 될 수 있다. "내가 이웃 부인과 음란한 행동을 할 때 이 행동을 창 너머로 보는 사람이 그 부인을 틀림없는 내 아내로 여길 만큼 단순할 수도 있다."[73] (블레이은베르흐와 스피노자의 편지 참조. 그 편지에서 곡물상 블레이은베르흐 ─ 경험주의자 ─ 는 스피노자에게 다음과 같이 질문한다. "정욕이나 살인에 혐오감을 갖지 않고 오히려 그러한 것이 취향에 맞는 특수한 본성을 가진 사람이 있을까요?"[74] 이 질문에 스피노자는 다음과 같이 대답한다. "죄악은 그만큼 부패한 인간 본성에게 덕이 될 것입니다." "덕에 충실하기보다 죄악을 저지름으로써 어떤 삶 혹은 보다 훌륭한 본질을 누릴 수 있다고 명확하게 생각하고 있는 사람은, 죄악을 저지르지 않으려고 한다면, 그는 미치광

이일 것입니다."[75] 창문을 닫는 것으로 충분하다.[76]

(3) **선행성**antériorité [77] : 악덕에는 진정한 모순이 있다고 말하는 것. 가령 절도. 나는 타자에게 속해 있는 것으로서의 재산을 독점·탈취해서 마치 내 것인 것처럼 사용한다. 그리고 배은망덕. 내가 그에 대해 배은망덕한, 나에게 선행을 베푼 사람을 알아봄과 동시에 나는 그 사람에 대해 마치 그가 나에게 어떤 선행도 베풀지 않은 것처럼 행동한다 ― 이는 "명백한 순환 논증"을 말하는 것이다. 절도에 모순이 있으려면 먼저 소유권이 있어야 한다. 배은망덕에 모순이 있으려면 먼저 선행과 악행이라는 선행하는 도덕이 있어야 한다.

(4) **특수성** : 악덕과 미덕은 관념들의 관계인가? 그렇다면 영혼이 없는 객체들도 악할 것이다. 그리고 『도덕 원리에 관한 탐구』[78]. 관계로서의 배은망덕. 나는 나에게 선행을 베푼 사람에 대해서 악인이지만 나에게 악행을 저지른 사람에 대해서 선할 수 있다. 관계의 관점에서 그것은 동등하지만, 도덕의 관점에서는 그렇지 않다. 『논고』에서, 관목이 점점 자라서 부모父木을 짓누르는 것처럼 자기 부모를 질식사시키는 배은망덕한 아들의 경우가 제시된다. 그러나 관목은 악하지 않다!

(5) **주체성[주관성]** : 도덕은 사실의 관계, 인과성에 의존하는가? 아니다. 어떤 객체 또는 객체의 한 부분으로부터 나는 어떤 객체 또는 객체의 한 부분을 추론한다. 따라서 나는 그것이 언제 시작되는지 말할 수 있으며, 인과성의 기호는 행동의 시작을 알릴 수 있는 이 가능성이다. 도덕의 경우에는 전혀 다르다. 내가 아무리 죄(자기 어머니를 죽인 네로)를 바라봐도 소용이 없다. 그 죄가 어디에서 시작하는지, 그 죄의 출발점이 어떤 동기에 있는지 어떻게 말할 수 있겠는가? 우리는 두 번째 당구공의 운동이 어디에서 시작하는지 말할 수 있다. 그것은 객관적 요소이다. 그러나 네로의 죄가 어디서 시작하는지는 말할 수 없

다. 즉 객체 안에서 아무것도 발견할 수 없다.[79]

(6) 당위를 존재로 환원하는 것의 불가능성[80]과 도덕적 감정에 대해서는 『도덕 원리에 관한 탐구』 부록 I 참조.[81] — 인식에서 우리는 기지의 것에서 미지의 것으로 나아간다. 어떤 부분에서 미지의 다른 부분으로 나아간다. 수학의 경우에 나는 기지의 관계에서 미지의 관계로 나아간다. 물리학과 인과성의 경우에 나는 주어진 상황에서 주어지지 않은 상황으로 나아간다. 그런데 예컨대 "이 원은 아름답다"라고 말하는 것은 모든 관계와 모든 상황을 현존하는 것으로, 주어진 것으로 가정하는 것이다. 거기에는 주어진 것으로 가정되는 상황과 소여 전체에 대한 총체적 반응이 있다. 도덕은 그렇다. 가령 오이디푸스도 자기 어머니를 죽이고 네로도 자기 어머니를 죽이지만, 두 가지 경우는 동등하지 않다. 오이디푸스의 경우에는 분명 인식이 문제이다. 오이디푸스는 자기가 결혼한 상대가 자기 어머니라는 사실을 몰랐다. 그러나 네로는 자신과 어머니와의 관계를 알고 있었으며, 이 관계를 기지의 것으로 설정하는데도 그는 살해할 생각을 한다. 내가 도덕적으로 행동할 때(네로) 혹은 내가 "네로는 비난받을 만하다"라고 말할 때, 그것은 인식의 관계와 혼동될 수 없다. 왜냐하면 이 경우에는 모든 것이 알려져 있다고 가정되기 때문이다. 따라서 환원 불가능한 다음 두 가지 상이한 영역이 있다.

— 인식은 추론으로 이루어진다.

— 도덕과 정념은 발명으로 이루어진다.

"우리는 … 추론하지 않는다."[82] 그리고 "우리는 발명한다. 우리는 우리의 본성 자체에 따라 창조한다. … "[83] 인식은 어떤 상황에서 미지의 다른 상황으로 이행하는 데 있는 반면, 정념은 발명한다. 모든 것이 반성 인상이고, 따라서 모든 것이 주관적일 것이다. 그러나 이 두 종류의 반성 인상은 서로 다르다.

— 인식의 경우에, 습관이 "용이한 이행"을 결정한다. 그 이행에 의해 우리는 객체의 한 요소에서 객체의 다른 요소로 이행한다. 우리는 추론한다. 우리는 믿는다.

— 정념과 도덕의 경우에, 나의 정신과 알려진 것으로 가정된 상황 전체와의 자연적 관계, 객체와 관련해서 새로운 어떤 것으로 제시되는 반응, 그것을 통해 나는 발명 또는 창조한다. 인식의 경우에 습관이 개입하는 것처럼 여기서는 인위가 개입한다.

C. 인위 이론La théorie de l'Artifice :

흄은 때로는 일률성과 엄정성inflexibilité — 이로부터 정의의 규칙들이 인위성을 얻는다 — 을 내세우고, 때로는 다양성을 내세운다.[84] 이것은 모순인가?

인위의 두 측면이 있다. 때로는 인위가 상상력의 경향을 거스른다. 즉 가장 먼 것이 가장 가까운 것보다 우세해서, 행동이 자연적/본성적 동기가 아니라 인위적 동기에 기인한다. 때로는 행동이 현재의 쾌감이나 고통에 따라서 결정되지 않고, 현행적actuel 행사와 분리된 단순한 능력이라는 관념의 기능하에서 결정된다. 첫 번째 경우에 기준은 일률성이고, 두 번째 경우에 기준은 다양성이다. 현행적 행사와 분리된 능력이라는 관념보다 본성에 그리고 오성의 규칙들에 더 반하는 것은 없다. 그렇게 능력을 그것의 현행적 행사와 분리하는 것은 공상의 행위이기 때문이다. 가장 가까운 것에 대해 가장 먼 것이 갖는 특권, 현행적 행사와 분리된 능력, 그러한 것이 인위의 세계이다.

마음의 감정[심정]이 있고 상상력의 감정(취향)이 있다. 상상력의 감정은 직접 정념으로도 간접 정념으로도 환원되지 않는다. 왜냐하면 상상력의 감정은 현행적 쾌감이나 고통에서 생기지 않고 단지 현행적 행사와 분리된 (쾌감을 만드는) 능력이라는 단순한 관념에서 생기기 때문이다. 상상력의 감정은 "공상의 착각"에서 생긴다.[85] 따라서 상상력에 고유한 감정들이 있는데, 그 감정들은 쾌감이나 고통에서 비롯된 반성 인상들이다. 그것들은 공상에 의해 현행적 행사와 완전히 분리된 능력의 측면에서 파악된다.[86] 흄은 그러한 '공상의 착각'의 사용을 미학, 도덕, 풍속, 종교, 이 네 가지 영역과 관련해서 보여준다. 이 네 가지 영역에서 (간접 정념이든 직접 정념이든) 정념들로는 할 수 없는 조화, 즉 감정들이 실현되는 조화가 실현된다. 이 네 가지 영역이 오늘날 이른바 가치의 영역이라고 불리는 것을 규정한다.

a. 아름다움[87]: 우리가 견딜 수 없는 아주 불쾌한 감정들이 왜 미적 표상 때문에 감미로워지는가?(공연이 "우리를 만족시킨다"라고 흄은 말한다.) 그 원인을 그러한 감정들의 약화로 본 퐁트넬에게 흄은 그것은 정반대로 새로운 감정의 주입이라고 반박한다. 정념들이 감소하는 것이 아니라, 정념들에 반작용하는 상상력에 고유한 감정들의 새로운 작용이 나타나는 것이다. 정념들 자체가 상상력 안에서의 정념들의 공명으로 대체되는데 이는 새로운 유형의 감정들이고 그것에 대해 사람들의 조화가 일어날 수 있다.

b. 도덕: 이와 마찬가지로 불변성을 보이는 도덕 감각의 경우에도 같은 과정이 일어난다. 결국 모든 사람과 공감할 수는 없기 때문에 자연적 공감은 변한다. 그러나 공감은 잘 변하는데도 평가는 변하지 않는다. 평가의 불변성은 현행적 공감을 넘어서는 상상력에 고유한 감정에 의존한다. 현재 어떤 사람에게 공감을 느끼지 않고도 그를 평가할 수 있다.

c. 종교: 신에 관한 이어지는 장들을 볼 것. 언제나 도식은 동일하

다. 신에 대해, 새로운 감정의 창조가 있다(통속 종교를 교정하는 정통 유신론).

d. 풍속 또는 예절 규칙[88] : 여성의 외설적 언행에 비위가 거슬린 독신남의 경우. 미풍양속의 감정은 새로운 감정의 창조다.

본성/자연과 인위 혹은 관례의 이원성이 있다. 한편으로 상상력의 성향들의 넘어섬. 가장 먼 것이 가장 가까운 것보다 우세하다. 다른 한편, 능력이 그것의 현행적 행사와 분리된다는 점에서 채무 조건과 관련된 해방.

인위는 어떻게 가능한가?[89]

직접 정념이든 간접 정념이든 정념의 출현 및 실행 조건에 의해 정념의 본성 자체가 제한된다. 정념은 항상 현행적 쾌감이나 고통에서 생기기 때문에 제한된다. 그러나 오성의 원리들에 대해서처럼 정념의 원리들에 대해서도 상상력의 반작용이 있다. 정념은 상상력 속에 울려 퍼지며 정념의 약화가 아니라 감정의 새로운 작용을 정의한다. 그것은 한계를 넘어 확장된 정념이다. 그로부터 사람들 사이에 동의가 가능하다. 이 확장 덕분에, 상상력의 감정들의, 특정 유형의 가능한 객관성이 있다.

인위 자체는 어떤 것인가? 감정으로서, 다시 말해 반성 인상으로서 그러한 감정들은 분명 자연적이지만, 인위에서 생기는 한에서는(정념은 상상력 속에 울려 퍼지고 통상적인 한계를 넘어서며 상상력은 그것에 고유한 감정의 작용을 나타낸다) 인위적이다. 다시 말해 인위는 여전히 본성/자연에 속한다 ─ "인간은 발명하는 종이다." 발명하는 것은 인간의 본성에 속한다. 그러나 발명되는 것은 정념들이다. 정념들은 상상력 속에 울려 퍼지면서 자연적 한계를 넘어선다.

공감은 자연적으로 제한된다. 사람은 자연적인 아량을 갖지만 그 아량은 제한된다. 인간은 씨족의 인간이기 때문에, 인간은 편파적이기 때문에 그렇다(퇴니스[90]를 예고하는 공감 및 공동체 이론 — 더 정확히 말해 공감과 공동체에 대해 퇴니스만큼 많이, 퇴니스보다 더 정확하게 말한다!).[91] 나는 인접성·인과성·유사성 원리에 따라 나의 이웃, 부모, 나와 닮은 사람들과 자연적으로 공감한다.[92] 연합 원리에 의해 공감의 제한적 상황이 규정된다. 그로부터 결의론casuistique[93]의 규칙이 가능하다. 상황이 변한다.

그런데 도덕의 문제는, 인간이 도덕적으로 될 수 있도록 — 인위적으로 — 공감이 편파성을 넘어서게 만드는 것이다. 공감을 확장하는 것은 공감이 공상 속에 울려 퍼지는 한에서만 가능하다. 새로운 감정은 자연적인 공감을 확장하는 것 외에 다른 기능을 갖지 않는다는 의미에서 여전히 본성/자연에 속한다. 게다가 본성 그 자체가 교정된다.[94] 그러나 그것도 마찬가지로 새로운 감정이다. 자연적/본성적이지만, 그것은 확장되었기 때문에 새롭다. 이런 의미에서 인위는 여전히 본성/자연에 속한다. 인위는 수단이다. 그것은 우회한다. 도덕, 미학, 미풍양속, 종교의 문제는 확장의 문제이다.

인간이 이기적이고 나쁜 본성을 갖고 있다고 생각하는 모든 사람에게 도덕의 문제는 결국 다음과 같이 묻는 것이 된다. [이기적이고 나쁜 본성을] 어떻게 제약하거나 제한할 것인가? 제약하기 위해서는 계약이 필요하다(자연 상태의 인간에게 권력의지가 부여되고, 계약은 그 권력의지를 제한하는 것을 임무로 한다). 흄은 계약에 반대한다. 흄은 계약 개념을 관례와 인위 개념으로 대체하려고 한다. 차이는 엄청나다. 법/권리의 문제가 이제는 제약의 문제가 아니라 자연적으로 제한되는 아량의 확장 또는 확대의 문제가 되기 때문이다.

흄은 계약 이론에 대해 두 가지 비판을 한다.

(1) 계약 이론은 자연법을 전제한다. 그것은 명확하게 설명해야 하는 것, 즉 법을 설정한다. 자연 상태는 법적 상태가 아니다. 자연 상태는 결핍, 필요의 상태이다.

(2) 법은 이미 시민 사회를 내포한다. 자연 상태에는 이미 작은 집단, 부족 − 친족, 부모, 동류 − 이 있다.

관례는 계약과 같은 것이 아니다. 조각배의 노를 젓는 사람들의 예.[95] 그들은 일치단결해서 노를 젓지만 서로 약속을 하진 않았다. 관례가 있지만 계약은 없다. 관례는 비-계약적인 일치에서 유래한다. 계약은 더 근원적인 어떤 것, 즉 일치, 관례의 합리주의적이고 합리화된 이미지일 뿐이다.

도덕과 법의 동기는 유용성일 수 없다. 유용성은 이미 합리주의의 시각이다(정의[사법]는 사익과 싸우고 공익은 정의[사법]를 전제한다). 진정한 원천은 계약과 같은 인간−간의 관계에 있지 않고 이 특수한, 확장된 감정에, 즉 정념의 확장에 있다. 인위는 상상력 안에서의 정념의 반영이다. 인간들 간의 관계의 원천은 어떤 합리적 결정도 전제하지 않는다. 인간을 이성적 존재로 가정하는, 인간들 사이의 일치는 없다.

18세기 내내 진정한 도덕은 법으로, 도덕은 우선 시민 사회의 조직화 문제로 간주되었다. 도덕이 무언가 진지한 것이라면 그것은 법이다. 인간 본성을 바꾸는 것이 문제가 아니라, 인간 본성의 나쁜 측면이 승리할 수 없는 객관적 조건을 창출하는 것이 문제이기 때문이다.[96] 법은 객관적인 상황과 조건의 문제를 제기한다.

관례 또는 인위 개념은 계약 개념과 혼동되어서는 안 된다. 관례 또는 인위 개념은 실제로 울려 퍼지는 타악기처럼 정념이 반영된 상상력에서 진정한 근거를 발견하기 때문이다. 반면에 계약 개념은 의지에 준거해서만 사유될 수 있고, 법으로 간주된 자연 상태를 전제하며,

도덕성의 문제를 제한의 형태로 제기한다. 흄에게 자연 상태는 욕구의 상태이다. 따라서 [자연법은 없고] 실정법, 민법만 있다. 흄은 도덕 문제를 제한의 문제와 동일시하는 것을 거부한다. 자신의 무언가를 포기하는 의지라는 관념은 흄에게는 생소한 것이다. 흄에게는 의지를 제한하는 것이 문제가 아니라 반대로 정념을 확장하는 것이 문제다. 즉 도덕은 정념의 확장이라는 문제를 제기한다.

정념은 우리를 상황에 제한한다. 따라서 정념을 자연적 한계에서 벗어나게 할 수단을 인위적으로 창출해야 한다. 인위는 여전히 본성에 속한다. 그러나 정념을 교정하는 일반 규칙은 정념 자체의 창조다. 인위는 다른 목적을 발명하는 것이 아니라 새로운 — "우회적인" — 수단을 발명하기 때문이다. 정의는 인위 없이 이해될 수 없지만, 그럼에도 불구하고 정의에 달라붙는 도덕 감각은 자연적인 것이다. 관례는 더는 자연적으로 제한되지 않는 상상력에 고유한 이 감정들의 층위에서 발견된다.

D. 일반 규칙, 오성과 정념의 평행관계 :

오성entendement의 관점에서의 일반 규칙과 정념의 관점에서의 일반 규칙 사이에는 놀라운 평행관계가 있다 — 그러나 차이도 있다.

인간 본성의 원리로서 습관은 어떤 반성과도 무관하게 독립적으로 형성된다. 우리는 어떤 반성과도 무관하게 습관을 형성한다. 우리는 경험 속에서 반복을 넘어선다. 사전 반성의 불가능성 때문에 공상의 복수가 있을 것이다. 그것은, 공상이 허구적 반복을 내세우고, 그것의 일반 규칙들이 엄밀한 의미에서 범람하는, 비-철학적 확률이다. 그리고 철학적 확률의 경우에 일반 규칙들은 다른 종류의 규칙이다. 즉 확률 계산에 의해 첫 번째 규칙들을 교정한다. 오성은 믿음을 주어진 반복의 실재성 정도에 맞춘다. 그럼에도 불구하고 두 종류의 규칙은 같은 원리에 의존한다.

정념과 관련해서도 똑같이 두 가지 유형의 일반 규칙이 있다. "[정부에 대해…] 일반 규칙들은 대체로 자신들의 기초가 되는 원리들 너머로 확장된다. [일반 규칙의] 예외들이 일반 규칙의 성질을 갖지 않고 [아주 많은 공통의 사례에 기초를 두지 않으면] 우리가 일반 규칙에 예외를 두는 경우가 드물다는 사실…"97 범람하는 일반 규칙들이 있고, 교정하는 일반 규칙들이 있다. 그런데 이 평행관계에도 불구하고 실천의 일반 규칙과 인식의 일반 규칙 사이에는 큰 차이점도 있다.

오성에서 공상의 행위는 결국에는 부정적이다. 일단 교정이 이루어지고 나면 범람하는 일반 규칙들에서 남는 것은 아무것도 없다. 왜냐하면 그 일반 규칙들은 교정의 대상이고 교정은 범람하는 일반 규칙 중 아무것도 존속시키지 않기 때문이다. 그것은 해소되는 착각일 뿐이다. 어떤 사람도 습관을 형성하기 전에 미리 반성부터 하지는 않는다. 그러나 그 사람이 실재적 반복만 믿게 될 정도로 범람하는 규칙들을 정말로 교정할 수도 있다. 그 사람은 모든 미신에서 벗어날 것이다.

실천의 경우에도 규칙들은 공상을 가정한다. 정념은 상상력 속에 울려 퍼지며, 그것이 의존하는 원리들, 다시 말해 연합 원리들이 그것에 부여하는 한계를 넘어선다. 그런데 여기서 공상의 행위는 긍정적이다. 즉 문화적 형식들(도덕, 풍속, 예술 등), 흄이 인위의 세계라고 부르는 것의 기초를 이룬다. 상상력의 성향들은 여기서 실질적으로 극복된다. 즉 가장 먼 것에 실제로 도달하게 된다. 이제 교정을 통해 첫 번째 종류의 규칙들을 제거하는 것이 문제가 아니라 점점 더 정밀한 세부 사항의 관점에서 일반 규칙들 자체를 결정하는 것이 문제다. 여기서 범람은 긍정적이다. 따라서 모든 것의 지반은 "상상력의 가장 경박한 특성"98이다. 오성의 세계에 비해 새로운 것은 공상이 더는 패자가 아니라는 것이다. 오성의 경우에 교정은 범람을 방해하고 저지했다. 실천의 경우에 우리는 정념의 자연적 한계를 넘어서고 객관적 세계, 즉 법·풍속·예술의 세계를 창시한다. 우리 안의 가장 경박한 공상이 가장 진지한 세계의 기초를 이룬다니 어찌 된 일인가? 예컨대 소유권은 정말 그러한 공상에 기초한다.

공상에 의해 정념들은 자연적 한계를 극복하게 된다. 결과적으로, 성향과 반대로 가장 먼 것에 더 큰 가치가 부여되었고, 새로운 감정 – 평가 – 덕분에 나는 나의 편파성, 공감의 편파성을 극복했다. 이 새로운 감정은 새로운 목적을 갖지 않는다. 일반 규칙은 때로는 공익의 입장에서 성립되고, 때로는 타자의 이익의 입장에서 성립되고(타자가 나의 친족, 부모, 동류가 아니더라도), 때로는 타자의 동의의 입장에서 성립된다.

"소유는 안정적이어야 한다"라고 말하는 것은 소유권이 어떤 것인지를 말하는 것이 아니다. 가장 먼 것에 정말 더 큰 가치가 부여되지만 이 가치 부여는 여전히 미정 상태에 있다. 따라서 일반 규칙은 다른 일반 규칙들에 의해 정해져야 한다. 여기에 엄밀히 말해 법 이론이 개입한다. 첫 번째 일반 규칙들의 세부 사항을 결정할 두 번째 일반 규칙 군群이 있다. 우리의 정념이 자연적 한계, 편파성을 넘어설 때, 이는 우리의 정념이 상상력 속에 울려 퍼지는 한에서이다. 그러나 더는 단지 본연의 공상이 문제가 아니다. 이제는 연합 원리들에 의해 규제되고 구속되는 것으로서의 공상이 문제다. 정념들은 정말 상상력 속에 울려 퍼진다. 그러나 일반 규칙들의 세부 사항을 결정하는 데 도식 역할을 하게 될 오성의 연합 원리들 – 인과성, 인접성, 유사성 – 이 개입하는 상상력 속에서 울려 퍼진다.

관념 연합의 인간, 그는 관념 연합의 원리들을 이용해서 일반 규칙들의 세부 사항을 결정하는 법률가다. 가장 먼 것에 더 큰 가치가 부여될지를 결정할 일이 남아있다. 소유권에 관하여, 법률가는 소유권의 세부 사항에 관한 규칙들을 결정한다. (1) 소유권은 우리의 정념들[의 편파성]이 이미 극복되었다고 가정하는 인위적인 인간 세계에서만 태어날 수 있지만, (2) 그래도 역시 소유의 권리를 결정하기 위한 규칙들이 필요하다. 그로부터 결의론이 나오며, 흄은 그것의 세 가지 예를 제시한다.

   — 산토끼와 사냥꾼[99]

   — 바다의 소유권[100]

   — 지상권은 토지에 속하고, 저작 활동은 저작물에 속하며, 캔버스는 그림에 속한다.[101]

이것이 인위의 세계가 가장 경박하면서도 가장 진지한 이유이다. 즉 공상이 정념들 아래 올려 퍼져서 정념들은 자연적 한계를 넘는다. 그것은 경박하다. 그러나 연합 원리들이 여기서 [가장 중요한] 진짜 역할, 즉 첫 번째 범람하는 규칙들의 세부 사항에 관한 일반 규칙을 결정하는 역할을 발견한다. 공리주의의 관점에서, 흄의 관점에서도 벤덤의 관점에서도, 연합론은 법률가에게 제격이다. 관념 연합은 법에서 관할구역을 발견한다. 그래서 "소유권은 안정적이어야 한다"라는 일반 규칙은 규정들로 다음과 같이 세분된다. 직접 소유, 시효, 취득, 승계, 동의되고 약속된 양도.

그렇다고 해도 가장 먼 것의 관념은 사람들이 그것을 믿을 정도로, 그것을 가장 가까운 것보다 우선시할 정도로 충분히 생생해야 한다. 어떻게 하면 가장 먼 것이 더 우세해질 수 있는가? 가장 먼 것에 생생함을 부여해야 한다. 정치 세계의 층위에서 그것은 믿음에 상당하는 것이다. 실제로 정의의 규칙을 보완하는 규칙이 필요하다. 그것이 과제이고, 그것이 정부의 역할이다. 즉 (가장 먼) 공익[일반적 이익]에, 그것이 그 자체로는 갖지 못하는 생생함을 부여하는 것. 더는 시민 사회가 문제가 아니라 믿음의 문제를 제기하는 정치 사회가 문제며, 이 문제는 제재 기구에 의해서만 해결될 수 있다. 사람들의 본성을 바꾸는 것이 문제가 아니라 사람들의 상황을 바꾸는 것이 문제다. 최선의 경우, 정부를, 가장 먼 것을 가장 가까운 것보다 우세하게 만드는 것이 이익이 되는, 편파적 상황 속에 놓을 수 있어야 한다.

실천의 경우에도 오성의 경우에도, 먼저 출발점이 되는 일반 규칙이 있고, 그다음 일반 규칙들에 의한 그리고 연합 원리들에 힘입은 이 규칙의 규정이 있으며, 끝으로 예외 자체가 교정 규칙으로 되돌려질 수 있는 한에서 어떤 예외 규정이 있다. 실천의 경우에도 인식의 경우에도 과정은 동일하다.

인간 본성의 단점은 그것의 편파성, 탐욕, 물욕, 제한된 공감이다. 자연 그 자체의 단점은 재화의 희소성이다. 이 두 가지 단점이 결합하여 세 번째 단점, 즉 소유의 불안정성을 초래한다. 재화는 희소하며, 모든 사람은 편파적이고 탐욕적이기 때문에, 사람들은 그 희소한 재화를 두고 서로 다툰다. 인간은 욕구의 인간이고 자연은 재화의 희소성의 상태에 놓여 있다. 사법은 편파성과 물욕에 대해 개입하는 제재 기구를 통해 이 상황을 개선한다. 즉 [제재 기구를 통해] 가장 먼 것이 가장 가까운 것보다 우세해지고, 생생함을 띠게 된다. 그러나 두 번째 단점이 남아있다. 자연 자체의 재화의 희소성이 그것이다. 이 단점의 개선책을 결정할 책임을 맡은 것은 『논고』의 마지막 부 「정치」다. 흄은 정치경제학에 관한 에세이에서 그것을 다루었다.

흄의 정치경제학의 본질적인 점은 상업에 기초한다는 것이다. 『자본』에서 맑스는 흄의 이론의 본질적인 점이 지대地貸에 기초한다고 생각하면서 그 이론을 비판한다. 그러나 그것은 부정확하다. 흄은 소유의 안정성이 소유물을 많이 소유한 경우에 유리하게 작용한다는 것을 확인한다. 이처럼 재화는 희소할 뿐만 아니라 소수의 수중에 집중되어 있기도 하다. 그래서 두 계급이 있다. 소유물을 많이 가지고 있지만 돈이 필요한 자산 소유자들(그들은 "끊임없는 차용 요구에 처해진다"라고 흄은 말한다). 그래서 상업은 사회적 의미를 갖는다. 즉 상업은 이자율을 낮춰야 한다. 상인들은 농부들의 차용 요구를 만족시킬 수 있고 몇몇 사람의 수중에 소유물이 집중되는 것의 불편을 개선할 수 있다.

VII. 신의 문제

종교에 대한 흄의 견해는 다음과 같은 텍스트들에서 발견된다. (스피노자와의 논쟁이 담겨 있는)『논고』1권 4부 5절「영혼의 불멸성에 관하여」,『인간 오성에 관한 탐구』10장(「기적에 관하여」)과 11장(「특정한 섭리와 내세에 관하여」),『도덕과 정치에 관한 에세이』(영혼의 불멸성에 관한 부분), 이 주제에 관한 중요한 텍스트인『종교의 자연사』, 끝으로 흄이 모든 정성을 다 쏟아부은 유작『자연종교에 관한 대화』.

종교 문제에 바쳐진 이 저작들 대부분의 말미에는 반전이 있다. 가령「기적에 관하여」에서 흄은 기적에 대한 믿음은 경험에 의거하지만 기적은 증언에 의거할 수밖에 없다는 것을 보여준다. 사람들은 유리한 경우를 불리한 경우와 비교하고 이 불균형한 뺄셈에서 믿음은 결국 사라져 버린다. 그렇지만 텍스트의 맨 끝은 유신론과 계시에 호소한다(유신론有神論과 대조적으로 이신론理神論은 내용이 이성적이고 계시를 배제하는 자연종교를 상정한다). 마찬가지로 『영혼의 불멸성에 관하여』와 『자연종교에 관한 대화』 맨 끝에도 반전이 있다. 즉 그전에 부정되었던 모든 것이 결국 재도입되는 것처럼 보인다.

설정된 가설, 신중. 의심할 여지 없이 인정할 수밖에 없을 것 같다. 즉 종교에 관한 이 텍스트들에는 흄이 조심했음에도 불구하고 완전히 억누르지 못한 철학적 내용이 있다는 것도 인정해야 할 것이다. … 가령 『자연종교에 관한 대화』에 등장하는 세 명의 인물이 표현하는 테제는 섬세하고 미묘한 차이를 지니고 있다. 진짜 "대화"는 특히 식견이 넓은 대변인과 아주 바보스러운 다른 사람 간의 논쟁이 아니라 논증할 줄 아는 세 사람 간의 균형 잡힌 토론으로 귀결된다. 결국 데미아가 클레안테스와 필로를 남겨두고 가버린다는 것을 강조해야 한다. 그것은 틀림없이 의미가 있을 것이다. 세 인물은 다음과 같다.

— 필로 : 그는 회의주의자이다. 그는 토론을 교묘하게 주도하며, 먼저 시작하지 않고 그에게 거북해 보이는 것을 말할 뿐이다.

— 데미아 : 괴로워하고 과격하며, 종종 불가지론자의 면모를 보이고 신비주의적 불가지론을 제시한다. 신인동형론에 대한 앙심 깊은 증오, 인간의 비참함과 악에 대한 예민한 의식. 그는 선험적인a priori 논변을 제시하고 전개한다. 그 논변에서 그는 원인의 탁월성을 역설한다(원인으로서의 신은 그가 만들어낸 결과, 즉 세계를 탁월하게 능가한다). 데미아의 모델은 "과격한" 영국 신학자들, 또한 파스칼일 것이다. 흄에게 파스칼은 광신excès의 이미지 자체다. 르로아 번역본 『도덕원리에 관한 탐구』에 있는 「대화」라는 제목의 마지막 텍스트를 참고하라. 이 텍스트 맨 끝에서 흄은 데미아와 비슷한 특성을 가진 파스칼에 대한 자신의 견해를 제시한다. 파스칼은 "인위적 삶"의 인간, 자

신이 신을 직접 섬긴다고 믿고 특수한 섭리를 믿는 사람이다. 흄에 따르면 그런 인간은 자신이 자격을 부여받았다고 느낀다. 왜냐하면 그의 눈으로는 더는 도덕을 고려할 수 없기 때문이다. 신비주의자, 광신도, 미신가는 [수단과 방법을 가리지 않고] 어떤 일도 할 수 있다. 신을 직접 섬기고 있는 그들에게는 도덕이 없기 때문이다.

— 클레안테스 : 아주 온화한 인간으로, 유신론자로 자칭하고, 낙관적인 태도를 보이며, 데미아가 역설하는 악을 믿지 않는다. 필로가 만일 손익계산서를 작성하면, 악 쪽에는 전쟁, 질병, 병원, 죽음 등이 있고, 선 쪽에는 보상으로 "무도회, 오페라, 궁정"이 있다고 말하자, 클레안테스는 선 쪽에 더 많이 있다는 이유를 들어 필로에게 반대한다. 클레안테스는 후험적(목적인에 의한) 논변의 수호자다. 대화의 끝에 데미아가 가버리고 필로와 클레안테스는 의견일치를 보는 것처럼 보인다. 데미아가 있을 때는 필로와 클레안테스 사이에 본성상의 차이가 있었으나 데미아가 떠나자마자 이 차이 — 유신론과 회의주의의 차이 — 는 단지 정도의 차이에 지나지 않게 된다.

A. 신 존재 증명들 :

신 존재 증명들은 인과성 원리의 비합법적 사용을 내포한다. 흄은 (그리고 칸트는) 18세기의 종교 비판 전체에서 이 주제를 발견했다. 흄과 칸트의 새로운 점은 이 종교 비판을 인식과 경험의 영역에 적용한 것이다. 그러나 흄과 칸트는 18세기가 수많은 증언을 남긴 종교 비판이라는 주제들을 체계화할 뿐이다.

인과성 원리의 세 가지 비합법적 사용이 있다. 이 사용의 비합법성의 조건은 무엇인가? 유사성, 반복, 비율이 그것이다.

(1) 내가 a로부터 b를 추론할 때, 유도항(a)은 선행 항들(a′, a″등)과

가능하면 동일해야 하고 그렇지 않으면 적어도 유사하기라도 해야 한다. 예컨대 나는 유사한 공들이 운동을 전달하는 것을 수도 없이 보았다.

(2) a로부터 b를 추론하기 위해서는 a와 b의 항상적 결합이 반복되었어야 했고 실제로 반복되어야 한다.

(3) 나는 a(유도항)로 인해 엄밀하게 필연적인 것들 이상의 특성, 힘, 덕을 b(추론된 항)에 부여할 수 없다. 『도덕 원리에 관한 탐구』에서 제욱시스Zeuxis의 그림의 예 : 제욱시스의 서명을 지닌 그림으로부터 나는 제욱시스가 화가라는 것은 추론할 수 있지만, 제욱시스가 조각가라는 것은 추론할 수 없다.

그 때문에 잘못된 사용이 야기된다. 흄은 두 가지 증명을 구별하지만 이 구별은 18세기에 흔한 것이었다(르로아Leroy의 에세이 참조).

— 후험적 증명 : 이는 유비 관계에 관련된 인과성 논변(목적인에 의한 증명)이다.

— 선험적 증명 : 우주론적 증명과 존재론적 증명의 혼합. 이는 필연적 실존의 지위에 관련된 인과적 논변이다.

첫 번째 잘못된 사용은 후험적 증명(유사성)과 연결되고, 세 번째 잘못된 사용(비율)은 선험적 증명과 특히 더 관계가 깊고, 끝으로 반복은 두 가지 증명에 동시에 관련된다.

B. 인과성 원리의 잘못된 사용 :

(1) 클레안테스가 주장한 후험적 증명에 대하여. 흔히들 말하길 세계는 기계와 닮았고, 기계는 그것이 의거하는 지적인 존재를 원인으로 갖는다. 따라서 세계는 그것이 의거하는 지적인 존재의 결과이다.

필로의 반론 : 기계와 세계의 유비가 정확하다면, 당신이 그것으로

부터 원인으로서의 신을 끌어내려고 하는 세계가 실제로 기계를 닮았다면 당신의 추리는 유효하다(a와 a′ 사이에 동일성은 아니더라도 유사성은 있어야 b를 추론할 수 있다). 그런데 기계와 같은 세계는 은유일 뿐이다. 특정한 유사성으로 간주되는 원격의 유비, 이것이 인과성 원리의 잘못된 사용이다.

그 점에 대해 클레안테스는 더 교묘한 방식으로 자신의 논변을 바꾼다. 기계와 세계, 두 가지 결과를 비교할 수 있는데, 왜냐하면 그 둘 사이에 문제가 되는 것은 형식의 유사성이기 때문이다. 기계에 부분들의 조정이 있는 것처럼 세계에도 질서가 있다. 질서의 형식을 어떻게 설명할 것인가? 이는 더는 유비와 연관된 인과적 논변이 아니라 경험과 연관된 형식적 논변에 의거하는 것이다. 결국 그것의 원리는 지성에 존재한다. 공중으로 던져진 나무토막들이 땅에 떨어졌다고 해서 절대 집이 만들어지지는 않는다. 질료는 그 자체 내에 질서의 원리를 포함하고 있지 않다고 클레안테스는 말한다.

필로의 새로운 반론. 그것은 참이 아니다. 첫째 지성은, 여하간 질서의 형식의 원인이 아니다. 왜냐하면 지성의 질서는 설명되어야 하고, 게다가 지성은 [또다시] 지성에 의존하며, 이런 과정이 무한히 반복되기 때문이다. 둘째 설명되어야 하는 것이 지성의 질서만이 아닐뿐더러, 지성의 질서가 질서의 유일한 형식도 아니다. 지성의 질서가 아닌 다른 질서들도 있다. 세계를 보면 적어도 네 가지 질서가 있다고 클레안테스는 말한다. (1) 이성적 질서, 즉 기계들의 질서. (2) 본능, 즉 자연적 생산물의 질서, 가령 거미줄. (3) 발생의 질서, 즉 생명체들. (4) 식물. 그렇다면 왜 실상 세계는 "거미줄"이라고 말하지 않는가? ─ "어떤 질서 체계가 두뇌에서만 직조되어야 하고 배ventre에서 만들어져서는 안 된다는 법이 있는가?" … 혹은 "세계를 하나의 동물로 다룰 수 있지만(물활론), 이 동물의 감각기관과 두뇌가 어디에 있는지 어떻게 알겠는가?"라고 클레안테스는 묻는다. 필로가 깊이 공감하는 식물 개념도 있다. 모든 우주론은 대동소이하다.

더욱이 물질이 그 자체에 원리를 내포하고 있지 않다는 것은 사실인가? 18세기의 경험주의와 유물론 사이에 긴밀한 공모가 있다. 18세기의 유물론은 목적인을 경험의 조건으로 환원한다. 그것이 필로가 하는 일이다. 평형은 분자들의 기능하에서 지속된다. "동물이 부분부분 적응되지 않았다면 어떻게 어떻게 동물이 존속할 수 있었겠는가? 나는 기꺼이 알기를 원한다." 실존의 조건이 목적인으로 간주된다.

그래서 형식은 그 자체로 자기 원인이 아니며, 게다가 질서의 원인 형식이 물질을 원인으로 갖지 말라는 보장도 없고 질서의 형식 자체가 원인을 필요로 한다는 보장도 없다.

(2) 후험적 증명에 대하여 : 유사성이 아니라 어떤 사례의 가능한 반복에 관련된 새로운 결함. "우리가 어떤 객체[개별자]를 다른 것으로부터 추론하는 것은 그것의 종[일반자]들 간의 결합을 알아차린 이후에만 가능한 일이다." 추론은 내가 그로부터 다른 것을 추론하는 객체가 하나의 종에 속한다고 전제한다. 그러나 여기서 세계는 전체로 간주되고 정의상 전체로 간주된 세계는 하나의 종에 속할 수 없다. 왜냐하면 그 세계는 그 자체가 하나의 종은 아니면서 모든 종들의 집합이기 때문이다. 세계는 유일하다. 세계는 모든 것을 하나로 모으는 것이다. 그것은 심지어 권리상 모든 반복을 배제하는 유일한 사례이기도 하다. 유일한 견본인 세계는 따라서 그것에 관한 추론의 원인이 된다.

만일 갈릴레오가 지구의 운동에 관해 무언가를 추론할 수 있고 [실제로] 추론한다면 그것은 지구가 세계가 아니기 때문이다. 그는 지구와 다른 행성들 간의 공통의 종을 상정한다. 따라서 어떤 관점에서는 여기에 유사한 객체들의 반복이 있다.

(3) 선험적 증명에 대하여: 이것은 세계의 원인의 필연적 실존이다. 여기서 인식 이론의 이 필연적 실존 개념이 갖는 불합리성에 관해 흄이 말한 모든 것을 기억해야 한다. 거기에 더 복잡한 다른 논변이 추가된다. 신은 이제 단지 필연적 원인으로만 간주되는 것이 아니라 탁월한 원인으로도 간주된다. 클레안테스에게 세계는 아름답고 좋고 선하며, 신은 좋고 정의롭다고 가정된다. 이런 관점에서 신은, 세계의 상태(세계는 신만큼 아름답거나 좋지 않을 것이다. …)와 신의 미덕들 사이에 존재하는 단절이 제거되는 만큼 덜 탁월한 원인으로 상정된다. 신에게 걸맞은 세계, 그것은 신과 공통의 척도가 없지 않다. 데미아에게는 정반대로 세계는 혐오스럽고 인간종은 부패했지만 이 실추된 타락한 세계로부터 데미아는 모든 미덕을 가진 정말로 탁월한 신으로 상승한다. 단지 우리가 신에 의한 결과들의 일부만 인식하기 때문에 결과는 그것의 원인과 대등하지 않게 보이는 것이다. 그러나 인식되지 않은 결과들이 있어서, 그것들에 의해 세계의 불완전성이 상쇄될 수 있고 타락한 세계와 신의 완전성 간의 공백이 메워질 수 있다.

이에 대해 필로는 다음과 같은 반론을 편다. a. 악은 존재하고 그 점에 관해 그는 의견을 같이한다. b. 어떻게 인식되지 않은 결과들로부터 출발할 수 있는가? 그것은 인과성 원리의 근본적으로 잘못된 사용, 원인과 결과 사이의 필연적인 비율을 무시하고 주어진 결과로부터 탁월한 원인이라는 결론을 끌어내는 사용이다.

인과성 원리의 세 가지 잘못된 사용

(1) 공상은 허구적 반복을 내세우고 거짓 경험에 따라 습관을 만들어낸다. 이는 비-철학적 확률이다.

— 말의 영향력

— 정념적 상황

(2) 신체들의 연속되고 독특한 실존에 대한 믿음. 나는 연속되고 독특한 세계를 믿는다. 나는 연속되고 독특한 자아를 믿는다. 인과성 원리는 상상력의 원리 그 자체에 의해 그 합법적 행사를 벗어나도록 이끌린다.

— 독특성과 관련된 사용

— 연속성과 관련된 사용

(3) 필연적으로 실존하는 신 혹은 질서의 원인으로서의 신에 대한 믿음.

자아와 세계와 신 : 이는 훗날 칸트가 고려하는 이념이다. 그러나 칸트 이전에 흄이 이 세 가지 심리학적·우주론적·신학적 이념과 관련해서 자신의 회의주의를 보여준다.

이 잘못 사용된 세 가지 경우 사이에는 커다란 차이가 있다.

(1) 비-철학적 확률 : "아일랜드인은 기지가 없다." 사실은 내가 철학적 확률을 통해, 즉 확률 계산을 통해 그것을 교정할 수 있다는 것이다. 그런데 전면적 교정은 있을 수 없기 때문에 나는 각각의 명제를 그 자체로 교정해야 한다. 적어도 여기서는 교정이 가능하다. 내가 필연적으로 이런 종류의 공상이 유발하는 착각에 의한 오류에 빠진다는 것에도 주의해야 한다. 하지만 특수한 명제의 경우 교정은 언제나 가능하다.

(2) 여기서는 더는 교정이 문제가 아니다. 나는 세계와 자아의 연속되고 독특한 실존을 믿는다. 잘못된 사용 그 자체가 원리가 되었기 때문이다. 게다가 여기는 더는 특수한 경우가 없고, 인과성 원리의 잘못된 사용은 특수한 명제로 제시되지 않는다. 그것은 한 덩어리다.

(3) 신의 문제 : 여기서 우리는 교정할 수 있는가? "교정한다"는 것은 무엇을 뜻하는가?

a. 『자연종교에 관한 대화』에서 : 그렇다. 우리는 종교의 경우에 교정을 할 수 있지만 이 대답은 잠정적이다. 왜냐하면 우리가 여기서 교정을 할 때 종교에 아무것도 남아 있지 않기 때문이다. 인식 판단을 교정하는 것은 다른 모든 판단에 이의를 제기하는 것이 아니다. 나는 자연을 부분들이 서로 외재하는partes extra partes 것으로 인식한다. 그러나 종교의 관점에서 교정을 시작할 때 회의주의는 전체를 부정하고, 종교에서 아무것도 남지 않는다.

b. 그렇지만 『자연종교에 관한 대화』의 주체 전체는 어떤 점에서 자연종교로서의 유신론이 세속종교의 진정한 교정인지를 보여주는 것이다. 그래서 다음 단계들로 이어진다.

— 세속종교 : 그것은 허구의 체계이다.

— 유신론으로의 이행은 노력이나 투쟁 없이 일어나지 않는다(흄은 역사의 증언을 강조한다). 여기서는 교정의 과정.

— 그 자체로 유신론은 분명 인과성 원리의 잘못된 사용을 원용한다. 그러나 세속종교의 교정으로서 유신론은 유효하고 근본적인 의미를 갖게 된다.[102]

이렇게 해서 합목적성, 신인동형론, 낙관론이 재도입된다. 유신론은 교정된다. 그러나 무엇으로? 『자연종교에 관한 대화』에서는 그것을 말하지 않지만, 흄이 살아 있을 때 출간된 『종교의 자연사』는 그 문제를 제기한다. 종교는 역사를 가지며, 그 역사는 다음 세 시기의 계기繼起를 겪는다.

— 다신교

— "유사-유신론"에 지나지 않는 일신교(잔인성과 불관용을 초래하는, 다신교 자체의 격화)

— 다신교와 유사-유신론의 오류를 교정해서 진정한 혁명을 수행하는 진짜 유신론.

종교적 믿음은 어디서 유래하는가? 종교적 믿음은 자연적으로 결정되지 않는다. 그것은 허기나 성적 본능의 경우와는 다르다. 그것은 인간 본성의 원리에 의존하지 않는다. 그것은 분명 감정이지만 직접적이든 간접적이든 자연적 정념은 아니다. 그것은 정념들 일반에 대한 우리의 상상력의 반응이다.[103]

단순한 마주침의 규칙에 따라, 인간 안에 희망과 공포가 교차한다. 이 교차의 반향, 상상력 안에 정념들의 반향이 종교적 감정을 구성하게 된다. 다신교의 신들은 이 투사 자체이고, 신들은 마주침과 일시적 기분의 영역과 관련되어 있다. 그런데 일신교의 경우에는 어떤가?

흄에게 중요한 것은 일신교 그 자체가 아니라 하나 또는 여러 신의 실존에 대한 믿음이 무엇에 근거하느냐이다. 여기에서도 인간과 신의 관계는 상상력 속에서 우리 정념들의 결핍[을] 반영하는 것이다. 그것은 정념적 관계다. 그래서 유신론은 잔혹하고 사람들을 불안하게 만드는 것이다. 인간은 자기가 신성에 직접 봉사한다고 믿는다. 그리고 동시에 더는 도덕을 믿지 않는다.

광신도들fanatiques은 "가장 위대한 일도 할 수 있고 가장 천한 일도 할 수 있다"라고 흄은 말한다. 데미아가 그렇다. 그는 적敵인 것이다. 데미아가 떠나자 필로와 클레안테스의 불화/불일치의 이유가 사라진다. 데미아 배후에는 파스칼이 있다.

진짜 유신론은 신의 실존에 대한 믿음의 지반 자체를 옮겨 놓는다. 진짜 유신론은 종교적 감정을 정념들에도 상상력 안의 정념들의 반향에도 의존하게 하지 않고 대신에 자연에 대한 관찰에 의존하게 한다. 그리고 이런 의미에서 진짜 유신론은 종교적 감정을 일반 규칙들의 체계로서의 도덕과 분리하지 않는다(이는 신과 인간 사이에 특수한 관계를 세우는 데미아의 유사-유신론과 대립한다).

그러나 『자연종교에 관한 대화』는 『종교의 자연사』보다 더 멀리 나아간다. 데미아와 반대로 그들은 진짜 유신론에 부여된 교정 가치 이상의 가치를 주장한다. 필로와 클레안테스는 의견일치를 본다. 이 일치의 이유는 어디서 유래하는가?

그것은 흄과 칸트의 공통 특징이 될 것이다. 인과성 원리의 사용은, 이 사용법과 별도로, 특히 신의 실존에 대한 것을 위해, 내가 경험 밖의 어떤 것을 인식하려고 하는 한 비합법적이다. 칸트에게도 흄에게도 그것은 근본적인 착각이다. 그런데 칸트와 흄 둘 다에게 이 사용법은 보존될 수 있다. 즉 인식 대상의 단위가 되는 게 아니라 원리들의 **통일성**의 단위가 되는 신 관념이 있다.

따라서 다음과 같은 것들이 재도입된다.

— 합목적성: 자연의 비밀스러운 힘, 내가 단지 그것의 결과만 인식할 수 있는 힘이 있다. 자연의 흐름이 있다. 감춰진 힘들로 이루어지는 것으로서의 자연의 통일성이 있다. 그것이 신 관념이다.

— 신인동형론: 어떻게 자연이 인간 본성과 일치할 수 있는가? 인간 본성의 본질적인 사실은 인간 본성은 항상 자연에 대해 자신이 아는 것 이상을 말한다는 것이다. 그런데 나는 "내일 해가 뜰 것이다"라고 말한다. 어떻게 〔해가〕 예상하는 이 명제와 일치할 수 있는가? 조화가 필요하다. 자연의 비밀스러운 힘들이 인간 본성의 원리들과 합치되어야 한다. "선구성된 조화"가 있다.

한편으로 유신론으로서의 종교는 다신교와 유사-유신론의 유일한 교정이다. 다른 한편으로 그 자체로 오직 신 관념만이 우리 인식의 대상이 아니라 원리들의 통일성을 제시할 수 있다.

자허-마조흐에서 마조히즘으로[1]

자허-마조흐Sacher-Masoch, 1835-1895는 갈리치아의 렘베르크에서 태어났다. 그의 선조는 스페인계와 보헤미안계였으며 오스트리아-헝가리 제국의 관료 가문이었다. 아버지는 렘베르크 경찰국장이었다. 그래서 경찰이라는 주제가 마조흐의 작품에 자주 나타난다. 그러나 특히 (유대인, 소러시아인 등등의) 소수민족 문제는 그의 영감의 주요 원천 중 하나일 것이다. 마조흐는 위대한 독일 낭만주의 전통에 속한다. 그는 자신의 작품을 도착적이 아니라 일반적이고 백과사전적이라고 생각한다. 『카인의 유산』이라는 일반적 제목하에 인류의 자연사를 구성하게 될 거대한 순환. 그렇게 예정된 여섯 부분(사랑, 소유, 돈, 국가, 전쟁, 죽음) 중에서 그는 처음 두 부분만 완성했다. 그러나 그에 따르면 [첫 번째 주제] 사랑은 이미 문화적·정치적·사회적·인종적 복합체와 분리되지 않는다. 마조흐의 애정 취향은 유명하다. 그에게 근육은 본질적으로 여성적인 질료로 보인다. 그는 사랑받는 여인이 모피를 입고 채찍을 들기를 원했다. 사랑받는 여인은 본래는 사디스트가 아니다. 그러나 그녀는 그 역할을 하도록 서서히 설득되고 조련된다. 마조흐는 정확한 조항을 가진 계약에 의해 그녀와 관계 맺기를 바랐다. 그 조항 중 하나에 따라 그는 종종 하인으로 변장하고 이름을 바꾸었다. 그는 전력을 다해 자신과 사랑받는 여인 사이에 제3자의 개입을 소망했고, 그것을 요구했다. 마조흐의 가장 유명한 소설 『모피를 입은 비너스』는 세부적인 계약을 개진한다. 먼저 마조흐의 전기를 쓴 슐리히 테그롤이, 그다음 크라프트-에빙이 마조흐의 계약의 다른 예를 재현한다.[2] 크라프트-에빙은 1869년에 성적 도착에 마조히즘이라는 이름을 부여했는데, 마조흐 자신은 그것을 가장 불쾌해했다. 자허-마조흐는 저주받은 작가가 아니었다. 그는 존경받았고 환대받았으며 훈장도 받았다. 그는 프랑스에서 유명했다(열광적인 환영회가 열렸고, 레지옹 도뇌르 훈장이 수여되었고, 『두 세계 평론』에도 실렸다). 그러나 임종 때 그는 자신의 작품이 이미 잊힌 것에 괴로워했다.

누군가가 좋든 싫든 어떤 장애 또는 어떤 질병에 그의 이름을 붙일 때 그가 그것을 발명했다고 여겨지지 않고, 그 대신 예컨대 그 질병을 "분리했다"라고 여겨진다. 즉 그때까지 혼동되었던 사례들과 구별지었다고, 새롭고 결정적인 방식으로 그 질병의 증상들을 규정하고 분류/취합했다고 여겨진다. 병인학은 무엇보다도 올바른 징후학에 의존한다. 징후학의 특수성은 일차적인 데 비해, 병인病因의 특수성은 언제나 이차적이고 상대적이다. 따라서 마조흐의 경우에 마조히즘 전문가들이 그의 작품의 내용에 별로 관심을 갖지 않는 것은 유감스러운 일이다. 일반적으로 그들은 마조흐에게 발견되는 것보다 훨씬 덜 정확한, 훨씬 더 혼동된 징후학으로 만족한다. 소위 말하는 사디즘과 마조히즘의 통합이 혼란을 가중시켰다. 다른 곳에서처럼 거기서도 징후를 잘못 규정한 탓에 병인학은 무익하고 심지어 부정확한 방향으로 흘러갔다.[3]

마조흐의 작품을 사드의 작품과 비교해 보면 사디스트와 마조히스트 사이의 조우 불가능성에 놀라게 된다. 그들의 환경, 그들의 의식儀式은 완전히 다르다. 그리고 그들의 욕구는 전혀 상보적이지 않다. 사드의 발상은 우선 기계론적이고 도구주의적이다. 마조흐의 발상은 근본적으로 문화주의적이고 미학적이다. 예술작품을 대상으로 삼을 때 감각은 처음으로 스스로를 마조히스트라고 느낀다. 르네상스의 그림은 마조흐에게 모피를 두른 여인의 근육의 힘을 드러낸다. 여인이 사랑받는 것은 그녀가 조각상과 닮았기 때문이다. 그리고 마조히스트는 예술이 주는 모든 것을 예술에 돌려준다. 자기의 모습을 그리거나 찍게 해서, 거울 속 자신의 이미지를 포착해서 그는 자신을 느끼고 자신을 인식한다. 감각이 "이론가"가 된다는 사실, 가령 눈은 그 대상 자체가 인간적 대상 ─ 인간에게서 와서 인간에게 배정된 대상 ─ 이 될 때 인간의 눈이 된다는 사실을 우리는 알게 되었다. 신체 기관은 예술작품을 대상으로 삼을 때 인간적으로 된다. 마조히즘은 변신의 고통으로 제시된다. 모든 동물은 자신의 기관이 동물적이기를 멈출 때 고통을 느낀다. 괴테의 말을 인용하자면, 마조흐는 끊임없이 이렇게 말한다. '나는 초-감각적이기도 하고 심지어 초-감성적이기도 하다. [극도로 관능적이기도 하고 극도로 감상적이기도 하다.]'[4]

사디즘과 한층 더 대비되는 마조히즘의 두 번째 특징은 계약 취향, 비상한 계약 욕구다. 마조히즘은 고통을 만들어낸다고 추정되는 내용에 의해서가 아니라 형식적 특징에 의해서 정의되어야 한다. 그런데 모든 형식적 특징 중에 계약보다 더 중요한 것은 없다. 여자와의 계약이 없는 마조히즘은 없다. 그러나 본질적인 것은 바로, 지배하는 여자와 남자의 관계 속에 계약이 투사된다는 것이다. 보통 계약은 가부장제 사회에 긴밀하게 종속된 기능을 한다. 계약은 부자 사이를 포함해서 인간들 사이에 수립되는바 권위주의적 관계나 협력적 관계 속의 비물질적인 것, 정신적인 것, 혹은 제도적인 것을 표현하고 심지어 정당화하도록 만들어진 것이다. 그러나 우리를 여자와 연결하고, 아이를 엄마와 연결하는 물질적인 지하의chtonien 끈은 본성상 계약적 표현에 안 맞는 것처럼 보인다. 여자가 계약을 할 때는 가부장제 사회 내에서 자신의 의존관계를 인정하고 남자와 함께 "가서" 한다. 그런데 마조흐의 계약에서는 모든 것이 역전된다. 여기서 계약은 여자의 물질적 우위와 모계 원리의 우월성을 표현한다. 이 역전, 이 투사를 규정하는 마조히스트의 의도가 검토될 것이다. 마조히스트가 계약이 남성적 사회의 기초가 되어야 할 때 [오히려] 시간이 지남에 따라 계약을 변경하기 때문에 특히 [마조히스트의 의도가] 검토될 것이다. 그 말의 정확한 의미에서 모든 계약은 시간적 제한, 제3의 불개입, 양도 불가능한 어떤 소유권(예컨대 생명)의 배제를 요구하기 때문이다. 그러나 자신의 영원성을 가정하지 않고, 계약을 체결하지 않은 제3자에게 영향력을 행사하지 않고, 종복들의 생사여탈권을 갖지 않고 유지될 수 있는 사회는 없다. 이 운동은 마조히스트가 여자와 맺는 계약에서 재발견되고 강화된다. 마조흐의 계약은 필요한 경우 절대성 안에서 제한된 시간을 제공한다. 그러나 그 시간을 구간으로 나눠서 지속시키는 것은 여성의 자유다. 부수적이고 비밀스러운 조항이 그녀에게 생사여탈권을 부여한다. 그리고 교묘한 법적 대비책으로 제3자의 자리가 마련된다. 여성은, 자신의 권리를 지키고 늘리는 절대 군주와 같고, 마조히스트는 자신의 모든 권리를 실질적으로 잃어버리는 그녀의 종복과 같다. 마치 마조흐의 문화주의가 미학적이기보다 법적인 것처럼 일이 진행된다. 마조히즘은 계약과 분리될 수 없지만, 그것은 지배하는 여성에게 계약을 투사함과 동시에 계약을 극단으로 몰아가고, 계약의 톱니바퀴들을 분해하고, 어쩌면 계약을 조롱거리로 만들 것이다.

세 번째로 마조흐의 계약은 기묘한 역사적 관점들 속에서만 이해된다. 마조흐는 종종 아름다운 자연의 시대, 비너스-아프로디테가 지배한 태고 세계를 언급하는데, 그 세계는 여자와 남자의 일시적인 관계가 동등한 파트너 사이의 쾌락만을 법칙으로 갖는 세계다. 마조흐의 여주인공들은 사디즘적 본성을 갖는 것이 아니라, 그녀들이 말하듯이 이교적이고 고대적이고 영웅적인 본성을 갖는다. 그러나 아름다운 자연은 기후 재앙 혹은 빙하의 해빙에 의해 균형을 잃었다. 그래서 자연법칙은 약간의 온기를 간직하고 있는 여성 원리로서 어머니의 젖가슴에 집중된다. 남자는 "반성의 아이"[5]가 되었다. 자율적 정신성을 향한 노력 속에서 남자는 자연 혹은 영혼을 잃어버렸다. "자연스러워지려는 순간 곧장 천박해진다." 마조흐의 여성들이 몸에 두르고 있는 모피는 여러 가지 의미를 갖고 있지만, 일차적 의미는 그녀들이 빙하기 환경에서 추워한다는 것이다. 마조흐의 여주인공들은 모피에 파묻힌 채 끊임없이 재채기를 한다. 모피를 부성 이미지로 해석하는 것은 특히 근거가 없는 것이다. 모피는 무엇보다도 직접적인 모성의 상징으로, 여성 원리 안에 법이 접혀 들어간 상태, 자식의 야망에 위협당하고 있는 어머니 자연mater Natura을 가리킨다. 곰은 [수렵의 여신] 아르테미스의 동물이고, 모피를 가진 암컷 곰은 어머니이며, 모피는 [사냥을 통해 얻은] 모계의 노획물이다. 특히 [어머니] 자연의 법칙은 회수를 할 때 끔찍해지기 때문이다. 모피는 여권제를 수립하는 전제적이고 탐욕스러운 어머니의 모피다. 마조흐는 자기가 사랑하는 여자가 곰으로 변해서 자신을 질식시키고 찢어발기는 꿈을 꾼다. 지하세계와 달의 여신들, 위대한 사냥의 여신들, 강력한 아마존의 여전사들, 군림하는 유녀遊女들이, 모계 원리와 동일한 이 자연법칙의 엄격성의 증거이다. 『카인의 유산』[6]에서, 어머니가 총애하는 농부 맏아들을 어머니 자신의 물질적 이미지로 이해해야 한다. 그녀는 목자인 다른 아들과 아버지의 정신적 동맹 관계를 깨려고 살인까지 저지른다. 그러나 부계·남성·빙하 원리의 최종적 승리는 아니마[남성의 무의식 속에 들어 있는 여성적 요소]의 억압, 새로운 법의 도래, 정신적 동맹 관계가 모계의 혈연관계보다 우세한 세계, 즉 더는 비너스의 자리가 없는 세계 ─ 로마 세계, 그다음 기독교 세계 ─ 의 창시를 의미한다. "비너스가 감기에 걸릴까 봐 커다란 모피에 몸을 숨기고 있으니 … 추상적이기만 한 우리 북구의 기후가, 얼음장처럼 차가운 이 기독교 세계가 너무 추워서 말이오."7 "당신들은 북구의 안개와 기독교의 향내 속에 묻혀 살고 우리 이교도의 세계는 용암과 잡석 속에 잠들어 있게 내버려 두어야 합니다. … 당신들은 신들을 필요로 하지 않아요. 어차피 그 신들은 당신들의 기후에서는 모두 얼어 죽고 말아요."8

[마조흐의 작품에서는] 정념화되고 단순화되고 낭만화되었지만, 인류의 세 가지 상태 ─ 원시 난혼제, 여권제, 부권제 ─ 에 관한 바호펜의 유명한 테제가 발견된다.9 [마조흐에 대한] 바호펜의 영향은 부정할 수 없으며, 그 영향이 인류의 자연사를 써 내려가는 마조흐의 야심을 설명해 준다. 그러나 고유하게 마조히즘적인 것은 회귀적 판타지다. 그것에 의해 마조흐는 부권제 자체를 이용해서 여권제를 복원하고 여권제를 이용해서 원시 공산제를 복원하는 것을 꿈꾼다. 아니마를 발굴하는 사람은 부권제 구조를 자기에게 이로운 쪽으로 돌리고 탐욕스러운 어머니의 역량을 재발견할 수 있을 것이다. 『검은 러시아 황후』에서 마조흐는 서기 900년 [러시아 황제] 차르의 포로가 된 여인에 대해 이야기한다.10 그녀는 모피를 가진 곰을 사냥해서 노획물을 차지한다. 그녀는 아마존의 군대를 조직한다. 그녀는 러시아의 귀족들을 죽이고 흑인 여인들로 하여금 차르의 목을 자르게 한다. 공동체의 인간, "공산주의자"가 그녀의 행동의 먼 목표인 것으로 보인다.11 『사바타이 즈베그』 *Sabathai Zweg*에서 메시아는 그에게 몸을 허락하지 않는 여자와 세 번째 결혼을 한다. 술탄은 결혼이 완수되기를 원한다. 여자는 자기 남편

을 채찍질하고 그에게 가시면류관을 씌우고 결혼을 완수한다. 그리고 그에게 이렇게 말한다. "나는 너를 남자로 만들었다. 너는 이제 메시아가 아니다."[12] 마조흐에게는 언제나, 강력한 여성과 그녀의 복원이 방향을 바꾼 부권제의 구조에서 나오는 것처럼 진짜 남자는 복원된 여권제의 준엄함에서 나온다. 역진적 판타지에서 친족 관계, 부부 관계, 계약 관계 자체가 무시무시한 여성 혹은 탐욕스러운 어머니에게 유리한 쪽으로 옮겨간다.

따라서 마조히즘에서 아버지 이미지가 프로이트가 말하는 역할을 하는지는 매우 의심스럽다. 프로이트의 정신분석은 일반적으로 아버지의 팽창을 겪는다. 마조히즘의 특수한 경우에, 우리는 어떻게 아버지 이미지가 먼저 초자아 안에 내부화되었다가 여성 이미지를 통해 다시 밖으로 드러나는지 설명하기 위한 놀라운 향연을 목격한다.[13] 마치 프로이트의 해석이 종종 무의식의 가장 표면적이고 가장 개인화된 수준에만 도달한 것처럼 모든 것이 발생한다. 프로이트의 해석은, 어머니 이미지가 아버지의 영향력에 아무것도 빚지지 않고 자기 자신을 지배하는 깊은 차원에는 들어가지 않는다. 사디즘과 마조히즘의 통합도 마찬가지다. 아버지의 역할에 의지하기 때문에 그의 해석은 무의식의 맨 위층에 뿌려진다. 기원과 가치가 동등하지 않은, 여러 가지 다른 무의식의 층들이 존재하고, 그 층들은 본성이 다른 여러 가지 퇴행을 야기하고, 서로 대립·보상·재조직화 관계를 갖는다. 융에게 소중한 이 원리를 프로이트는 인정하지 않았다. 프로이트는 무의식을 단지 욕망한다는 단순한 사실로만 국한했기 때문이다. 혈연관계로 우리를 둘러싼 가장 심층의 무의식을 꼼짝 못 하게 하기 위해 의식이 무의식의 표층과 동맹을 맺는 일이 그렇게 일어난 것이다. 또한 무의식 안에 단지 외현으로만 현현되는 것들이 있다. 그렇지만 고유하게 객체에 관련된 무의식 너머에서 동일화라는 무의식의 실존을 발견했을 때 프로이트는 그것을 예감했다. 그런데 객체와의 관계의 관점에서 무의식을 지배하는 그러한 이미지가 더 깊은 심층부에서는 가치를 모두 잃거나 다른 것을 의미할 수 있다. 많은 신경증 환자들이 아버지에게 고착된 것처럼 보이지만, [실제로는] 표면적 무의식에 투자되지 않기 때문에 그만큼 더 강력한 어머니 이미지에 사로잡히고 그것에 짓눌린다. 일반적으로 지배적 인물은 도달하는 분석 층위에 따라 달라진다. 첫 번째 접근에서 피동적이고 쇠퇴한 심지어 평가 절하된 어머니 이미지를 드러내는 분석을 하는 사람을 경계하자. 마조히즘에서 아버지의 형상은 외견상의 침입을 드러낼 뿐, 단지 더 심원한 목적을 위한 수단, 모든 부계 규정이 어머니를 지지하는 것을 볼 수 있는 더 먼 퇴행의 한 단계일 공산이 크다.

우리는 묻는다. 마조히즘은 왜 계약을 지배하는 여성과의 관련 속으로 투사하는가? 더 근본적으로, 그렇게 해서 아버지 법의 적용이 여성 또는 어머니의 수중에 넘어갔기 때문이다. 이 양도로부터 마조히즘은, 법이 금지한다고 여겼던 바로 그 쾌락이 법에 의해 그에게 주어질 것으로 기대한다. 법이 여성에 의해 아주 엄격하게 마조히즘에 적용되는 순간, 아버지의 법이 금지하는 그 쾌락을 마조히즘은 법에 의해 맛볼 것이기 때문이다. 최초의 출현 뒤에서 마조히스트의 실제 특성이 발견된다. 사실 마조히스트의 극단적 복종은 아버지와 아버지의 법을 조롱거리로 만든다는 것을 의미한다. 라이크는 마조히즘의 본질을 규명하기 위해 형식적 특징에서 출발했기에 마조히즘에 관한 가장 훌륭한 책 중 하나를 썼다. 그는 다음 네 가지 형식적 특징을 구별했다. 첫째, 마조히즘의 실행에 필수 불가결한 예비행위로서 판타지의 근본적인 중요성. 둘째, 최종적 쾌락이 최대한 미뤄지고, 불안을 조정하거나 해소하는 기대로 대체되는 유예 요인. 셋째, 마조히즘 특유의 전도된 전시의 표현적 특성. 넷째, 마조히스트가 "다른 사람에게 자기를 강제하라고 강요하는" 도발 요인. 라이크가 계약을 고려하지 않은 것은 이상하다. 그럼에도 불구하고 위의 요인들에 대한 연구를 통해 라이크는 이미 마조히스트는 결코 자신의 소멸을 꿈꾸는 유약하고 순종적인 인격을 갖고 있지 않다는 결론에 이르렀다. 라이크에게 도전, 복수, 빈정거림, 사보타주, 조롱 등은 마조히즘을 구성하는 특성으로 보였다.[14] 마조히스트는 아버지의 법을 이용해서 그 법이 금지하는 바로 그 쾌락을 얻는다. 위장된 복종, 심지어 과장된 복종을 통해 법을 유용하는 수많은 예가 존재한다. 예컨대 아동의 흡연을 금지하는 법은 (그 법을 적용하기 어려운) 은밀한 장소에서는 무효로 될 수 있다. 하지만 그 아동은 그 법이 자신더러 다른 장소 말고 이 장소에서[만] 흡연하라고 명령함으로써 그 법이 발효된 것처럼 행동할 수 있다. 더 일반적으로, 법이 우리를 쾌락과 분리하는 작용을 해석하는 두 가지 방식이 있다. 먼저 법이 일률적으로 쾌락을 밀어내고 [멀리] 떼어놓기 때문에 우리는 법의 파괴를 통해서만 쾌락을 얻을 수 있다고 생각할 수 있다(사디즘). 또는 법이 쾌락을 독점하고 독차지했다고 생각할 수 있다. 따라서 법을 받아들임으로써, 법과 법의 결론에 충실하게 따름으로써 우리는 법이 우리에게 금지하는 쾌락을 맛볼 것이다. 마조히스트는 훨씬 더 멀리 나아간다. [마조히스트에게는] 처벌의 집행이 1순위가 되고 바로 그것이 우리를 금지된 쾌락으로 안내한다. "시간상의 전도는 내용의 전도를 가리킨다. … 너는 이걸 해서는 안 된다. … 처벌의 불합리성에 대한 증명은 금지된 쾌락에 대한 그 처벌이 정확히 [금지된] 바로 그 쾌락을 낳는다는 것을 보여줌으로써 얻어진다."[15] 상당한 수준의 처벌을 받는 조건으로 욕망을 실현하는 것을 나에게 금하는 바로 그 법이,

이제 처벌을 우선에 놓고 그에 상응하여 욕망을 만족시킬 것을 나에게 명하는 법이 된다. 바로 거기에 마조히즘 특유의 유머 형식이 있다.

라이크의 테제는 마조히즘을 처벌받으려는 욕망에 의해 설명할 생각을 버린다는 이점이 있다. 물론 처벌받으려는 욕망이 개입한다. 그러나 그 욕망의 만족을 마조히스트가 느끼는 성적 쾌락과 뒤섞을 수는 없다. 라이크에 따르면 마조히스트는 처벌 이후에만 쾌락을 느낄 수 있는 사람이다. 그 말은 그가 처벌 자체에서 (아마도 이차적) 쾌락을 얻는다는 말이 아니다. 그것은 단지 처벌이 일차적인 성적 쾌락에 필수 불가결한 조건 역할을 한다는 말일 뿐이다. 처벌받으려는 욕망은 마조히즘을 설명해 주기는커녕 오히려 마조히즘을 전제하며, 그 욕망 자체는 파생된 이익에만 의존한다.[16] 그렇지만 처벌이 왜 그리고 어떻게 조건의 역할을 하게 되었는지 설명하려고 시도할 때 라이크는 설득력이 떨어진다. 그는 처벌이 불안감을 해소하거나 억제하는 역동적 역할을 한다고 생각한다.[17] 그렇게 죄의식에 간접적으로 준거하는 것은 우리에게 별로 도움이 되지 않는다. 처벌받으려는 욕망 이론과의 실질적 차이가 무엇이건 간에 그 발상은 마조히즘의 "국소적" 특징을 고려하지 않는 기능적 설명을 제안한다. 그러나 우리는 계속 물어야 할 것이다. 처벌은 어떻게(어떤 국소적 상황에서) 불안감을 해소하는 이 기능을 수행하는가?

마조히즘의 처벌이 성적 쾌락의 조건이 되는 것은 그것이 불안감을 해소하기 때문이 아니라 아버지에 대해 저지른 잘못을 "벌하는" 책임을 어머니에게 돌리기 때문이다. 혹은 이렇게 말하는 게 더 낫다면 이 전이déplacement에 의해 처벌은 불안감을 실질적으로 해소한다. 라이크의 과오는 여전히 외관상의 아버지 이미지에만 매달리고 여성에의 투사 혹은 어머니로의 퇴행의 중요성을 평가하지 않은 것이다. 그 때문에 그는 마조히스트 조롱의 진짜 본성을 인식하지 못한다. 아버지가 조롱거리가 되는 것, 아버지의 법 자체가 회피되는 것은, 퇴행이 어머니를 향해 일어나고 아버지의 법의 적용이 상징적으로 여성의 수중에 넘겨진 것처럼 보인다는 점에서, [모두] 계약의 투사 덕분이다. 그러나 얼핏 보면 그런 전이에 짐을 덜어주는 것이 보이지 않는다. 탐욕스러운 어머니의 더 큰 관용에 일반적으로 의지할 이유가 전혀 없다. 그러나 우리는 고려해야 한다. 아버지의 법 그 자체로는 어머니와의 근친상간을 금지한다는 것을 고려해야 한다. 융이 보여준 것처럼, 근친상간은 제2의 탄생, 다시 말해 영웅적 탄생, 단성생식(어머니의 태내로 다시 들어가서 새롭게 태어나는 것 혹은 재탄생하는 것)을 의미한다.[18] 아버지가 근친상간을 금지하는 것은 [근친상간에 의해] 그가 여자[아내]를 빼앗길까 봐서가 아니라 그 없이 제2의 탄생이 일어나기 때문이다. 그런데 어머니가 근친상간을 금하거나 근친상간 욕망을 벌하는 동일한 이유를 갖고 있지 않은 것은 분명하다. 어머니의 법은 아들에게 아버지의 속성을 모두 버리라고 요구하지만, 그것을 근친상간의 조건이자 근친상간의 성공의 조건으로서 요구하는 것이다. 그런 까닭에 어머니는 단지 그녀의 이미지가 억압되는 한에서 탐욕스러운 것이 아니라 그 자체로, 자기 혼자서 그런 것이다. 어머니는 혼자 힘으로 아들이 남자로 다시 태어나게 하려고 아들에게 가혹한 시련을 부과한다. 아티스와 오시리스의 거세, 용-고래나 식인 물고기에게 삼켜짐, 뱀에 물림, 어머니 나무에 매달림 등 이 모든 어머니로의 회귀의 상징들은 새롭고 독립적인 남성성을 우리에게 부여할 재탄생을 얻기 위해 아버지로부터 물려받은 생식기 성을 희생할 필요성을 의미한다. 그렇기 때문에 헤라클레스는 옴팔레에 의해 여성화되고, 오시리스는 이시스와 그림자로서 성관계를 갖는 것이다. 근친상간은 언제나 전前생식기 성으로의 회귀로 간주된다. 어떤 점(거세)에서는 어머니의 법과 아버지의 법이 묘한 일치를 보인다. 그러나 아버지의 관점에서는 근친상간을 막는 위협이거나 근친상간을 제재하는 처벌인 것이 어머니의 관점에서는 반대로 근친상간을 가능케 하고 근친상간의 성공을 보장하는 조건이 된다.[19] 따라서 아버지의 법이 어떻게 시간상으로도 내용상으로도 전도되는지를 설명해 주는 것이 바로 어머니로의 퇴행이다.

이 일치에 의해서 마조히스트가 아버지의 법의 적용과 처벌의 집행을 어머니의 이미지에 투사할 때, 다음 두 가지 결과가 뒤따른다. 먼저 어머니의 법이, 아버지의 모든 무기를 자기에게 이롭게 만들기 때문에 강화되고 되살아난다. 그다음 아버지의 법이 우리에게 금지한다고 여겨지던 바로 그 쾌락을 우리에게 주는 결과를 낳기 때문에 웃음거리가 된다. 프로이트는 점점 더 심화되는 세 종류의 마조히즘을 구별했다.[20] 처벌받으려는 욕망에 대응하는 도덕적 마조히즘, 수동적 태도에, 심지어 전前생식기적 만족에 대응하는 여성적 마조히즘, 고통과 성적 쾌락의 연합에 대응하는 성감적 마조히즘. 그러나 마조히즘에서 처벌받으려는 욕망은 부권을 유용하려는 시도와 분리될 수 없고, 이 시도는 전前생식기적인 근친상간의 쾌락을 우리에게 주는 어머니로의 전이와 분리될 수 없으며, 이 쾌락 자체는 근친상간의 성공, 즉 재탄생의 조건으로서의 고통스러운 희생 혹은 시련과 분리될 수 없다. 마조히스트의 판타지는 아버지의 이미지에서 어머니의 이미지로, 그리고 어머니의 이미지에서 "공동체의 인간"으로 거슬러 올라간다. 그것은 또한 이중의 탄생을 상징하는 두 어머니의 주제를 포함한다.[21] 어머니의 이미지, 그 이미지로의 퇴행이 마조히즘을 구성하고 그것의 통일성을 이루는 것이다. 만약 이 기원적 이미지를 융의 방식으로 무의식의 심층들의 원형으로 해석한다면 그렇다. 마조히즘 문제가 유독 복잡했던 이유는, 일부 사람들이 [여성들이] 모성 이미지들을 외부에서 들여온 것일 수 있다는 점에 놀라면서, 여성들에게서 모성 이미지에 속하는 몇몇 특성을 취하기 시작했기 때문이다. 다른 곳에서처럼 거기서도 이미지를 복합적인 어떤 것으로 만들어서 그것의 주도적이고 포괄적인 능력을 제거했다.

프로이트가 일차적 마조히즘을 발견했을 때 그는 분석이 큰 진보를 이루게 했는데 그것은 그가 사디즘에서 마조히즘을 파생시킬 생각을 버렸기 때문이다. 역 파생이 더 설득력이 없는 것은 사실이다. 마조히스트와 사디스트는, 농담이 우리를 믿게 하는 바와 달리, 외부에서 서로 마주칠 기회가 없는 것처럼 동일 개체 안에서 회합할 기회도 없다. 더구나 프로이트가 죽음 본능에 의거해서 일차적 마조히즘에 대해 행한 설명은 여전히 그가 상징이나 이미지를 그 자체로는 믿지 않는다는 것을 보여주었다. 프로이트주의의 일반적 경향은, 이미지들을 한편으로 실제 사건들에 의거하고 다른 한편으로는 결코 자기 나름대로 "상징화하지 않는" 환원 불가능한 욕망 혹은 본능에 의거하는 복합적인 어떤 것으로 만들어 이미지들을 축출한다. 그래서 프로이트에 따르면 "성적인 것은 결코 상징이 아니며", 죽음 본능에서 문제가 되는 것은 실제 죽음이고 물질로의 회귀라는 환원 불가능한 본능이다. 하지만 프로이트는 본능의 유일한 본성이 퇴행에 있으며 본능들(예컨대 삶과 죽음) 사이의 유일한 차이가 퇴행의 한가운데에 있음을 인정했다.[22] 그는 기원적 이미지의 역할을 파악하지 못했다. 기원적 이미지는 그 이미지 자체 외의 다른 것에 의해서는 설명되지 않는다. 반대로 그것은 퇴행의 한가운데이자 동시에 사건 자체의 해석 원리다. 상징은 환원되지도 합성되지도 않는다. 반대로 그것은 욕망과 욕망의 대상의 합성을 위한 궁극적 규칙이다. 그것은 무의식의 환원 불가능한 유일한 사실을 형성한다. 무의식의 환원 불가능한 사실은 상징 그 자체이며, 상징화된 결론이 아니다. 사실 무의식에서는 모든 것이 상징이다. 성욕도 죽음도 그 밖의 다른 것도. 죽음은 상징적 죽음으로 이해되어야 하고, 물질로의 회귀는 상징적 죽음으로의 회귀로 이해되어야 한다. 본능은, 무의식의 여러 겹에서, 기원이 시작된 곳이라 여겨지는 이미지, 즉 기원의 이미지를 내적으로 지각하는 것일 뿐이다. 마조히즘은 모성 이미지 혹은 탐욕스러운 어머니에 대한 지각이며, 그 이미지 혹은 어머니를 그것이 있는 곳에서 지각하는 데 필요한 우회를 하고 그 길을 간다. 그 길을 잃지 않는 것이 중요하다. 언제나 신경증 혹은 장애의 진실이 그 자체로 존재한다. 치료의 문제는 상징을 용해해서 그것을 현실에 대한 정당한 평가로 대체하는 것이 아니라 반대로 상징 안의 초현실적인 것을 이용해서 우리 인격의 무시된 요소들에, 그것들에 필요한 전개를 주는 것이다. 모든 신경증에는 두 가지 면이 있다. 마조히즘에서 어머니로의 퇴행은 법에 짓눌린 우리 자신의 일부가 병리적으로 항의하는 것과 같다. 그러나 그것은 또한 우리가 재탄생에 대한 마조히즘적 환상에서 추측하는 것처럼, 바로 우리 자신의 일부가 보상적 혹은 규범적으로 진행하는 가능성을 나타내는 것이기도 하다. 다른 곳에서와 마찬가지로 여기에서 치료의 의무는, 환자의 장애 실태에 따라 "환자의 권리를 입증하는" 것, 다시 말해 신경증의 가능성을 인격 전체에 재통합함으로써 그 가능성을 현실화하는 것이다.[23]

로베르 제라르, 『중력과 자유』[1]

이 책의 관심은 이중적이다. 즉 과학적이고 철학적이다. 우주론의 혁신에 기여한 제라르는 1944년에 이미 중요한 가설을 제시한 바 있다(『인식의 다양한 길』[2]). 그리고 이번에 이 새로운 저작에서 그 가설을 명확히 하고 그 가설의 귀결들을 상술한다. 그 가설은 다음 두 가지 특징이 있다. (1) 은하계 사이의 획일적인 팽창의 원리와는 달리, 원자에도 적용 가능하고 천문학적 세계에도 적용 가능한, 일반화되고 가속화된 팽창이라는 관념. 일반화된 팽창은, 그것이 획일적이지 않은 이상 완벽하게 발견 가능하다는 것을 제라르는 보여준다. (2) 획일적인 직선 운동 혹은 원운동 모델과 달리, 관성의 법칙의 표현으로서 나선형 궤도라는 관념. 첫 번째 관념과 두 번째 관념의 연관은 명확하게 드러난다. 좌표계에 대하여 초(初)속도를 갖는 모든 물체는 로그 나선의 궤도를 그린다. "각각의 나선은 나선의 회전과 동시에, 다시 말해 [나선의] 전개에 따라 로그적으로 증가하는 시간 동안, 각 물체에 적합하게 이동한다."

제라르는 자신의 가설을 조수간만, 중력, 자기, 우주 광선, 빛, 은하 등의 문제에 적용한다. 모든 다원적 우주론은 두 가지 개념에 기초해서 밑그림이 그려진다. 경향이라는 개념과 반복이라는 개념이 그것이다. 경향은 열린 왼손 공간곡선의 일시적이고 유한한 임의의 호에서 나타나는, 진정한 나선의 이치로 등장한다. 철학자들은 연속적 변이를 강조하는 경향을 이렇게 정의하는 것에 놀라지 않을 것이다. 이런 마지막 개념에 새로운 도식을 부여하는 한이 있더라도 말이다. 제라르 가설이 철학에 주는 이점 : 제라르의 제목이 원자 세계에서의 자유를 성찰하는 것에 대해 염려하도록 했을 수 있다. 전혀 도움이 되지 않는 점 : "자유"라는 말은 엄격한 물리학적 의미로 사용되어, 완전한 직선이거나 닫힌 곡선 궤도가 아니라 열린 왼손 나선형 궤도인 물체에 적용된다.

반복의 원리, 더 정확히 말해 준*-반복의 원리는 경향의 원리의 필연적 귀결 같은 것이다. 모든 물질적 요소에는 동질적 전개가 있다. 운동 자체는 나선, 즉 일종의 회귀 또는 반복을 포함한다. "주기적으로 같은 수를 주면서, 같은 자오선을 통과할 때 다른 나선들을 발생시키면서." 이런 의미에서 제라르가 "카오스"로부터 접근하는 일시적인 반복을 구축하려고 애쓰는 부분이 눈에 띌 것이다(제라르의 카오스가 실제로 나선 형태들의 어떤 집합을 내포하는 것이 사실이다). 그러나 무엇보다도 책 전체에 걸쳐서 객체에 관한 심오한 이론이 전개되고 있는 것이 보일 것이다. 저자는 객체의 비대칭성을 강조한다 — 나선은 비대칭의 실증적 원인이고, 운동 중인 입자들에는 좌우가 있어 그에 따라 입자들은 다르게 작용한다. 저자는 또 객체의 **복합성**을 강조한다 — 모든 부분은 최초 분할의 기호 또는 증거로서 "반대-부분"을 갖는다. 저자는 또 객체의 일시성을 강조한다 — 객체가 보이는 유사성이나 객체가 수행하는 반복은 일시적이며, 객체의 형성과 파괴 사이의 중간 단계에서만 등장한다.

이것이 제라르의 책이 지닌 철학적 함축을 말해주는 것이다. 그러나 정확히 말해서 그 점에 관해 우리는 두 가지 서로 다른 길에 직면한다. 어쨌든 제라르는 아인슈타인에게도 여전히 나타나고 양자물리학에서도 나타나는 바와 같은 과도한 수학화의 야망에 강력하게 반대한다(양자물리학은 미립자의 운동 문제를 사유할 수 있었지만 미립자의 형성과 소멸의 문제는 사유할 수 없었다고 그는 말한다). 그런데 때로 제라르는 유명론을 채택한다. 특히 시간을 다룬 대단히 풍요로운 장에서 그렇다. 그 장에서 시간은 특히 언어에 의존함에 따라 달라지는 문법적 관례처럼 보인다. 우주론적 가설에 대해서는 저자는 그것을 대체로 "임의의" 가설로 제시한다. 게다가 그는 직선의 유명론적 편리성에 의거해 유클리드 기하학을 옹호하기도 한다. 반대로 때로 제라르는 어떤 자연주의로 기울어지는 것처럼 보인다. 그때 수학의 한계는 [외부 요인과 무관하게] 내재적으로 관례적인 성격보다 자연 그 자체의 질적이고 실증적 성격에서 더 발견된다. 그래서 객체의 비대칭, 나선의 공간적이고 개방적인 성격, 경향과 자유, 준-반복은 목적성을 배제하지만 그래도 여전히 자연 철학을 내포하면서 질적 내용을 담지한 개념들로 나타난다.

그 점에서도 제라르는 선구자일지 모른다. "유명론인가 자연주의인가"의 문제는 현대 물리학에서는 해결되지 않는다. 새로운 원리들에 의거해서 그 문제를 제기하고 깊이 파고드는 것은 우주론의 소관이다. 그러한 원리들이 제라르에 의해 준비되고 전개되었다. 저자의 다음 책이 이 고유한 과업을 추구하고 객체에 대한 전도유망한 이론을 성취하기를 기원한다.

교수자격시험 강의 : 흄의『자연종교에 관한 대화』[1]

참고문헌 :

— 포베르 판『자연종교에 관한 대화』(『인간 오성에 관한 탐구』에 실려 있는 다른 텍스트「기적에 관하여」와「특정한 섭리와 내세에 관하여」포함)[2]

— 포베르 판에 실려 있는 클레망 로세의 (특히『대화』에 등장하는 세 인물의 배역에 대한) 훌륭한 서문

— 앙드레 르로아의 책『데이비드 흄에게서 비판과 종교』(알칸) — 특히 흄 시대에 종교 문제의 상태에 관해.

『대화』의 중심은 질서와 계획 관념에 대한 비판, 고로 이른바 자연학적-목적론적 논변이다. 문제가 되는 것은 "자연종교"의 원리 자체다. 18세기에 나타난 그러한 비판의 독창성.

세 명의 등장인물 : 데미아는 엄격한 교리, 계시종교를 대표한다. 그는 다음 두 가지를 동시에 주장한다. 신의 본성은 불가해하다는 것과 신의 실존은 선험적 증명에 의해 필연적으로 정립된다는 것. 클레안테스는 근대적 인간, 즉 자연종교, 목적론적 논변, 실험적 이성의 인간이다. 필로는 흄의 대변인이지만 어떤 면에서는 대단히 복잡하다.『대화』는 철학에서 실재적인 "대화"의 유일한 예일 것이기 때문이다.

대화 상대들은 임시동맹을 맺는다(악에 관해서도 질서에 관해서도, 어쨌든 자연종교에 반대하는 데미아와 필로). 그리고 이 동맹이 깨진다(데미아의 분노, 자기가 "놀아났다"는 느낌, 필로의 음흉한 미소). 그리고 막판에 가서 기묘한 역전을 통한 화해가 이루어진다(데미아가 떠났을 때 필로와 클레안테스).

그래서 흄이 이 등장인물들 한 사람 한 사람 안에 자기 생각을 조금씩 집어넣었을 것이라는 해석이 빈번히 이루어졌지만, 그러한 해석은 『대화』의 독창성과 본질적인 점을 모두 무시하기 때문에, 즉 『대화』는 자연종교 관념에 전적으로 반反하는 쪽으로 가기 때문에 지지할 수 없는 해석이다 ─ 계시종교의 문제는 18세기의 비판에 의해 이미 결판난 것으로 간주된다(그래서 필로가 데미아와의 동맹에서 기쁨을 느끼는 것이다). 아홉 번째 대화 막판에 클레안테스가 데미아에게 하는 말 : "자넨 무척 늦게 깨닫는군? 데미아, 날 믿게. 자네 친구 필로는 처음부터 우리 둘 다 웃음거리로 만들기만 했어."

『대화』의 스타일과 진행[전개]의 아름다움.

◇

1부. 흄의 철학에서 종교 문제의 중요성 : 인식 이론 전체에서 흄은 인식의 근거로서 믿음을 발견한다. 인식의 근저에는 믿음이 있다. 인식하는 것은 믿는 것, 다시 말해 주어진 것으로부터 주어지지 않은 어떤 것을 추론하는 것이다("내일 태양이 뜰 것이다." 인과성 이론 전체를 참조할 것).

인식과 신앙 두 영역의 이질성을 내세울 수 없는 만큼 종교적 믿음의 문제는 더 긴급성을 띤다. 믿음이라는 개념이 보편화되고 세속화되었기 때문에 종교적 믿음이 근본적인 비판을 받을 수 있다. 모든 것은 믿음이기 때문에 실제로 문제는 어떤 조건에서 믿음이 합법적이며 진정한 인식을 형성하는지 아는 것이다.

　　회의주의 : 흄에 따른 근대적 회의주의의 의미는 이렇다. 우리의 능력에 대한 단순한 불신이 아니라 우리의 모든 인식의 근거로서의 믿음에 대한 비판적 검토. 그 때문에 흄은 두 가지 태도를 취할 수 있다. 하나는 아이러니한 태도이다. 그것에 따르면 회의주의는 위험하지 않고, 실천적으로 아무것도 변화시키지 않으며, 교조주의와 정도상으로만 다르다. 인식한다고 주장하는 교조주의는 믿을 뿐이고, 의심한다고 주장하는 회의주의자는 믿는 것을 소홀히 하지 않는다. 그 둘 사이의 모든 것은 믿음의 정도 문제다. 그리고 삶 자체(자연)로 인해 회의주의자는 [무언가를] 믿지 않을 수 없다. 그러나 흄의 마음속 더 깊은 태도는 회의주의의 독창성을 강조한다. 회의주의는 삶의 스타일이다. 회의주의는 우리의 모든 행동거지의 근저에서 믿음을 발견하고, 합법적인, 즉 삶과 조화를 이루는, 삶에 필요한 행동거지가 어떤 것인지 보여줄 수 있다.

　　2부. 목적론적(귀납적) 논변의 첫 번째 형상 : 기계-세계 유비로부터 지능을 가진 발명자-신 유비라는 결론이 도출된다. 이 논변은 자연종교의 기반이다.

　　그런데 우선 어떤 조건에서 믿음이 합법적인가?

　　『인간 본성에 관한 논고』는 인과성의 바른 사용과 결부된 네 가지 조건을 규정했다.

　　(1) 복수의 관찰된 유사한 사례의 필요성(유일한 사례의 배제)

(2) 이 사례들 간의 매우 엄격한 닮음의 필요성(막연한 은유의 배제)

(3) 일정한 연속성의 요청(막연한 환유, 가까운 것에서 먼 것의 추론, 부분에서 전체의 추론 등의 배제)

(4) 관찰되는 것과 추론되는 것 사이의 비율의 요청(탁월성의 배제 혹은 결과에 의해 추론할 수 있는 것 이상을 원인에 귀속시키는 것의 금지)

그런데 목적론적 논변은 우선 (2)에 모순되는데 왜냐하면 세계와 기계의 유사성, 우주와 집의 유사성은 아주 막연하기 때문이다. 그다음 목적론적 논변은 (3)에 모순되는데 왜냐하면 그것은 정신 안에 질서 원리의 자연적 실존을 내세우지만 그러한 정신적 조직화 원리는 우주의 한 영역에만 적용되고, 우주는 우리에게 다른 영역에서는 아주 다른 원리들의 예(식물적 조직화, 동물적 조직화⋯)를 제공하기 때문이다. 그리고 목적론적 논변은 1에 모순되는데 왜냐하면 우주는 물리학자가 연구하는 세계 또는 행성과 달리 정의상 그 유類에서 유일하고 그 종種에서 하나뿐인 존재이기 때문이다(『인간 오성에 관한 탐구』 11장 「특정한 섭리[와 내세]에 관하여」에서도 전개되는 논변) ─ 4가 남는데, 그것은 나중에 고려된다.

3부~8부. 목적론적 논변의 두 번째 형상: 그러한 난점들을 극복하기 위해서 클레안테스는 다른 방식의 논변을 전개한다. 즉 더는 원인-결과 관계에 근거하지 않고 기호-의미 관계에 근거하는 논변(세계 혹은 존재들과 책, 언어와의 유비: 중세 전체와 르네상스를 관통하는 주제)을 전개한다. 클레안테스는 기호들이 그 자체로 이전의 정식화에는 없었던 유사성의 보증자라고 생각한다.

그래서 비판은 다음과 같은 두 가지 차원에 따라 조직화된다.

(1) 추정된 의미에 대한 비판

a. 데미아는 이미 클레안테스에게 반대해서 경솔하게 의미의 이해 불가능성을 주장했다(3부). 그러나 필로는 다음을 덧붙인다. 정신적인 의미 혹은 질서 관념이 고유하게 물질적인 의미 혹은 질서 관념보다 이성에 더 명료하지도 않고, 경험에 더 잘 근거하지도 않는다. 왜냐하면 둘 다 똑같이 원인을 요구하고, 둘 다 똑같이 경험 속에서 발견되기 때문이다(생식, 식생의 물질적 조직화 참고). "미리 설계되지 않고 그 자체로 정돈된 관념 체계는,『관념 체계와』 같은 방식으로 질서에 이르는 물질적 체계보다 더 설명 가능하지 않다."(4부)

b. 의미를 단순한 실존 조건으로 환원하는 것 : 형태라는 물리학적 예, 수數라는 수학적 예(8부와 9부). 이는 의미는 결국 의미가 없는 요소들로 구성된다는 것을 뜻한다. 다음을 참조할 것. 에피쿠로스와 루크레티우스의 전통. 8부에서 흄의 설명은 가장 아름다운 부분에 속한다. 합목적성에 대한 근본적인 비판.

(2) 관찰된 기호들에 대한 비판

a. 기호 개념은 2부에서 고발된 난점에서 우리를 벗어나게 하지 못한다. 게다가 그것은 우리가 잠정적으로 내버려 두었던 네 번째 난점에 훨씬 더 큰 비중을 둔다. 세계 안에서 신의 완전성의 기호들이 원용되기 때문이다. 그러나 귀납적 추론의 관점에서는, 목적론적 논변처럼, 실제로 기호에 상응하는 것만큼의 완전성만 신에게 부여할 수 있다. 앞에서 보았듯이 이것은 인과성의 네 번째 규칙이다. 그 규칙은 「섭리에 관하여」에서 자세히 전개된다. "제욱시스의 그림만 보고 그가 조각가 혹은 건축가라는 것을 알 수 없었다. …" "우리는 결과를 산출하는데 꼭 필요한 것 이상의 질을 원인에 귀속시킬 수 없다. …"(만일 신이

선험적으로a priori 인식되고 증명된다면, 우리는 그로부터 미지의 결과들을 연역할 권리가 있을 것이다. 그러나 후험적으로a posteriori 신을 인식하려 하거나 기호들에 의해 신을 믿으려 하는 경우에, 그 기호들을 과장해서 그만큼 더 완벽한 신이라는 결론을 끌어낼 권리도, 완벽한 신을 상정한 다음 그로부터 보이지 않은 결과들 속의 기호들을 [결론으로] 끌어낼 권리도 없을 것이다.) 이 주제는 5부에 요약되어 있다.

b. 그렇다면 기호들 혹은 결과들의 실제 상태는 어떤가? 다양성, 다변성의 상태. 서투른 신을 가리키는, 젊음의 기호들이 있고, 말이 많고 "나이가 많은" 신성을 가리키는 늙음의 기호들이 있다. 남성적 기호들과 여성적 기호들이 있다. 그런 것들은 오히려 다신교에 유리할 것이다(5부). 게다가 네 종류의 기호 혹은 네 가지 유형의 질서가 있다. 이성 혹은 계획, 본능, 동물 생식, 식물 생식이 그것이다. 왜 동물이나 식물의 기호들보다 이성의 정신적 기호들에 특권을 부여하는가? 거미의 배ventre는 왜 안 되는가? "어떤 질서 체계가 두뇌에서만 직조되어야 하고 배ventre에서 만들어져서는 안 된다는 법이 있는가?" 이성 혹은 정신의 기호와 질서는 세계의 제한된 영역에서만 가치가 있는데 왜 그것에 특권을 부여하는가? 2부와 4부에서 개괄적으로 그려진 주제의 되풀이. 기계론을 제한하기 위해서 그리고 유심론[정신주의]과 그것의 동맹을 깨기 위해서 흄은 생기론과 박물학[자연주의]의 주제들을 매우 많이 원용한다. 그 동맹을 흄은 "자연종교"에 대한 비판에서 줄기차게 고발한다. 앞에서 보았듯이 우주론은 인과성 원리의 여러 가지 비합법적 사용을 내포하기 때문에, 모든 우주론은 공상적 성격을 지닌다. 그런데 엄밀히 말하면 합리적 우주론도 동식물 우주론 못지않게 공상적이다(6부와 7부).

◇

9부. 선험적인 증명의 불가능성 : 그것은 『대화』의 중심은 아니고, 오히려 그 책의 주요 부분인 첫 번째 사변적 합목적성에 관한 부분과 두 번째 실천적 합목적성에 관한 부분 사이의 휴지부이다. 흄은 선험적인 증명이 이전에 실효성이 있었다면, 이제는 모든 실효성을 잃었다고 간주한다. 선험적인 증명을 지지하는 것은 데미아인데, 이는 동일 인물이 [한편으로] 신의 실존을 선험적으로 인식할 가능성을 지지하면서 [다른 한편으로는] 신의 본성을 인식하는 것의 불가능성을 지지한다는 말이다. 선험적인 증명은 사변의 차원에서 계시종교의 상관물이다. (『대화』의 진짜 문제는 거기에 있지 않고, 자연종교와 그 상관물인 목적론적 논변에 대한 비판에 있다.)

데미아가 선험적인 증명으로 제시하는 것은 사실상 우주론적 논변과 존재론적 논변이 형성하는 앙상블이다. 그 앙상블은 라이프니츠의 『사물의 근원적 기원에 대하여』에서 정식화되었으며, 훗날 칸트는 어떻게 우주론적 논변이 존재론적 논변을 정확히 필요로 하는지를 보여준다. 흄의 비판은 이중적이다. 이 비판의 한 부분은 주로 존재론적 측면을 대상으로 하고 다른 측면은 우주론적 측면을 대상으로 한다.

a. 존재론적 측면 : 흄은 "우리는 우리가 실존하는 것으로 생각하는 것을 실존하지 않는 것으로도 생각할 수 있다"라는 규칙을 예외 없는 규칙으로 설정한다. 『인간 본성에 관한 논고』(「지식과 개연성에 관하여」)에서 흄은 더 명시적이다. 두 가지 관점에서 그의 비판은 매우 독창적이다.

(1) 두 개념 "실존의 시작"이란 개념과 "원인"이라는 개념의 분리 : 그래서 "실존하는 모든 것은 자기 밖이나 자기 안에 원인을 가져야 한

다"라는 양자택일은 오류다. 원인-실존의 끈을 미리 속단해야 하기 때문이다.

(2) 가능-실재, 실존-관념 구별은 우리의 주관적 능력들의 조직화와 관련된다. 관념을 갖는 것은 생각하는 것이다. 실재성을 긍정하는 것 혹은 실존을 상정하는 것은 믿는 것이다. 그런데 믿는 것은 언제나 인상을 갖는 것이고, 믿음은 인상의 생생함과 뒤섞인다. 나는 어떤 관념을 그 자체로 믿을 수 있을 것이다. 해당 관념[불의 실존이라는 관념]이 당시에, 자신의 생생함을 전달하는 다른 인상[연기에 대한 인상]과 관계하고 있기 때문이다(가령 연기를 보고 나는 보이지 않는 불의 실존을 믿는다. …). 여기서 문제는 다음과 같은 것이 된다. "내가 인상을 갖고 있지 않은 어떤 것의 실존을 믿는 것은 어떤 조건에서 합법적인가?" [내가 인상을 갖고 있지 않은] 그 어떤 것의 관념은 내가 인상을 갖고 있는 다른 것과 어떤 확정된 관계에 있어야 한다. 우리는 2부에서 진술된 조건으로 되돌아온다. 자체에 근거를 둔 필연적 실존이라는 관념은 어쨌든 무너진다. 흄은 칸트 이전에 최초로 가능한 것과 실재적인 것의 구별을 생각[관념을 갖는 것]과 믿음[실재성을 긍정하는 것]이라는 우리의 두 가지 능력 사이의 근본적 차이에 결부시킨 사람이다.

b. 우주론적 측면 : 무한정한indéfinie 계열을 (현실적으로) 무한한infini 집적으로 변형시키는 것은 불합리하다.

그러한 점에서 (1) 마치 동일한 관념의 두 측면이 문제인 것처럼 존재론적 논변 비판은 우주론적 논변 비판을 어느 정도 내포한다. 그리고 이 이중의 비판은 목적론적 논변 비판을 새로운 차원에서 되풀이할 뿐이다. (2) 그 점에서 흄은 칸트에게 큰 영향을 미쳤다.

◇

10부~11부. 이것은 『대화』의 두 번째 부분이다. 거기서 자연종교를 인식과 자연의 스펙터클이 아니라 마음의 질서와 인간 본성의 감정 위에 정초할 가능성이 검토된다. 따라서 그것은 이제 물리적 세계의 지적인 작가로서의 신의 문제가 아니라 인간 세계의 도덕적 작가로서의 신의 문제다. 그러므로 이 두 부분은 존재론적-우주론적 논증과 그에 대한 비판으로 대표되는 단절에 의해 분리된다. 첫 번째 부분만큼 중요한 두 번째 부분이 더 짧은 이유는 첫 번째 부분의 많은 논변이 되풀이될 수 있기 때문이다. 특히 악의 문제는 기호 비판에 포함될 것이고 그것에 새로운 깊이를 줄 것이다.

모든 것은 데미아-필로의 기묘한 동맹에서 시작되는데, 그 까닭은 마치 인간 조건의 비참함이 그 안에 선한 영향을 감추고 있거나 그것을 다른 생명을 위해 유보하고 있는, 신비로운 초월적 신의 기호인 것처럼, 데미아의 정신에서는 과격한 비관주의가 계시종교에 봉사하고 있기 때문이다. 그래서 필로의 도움으로 — 루크레티우스에게서 직접 영감을 받은 — 문학적으로 매우 아름다운, 악의 모든 면모를 그린 감탄할 만한 표가 작성된다. 그런데 필로의 의도가 데미아의 의도와 전혀 다르다는 것은 분명하다. 그리고 클레안테스는 그것을 잘 이해하고 데미아에게 그가 필로와 맺은 동맹의 위험을 알린다. 클레안테스로서도 자연종교의 기초로서 온건한 낙관주의가 필요하다. 왜냐하면 그는 기호가 실제로 허락하는 것 이상을 "시니피에"(신)에 부여할 수 없다는 것을 잘 알기 때문이다(우리가 3~8부에서 본 탁월성 비판 전체가 여기서 되풀이되고 상술된다). — 따라서 필로는 가면을 벗을 수 있다. 즉 클레안테스가 밑그림을 그린 탁월성 비판에 의해서 그가 계시종교를 버릴 수 있는 것처럼, 데미아의 비관주의에 의해서 그는 자연종교를 버릴 수 있다. 그리고 필로는 다음과 같은 네 가지 유명한 가설을 제시하고, 그중 마지막 네 번째 가설이 가장 그럴듯하다고 선언한다. 완벽하게 선한 신들이거나, 완벽하게 악한 신들이거나, 선한 신들과 악한 신들이거나, 선함도 악함도 없는 신들이거나….

왜 [하나의 신이 아니라] 여러 신인가? 이 물음에 대해서는 흄이 『대화』에서는 전개하지 않지만 다른 텍스트 『종교의 자연사』에서 전개한 주제에서 언급된다. 이 주제는 자연종교 관념에 가해진 최후의 일격과도 같다. (1) 종교의 최초 원천은 자연의 장관이 아니라 정념과 인간사의 다양성이다. (2) 따라서 마음의 질서와 인간의 조건은 이른바 자연종교가 아니라 변덕스럽고 잔인한 다신교를 정초한다. (3) 계시종교의 유일한 그러나 숨은caché 신(데미아의 신)은 아직 이 다신교의 성격을 지니고 있다. (4) 자연종교의 신은 확장되고 문명화된 사회들을 내포하며, 따라서 종교 감정의 진정한 변환을 내포하는데, 그때 이 변환은 자연에 대한 관조와 덕의 실행에 근거를 둔다….

12부 결론. 그런데 이 마지막 논점은 자연종교 관념에 그것의 모든 의미를 되돌려주지 않는가? 『대화』의 최종적 선회를 어떻게 설명할 것인가? 데미아가 떠나자 필로와 클레안테스는 서로 의견이 일치함을 선언하고 유신론과 자연종교의 위대함을 찬양한다. 『대화』의 대상이 되었던 모든 것(목적론적 논변 비판)이 잊히는가? 흄이 "역전"의 명수라는 사실에 주목하자. 「영혼의 불멸성에 관하여」와 「기적에 관하여」 참조.

그런데 자연종교에 "찬동"할 때 필로의 논증은 이중적이다.

(1) 모든 것은 정도 문제다. 모든 것은 믿음의 정도와 개연성의 정도 문제다. 그래서 유신론자와 무신론자, 교조주의자와 회의주의자 사이에는 정도의 차이만 있다. 사실상 목적론적 논변 비판은 전혀 잊히지

않는다. 그러나 자연종교에 대한 믿음은, 한층 더 정확한, 한층 더 수축된 우리의 믿음들이 기입되는 세계를 이루는 데 필요한 가장 느슨해진, 가장 확장된, 혹은 가장 팽창된 믿음의 정도와 같다. 그것은 믿음의 가장 일반적인 지평이다. 유비는 아무리 느슨해도 모든 믿음에 존재하는 과정을 표현한다. 기호는 아무리 모호해도 개연성들의 수렴을 표현한다….

그런데 이 정도 차이 관념이 바로 회의주의의 고유한 특성이라는 것은 잊히지 않을 것이다(1부 참조). 필로와 클레안테스 사이에는 정도 차이만 있다는 것, 그것이 필로의 생각이다. 혹은 결국 같은 말이지만 모든 것은 믿음의 문제라는 것은 근대 회의주의의 발견이다. 즉 믿음이라는 개념은 회의주의의 철학적 성취이고, 그것은 회의주의의 고유한 유머다. 따라서 정도 차이 아래는 본성상의 차이, 갈등, 모순이 있는 것처럼 보인다. 믿음의 유형들은 서로 매우 다르기 때문이다. 적어도 네 가지 유형을 구별해야 한다. a. 인과성 원리의 바른 사용에 따른, 합법적 믿음들(2부에서 이 바른 사용의 규칙들 참조). b. 교정되어야 하며 인과성 원리의 오용을 내포하는 비합법적 믿음들(『인간 본성에 관한 논고』에서 "비-철학적 확률"이라고 부르는 모든 것과 미신의 영역, 데미아의 계시종교 영역 전체가 여기에 포함된다.) c. 인과성의 오용을 내포하지만, 우리의 본성에 근거하고 합법적 믿음들 자체의 조직화에 필수 불가결하기 때문에 불가피하고 교정 불가능한 믿음들(『인간 본성에 관한 논고』에서 흄이 보여주는 것처럼, 합법적 믿음과 모순되지만 그것과 분리될 수 없는, 외부 세계의 동일성과 연속성에 대한 믿음 참조). d. 인과성 원리의 무한하게 느슨해진 사용을 내포하지만 생존에 필수적인 모든 믿음의 지평인 한계-믿음(이런 의미에서 자연종교가 구제된다).

(2) 따라서 첫 번째 논변은 자연에 대한 관조와 관련해서 정의되는 자연종교를 구제하는 데 있다. 그러나 이 관점에서 자연종교 비판은 잊히기는커녕 오히려 고스란히 보존되며, 자연종교는 회의주의의 테두리 내에서만, 회의주의의 불가피하면서 유머러스한 표현으로서 의미를 발견한다. (아이러니라는 말이 소크라테스의 변증법적 미덕으로 쓰인다는 의미에서 흄의 철학적 미덕인 유머.) 두 번째 논변은 다시 인간의 조건과 관련해서 정의되는 자연종교를 구제한다. 즉 다신교가 정념의 자연적 상관물이라면, 유신론은 문화 또는 도덕성의 상관물이다. (구별의 기준은 정념의 변덕과 대립하는 도덕적 감정의 일관성이다. 정념과 도덕성, 자연과 문화의 이 차이에 대해서는 내 책 『경험주의와 주체성』 2장과 3장을 훑어볼 것.) 요컨대 자연종교는 도덕이나 법을 정초하는 것이 아니라 반대로 그것들의 실천적 결정에 대응하는 사변적 믿음을 가장 일반적으로 표현한다.

『자연종교에 관한 대화』 전체의 정합성과 독창성.

사랑으로 쓴 인디언 이야기[1]

인디언에 대해 그렇게 자애롭고 정중하게 말한 사람은 거의 없었다. 피에르 클라스트르는 1963년부터 1964년까지 파라과이의 몇몇 과야키족Guayaki 집단과 함께 생활했고 그들의 연대기를 만든다. 연대기는 과야키족의 탄생부터 죽음까지의 개인사이자 파라과이인들이 살육한 사라져가는 사람들의 집단적 역사이기도 하다(영토 정복, 집단 학살, 아이 유괴). 여성들은 죽임을 당하거나 빼앗길 아이를 낳을 바에야 차라리 낙태를 선택한다. 이제 남아있는 과야키족은 얼마 되지 않는다. 훌륭한 문장가인 클라스트르는 마지막 생존자들이 하는 말과 행동을 자세히 이야기한다. 그리고 그의 문체는, 그것의 효과를 증대시키는 점점 강렬해지는 절제에 도달하며, 페이지가 넘어감에 따라 그 책을 걸작으로 만든다. 그와 같은 책의 아주 근본적이고 신비한 새로움은 어디서 오는 것인가?

눈에 띄는 어떤 과학적 도구도 없다. 그러나 민족학자인 클라스트르는 친족관계 다이어그램을 만들거나 신화를 분석하는 법을 알고 있다. 그런데 클라스트르가 보이는 민족학자의 모습은 오히려 희극적인 상황 속에 있는 것처럼 보인다. 예컨대 (빨리 뛰지 못하는 노파나 사탕을 원하는 아이들을 제외하고) 그가 던질 질문에 미리 진력이 나서 그를 피해 달아나는 정보원들[원주민]을 찾아다녀야 하는 상황. 클라스트르는 근본적인 지적 구조를 추출하는 것은 말할 것도 없고 과야키족 사회의 기능 집단을 규명할 계획조차 품지 않는다. 알프레드 메트로의 경고가 그의 뇌리를 떠나지 않았다. "원시사회를 연구할 수 있으려면 그 사회가 이미 어느 정도 부패해 있어야 한다." 그 사회가 고장 나거나 고장 나 있어야 하는 것이다. 클라스트르는 날 것 그대로의 현실과 관련해 언제나 바뀌게 될 지식의 이름으로도 말하지 않을 뿐 아니라, 불가능한 경험의 이름으로도 말하지 않는다. 그는 자신을 과야키족의 한 사람이라고 생각하지 않는다. 그리고 그의 책은 더는 르포르타주나 기행문이 아니다. 사실 그것은 애정과 유머, 그리고 현장에서 구성되는 기법을 가진, 새로운 민족지학이다.

클라스트르가 어떻게 일을 처리하는지 추상적으로 말해 보자. 그는 수단 방법 가리지 않고 부족 속으로 들어간다. 그리고 거기서 그는 자기 앞에 나타나는 최초의 결합 선을 따라간다. 과야키족 사람들은 어떤 존재들과 어떤 사물들을 결합시키는가? 클라스트르는 존재들 혹은 사물들이 갈라져서 뒤이어 다른 결합을 형성하는 지점까지 그 선을 따라간다. 예컨대, 최초의 선 "남자-사냥꾼-숲-활-죽은 짐승"이 있다. 이어서 여자-활의 분리가 있다(여자는 활을 만져서는 안 된다). 거기서부터 새로운 결합 "여자-바구니-야영 …"이 시작될 것이다. 다른 분리 "사냥꾼-생산물"(사냥꾼은 자신의 생산물, 즉 자기가 죽인 짐승을 먹어서는 안 된다). 거기서부터 다른 결합(사냥꾼 동맹-식량 섭취의 금지, 결혼 동맹-근친상간의 금지)이 발생한다.

그것을 그렇게 추상적으로 묘사하면 이 네트워크 체계의 역동적이고 전진적인 성격을 설명하지 못한다. 예컨대 여자-활이 분리되고 남자-바구니가 분리되는 지점에서 클라스트르는 활 대신 바구니를 든 과야키의 동성애자를 발견한다. 그리고 특히 과야키 집단의 삶은 결합과 이접의 단순한 정렬에서 표현되는 것이 아니라 한쪽이 다른 쪽에 수정, 보상, 새로운 창조를 초래하는 방식에서 표현된다. 다른 예를 보자. 클라스트르는 사람들이 그에게 감추려고 했던 것, 한 과야키 집단의 식인풍습을 뒤늦게 알게 된다. 그러나 그가 그 소식을 아는 순간 그것은 구체적 선에 기입된다. 식인풍습에서 죽은 신체와 살아있는 신체의 결합은 살아있는 사람들과 죽은 영혼들 사이의 상관적 이접을 확고히 하고 죽은 사람들과의 불길한 결합에 있는 위험한 것을 쫓기 위해 일어난다. (부수적으로 클라스트르는 식인풍습이 어떻게 이 과야키 집단에게 연중 행사표와 같은 것을 제공하는지 보여준다.) 그래서 신화와 의례는 실제 삶의 연결connexions에서 일시적 완화제의 역할 혹은 변신을 돕는 역할을 한다.

클라스트르의 목적은 지역 집단 이론이다. 다시 말해, 부분과 부분, 선분과 선분, 집단 사회 공간의 방사형rayonnante 구성이다. 그는 사전에 어떤 전체성을 예단하거나 가설적 재단을 하지 않는다. 실제로 그는 야생 유목민의 길을 따라간다. 그는 구조나 담론보다 야생의 사람들이 무엇을 하는지에 더 주의를 기울인다. 담론, 의례, 신화는 어떤 특권도 갖지 않으며, 그것들을 집단의 노동, 유희, 행동, 정념과 뒤얽히게 하는 연결과 이접에서 제자리를 찾는다. 의례가 한창일 때 한 소녀가 날랜 동작으로 용기 안에 깜부기불을 집어넣는다. "잠깐 방심하면 보지 못할 이 동작…." 감탄할 만한 그 책은 새로운 민족학의 마중물이다. 그것과 관련하여 "민족말살"이라는 용어가 온전한 의미를 띠게 되는 감성적이고 능동적이고 정치적인 민족학.

그 점에 관해서, 최근의 증언에 따르면 인디언 사냥꾼들이 마지막 "야생" 과야키족을 생포하기 위해 숲을 샅샅이 뒤지고 있다는 것을 상기할 필요가 있다. 그들 중 수십 명은 요 몇 달 사이, 그들이 갇혀있던 수용소에서 굶어 죽거나 병으로 죽었다. 살인자들은 파라과이 당국의 완벽한 보호를 받고 있다. 사업가들과 축산업자들에게는 "말끔히 청소된" 지역을 팔아넘기는 것이 문제다. 당국은 1972년 말이 되면 과야키족 문제는 더는 없을 것으로 추정하고 있다.

『안티 오이디푸스』에 관한 대담[1]

질 들뢰즈 · 펠릭스 과타리 / 레이몽 벨루

첫 번째 만남

벨루 『안티 오이디푸스』에 대한 언론 기사를 보면 놀랍게도 정신분석학자들이나 도메나흐 같은 "철학자들"의 글을 제외하고 대부분의 글이 이 책에 매우 호의적입니다. 책이 쓰인 사회 안에서 그 책은 어떤 기능을 하나요? 부가적인 안전밸브 기능을 하나요? 아니면 당신들의 용어로 말해 추가 공리 기능을 하나요?

들뢰즈 누가 먼저 할까요? 저는 우선 비평들 대부분이 호의적이라는 것에 별로 동의하지 않습니다. 이 비평들 안에서 두 종류의 글, 즉 전문가, 정신의학자, 정신분석가의 글과 비전문가, 기자들, 비평가들의 글을 구별해야 하기 때문이죠. 전문가들의 반응은 전혀 공격적으로 보이지 않지만 그렇다고 호의적으로 보이지도 않습니다. 그들은 왜 공격적이지 않을까요? 그건 분명 우리의 비위를 맞추기 위한 것도 책의 장점 때문도 아니고 전혀 다른 이유 때문입니다. 현재 조건에서 그들은 자신들이 수세에 몰려있음을 느끼고 있고 이런 유의 책에 방어적으로 대응할 수밖에 없는 것입니다. 그들은 우리가 말하는 것이 단지 우리의 책 속에만 있는 것이 아니고, 온갖 종류의 사람들이 때에 따라 절감하고 예감하고 표명했던 어떤 것임을 느끼고 있습니다. 정신분석을 받는 젊은 세대가 있습니다. 그들은 정신분석에 어느 정도 사로잡혀 있고, 계속 분석을 받으러 가고, 정신분석을 처방약과 습관, 일과 등으로 취급하면서도, 동시에 그게 효과가 없다고, 정신분석적 허풍이 있다고 느낍니다. 그들은 정신분석에 반反해서 사고할 수 있을 만큼 정신분석에 내성이 있지만, 정신분석에 반反해서 사고할 때도 여전히 정신분석의 용어로 사고합니다. 그런 상황이 우리 책과 완전히 무관한 일종의 뜬소문을 만들어냅니다. 우리 책이 정신분석에 대한 그런 항의와 접속된 것이지 그 역은 아닙니다. 정신분석가와 정신의학자들이 방어적 자세를 취하는 것은 그 때문입니다.

과타리 제가 한마디 덧붙여도 될까요? 얼마간 거리를 두고 보면 지금 표면화되는 위기는 지연된 위기입니다. 왜냐하면 특히 이런 위기 가운데에서 구조주의로 변모한, 프로이트의 재해석으로서의 라캉주의는 이미 정신분석의 어떤 파산을 봉합하는 방식, 그것을 은폐하는 방식이었기 때문입니다.

들뢰즈 봉합하는 방식, 즉 사물을 재배열하는 것, 정신분석이 그런 항의를 침묵시킬 수 있도록 라캉이 제시한 새로운 개념들을 공급하는 것 말입니다.

벨루 동의합니다. 그런데 저에게 인상적인 것은 정신분석과 직접적인 관계가 없는 비전문가 기자들이 열광적인 태도를 보이며, '이런 책을 기다렸다. … 사회 안에서 정신분석이 잘 먹히지 않는 것은 분명했다.' 등등의 말을 할 수 있었다는 점입니다.

과타리 당신이라면 어떻게 설명하겠습니까?

벨루 제 설명이요? 저는 사회의 어떤 계층에게 그 책이 일종의 밸브 역할을 하고 있는 게 아닌가 싶습니다.

과타리 왜 당신이 말한 사람들이 넌더리를 낼 거라고는 생각하지 않습니까? 정신분석가가 해석을 해 주지 않으면 그들은 펜을 만지는 것도 코를 후비는 것도 주머니에 손을 넣는 것도 할 수가 없습니다.

들뢰즈 수많은 사람들이 말실수의 권리, 실언의 권리를 요구하고 있습니다….

과타리 무의미를 향한 권리도요….

들뢰즈 이와 관련해 아주 좋은 예가 있습니다. 세 가지를 구별해야 할 겁니다. 방금 말한 전문가들, 그러니까 정신의학자들과 정신분석가들. 우호적일 수도 있고 적대적일 수도 있는 기자들의 글. 그리고 펠릭스와 나에게 가장 중요한 것은 우리가 받는 편지, 즉 정신분석가와 어영부영 5년에서 10년의 시간을 보내고, 정말 넌더리가 나서 '당신이 하는 말은 충분하지 않아요. 그건 해야 할 말의 4분의 1도 안 됩니다'라고 말하는 사람들의 편지입니다. 나에게 편지를 보낸 사람 중에 펠릭스가 방금 정신분석의 해석으로 인용한 것의 전형적인 예를 보여주는 사람이 있습니다. 그 사람이 정신분석가에게 히피족에 들어가서 인도로 떠나고 싶다고, 지옥에서 벗어나고 싶다고 말하자, 그 정신분석가는 곧바로 이렇게 대답합니다. "히피족은 거대한 페니스이지요.

당신도 잘 알다시피 그건 언제나 발기부전이라는 당신의 주제와 관련된 것입니다." 그 순간 분연히 일어나 가버리고 싶은 온갖 부류의 사람들이 있습니다. 그러나 그들은 그렇게 하지 않습니다. 강박관념에 사로잡혀 있기 때문이죠. 그 지점에서 펠릭스가 말한 것이 매우 중요합니다. 그들은 이미 정신분석에 반해서 사고하고 있지만, 여전히 정신분석의 인장을 간직하고 있습니다. 예를 들어보지요. 그들은 돈의 층위에서 정신분석을 비판할 것입니다. 이것은 매우 중요한 것이지만, 여전히 매우 불충분합니다. 정신분석은 그런 유의 비판을 수용할 준비가 완벽히 되어 있기 때문입니다. 혹은 그들은 부분 충동, 도착, 퇴행 등의 권리의 층위에서 정신분석을 비판할 것입니다. '복장 도착자나 동성애자가 되고자 하는 나의 욕망을 당신은 퇴행적이라고 설명한다. 좋다. 그럼 나는 퇴행의 권리를 요구하겠다.'

과타리 그들은 모든 무의미non-sens 현상에 대한 해석을 문제 삼지 않습니다.

들뢰즈 동성애자나 복장 도착자들이 전혀 퇴행적이지 않다는 것, 그 문제를 완전히 다르게 생각해야 한다는 것, 저는 우리 책이 불완전하게나마 그것을 조금 시작하고 있다고 생각합니다. 그렇기에 이 책은 그 자체로 가치가 있는 책이 아니라 일반적인 저항 운동과 접속하는 책입니다.

벨루 기사의 필자들에게 가치가 있는 것은 독자들에게도 똑같이 가치가 있고, 그 때문에 책은 제가 말한 안전밸브 역할을 할 수 있다는 거죠.

들뢰즈 그 문제를 저는 이렇게 이해합니다. '그것은 이미 복구된 récupéré 책인가 아닌가?' 그러나 그것은 잘못 제기된 문제로 보입니다. 제가 보기에 복구된다는 것은 어떤 조건에서 책과는 무관한 것 같습니다. 복구될 필요가 없는 책들이 있습니다. 그 책들은 즉각 기성의 회로 안에 들어가고, 그렇게 주어지기 때문이죠. 저는 '저자가 원하지 않으면 책은 복구되지 않는다'라고 생각하지 않습니다. 같은 방향으로 좀 유사한 다른 책이 나온다면 우리 책은 분명 복구될 겁니다. [반대로] 우리의 작업을 계속해서 펠릭스와 나 우리 둘이 『안티 오이디푸스』에 비해 완전히 새로운 어떤 것을 만들어낸다면 그렇지 않을 겁니다. 바로 그때 『안티 오이디푸스』는 복구 불가능해질 겁니다. 펠릭스와 내가 곧이어 하게 될 작업과 다른 사람들이 나름대로 하게 될 작업에 의해 그것은 본성상 완전히 극복될 것이기 때문입니다. 복구는 저자와 관련된 문제이지 책과 관련된 문제가 아닙니다. 펠릭스와 나는 그 점에 관해 별로 걱정하지 않습니다. 우리가 『안티 오이디푸스』의 여세를 몰아 계속 나아간다면 우리는 사전에 복구되고 말 겁니다. 그렇지 않고 만일 완전히 새로운 어떤 것이 나와서 "『안티 오이디푸스』 만세!"를 외치는 사람들을 포함해서 많은 사람들을 실망시킨다면….

벨루 그러니까 유행의 효과 같은….

들뢰즈 다른 사람들의 도움을 받아 최초로 이 효과를 깨뜨린다면, 바로 그때 우리는 복구 불가능해질 겁니다.

과타리 책-효과에 관련되는 것이 아니라 더 긴 시간 주기의 수준에 위치하는 다른 문제도 있습니다. 정신분석은 자본주의의 약물처럼 잘 작동하는 어떤 것입니다. 정신분석에 의해 사람들이 현실 세계, 정치 등등과 유리된다고 말하는 것만으로는 충분하지 않습니다. 요컨대 정신분석은 에너지의 감손이라는 의미에서 시간이 지나면서 약효가 줄어드는, 특정한 영역에서 약효를 발휘하는 [다른 약물과 다르지 않은] 평범한 약물입니다. 그러나 만일 『안티 오이디푸스』나 다른 운동을 계기로 욕망을 담당하는 다른 형식—상황과 그것의 정치적 함의에 더 접속된, 더욱 집단적인 형식—을 방출하는 현상이 일어난다면, 그리고 다른 분석 형식으로부터 개인의 이편과 저편 양방향으로 개인을 넘어서는 집단 분석이 발전한다면 어떻게 될까요? 리비도 투자를 포획할 저항이 나타나겠지요. 리비도 투자에 대한 분석은 사실상 길을 잃고 좌초할 겁니다. 그렇게 되면 당연히 정신분석도 타격을 입을 것입니다.

아니면 아무 일도 일어나지 않을 수도 있습니다. 그런 경우 모든 게 다 일시적인 여론 동향에 불과할 것이고, 분석가는 사태를 수습하기 위해 조종간을 바로잡고 앞이나 옆으로 걸음을 옮길 것입니다. 예컨대 파리의 영화관에서 졸작들만 상연된다고 칩시다. 영화가 졸작이어서 사람들이 영화를 보러 영화관에 가지 않을 거라고 말하는 것만으로는 충분하지 않습니다. 사람들의 흥미를 끄는 영화나 새로운 형태의 영상 활동이 있을지 어떨지가 문제입니다. 그것은 전투입니다. 갈 길이 멉니다. 책 한 권 냈다고 해서 할 일이 없는 게 아닙니다.

들뢰즈 우리는 이 책을 한 권의 책으로 체험하는 게 아닙니다. 그리고 이 책을 좋아하는 사람들도 그것을 책으로 체험하지 않습니다. 우리는 그것이 책이라고 생각하지 않습니다. 우리는 그것이 외부 집합 속의, "책"이라 불리는 한 요소라고 생각합니다. 책은 그것의 내부성에 의해서, 그 안에 포함된 지면들에 의해서 가치가 있는 것이 아닙니다. 책은 책 밖의 수많은 연결들과 관련해서 가치가 있는 것입니다.

벨루 나도 그렇게 그 책을 받아들였습니다. 내가 이 책에 대해 말하고 싶었던 게 바로 이런 이유 때문이었습니다. 내가 책으로서 좋아하는 책들이 있지만, 이 책은 달랐습니다. 이 책이 좋은 것은, 이 책이 일으키는 효과, 나에게 일으키는 효과 때문이었습니다.

들뢰즈 우리의 모든 호의적 독자들은 그것이 책으로서 가치가 있는 게 아님을 파악했습니다. 그것은 독자를 내부의 페이지로 돌려보낸 것이 아니라 외부의 정치적·정신의학적·정신분석적 상황으로 돌려보냈습니다. 바로 그때 펠릭스가 방금 말한 것처럼, 한편으로는―이게 가장 중요한 부분인데―'그러한 외부 상황이 어떻게 전개되는지 그리고 우리가 그 상황에서 어떤 역할을 할 수 있는지'가 문제입니다. 다른 한편으로는―비교적 사소한 부분으로―다음에 펠릭스와 내가 1권과 유사하지 않은 무엇을 하게 될지를 아는 문제입니다. 따라서 유출 밸브는 없습니다.

과타리 메시지는 없습니다.

들뢰즈 메시지도 없고, 밸브도 없고, 복구도 없습니다.

벨루 이 대담을 위한 두 축이 뚜렷이 드러나는 것 같습니다. 한 축은 내부 축으로 책 안에서 작동하는 개념들의 축이고, 다른 한 축은 외부 축으로 내가 책 바깥에서 제기하는 많은 구체적인 문제들입니다. 첫 번째 개념적 요소를 살펴보지요. 나는 절대적 실재로 가정된, 결핍 없는 욕망이라는 개념이 무엇을 포함하는지 궁금했습니다. 아이의 삶의 처음 몇 주부터 눈에 띄게 몇 가지 결핍 요소가 마련되는 것이 보이는데, 당신들이 그것을 작동시키는 방식은 가장 기본적인 수준에서조차 아이의 구성방식과 관련해 너무 큰 추상화 수준을 나타내는 것 아닌가요? 그것에 어떻게 대답하겠습니까?

과타리 그건 최악의 추상입니다. 무엇의 결핍이지요? 비타민인가요? 산소인가요? 그것은 정말 상상할 수 있는 가장 추상적인 개념입니다! 결핍-욕구, 결핍-본능?

벨루 젖가슴이나 수유기를 예로 들어보지요. 그것을 빼앗는 순간 [그것을 달라는] 요구가 생깁니다. 이 요구는 무엇인가요? 거기서 표현되는 것은 욕망인가요? 그것은 결핍으로 표현되는 건가요, 아닌가요? 그리고 그것은 거세 담론에 회부되지 않고 단지 이 결핍-욕망 관계에만 회부되는 것인지요?

들뢰즈 당신의 질문은 매우 중요합니다. 왜냐하면 필요한 경우 바보 역할을 하겠다고 말했으니까요. 그러나 여기에서 우리 셋은 다음과 같은 점에서 의견일치를 보았습니다. 그 문제는 단순해 보인다는 것, 그리고 우리가 그렇다고 대답한다면, 즉 '결핍이 있다. 어린아이는 젖가슴이 필요하다. 어린아이에게는 무언가가 결핍되어 있다'라고 대답한다면, 그들은 모든 것, 거세 그리고 신의 결핍까지도 우리에게 떠넘기게 되리라는 것입니다.

과타리 [레이몽] 당신의 질문은 한물간 구식입니다. [당신의 말은] 커뮤니케이션에서처럼 이미 어김없이 발신자로 구성된 개체, 수신자로 구성된 개체가 있고 둘 사이를 지나가는 무언가가 있다고 전제하기 때문입니다. 이 세 항에서 출발하는 순간 당신은 이미 완결된 논리를 갖추게 되는 것이지요. 발신하는 A극, 수신하는 B극, A에서 B로 전달하는 어떤 것 말입니다. 거기서 하나를 빼는 순간 셋 중 하나가 결핍됩니다. 그것은 피할 수 없습니다. 흐름과 절단의 체계, 욕망을 절단하고 회수하고 코드화하고 탈코드화하는, 그런 다음 이 세 극을 재구성할 수 있게 하는 체계로서 다양체 혹은 강도의 체계가 있습니다. 한쪽에 아이가 있고 다른 쪽에 엄마가 있고 그다음 젖가슴이 있는 게 아닙니다. 이 층위에 그런 것은 없습니다.

들뢰즈 욕망은 결핍이 아니라 생산이라고 했을 때 우리가 말하려고 한 것은 분명 욕망이 자신의 대상을 생산한다는 것이 아니었습니다. 우리가 말하려고 한 것은 갓난아기의 허기가 젖을 생산하고, 젖을 생산하기에 충분하다는 것이 아니었습니다. 욕망이 자신의 대상을 생산하지 않는다는 것은 누구나 다 아는 것입니다. 우리가 말하는 것은 욕망의 대상 / 독특한 인격 / 욕망하는 주체의 분할은 이미 사회적 장에서 유래할 수 있고 자연에서도 유래할 수 있는 절단을 내포한다는 것입니다. 그것은 유동하는 흐름fluxes을 바탕으로 한 절단이고, 욕망은 기본적으로 아무것도 결핍되어 있지 않은 그러한 흐름의 유동입니다. 그러나 두 개의 흐름은 대면하지 않습니다. 예컨대 송아지의 허기의 흐름과 암소의 젖의 흐름은 대면하지 않습니다 — 만일 송아지가 자기 어미 소를 잃었다면, 우리는 다른 사람들과 마찬가지로 그 사실을 알게 됩니다. 그러나 우리가 말하려는 것은 혐오 현상과 유사한 욕

망도 그 본질에 있어서는 흐름의 마주침이거나 엇갈림non-rencontres이
라는 것입니다. 흐름은 서로 마주쳐서 [서로 밀어내는] 반발 효과를 일
으킬 수도 있고 아니면 서로 마주치지 않고 어긋나서 하나의 주체에 의
해―흐름 자체에 의해서가 아니라―결핍으로 느껴지는 효과를 일으킬
수도 있기 때문입니다. 이것은 자명한 것입니다. 결핍이 있다는 것을
우리는 잘 압니다. 심지어 사회가 어떤 곳에는 결핍을, 다른 어떤 곳에
는 과잉을 분배하기 위해 조직된다는 것도 압니다. 우리가 말하는 것
은 결핍이 없다는 것이 아닙니다. 우리가 말하는 것은 결핍 현상은 욕
망이 아니라는 것입니다.

벨루 알겠습니다. 거기서부터 동일한 문제가 두 번째 층위에서 제
기될 수 있습니다. 욕망이 너무 유동적이고 초인격적이며 파악 불가능
한 절대적 실재로 가정되어, 충만하면 할수록 그만큼 더 접근하기 어
려운 한에서 고전적인 정신분석의 결핍보다 훨씬 더 많은 것이 결핍되
어 있다면 그런 욕망이 무슨 의미가 있을까요?

들뢰즈 전혀 그렇지 않습니다! 당신은 마치 흐름이 지각 불가능한
것처럼 말하고 있습니다. 그러나 전혀 그렇지 않습니다! 흐름은 어떤
식으로든 유동하기 때문이지요. 그래서 결핍에 대한 당신의 생각을
뒷받침하기 위해 암소와 송아지보다 더 비장한 예를 들어보겠습니다.
[간척으로 인해] 물이 빠져서 동물들이 물을 구하지 못해 도피하기 시
작하는 조건을 생각해보지요. 여기에는 건조함의 흐름, 도피하는 동
물들의 흐름이 있습니다. 먼 곳에 물의 흐름이 있고, 찾기가 있고 등
등. 건조함의 흐름은 동물들의 흐름과 마찬가지로 절대적으로 충만한
어떤 것입니다. 거기에는 아무것도 결핍된 것이 없습니다. 그것은 그

자체로 실존합니다. 그것은 실재라고 불립니다. 어쨌든 우리는 흐름 안에 있습니다. 우리는 객체들에 직면한 개인들이 아닙니다. 흐름이라는 관념은 개념이 아닙니다. 무언가 흐르는 것 — 젖, 오줌, 정액, 돈 — 을 보기만 하면 됩니다. 이게 실재입니다. 그것이 아무것도 변화시키지 않는다고 말해서는 안 됩니다. 반대로 우리는 이렇게 말합니다. 삶이란 바로 그런 거라고, 사람들이 바로 그것과 함께 살아가는 거라고 말이 지요. 그래서 그들이 그것을 모르고 죽는다면, 다시 말해 그들이 그들과 가장 반대되는 흐름에, 그들을 정신적으로 고갈시키는 흐름에 접속되어 있다면, 그것은 흐름 이야기가 아무것도 변화시키지 않아서가 아닙니다. 그것은 그들이 거의 흐름의 경험 속에 살지 않아서 전혀 아무것도 이해하지 못하기 때문입니다. 그들은 대상을 찾고, 자신을 개인으로 생각하고 등등. 그들에게 '당신은 작은 흐름이다. 그다음은 당신이 알아서 하시오'라고 말하는 것은 내가 보기에 전혀 추상적인 언급이 아닙니다. 그것은 이미 매우 해방적입니다. 우리 자신을 다른 흐름들을 찾는 하나의 흐름으로 체험한다면 그것은 결핍이 아닙니다.

과타리 분명 모든 게 다 같은 것은 아닙니다. 만약 하나의 흐름에서 다른 흐름으로의 이행 안에서 하나의 흐름에서 다른 흐름으로의 기계적 변화라는 이행이 그렇게 거기에 존재하게 하는 이러한 지지支持 이론théorie de l'étayage에 따라 실존이라는 동일한 일반 범주를 유지하고 그것에 변증법을 더하게 된다면, 결핍을 도입하게 됩니다. 다른 관점은, 접속되고 분리되고 부가된 이 모든 흐름들에는 어떤 탈영토화된 흐름들이 있다고 말하기도 합니다. 그것은 흐름들이 그들 사이에 결핍 현상을 만들어 내는 게 아니라, 욕망을 하나의 흐름에서 다른 흐름으로 향하게 할 간극들을 만들어 낸다는 것을 뜻합니다. 그것이 바로 흐름들의 코드화를 구성하게 됩니다. 달리 말하면 어떤 존재를 하나의 흐름 선에서 다른 흐름 선으로 향하게 하는 운동은, 결핍된 것으로 느껴지며 그 존재를 대체 흐름으로 향하게 하는 어떤 것의 결과가 아닙니다. 예컨대 실존적 분리에서의 결핍 때문에, 탄생 시의 미성숙 때문에 사랑의 흐름이 탈영토화된 연쇄의 요소들을 작동시키는 사교, 접촉, 파롤, 소리, 온정 등의 흐름들로 향해 가는 것이 아닙니다.

벨루 이 모든 접속, 이 모든 마주침은 매우 아름답군요. 그러나 어떤 주체가 흐름에 대한 만족의 경험이라는 문제를 제기할 때, 그에게 적합한 흐름이 없다면 자동적으로 결핍 문제가 재도입되는 것 같습니다.

들뢰즈 그것에 대한 나의 대답은, 만족이나 향유 같은 개념은 결핍으로 가정된 욕망과 관련하여 주조된 개념들이라는 것입니다. 흐름에 대해 말하는 것은 어떤 개념을 다른 개념으로 대체하는 것이 아닙니다. 그것은 욕망을 체험하는 다른 방식입니다. 누군가가 그가 말하는 바와 같은 자기에게 "결핍되어 있는" 어떤 객체, 어떤 개인을 찾으려 애쓰다 그것을 발견하지 못할 때, 거기에는 불만족, 결핍, 실망, 기타 원하는 모든 것이 있습니다. 그러나 개인이나 객체가 아니라 흐름이 지나갈 때 그것은 전혀 다른 삶의 방식이라고 할 수 있습니다. 바로 그때, 적합한 흐름을 만나지 못하더라도 그것은 전혀 결핍의 형태로 체험되지 않는다고 나는 생각합니다. 펠릭스가 전적으로 옳습니다. 우리는 다른 흐름에서 출발해서, 흐름의 형태로, 더는 결핍이 아닌 자신만의 탈주의 흐름, 자신만의 찾기의 흐름을 체험합니다. 예컨대 어떤 동물이 10킬로미터 떨어진 곳에 있는 물을 느낄 때, 그 동물에게 물이 결핍되었다고 말할 수 없습니다. 그 동물은 어떤 종류의 흐름에 사로 잡혀 물 쪽으로 향하도록 이끌린다고 말해야 합니다. 그 동물이 그를 이끄는 이 습기의 흐름을 느끼지 못하며, 이제 그 동물과 그의 흐름, 그리고 건조함의 흐름만 있다고 가정해 봅시다. 명백히 드라마가 연출됩니다. 아무도 드라마가 연출되지 않는다고 말할 수 없습니다. … 흐름의 관점에서 사유하고 살아가는 사람이 느끼는 것은 영토의 운동, 탈영토화의 운동이지 결핍 현상이 아니라고 나는 생각합니다. 그래서 흐름에서 중요한 것은 어느 개인, 어느 객체, 어느 자아가 전혀 아닙니다. 이 모든 개념을 아무리 정제해도 소용없습니다. 주체는 자아와 같은 것이 아니라고 말한다고 해도 우리는 신경 쓰지 않습니다. 중요한 것은 흐름의 이행입니다. 모든 흐름에는 그것을 이행시키는 어떤 것, 물의 흐름처럼 장애물이 있을 때 그것의 방향을 다른 데로 돌리는 어떤 것이 동반됩니다. 그러나 주체는 흐름 앞에 있는 누군가가 아닙니다. 주체 자체가 흐름의 집합체입니다. 우리가 어떤 방식으로 산다면, 그렇게 사는 것을 배우는 것 자체로 우리가 가진 욕망의 의식과 무의식 전체가 변합니다.

과타리 그렇지만 나는 이 물의 흐름과의 비교에 주의해야 할 점이 있다고 생각합니다. 탈영토화된 흐름들—그것들은 모두 서로에 대해 탈영토화된 흐름들입니다—중에서 어떤 것, 예컨대 추상량의 흐름들, 자본의 흐름들에는 분명 무언가가 상실되고 있기 때문입니다. 어느 순간, 어딘가에 달러의 흐름이 있고, 그 흐름에는 영토와 노동력이 결핍되어 있습니다. 가장 탈영토화된 흐름은 생산하는 개체들의 구성을 자기 쪽으로 끌어당깁니다. 그것은 어딘가에서 재영토화되려고 합니다. 결국 흐름들의 미분 체계에는 언제나 욕망하는 벡터의 구성이 있게 마련입니다.

벨루 알겠습니다. 그러나 나는 대답이 없었던 것 같다는 느낌을 떨칠 수가 없습니다. 우리는 대답조차 할 수 없을 정도로 절대적 실재를 향해 있습니다. 행여 반박할 수 있는 것이 있다면 다음과 같은 것뿐입니다. 그 모든 것은 옳건 그르건 간에 사람들의 머릿속에 있는 것, 예컨대 내 머릿속에 있는 것과 관련하여 그러한 유토피아를 나타낸다는 것, 자기 자신도 일련의 흐름이면서 지나가는 흐름과 그때그때 합체하는 능력이라는 그 아이디어, 그것은 주체의 단계에서는 느껴질 수 없다는 것입니다. 우리는 불행하게도 여전히 자주 그 상태에 머물러 있으니까 말이지요.

과타리 …그리고 꽤 오랫동안…

벨루 …그리고 꽤 오랫동안, 가장 큰 결핍으로서. 책을 읽으면서 나는 '정말로 실재가 그렇다면 나에게는 그것이 결핍되어 있다!'라고 생각한다는 느낌이 아주 강하게 들었습니다.

들뢰즈 당신의 지적은 옳지 않습니다. 흐름의 형태로 사는 사람들이 많으니까요. 그들은 심지어 작가도 아닙니다. 사람들은 종종 작가를 예로 든다고 우리를 비난했지만, 그런 이유로 우리를 비난한 것은 정말 바보 같은 짓입니다. 로런스 같은 사람은 단지 작가로서만 그런 방식으로 산 게 아닙니다. 그는 태양을 사랑하는 괴짜, 결핵 환자, 여성을 사랑하는 매우 현실적인 남자 등등의 방식으로 살았습니다. 그는 흐름의 형태로 살았습니다. 그런 형태로 살며 실제로 그런 말을 하는 사람들이 많이 있고 점점 더 많아지고 있습니다. 그들은 그런 말을 할 필요조차 없습니다. 그들의 머리에 '주체? 자아? 알 게 뭐야, 난 상관없어'라고 쓰여 있습니다. 나는 그것이 유토피아라거나 주체가 오래 갈 거라고 말해야 한다고 생각하지 않습니다 — 젊은 관리자들에게는 오래가겠지만 그리 오래가지는 않을 것입니다.

과타리 블룸Bloom을 예로 들어보지요. 작가들은 다른 사람들이 표현할 수 없는 것을 말할 수 있기 때문에 흥미롭습니다. 블룸의 하루와 어딘가에서 일하는 사내의 하루 사이에는 어떤 차이가 있을까요? 사람들이 정체성을 지니고 있고, 아버지, 어머니 등등 그들의 전문적 역할에 잘 붙어 있다고 생각하는 것은 정말이지 터무니없는 착각입니다. 그들은 완전히 길을 잃고 고통스러워합니다. 그들은 흘러 다닙니다. 그들은 TV를 보며 욕을 하고, 궁지에 몰린 것처럼 보이고, 무리 안에 끼어 있는 것처럼 보이지만, 그들을 관통하는 일군의 강도 체계들에 대해 인접해 있습니다. 어떤 영역에서 자신의 정체성을 유지하는 체격 좋은 사람들이 있다고 믿기 위해서는 정말로 완전히 합리주의적인 지적 시각을 가져야 합니다. 이런 시각은 허풍에 불과합니다. 인간은 모두 유랑자, 노마드입니다. 이 유랑이 염소처럼 말뚝 주위를 맴도는 것인지, 아니면 욕망하는, 탈영토화하는 탈주 지점들과 관련하여 자기 위치를 탐지하는 욕망하는 유랑인지 아는 게 문제입니다.

벨루 베케트의 소설의 이상적이고 현실적인 공간에 그러한 배회와 유랑이 있다는 것, 미쇼의 단편 여기저기에서도 그것이 발견된다는 것, 더블린에서의 블룸의 하루는 그런 유목생활이라는 것을 인정합니다. 하지만…

과타리 또 바보 같은 말을 하려고 하는군요! 문장을 끝맺으세요. 바보 같은 말을 할 거면 어서 해보세요. 이런 것들이 모두 문학이란 말인가요?

벨루 맞아요. 바보 같은 생각을 말해 보려고요.

과타리 그러나 중요한 것은 바로 그것이 문학이 아니라는 것입니다.

들뢰즈 대단하네요. 문학 작품만 인용한다고 하면서 사람들이 우리에게 가한 비판과 일치하니까 말이에요. 로런스, 아르토 등이 문학이 아니라는 것을 사람들이 이해하지 못한다면…

과타리 플로베르의 『감정 교육』은 문학이 아닙니다.

벨루 『감정 교육』이 결핍에 의거해서 멋지게 지어진 가장 강렬한 소설이 아니라면 나는 총살을 당해도 좋습니다! 그의 소설의 처음부터 끝까지 어떤 여자를 그리워하는 사내, 그리고 마지막에 가서 그녀를 그리워하는 자의 결핍을 느낀 나머지 결국 자신의 의자를 프레데릭의 의자라고 부르게 되는 여자…

과타리 그래요. 하지만 전혀 그렇지 않습니다. 그에게는 결핍된 것이 아무것도 없다는 것을 보여주니까요.

벨루 하지만 [그건] 그저 말장난에 지나지 않는 것 같습니다.

들뢰즈 다시 말하지만, 결핍이 없다는 말이 아닙니다. 결핍 현상은 욕망과 아무 관련이 없다는 말이지요. 지금까지 모든 사람이, 플라톤부터 라캉까지 모두 다 이렇게 말했습니다. '욕망이라는 것은 매우 복잡하다. … 그건 결핍과 만족의 문제다.'라고 말이에요. 그래서 플라톤부터 라캉까지, 우리는 예배를 드리지요.

벨루 상당수의 사람들에게 당신들이 말하는 것처럼 일이 일어나는 것은 확실합니다. 그건 사실이지만…

들뢰즈 자본을 포함해서 그 점이 우리가 훨씬 더 강조하는 것입니다. 자본은 흐르고 탈주합니다. … 우리는 단지 혁명가의 이름으로만 그렇게 말하는 것이 아닙니다. 굳이 그렇게 하지는 않으렵니다. 자본가의 이름으로도 딱 들어맞습니다. 자본가는 사람이 아니라 흐름이며, 탈주입니다.

벨루 좋습니다. 그런데 당신 주변 사람들과 함께 살 때 그런 일이 당신에게도 일어나겠지요. 나는 사람들이 계속해서 많은 문제를 지니고 살아간다는 인상을 강하게 받습니다.

과타리 누가 다른 말을 하겠어요? 그러나 그들은 욕망의 장에 있지 않습니다.

벨루 내가 알고 싶은 것은 바로, 왜 그것이 욕망이라고 불리는가 하는 거예요.

과타리 간단히 말해, 욕망의 장 속에 있으면서 가족, 부부, 또는 다른 상황 속에 있는 사람을 본 적이 있나요? 모든 것은 정확히 반대로 조직됩니다. 그것이 항상 흐른다는 말이 아닙니다. 그것이 흐르지 않을 때 어쨌든 당신은 욕망의 장에 있지 않다는 말입니다. 그것에 균열이 일어날 때 무언가 일이 일어나고 욕망이 접속합니다.

들뢰즈 다시 말하지만, 왜 우리는 당신이 말한, 그런 형태로 살지 않는 사람들을 점점 보고 싶지 않을까요? 왜 우리는 더는 그들과 함께 살 수 없을까요? 단절과 균열은 왜 일어날까요?

벨루 나는 그것이 다음과 같이 말하는 일종의 마술적 조작에서 나온다고 생각합니다. '규정된, 통일된 개체들과 함께 사는 것에 넌더리가 난다. 전혀 다른 것이 존재한다. 그것은 흐름, 더 많은 흐름이다. 모든 흐름들, 우리는 그것을 욕망이라고 부른다. 전에 우리가 그것으로 살았던 모든 것은, 이제 지긋지긋하기 때문에, 욕망이 아니다.'

과타리 무엇을 선호하건 그것을 결핍이라고 부르거나 흐름이라고 부르는 것이 선험적으로는 추상적이거나 어리석은 짓이라는 점을 최소한 당신은 인정할 수 있을 겁니다. 그래도 차이는 있습니다. 그것을 결핍이라고 부를 때, 당신은 그것을 결핍으로 규정하는 전체 맥락, 고정된 준거와 관련하여 그것의 위치를 정합니다. 반면에 그것을 흐름으로 정의할 경우에 당신은 맥락도 지시대상도 갖지 않습니다. 따라서 그것은 두 가지 개체가 아니라, 두 가지 정치, 두 가지 철학입니다. 당신은 재중심화를 향해, 좌표계를 향해, 같은 것에서 같은 것으로, 동일한 것, 비슷한 것, 유사한 것, 부엌세간으로 갑니다. 아니면 다른 정치로 갑니다. 우리는 두 가지 욕망의 정치가 있다고 말합니다. 파시즘적, 편집증적, 자본주의적, 부르주아적, 재영토화하는 정치, 즉 좌표화하고 통괄 조정하고 영토화하는 정치가 있고, 무언가가 삐걱거리고 탈주하는 순간 그것에 투자하는 다른 정치가 있습니다. 우리는 거기에서 출발할 수 있습니다.

벨루 아무렴요.

과타리 그것을 전제로 이렇게 말할 수 있습니다. 근본적인 것, 욕망하는 에너지, 역사 속에, 시간 속에 새겨지는 것, 실재적 욕망의 현상학으로 돌아가는 것은 편집증적 욕망 쪽에 있는 것이 아니라 그것이 탈주하는 쪽에 있습니다. 그리고 거기에서 이행이 일어납니다. 그것은 어떤 경우에는 버팀목을 세우고, 사람, 역할, 기능을 분쇄하는 문제이며, 다른 경우에는 기계적 과정에 접근하는 문제입니다. 이 과정에서 이행은 탈영토화의 측면에서 발생합니다. 이곳은 흐름 내부에서 흐름이 일어나는 장소입니다. 무엇보다도 두 가지 정치의 현상학적 탐지가 일어나고 하나에서 다른 하나로의 이행이 발생합니다.

벨루 여기에서 나에게 인상적인 것은 "정치"라는 말이 표현하고 있는, 그것의 결단의 측면입니다. 다시 말해, 두 가지 정치, 두 가지 옵션이 있다는 것이지요.

들뢰즈 그러나 그 선택은 무의식 자체의 선택입니다. 그것은 결단에 의한 선택이 아닙니다. 그것은 사람들이 넌더리가 날 때 하는 선택입니다. 다시 우리 책 이야기로 돌아가 보지요. 우리는 독자들을 찾으려 애쓰지 않습니다. 우리는 정신분석에 매우 만족하는 사람들을 회유하려고 하지 않습니다. 우리는 그들에게 이렇게 말합니다. '가 봐요, 가 봐, 어린 양. 당신의 분석가한테 가 보세요. 아주 좋아요. 그게 당신에게 안성맞춤이에요.' 우리는 누구도 미혹하고 싶지 않습니다. 그러나 우리는 넌더리가 난 사람들, 소년, 소녀들과 막연한 소통을 하고 있는 것 같습니다. 그래서 만일 당신이 '나는 자아나 주체에 넌더리가 나지 않았다'라고 말하면, 그렇다면 우리는 당신에게 작별을 고할 것입니다. '잘 가요, 벨루….'

과타리 감금된 주체와 함께, 갈망하는 존재와 함께…

들뢰즈 분명 그러한 것을 찬양하는 매우 아름다운 책들이 있습니다. 우리는 다른 책을 대신하기를 바라지 않습니다. 우리가 바라는 것은 전혀 다른 것입니다. 대화를 통해 우리는 같은 것을 반복하고 있습니다. 펠릭스와 나는 동맹군을 찾고 있습니다. 거의 비밀스러운 구인 광고를 내듯이 그러고 있습니다. 점점 더 많은 사람이 넌더리를 내고 있다고 생각해 보세요. 우리는 그들에게 무언가를 제안하지 않습니다. 우리는 굳이 그렇게 하지 않을 겁니다. 우리는 그저 그들과 일종의 공명을 일으킬 수 있다고 느낄 뿐입니다.

벨루 그런 의미에서 들뢰즈, 당신이 다음과 같이 말한 건 정말 옳았던 것 같습니다. '두 번째 책은 첫 번째 책과 같지 않을 것이다. 왜냐하면 첫 번째 책에서 우리는 입장과 포괄적 실존 체계들보다는 개념들을 논의하는 데 치중하고 있기 때문이다.'

과타리 맞아요. 그것은 들뢰즈의 잘못입니다.

들뢰즈 그러한 비판은 모두 적절합니다. 그리고 그것은 내 잘못이죠. 굳이 잘잘못을 따지자면 펠릭스의 잘못도 있고 내 잘못도 있습니다. 그 책의 학구적인 측면은 모두 내 잘못입니다. 그 책이 여전히 너무 학구적인 것은 정말 유감입니다. 그렇지만 학구적인 모습을 가장하여 앞의 문제들로 되돌아가게 하는 무언가가 있습니다. 어떤 책이건, 학구적인 책이건 아니건, 책을 읽는 것을 당신은 어떻게 생각합니까? 학구적이지 않은 책, 예컨대 맑스나 헨리 밀러나, 로런스의 책을 마치 그것이 학구적인 책인 것처럼 읽는 사람들이 있습니다. 그들은 그것으로 학위논문을 쓰고 있는 것입니다. 그러나 책을 읽는 두 가지 방식이 있습니다. 하나는 책의 기의signifié를 찾는 것, 그리고 추가적인 노력을 한다면 책의 기표signifiant를 찾는 것입니다. 이 경우 책은 책으로 다루어지는 것이죠. 심지어 우리는 세상의 끝은 책이라고 설명할 것입니다. 말라르메가 [이미] 그렇게 말했듯이 말입니다.

과타리 에드몽 자베스![2]

들뢰즈 어쨌든, 펠릭스와 나, 어떤 경우에는 상당수의 사람들인 우리는 — 우리는 홀로가 아닙니다 — 전혀 신경 쓰지 않습니다. 책을 읽는 완전히 다른 방식이 존재합니다. 그 방식은 다시 말하지만, 책을 책 아닌 것과의 관계 속에서 다루는 것입니다. 이것은 다음과 같이 매우 구체적인 것을 의미합니다. '사람들은 책을 읽으면서 모든 페이지마다 모든 문장마다 그게 무엇을 뜻하는지 따지지 않는다.' 이것은 무엇을 뜻할까요? 그/그녀는 책을 읽습니다. 그리고 내 생각에 그것이 우리가 시를 자연스럽게 읽는 방법입니다. 다른 말로 하자면, 잘 흘러가거나 흘러가지 않거나 하는 것이죠. 잘 흘러가지 않으면 책을 내려놓고 정신분석가를 찾아갈 수도 있습니다. 거기에는 아무런 잘못이 없습니다. 우리는 전혀 반대하지 않습니다. 만일 잘 흘러가면 읽는 사람은 그게 무엇을 뜻하는지, 그 개념이 무엇인지, "흐름"이 무엇을 의미하는지, "기관 없는 신체"가 무엇을 의미하는지 따지지 않습니다. 단지 그에게 무언가를 생각나게 할 뿐이죠. 바로 이런 까닭으로 우리가 "기계"라는 용어를 사용하는 것입니다. 그것은 전기 콘센트 같은 영역입니다. 기계가 작동하지 않으면 다른 콘센트나 다른 기계가 필요합니다. 우리 책이 그렇습니다.

두 번째 만남

벨루 결핍의 문제가 지난번에 제기된 방식에 의해 해결까지는 아니더라도 적어도 명확해지긴 했고 그때부터, 넓은 의미로 섹슈얼리티라고 부를 수 있는 것과 좁은 의미로 섹슈얼리티라고 부를 수 있는 것 사이에 어떤 문제가 제기되는 것 같습니다. 섹슈얼리티가 사회적 장 전체로 확장될 수 있는 순간부터, 통상적으로 성에 한정되어 섹슈얼리티라고 불리는 것의 문제가 제기됩니다. 전통적인 의미에서의 섹슈얼리티 문제가 당신들의 전체 문제 안에서 어떻게 분절될 수 있는지 알고 싶습니다. 예컨대 특별한 성의 섹슈얼리티가 다른 흐름들보다 더 중요한 흐름이라면 그것은 흐름들 사이에 여러 가지 결핍 현상을 만들어 내지 않나요?

과타리 섹슈얼리티라는 용어는 적절하지 않습니다. 성별 구분을 야기하는 섹슈얼리티의 층위에 무언가 더 중요한 흐름이 있진 않습니다. 정확히 말해 그것은 이미 일반화된 트랜스섹슈얼리타라고 부를 수 있는 것의 제거, 어떤 의미로는 절단mutilation이기 때문입니다. 그것은 성별 구분이 문제가 되는 곳 어디서나 욕망하는 에너지가 이미 [방향이 바뀌에 사람/인칭 쪽, 극 쪽으로 유도되었음을 뜻합니다. 어떤 의미에서 섹슈얼리타라는 말 자체는 이미 욕망하는 에너지의 오이디푸스화로 가는 입구 혹은 통로입니다. 그 때문에도 우리는 범성욕주의 pansexualisme나 일반화된 섹슈얼리타라는 말보다 욕망하는 에너지라는 말을 쓴 것입니다. 욕망하는 에너지의 특수 지대일, 생물학적 성 특유의 섹슈얼리티, 성별 구분의 결과인 생물학적인 성적 에너지는 없습니다. 당신이 사용한 의미에서의 성적 기계들은 욕망하는 에너지의 절단된, 잘린 시퀀스들일 뿐이기 때문입니다. 욕망하는 에너지는 성별도 모르고, 인칭도 모르고, 심지어 대상도 모릅니다. 그것은 자신의 대상을 생산하고, 자신의 기원을 파기당하고, 사회적이고 성적인 좌표, 배타적이고 제한적이고 절단하는 좌표를 할당받습니다. 따라서 그것은 확장이나 승화에 의해 사회적 장에 물을 댈 특권화된 생물학적 에너지의 탈주가 아니라 완전히 반대입니다. 이를테면 성별을 가로지르는 transsexuelle, 비인칭적인 성적 에너지가 있습니다. 그것은 모든 흐름을 따라다니다가 인칭, 가족관계, 자아 등의 항으로 재코드화됩니다.

벨루 다른 말로 하자면, 예컨대 밀러나 로런스, 외설적이라거나 에로틱하다고 불린 작가들에게서 볼 수 있는 바와 같은 이상 발달hyper-trophiée 상태의 섹슈얼리티는 실은 당신들에게는 이미 오이디푸스화 현상이나 거세 현상 모두와 연관된 코드화 체계로 나타나는 섹슈얼리타라는 말이지요.

과타리 그들은 어떤 면에서는 거기서 출발합니다. 그리고 그들의 분석 혹은 분열분석 과정 전체, 그들의 실험 전체는 거기서 빠져나와 이 사회적 코드화의 탈주선 혹은 균열선을 발견하는 데 있습니다.

벨루 그렇기는 하지만 그래도 밀러의 작품에는 성별에 의거한, 욕망하는 에너지의 초점화가 있고, 그것은 거기서 중심적이고 기념비적입니다. 내가 밀러를 이야기하는 것은, 당신들이 『안티 오이디푸스』에서 본질적인 예로서 그를 자주 언급했기 때문입니다.

들뢰즈 나는 당신이 방금 완전히 다른 두 가지 문제를 제기했다고 생각합니다. 첫 번째 문제는 좁은 의미의 섹슈얼리티와 넓은 의미의 섹슈얼리티에 관련됩니다. 나는 우리가 섹슈얼리티를 모든 사람이 늘 사용해 온 의미로, 즉 '사정을 하건 안 하건 성적으로 흥분한다'라는 의미로 사용했다고 생각합니다. 우리는 사람, 남자, 여자, 경찰, 기타 아무것에나 있는 협의의 섹슈얼리티와 사회적 장에 범람하는 숭고의 등가물일 광의의 섹슈얼리티를 전혀 구별하지 않습니다. [그 대신] 우리는 이렇게 말합니다. 당신이 성적으로 좋아하는 것이 무엇이건, 그것을 통해 당신이 투여하는 것, 그것이 여자이건 남자이건, 의류 일부이건, 구두이건, 편지이건, 기타 무엇이건 간에, 그것은 사회적, 정치적 장이라고 말이지요. 따라서 우리는 협의의 섹슈얼리티와 광의의 섹슈얼리티, 즉 중화되었거나 승화되었거나 탈선된 섹슈얼리티 사이에 분열―프로이트적 분열―을 설정하지 않습니다.

과타리 굳이 말하자면 당신이 말한 것은 객체의 섹슈얼리티, 지시대상의 섹슈얼리티라고 할 수 있겠지요….

들뢰즈 그것이 정신분석과 우리의 근본적 차이입니다. 우리는 성적 차이에 아무런 중요성도 부여하지 않습니다. 우리는 성적 차이에 어떤 특권도 부여하지 않습니다. 그것은 여러 가지 양상으로 발생할 수 있지만, 어떤 방식으로 성화되었건—동성애이건 이성애이건 동물성애이건—성화된 성적 대상을 통해서 당신이 실제로 성적으로 받아들이는 모든 것은 사회적, 정치적 장입니다. 따라서 우리에게는 협의의 섹슈얼리티와 광의의 섹슈얼리티가 있는 게 아닙니다. 어디서나 똑같고 모든 것에 범람하는 한 가지 섹슈얼리티만 있습니다. 예컨대 자기 서류를 애무하는 관료가 성적이라고 말할 때 거기에 승화는 조금도 없습니다. 그 섹슈얼리티는 사회적 장에서 승화되지 않습니다. 그것은 사회적 장에 직접 투여됩니다. 그것은 사회적이고, 정치적입니다.

벨루 거기엔 동의합니다.

들뢰즈 당신이 "좁은 의미의 섹슈얼리티에 집중하는 유형이 있다"라고 말하면서 밀러와 로런스에 관해 제기하는 두 번째 문제는…

벨루 그렇습니다. 그것이 범신론적일지라도 섹슈얼리티는 여전히 성에 집중합니다.

들뢰즈 그렇기는 하지만 그것은 결국 당신이 말하는 협의의 섹슈얼리티와 광의의 섹슈얼리티의 구별을 슬그머니 재도입하는 것이 됩니다. "그것이 범신론적이고 우주론적이라 할지라도"라고 말해서는 안 됩니다. 왜냐하면 그것은 본질적 차원이기 때문이지요. 그것은 성으로 수축되면 될수록 실제로는 점점 더 사회적·정치적 세계로 확대되어 갑니다. 버로스에게도 마찬가지인데요. 그것이 약물에 집중되면 될수록, 경찰 등과 더불어, 점점 더 완전한 사회적 착란을 야기하게 됩니다. 밀러에게도 그 점은 분명합니다. 순수한 섹슈얼리티 장면으로 움츠러들면 들수록 그것은 점점 더 개방됩니다.

과타리 … 가족주의에서 점점 더 벗어나게 되지요.

벨루 그러나 그것이 가족주의를 깨뜨린다는 사실과 무관하게, 생물학적 성 혹은 종별화된 어떤 것에서 일종의 섹슈얼리티의 고조, 욕망하는 에너지의 고조가 일어나지 않습니까?

과타리 예컨대 페니스에 집중된 환경하에서 극도로 힘들고 고통스럽고 파국적인 방식으로 자위를 하게 되는 어린아이를 생각해보세요. 그것은 부분 지대가 우세해진다는 의미에서 실제로 일종의 섹슈얼리티의 위축으로 간주될 수 있습니다. 나는 이 경우에도 그것을 사회적 장 밖에서 실험을 구하는 어떤 방식이라고 생각할 수 있어야 한다고 생각합니다. 증거는 바로 자위가 규범을 벗어난 섹슈얼리티의 발현으로 단죄된다는 것입니다. 거리에서 멍청한 짓을 하고 돌을 깨고 섹슈얼리티의 규범에서 벗어난 자위를 하건, 중요한 것은 섹슈얼리티 범위 밖 자위가 어떤 경우에는 거리에 있고 다른 경우에는 이불 아래 감춰져 있다는 것이 아닙니다. 중요한 것은 섹슈얼리티 범위 밖 자위가, 사회가 가족주의의 테두리 속에 혹은 일련의 통합 연쇄의 테두리 속에 모든 성적 실천을 [분산되지 않게] 한 방향으로 유도하는 방식과 단절한다는 것입니다.

벨루 그렇기는 하지만 나는 그래도 차이를 두고자 합니다. 당신이 하나는 거리에 있고 다른 하나는 감춰진다고 말할 때, 거의 한 세기 전부터 섹슈얼리티에 부여된 남다른 특권이 있다면―내겐 그래 보입니다―그 이유는 바로, 마치 성적 에너지가 한층 더 위험하고 한층 더 위반적인 것처럼 점점 더 위반과 도발의 형태로 표출되는 일종의 영원히 비밀인 감춰진 활동에 있습니다.

과타리 그것은 성과 관계가 없다고 생각합니다. 그것은 언제나 동일한 추리 오류입니다. 만일 당신이 먼저 대상을 상정하고 그 대상으로부터 행동을 연역하면, 모든 것을 그르치게 됩니다. 욕망은 대상을 갖지 않습니다. 그것은 인칭적 총체에서 출발해서 대상을 선정하는 벡터가 아닙니다. 욕망은 인칭론적 억압을 받고 그것에 반작용으로 대상을 설정합니다. 이를테면 욕망은 자신의 대상을 만들고 생산합니다. 다시 죄의식을 예로 들면, 자본주의적 섹슈얼리티의 특권화되는 형식이 바로 이 사적인 지대들과의 관계임이 분명합니다. 당신이 죄의식을 갖는 것은 당신이 자위를 하거나 부분 대상에 관한 뭔지 모를 집착이 있어서가 아닙니다. 당신이 그러한 대상 혹은 그러한 사회적 실천을 차용하고 있다는 성에 대한 죄의식의 관행을 지니고 있기 때문입니다. 따라서 완전히 정반대입니다. 그것은 개인이 탈영토화된 흐름들과 결합하기 위해 점점 더 부분적이고, 떳떳하지 못한, 고통스러운, 마조히즘적인 영토성을 취하기 때문이며, 그/그녀의 탁월함이 일정 수의 대상을 차용, 다시 말해 일정 수의 신체 부위나 관음증 실천 혹은 그와 유사한 것을 선택하기 때문입니다. 내가 보기에 그것은 관점을 완전히 뒤집는 것입니다. 죄의식은 좁은 의미의 성[성기]인 성적 대상에 대한 실천의 결과가 아닙니다. 죄의식은 무엇보다도, 사회적 장에서 자신의 대상을 선택하는, 사유화되고 죄악이 된 자본주의 섹슈얼리티의 실천입니다.

벨루 그런데 이성애이건 동성애이건 일반적으로 섹슈얼리티라고 불리는 것을 유토피아적 차원에서, 한편으로는 극도로 다양한 요리 영역에서 실행되고 다른 한편으로는 비밀에서 완전히 벗어난다는 의미에서의 식도락에 상당하는 어떤 것으로 생각할 수 있지 않을까요?

과타리 그것은 가치 판단의 문제입니다.

벨루 무슨 말씀을요. 나는 둘 중 어떤 것의 가치도 평가절하할 생각이 없습니다. 다만 식도락은 절대적으로 자유로운 음식 선택을 전제하고, 다른 한편으로는 비밀의 전면적 해제에서 실행된다는 것입니다.[3]

들뢰즈 비밀이 있건 없건 달라지는 건 아무것도 없습니다. 어쨌든 그 어떤 것도 리비도가 닫힌 가족적 장이 아니라 열린 사회적 장 위의 분기점이 되는 것을 막을 수 없습니다.

벨루 비밀에 대해 말하는 순간부터 이미 그것을 개인/인칭에 대해 제한하는 경향이 존재하는 게 아닐까요…?

들뢰즈 그렇지 않습니다. 비밀은 특수한 사회적 형식이기 때문이지요. 더욱이, 누구나 알다시피, 비밀은 매우 코드화된 사회적 형식이고, 이 형식 자체는 사회적 장 전체를 내포합니다. 이것은 섹슈얼리티가 사적인 것으로 환원된다는 것을 뜻하지 않습니다. 그것은 전혀 다른 것을 뜻합니다. 그것은 섹슈얼리티가 사회적 장을 포위할 때 그 형식은 비밀을 경유하지만, 그 비밀은 사회적 장 밖으로의 후퇴이기는커녕 오히려 사회적 장 자체의 어떤 구조화라는 것을 뜻합니다. 첫 번째 논점을 매듭짓기 위해 질문으로 돌아가 보지요. 당신이 밀러나 로런스에 대해 말한 것이 인상적이었으니까요. 그들이 급선회해서 승화되지 않은, 날것 그대로의 성적 형식들을 투여하면 할수록 그와 동시에 좋건 나쁘건, 파시즘적 형태로건 신비주의적 형태로건, 실제적인 정치 형태로건, 정치적·사회적 세계에의 열림이 있는 것처럼 보입니다. 말하자면 밀러의 작품에서 『남회귀선』의 성적 장면들과 『마루시의 거상』의 그리스 혹은 그리스에 대한 착란은 별개의 것이 아닙니다. 그것은 같은 것이지요. 즉 그는 『남회귀선』의 장면들을 통해서 그리스를 엿먹입니다. 로런스에게 채털리 부인과 에투루리아인은 실은 동전의 양면입니다. 승화되지 않은 섹슈얼리티에 의해서 그는 역사적·사회적·정치적 세계에 자신을 개방합니다.

과타리 카프카를 예로 들 수 있습니다. 동물적 섹슈얼리티 혹은 거의 분열증적인 섹슈얼리티로의 이행에서, 섹슈얼리티의 위축에 이르기는커녕 그것을 통해 카프카는 오스트리아-헝가리 제국의 관료주의와―보험, 펠리체의 노동 등 그가 맞닥뜨린 영역에서 등장하기 시작하는―근대 자본주의 관료주의 형태의 진화에 대한 분석을 수행합니다.

들뢰즈 우리에게는 좁은 의미의 섹슈얼리티와 넓은 의미의 섹슈얼리티가 따로 있지 않다는 것이 중요합니다. 당신이 넓은 의미의 섹슈얼리티를 우리에게 갖다 대면 어떤 식으로든 승화가 다시 발견될 것이기 때문이지요.

과타리 그렇습니다. 『아버지에게 보낸 편지』에서 카프카는 자기 아버지에 대해 '상점에서 장사를 할 때 당신은 무척 멋졌습니다'라고 말합니다. 그리고 동시에 카프카는 그를 미워합니다. 그러나 그가 겨냥한 것은 질시 관계나 소유관계, 혹은 아버지와 어머니 사이의 어떤 불가사의한 관계가 아닙니다. 그가 겨냥한 것은 아버지가 확립한 어떤 전제적인 사회적 장입니다.

벨루 이 문제에 대한 나의 집착은 다음 두 가지 것에서 유래합니다. 첫째, 이렇게 말해도 좋다면 좁은 의미의 섹슈얼리티에 일종의 특권이 목격되는 한에서, 당신들은 어떻게 당신들의 전체적인 문제를 내에서 이 특권을 절충할 수 있는가 하는 것입니다. 그리고 둘째, 그것은 대담에서 푸코가 "비밀은 무의식보다 캐내기 더 어려울 것"[4]이라고 말한 의미에서 비밀의 문제와 어떻게 연결되는가 하는 것입니다.

과타리 모든 문제는 부분 대상, 젖가슴, 남근 등 이미지의 격상이 자본주의가 글자 그대로 모든 성적 대상을 불능화하는 방식, 그것들을 실재 접속과 차단하는 방식이라는 것입니다. 특히 욕망의 흐름이 그러한 방식으로 그 대상들로 흘러 들어가는 것이 확실해짐에 따라 생물학적 섹슈얼리티나 성적 목적의 거의 모든 의학적 선동이 유통됩니다. 아무도 돈에 대해 이야기하지 않을 것이 확실하기 때문에 특히 성기와 가슴 등에 탐닉하게 됩니다. 욕망의 본질을 구성하는 미시정치학적 힘 관계나 다른 힘 관계에 대해서는 아무도 말하지 않을 겁니다.

들뢰즈 내가 강조하는 것은 비밀은 사회적 장 밖에 있는 것이 아니라는 것, 그것은 사회적 장을 구성하는 범주라는 것입니다. 예컨대 비밀 결사가 그렇습니다. 그것은 사회 밖에 놓이지 않습니다. 그것은 사회 자체 안에서 구조화된 구성적 부분입니다. 비밀 결사는, 설령 그 것이 무정부주의자들의 결사일지라도 특수한 방식으로 사회적 장에 투여하는 어떤 방식입니다. 다른 형태로도 비밀 자체는 사회에서 떨어져 있는 것이 결코 아닙니다. 그것은 가장 나쁜 의미로든 가장 좋은 의미로든 모든 사회의 구조적 요소여서 모종의 비밀로 급선회한 섹슈얼리티라는 관념은 완전히, 섹슈얼리티가 사회적 장에 투여하는 방식의 일부를 이룹니다.

벨루 그런데 언제나 협의의 섹슈얼리티로 그리고 결국에는 대상, 가족주의 등에 대한 선택으로 선회할 위험이 있는 성적 특권을 분리하는 방식이 바로, 섹슈얼리티를 은폐된 고급 성적 쾌락의 특권화되는 장소로서 구성하는 이 비밀의 단절이라고 생각하지 않습니까?

들뢰즈 그렇지 않습니다. 공적인 섹슈얼리티, 공동체 섹슈얼리티도 사적인 섹슈얼리티만큼 가족주의를 생산할 수 있다는 것은 너무나도 명백하기 때문입니다. 우리 모두는, 공적 공동체 또는 사이비-라이히 주의자가 오이디푸스를 무한히 재생산하는 해방된 섹슈얼리티를 요구한다는 것을 너무도 잘 파악하고 있습니다.

과타리 나는 거기에 이 점을 덧붙이고 싶습니다. 섹슈얼리티에 대한 모든 자연주의, 모든 선한 의식은, 심리학, 의학, 교육학, 성교육을 통해 욕망을 짓누르며, 일정 수의 대상들을 욕망으로부터 절단함으로써 바로 그 성적 차이로부터 그 대상들을 절단한다고 말입니다. 나는 들뢰즈와 달리 비밀이라는 용어를 별로 좋아하지 않습니다. 그러나 다음과 같이 말한다면 서로 일치점으로 찾을 수 있을 것이라고 생각합니다. '욕망에서 비밀스러운 것은 절대적으로 예측 불가능하다'라고 말이지요. 우리는 그 대상들을 미리 알지 못합니다. 그 과정이 어디로 흘러갈지 전혀 알 수 없습니다. 이것은 그 대상을 알 수 있고, 긴장의 이완을 알 수 있으며, 완전히 코드화된 그것의 프로토콜 전체를 알 수 있다고 하는 섹슈얼리티-만족이라는 표상과 정반대입니다. 그것을 비밀이라고 불러야 할지 어떨지 모르겠지만, 욕망이 사회적 장에 개방되는 것은 정치적 자유의 어떤 특징, 혁신 혹은 특수한 대상 생산의 어떤 특징입니다. 그리고 사회적 장은 그것에 대해 언급하는 것을 싫어합니다. 우리는 그런 것들이 다 예견되기를 바라지 않습니다. '너는 유년기의 어느 단계에서는 이러이러한 유형의 대상을, 다른 단계에서는 다른 어떤 대상을 갖는다. …' 만일 그런 유형의 대상이 결핍되면 그것은 뭔가 좋지 않다는 것이지요. 어느 시기에 정상적으로 발달하고 다른 시기에는 그렇지 않은 어떤 성감대가 있다는 겁니다. 모든 게 완전히 프로그램되어 있지요.

벨루 그것이 뜻하는 것은 비밀 해제된 섹슈얼리티가 비밀과 연관된 섹슈얼리티만큼 위험하다는 것이지요.

과타리 일종의 합의를 하자는 얘기로군요.

들뢰즈 차이는 거기에 있지 않습니다. 차이는 공사公私 구별의 층위에 있지도 일一과 다多 구별의 층위에 있지도 않습니다. 차이는 흐름 이야기인가 아니면 사람과 대상 이야기인가라는 문제에 있습니다. 우리가 어떤 여자를 사랑한다고 믿을 때 사실 그녀를 통해 우리가 사랑하는 것은 다른 것입니다. 이것은 잘 알려진 사실이지요. 그것은 다른 사람, 가령 어머니를 사랑한다는 뜻이 아닙니다. 그런 말을 하는 것은 부끄러운 일이지요. 꼴불견입니다. 누군가를 통해 우리가 사랑하는 것인 비인격적 차원의 것, 이행하거나 이행하지 않는 흐름 차원의 것입니다.

과타리 그 문제에 접근하는 다른 방식도 있습니다. 욕망의 생산은 비기표적 의미론에 따라 일어난다고 말할 수 있습니다. 욕망은 흐름을, 실체들을 이용합니다. 욕망은 형식적이거나 은밀하게 형성된 일대일 대응 관계, 이를테면 모든 기표적 기호학을 특권화하는 방식으로 이용하지 않습니다. 따라서 강도적 실체들 밖의 욕망을 국지화된, 좌표화된, 인칭화된, 모순율에 종속된, 형식적 관계의 테두리 속에서 이행시키려고 할 때마다 부분적 섹슈얼리티의 이분법에 빠지게 됩니다.

들뢰즈 여기에 우리에게 필요한 이미지가 있습니다. 일련의 단어들이 있지요. 예컨대 '착란을 일으키다'délirer 같은 말 말입니다. 이 말[의 어원]은 밭고랑에서 벗어난다는 뜻입니다. 또한 사드의 소설을 비롯한 모든 외설 문학에는 'déculer'라는 단어가 등장합니다. 이것은 누군가에게 비역을 하다가 그 사람에게서 벗어나는 것을 뜻합니다. 'déconner'는 누군가의 안에 있다가 그 사람에게서 벗어나는 것을 의미합니다. '착란délirer'은 농부의 쟁기가 밭고랑을 빗나가는 것을 의미합니다. 섹슈얼리티가 모두 이렇습니다. 문제는 비밀이냐 비밀이 아니냐가 아니라, 착란délire/일탈déconnage/이탈déculage이 섹슈얼리티의 기본적 상태라는 사실입니다. 우리는 사람에게 말을 걸고, 사람이나 대상, 혹은 무언가를 겨냥합니다. 그리고 그 사람이나 대상을 통해서 미끄러짐이 일어나며, 그 미끄러짐은 행복하게든 불행하게든 반드시 일어납니다. 어떤 사람에 대한 사랑이나 욕망이 있지만, 그 사람을 통해 그의 인격은 완전히 풀어 헤쳐집니다. 펠릭스는 카프카를 언급했습니다. 카프카의 경우에는, 어떤 사회구성체에서 일탈이 일어나고 착란이 일어나기 위해서 펠리체가 필요했을 겁니다. 그 때문에 정신분석은 그 점에 대해서 설득력이 없어 보입니다. 사회구성체는 어떤 승화를 보증하지 않습니다. 사회구성체는 탈영토화의 선, 일탈의 선, 착란의 선 등을 보증합니다.

벨루 그러면 마지막으로 섹슈얼리티의 생물학적 문제라고 부를 수 있는 것에 대해 당신들의 입장은 무엇인가요? 제가 말하는 것은 "성적 본능"이라는 것, 즉 자주 특권화되며 최종적으로는 생물학과 연결된 차원으로서의 섹슈얼리티입니다.

과타리 들뢰즈의 용어를 다시 사용하겠습니다. 일탈하고, 이탈하고, 착란을 일으키게 만드는 것은 무엇일까요? 그것은 하나의 실체에서 다른 실체로 가면서, 어떤 형식적 구조와 마주치건 간에 어떤 탈영토화의 계수에서 다른 것으로 이행한다는 사실입니다. 어떤 흐름, 예컨대 기호들의 흐름이 있고, 그것은 애무, 정액, 똥, 젖 등의 흐름과 다시 접속에 들어갈 필요가 있습니다. 이 연결에서 벗어나면 흐름들 각각은 자체의 고유한 형식적 구조로 되돌아갑니다. 강도적 흐름의 이 접속으로부터 어떤 사건이 일어납니다. 형식적 상관관계 바깥에 다른 욕망하는 기계가 나타납니다. 나는 그것이 당신이 말한 좁은 의미의 특수한 생물학적 특징이라고 생각합니다. 탈영토화는 인간 기계의 연결된 도화선이 켜지는 특수한 접속에 들어갈 때만 활동을 개시합니다. 당신이 성적 쾌락에서 도화선의 불이 댕겨질 때, 당신이 이러저러한 체계와 연결에 들어갈 수 있을 때 무슨 일이 일어나는 것이지요.

벨루 다른 측면에서 당신들은 특히 꿈, 환상, 이를테면 이미지들과 관련되는 모든 것에 대해 생산 현상과 반-생산 현상을 여러 번 대립시켰습니다. 그리고 당신들이 두 종류의 꿈, 좋은 꿈과 나쁜 꿈을 구별하는 방식은 인상적이었는데요, 꿈이 잠이나 악몽보다 덜 생산적인 것으로 보이는 이유는 무엇입니까? 당신들은 환상이라는 말을 부분적으로만 거부하니 말인데, 이미지, 기억, 환상 등 심리적 삶의 다양한 표상들이라고 불릴 수 있는 것에 당신들이 어떤 지위를 부여하는지 명확히 밝힐 수 있습니까? 생산인 것과 반-생산인 것을 어떻게 규정합니까?

과타리 그건 어려운 문제입니다. 내 생각으로는 꿈, 판타지, 환상, 그 밖에 당신이 염두에 두고 있는 것의 흥미로운 부분은 그것이 오이디푸스적 헛소리를 탐지하는 기계라는 점입니다. 그것은 재영토화가 이루어지는 장소를 탐지하는 기계입니다. 이는 정의상 실재와의, 사회적 장과의 모든 연관이 끊기는 경향을 띠는 활동이라는 의미에서 꿈의 본성 그 자체에 의한 것입니다. 동시에 그것은 마치 모든 막힌 부위의 엑스레이 사진과 같습니다. 그런데 그러한 막힌 부위를 확인하는 것은 대단히 흥미롭습니다. 프로이트의 표현을 빌리면 꿈은 무의식의 왕도가 아니라 무의식의 오이디푸스화의 왕도라고 나는 생각합니다. 이어서 꿈의 분석이 매우 중요하다고 생각하는데, 왜냐하면 어떤 책략에 의해, 어떤 종류의 탈영토화에 의해, 어떤 종류의 동일시에 의해 당신이 당신의 파시즘 정치를 정비하고 이어갈지, 당신 자신의 경찰이 될지를 꿈에서 밝혀낼 수 있을 때 그것은 가능한 다른 정치의 탐지 방식이 되기 때문입니다. 나는 그런 유형의 탐지가 대단히 중요하다고 생각합니다. 그러한 파시즘적 충격이 일어나는 곳과 동일한 장소에, 꿈의 핵심ombilic, 다시 말해 가능한 다른 정치의 기계적인 목록이 있습니다. 가장 파시즘적인, 가장 막혀 있는 바로 그곳에서 다른 연쇄로 통하는 길이 열릴 수 있습니다. 배후에 기계적 위협이 있는 만큼 더욱더 그곳은 파시즘적이기 때문입니다. 모든 건 꿈을 가지고 무엇을 하려 하는지에 달려 있습니다. 만일 당신이 해석의 격자 안에서 꿈을 해석하고 물화하고 대상화하려 한다면 그와 동시에 그것은 파시즘 정치를 강화하는 역할을 하게 될 것입니다. 만일 당신이 꿈을 해석하지 않고 반대로 생산 체계, 즉 습관적 도식, 현실적 도식의 균열 체계 안에 집어넣으려 한다면, 만일 당신이 실험 테크닉을 수행하고자 한다면 그때 당신은 꿈의 특수한 기호계를 오이디푸스화하는 기호계를 부양하는 도구가 아니라 비기표적 기호계를 강화하는 도구로 이용할 수 있을 것입니다.

벨루 그것은 당신들이 미뉘 출판사에서 출간한 기계에 대한 텍스트[5]의 내용과 일치하는군요. 분리dissociation는 연합association에 이르게 할 수 있는 일종의 소거 체계이므로 당신들은 연합을 분리와 대립시킵니다. 그런데 바로 그때 다음과 같은 문제가 제기되는 것처럼 보이는데요, 정체성과 분열을 어떻게 확립할 수 있을까요? "연결 접속 없는" 것의 평가는 그 자체가 일종의 해석으로의 회귀가 되지 않습니까? 강도가 구조와 대립하는 이상, 강도는 더는 어떤 코드화 평가에도 응하지 않는데 그것이 강도임을 알아낼 수 있을까요? 그리고 만일 그렇다면 강도가 다시 구조의 항으로 환원될 수 있을까요? 이 분배 문제는 어떻게 제기되나요? 그것은 여전히 다시 물화할 위험이 있는 지식 활동이 아닌가요?

들뢰즈 아닙니다. 그것은 비판 활동이지 지식 활동이 아닙니다. 내가 보기에 비판과 지식은 역사적으로도 정치적으로도 매우 다른 것입니다. 우리가 대립시키려고 하는 것은 실험의 영역과 해석의 영역입니다. 후자는 일반적으로 정신분석의 영역이지요. 한편에 해석 기계로서 편집증 기계가 있습니다. 그것은 사회적 층위, 가족 내지 부부 관계의 층위를 포함해서…온갖 층위에서 기능합니다.

과타리 신체의 층위, 심기증心氣症의 층위에서도…

들뢰즈 '너는 이것을 했다, 그것이 의미하는 것은…' 정신분석이 그것을 발명하지는 않았지만 그것을 이용했다는 것, 정신분석이 해석 기계에 새로운 형상을 부여했다는 것은 분명합니다. 그리고 해석 기계는 여러 가지를 뜻합니다. 해석 기계의 첫 번째 측면은 기표입니다. '그건 무언가를 뜻한다.' 두 번째 측면은 상기anamnèse입니다. '현재의 너는 과거의 너였었다. 너는 어린 소년이었던 과거의 기능에 의해 현재의 네가 된 것이다.' 세 번째 측면은 표상입니다. '너의 말이나 행동은 무언가를 표상하며, 나는 너를 그 표상의 영역에 고정시킬 것이다.' 이것은 힘의 관계입니다. 이 층위들 모두 힘들의 관계이지요. 해석 기계와 힘들의 관계는 동일한 것입니다. 그 때문에 정신분석은 이 세 가지 측면으로 번창하지요. 정신분석은 잘 알려진 세 가지 측면에 시원적 형상을 부여하는데, 그것은 오래된 부부의 형상입니다. 『안티 오이디푸스』에서 말했듯이 정신분석의 장소가 가족이라는 것은 말할 필요조차 없습니다. 정신분석의 장소는 부부 관계라고 말해야 할 것입니다. 우리가 말하는 것은 정말로 이 세 가지 측면과 반대되는 것입니다. 분열분석은 그중에서도 특히 해석 기계를 전부 해체하는 데 있을 것입니다. '네 말은 다른 아무것도 가리키지 않는다. 그것은 아무것도 의미하지 않는다.'라고 말이지요.

과타리 그것은 과거로 회귀하는 것도 미래를 예견하는 것도 아닙니다.

들뢰즈 그것은 가공하지 않은 사실 그 자체입니다. 현재 상황에서 욕망의 지위는 무엇일까요?

과타리 '추구하는 정치가 무엇인가? 어디에 이르고자 하는가? 서 있는 좌표는 어디인가?' 등이 되겠지요.

들뢰즈 그렇습니다. '실험 = 정치'이지, '실험 = 유치원'이 아닙니다. 정신분석에서는, 실험을 '유치원'과 동일시합니다. [분열분석의] 두 번째 포인트는 과거를 참조하지 않는다는 것입니다. 이는 과거를 지워버리기 위해서가 아니라 어떤 과거의 구성과 현재(그 과거란 이 현재의 과거이다)가 엄밀하게 말해 동시대적이기 때문입니다. 나는 여기서 다시 내가 베르그손주의자라고 느낍니다. 더할 나위가 없지요. 유년기의 기억은 유년기 자체와 동시대적입니다. 단지 그 둘 사이에 근원적 비틀림이 있을 뿐이지요. 동시에 어린아이는 오이디푸스적인 유년기 기억, 그리고 펠릭스가 완전히 다른 본성의 "유년기 블록들"(왜냐하면 이 블록들은 오이디푸스나 가족과 아무 관련이 없으니까요)이라고 부르는 것을 생산합니다. 토니 뒤베르의 소설에는, 오이디푸스적인 데가 전혀 없는 유아 섹슈얼리티가 나타난다는 의미에서 유년기 블록이 있고, 그와 동시에 유년기의 오이디푸스적 기억이 형성됩니다. 그래서 상기의 거부는 과거를 일절 참조하지 않겠다는 것이 전혀 아닙니다. 그것이 프로이트와 단절한 사람들이 빠진 함정입니다. 그들은 대체로 이렇게 말하지요. "현실적 요인, 즉 비유아적 요인을 고려해 보자. 유년기에 해당하는 것의 경우에는 프로이트 말이 맞다. 그러나 청년이나 성인의 경우에는 문제가 있다." 우리는 그렇게 말하지 않습니다. '유년기의 층위에서도 그것은 프로이트가 말한 것과 다르다.' 우리가 말하려는 것은 유년기의 기억은 유년기와 동시에 형성된다는 것, 그리고 우리는 아이임과 동시에 이미 자신의 유년기를 배반한다는 것입니다. 우리는 오이디푸스적 유년기 기억을 생산합니다. '아, 나의 아빠, 나의 엄마.' 우리는 프로이트와 단절한 사람들처럼, 융이나 아들러가 한 것처럼 유아적 요인과 현실적 요인을 전혀 구별하지 않습니다. 우리는 이렇게 말합니다. '유년기의 층위에서도 이미 신비화가 발견된다. 즉 오이디푸스적 구조와 순전한 유년기 블록 사이의 분열이 발견된다.' 그렇다고 하면 상기를 무시할 수 있지만, 지금까지 무시했던 방식으로는 아닙니다. 이때껏, 사람들은 현실적 요인들이 유년기적 요인들보다 더 중요하다고 말했습니다. 우리는 이제 '유년기적 요인들에는 현실적인, 영원히 현실적인 요인들과 잠재적 요인들이 있다.'라고 말합니다. 잠재적 요인들은 오이디푸스의 구문인데, 그것은 억압의 소산인 대상입니다. 그러나 아이의 진짜 삶은 그것과 아무 관련이 없습니다. 아이의 진짜 삶은 완전히 현실적입니다. 유년기에서 벗어나지 않았다고 한다면 그것은 당연한 것입니다. 그러나 유년기는 이미 정치적입니다. '아이는 폭탄을 생각한다, 그는 자기 누나를 비역할 생각을 한다, 등등.' 그것은 가족에 속하는 것이 아닙니다. 그것은 섹슈얼리티에 속하는 것이고 사회적 장에 속하는 것입니다. 따라서 상기 활동을 할 필요가 전혀 없습니다. 실험이라는 주제는 '본성상 너는 네가 누구인지 알지 못한다'이기 때문에 상기는 그만큼 더 적습니다. 정신분석가는 이렇게 말하는 사람이지요. '자아이건 신이건 프로이트이건 프로이트의 기억이건 누군가는 당신이 누구인지 알고 있다. 그가 그것을 아는 것은 현재의 당신이 아이였을 때의 당신이기 때문이다.' 우리는 이렇게 말합니다. '아이는 과거에 자기가 어땠었는지 알지 못하며, 우리는 이제 더는 그것을 알지 못한다.' 우리가 누구인지는 실험이 끝난 후에만 알 수 있습니다. 마치 미래의 어떤 것처럼 말이지요. 따라서 사이비-유년기라는 과거를 향하는 해석과, 반대로 미래 유년기의 탐구를 향하는 실험은 완전히 대립합니다. 그 때문에 우리는 프로이트를 읽지 않는 미국의 사도마조히스트들을 무척 좋아합니다. 우리는 기억과 망각을 대립시킵니다. 뭔가 일이 일어나는 것은 기억에 의해서가 아니라 망각에 의해서입니다. 정신분석은 기억에 의해 처리합니다. 우리는 망각에 의해 처리하지, 망각을 통한 깨어남에 의해 처리하지 않습니다. 우리는 이렇게 말합니다. '네가 망각하면 할수록 더 좋은데 왜냐하면 망각하면 할수록 너는 더 살아 있기 때문이다. 네가 누구인지 모르면 모를수록 더 좋다.' 그런데 미국의 사도마조히스트들은 이렇게 말합니다. '네가 사디스트라고 생각하는가? 마조히스트라고 생각하는가? 너는 이것을 믿는가? 저것을 믿는가? 전혀 아니다. 너는 너의 실험을 할 것이다.' 우리에게 이것은 좋은 분열분석으로 보입니다. '난 게이다'라고 말하는 게이들을 보는 것은 실제로 유쾌한 일입니다. "난 누구이다"라는 표현은 불가능합니다. 그들은 게이가 아닐지도 모릅니다. "난 그런 사람이니, 그렇게 봐주세요"라고 말하는 최악의 게이도 전혀 다른 것일지도 모릅니다. 그리고 그것이 바로 분열분석의 목적 – 그가 무엇인지 아는 것 – 입니다.

끝으로, 마지막 세 번째 논점, 즉 그것에 의해 우리가 정신분석에 완전히 반대하게 되는 표상은 다음과 같은 것입니다. 정신분석은 언제나 그 말의 본래 의미에서 협상하는 것, 즉 돈과 바꾸는 홍정, 체험된 상태를 다른 것과 바꾸는 홍정을 벌이는 것이었습니다. 그래서 거기서 환상 문제가 재발견됩니다. 환상은 실제로 체험된 상태였던 적이 없습니다. 정신분석가들도 그것을 잘 알고 있지요. 환상은 완전히 날조된, 완전히 위조된 상태입니다. [결국] 화폐인 셈이지요. 정신분석가는 대체로 이렇게 말하는 사람입니다. '내가 당신에게 제안하는 계약은 당신이 체험한 상태를 환상으로 번역하는 것이고, [그 대가로] 나는 당신에게서 돈을 받을 것이다.'

벨루 의미와 돈을 위해서.

들뢰즈 돈을 위해서이지요. '나에게 돈을 주시오. 그러면 당신의 과거를 번역해 주겠소.' 우리는 이렇게 말합니다. '삶의 체험은 본성상 강도적인intensif 것이다. 그것은 이행하는 강도들이고, 그 강도들은 재현적이지 않다.'

벨루 그렇지만 그것[환상]은 이미지를 생산하지 않나요?

들뢰즈 그렇지 않습니다.

벨루 바로 그 점에 대해 알고 싶은데요, 그 이유는···

들뢰즈 그것[강도적인 것]이 이미지를 생산하자마자 환상들은 멈추게 됩니다. 그것이 가로막힐 때 이미지가 생산되지요. 이미지를 생산하는 것은 책을 읽는 것과 거의 같습니다.

벨루 여기서 나는 아주 기초적인 것을 기대하고 있습니다. 침대, 혹은 어딘가에서, 상대적으로 행복한 상태에서, 무언가 일이 일어날 때, 어떤 이미지, [예컨대] 칼, 여자…

과타리 당신에게 무언가 일이 일어날 때 당신은 좌표 체계 안에 놓여있는 것입니다. 당신은 무언가를 표상하고 어떤 강도와 관련하여 위치가 설정되는 주체의 위치를 갖는 것이지요. 따라서 단지 삼각형화만이 아니라, 이미지와 함께 표상의 조직화도 있습니다.

벨루 그렇지요.

과타리 따라서 당신에게는 한편으로 이미지와 주체가, 다른 한편으로 강도가 있으며, 또 설교를 하는, 칭찬하거나 야유하는 타자들이 있습니다. 따라서 욕망의 관점에서는, 이미지가 있으면 이미 욕망의 정지 혹은 단락短絡이 있다고 말할 수 있습니다. 한편으로 설립된 주체의 단절, 이미지의 표상, 표상의 장과 생산의 장에서 분할되고 절단된 강도가 있으며, 심지어 생산의 장만이 아니라 유익한 노동의 장과 유해한 노동의 장이 있으니까요.

들뢰즈 그것은 마치 책을 읽는 것과 같습니다. 거기에도 읽는 것과의 에로틱한 관계, 사랑의 관계가 있습니다. 이미지는 언제 나타날까요? 이미지가 나타나는 것은 읽고 있을 때가 아닙니다. 읽고 있을 때에는 이미지가 나타나지 않습니다.

벨루 읽는 것을 중단할 때 이미지를 갖게 된다는 거군요.

들뢰즈 그렇습니다. 지쳤을 때, 휴식을 취할 때, 숙고할 때이지요. 그때 이미지가 떠오르고, 환상은 끝납니다.

벨루 환상은 강도가 끝난다는 뜻인가요?

들뢰즈 바로 그때 강도들은 [더 이상 흐르지 않고] 멈춰 섭니다. 강도들은 가로막히지요.

과타리 그것은 관조이며, 침잠이며, 이미지의 영토성에로의 선회입니다.

들뢰즈 강도들이 지나갈 때는 어떤 이미지도 없습니다.

과타리 그건 단순합니다. 섹스를 하고 있을 때, 오르가슴에 도달할 때…

들뢰즈 …[그때] 이미지는 존재하지 않지요.

과타리 만일 이웃에 이미지가 있다면, 끝입니다. [팽팽하던 것이] 곧바로 풀려버리지요. 그것은 더는 작동하지 않습니다.

들뢰즈 그것은 해리解離의 정의이기도 합니다. 이미지를 갖는다고요, 실패입니다.

과타리 끝난 것이지요!

들뢰즈 아니면 어렵사리 그 이미지로부터 다시 연결되기도 합니다. 그러면 이렇게 말하겠지요. '아, 나는 다른 것이 더 좋아. 하지만 잘 안 되는군.'

과타리 아니면 이미지들의 흐름 자체가 작동하지요.

벨루 그래요, 내 관심을 끄는 것이 바로 그것입니다. 어떤 상태에 어떻게 봉쇄 체계가 있는지 잘 알겠습니다. 그런데 이미지의 생산이 있다는 이유로 "상상적" 삶을 전적으로 종속적이게 만드는 것은 매우 이상해 보입니다.

들뢰즈 그것[상상적 삶]은 오이디푸스적입니다.

벨루 … 상상적 삶은 오이디푸스적이고 흐름 현상들에 연결되거나, 그 자체 흐름 현상들에 통합될 수 없다는 것인가요?

과타리 분명히 해보죠. 우리는 어쨌든 완전히 이미지 안에 있습니다. 이미지가 필요 없다고 말하려는 게 아닙니다. 그것은 완전히 바보 같은 말이지요. 우리는 도처에서 이미지에 젖어 있습니다. 문제는 이 이미지들을 가지고 무엇을 하느냐입니다. 이미지들이 (리오타르의 용어로) "형상적인" 것이 되는 경향을 띠는 흐름 정치를 만드는가, 아니면 이미지 정치를 만드는가. 즉 그런 정치가 있다면…

벨루 … 그것을 유지해야지요.

과타리 그것을 유지하고, 그것을 작동시키고, 그것을 공명에 관련시킵니다. TV를 볼 때 문제는 해석을 하느냐, 그것을 법, 아버지, 신 등에 관련시키느냐 하는 것입니다.

벨루 이미지가 강도와 완전히 대립할 수 있다고 생각하는 것은 이상해 보입니다. 정신적 횡단 현상으로서의 이미지 그 자체가 강도 현상일 수 없다니 솔직히 이해가 되지 않는군요.

들뢰즈 당연히 그렇습니다. 이미지는 정의상 강도의 정지입니다. 이미지는 [강도적인 것이 아니라] 외연적인 것입니다. 강도들이 갑자기 외연적으로 범람하고, 외연화되어 어떤 장면을 형성할 때, 그런 일이 일어납니다. 이른바 환상이라고 하는 것이지요.

과타리 주체-형상-배경을 말하지요.

들뢰즈 이미지가 강도들에 의해 옮겨지지 않는다는 말이 아닙니다. 그것은 이미지가 외연적으로 펼쳐질 때 그것은 강도가 정지하거나 가로막혔다는 신호라는 뜻입니다.

벨루 그렇지만 예를 들어, 약물 현상에서는 어떻습니까?

과타리 그건 흐름들입니다.

벨루 아니, 약물 현상에 이미지의 가속화, 이미지의 증식이 있다는 것은 잘 알려진 사실이 아닌가요?

과타리 아닙니다. 그건 이미지의 흐름들입니다….

들뢰즈 그건 강도들의 귀환이지요.

과타리 강도는 이미지를 배출하니까요.

들뢰즈 그러나 펠릭스가 앞에서 꿈에 대해 말한 것처럼, 이미지들의 체계가 있고, 그것을 통해 다른 것이 지나갑니다. 발견해야 하는 것은 일어나는 다른 일입니다. 정신분석은 꿈 아래로 지나가는 것을 발견하기는커녕, 꿈 안에, 이미지와 기표의 체계 안에 틀어 박혀버리지요. 다시 말하지만, 우리에게 이미지, 기표, 상징적 상상력은 어느 것이나 매한가지입니다. 꿈에는 그것 모두가 있고, 꿈에서는 말해지지 않는 전혀 다른 흐름이 있습니다. 그건 약물에서는 훨씬 더 분명하고, 약물의 종류에 따라 다릅니다. 어떤 약물은 다른 약물보다 더 강하지요. 어쨌든 언제나 이미지-강도 복합체가 있는 것이지요. 우리가 보기에 핵심적인 것은 비-표상적 강도입니다. 왜냐하면 강도는 탈영토화하고 영토를 뜯어내기 때문입니다. 우리는 더는 우리가 어디에 있는지 알지 못합니다.

벨루 그럼 모든 이미지가 필연적으로 영토화하는 것인가요?

과타리 당연히 그렇습니다. 이미지는 영토입니다. 그것은 그 자체로서 주체화, 해석, 영토화의 작용입니다.

들뢰즈 그것은 르윈터가 『정신분석지』[6]에서 꿈과 스크린의 관계를 설명할 때와 같습니다. … 그 논문은 우리에게 매우 중요합니다. 그것은 환상이 어느 정도로 장면의 투사인지를 여실히 보여줍니다. 체험된 상태가 있고, 그것은 강도의 상승 혹은 하락 상태입니다. 멜라니 클라인처럼 번역하면, 그것은 환각을 불러일으킵니다.

과타리 말하자면 그것은 찰리 채플린과 버스터 키튼의 차이점이지요.

벨루 알겠습니다. 하지만 명료하지 않은 것이 있는데요, 펠릭스 당신이 "이미지들의 흐름"이라는 용어를 사용할 때입니다. 조금 전에 들뢰즈가 말한 것에 의하면, 흐름과 이미지는 대립할 수 있기 때문에, 이미지는 환상의 소관이고 따라서 봉쇄의 소관이기 때문에 그것은 외견상 불가능해 보이거든요.

들뢰즈 펠릭스와 나 사이에 아무런 대립도 없다고 생각합니다. 왜냐하면 펠릭스가 이미지들의 흐름에 대해 말할 때 이미지들은 순수한 강도를 회복할 정도로 쇄도하기 때문이지요. 예컨대 영화가 그렇습니다. 우리는 영화가 이미지로 되어 있기 때문에 너절하다는 말을 하고 있는 게 아닙니다. 반대로 영화는 대단합니다. 예컨대 고다르 작품에서처럼 순수한 상태의 강도들을 복원할 정도로 이미지들의 흐름을 초래할 수 있기 때문이지요. 고정 쇼트로 이미지들의 차단을 해제할 수 있을지라도 그것은 그 지점까지의 이미지들의 차단을 해제하는 것입니다. 그것을 하는 것은 이미지들의 속도나 가속도가 아니라 [강도와 이미지의] 상보 관계입니다. 이원론은 전혀 없습니다. 강도와 이미지의 관계는 다음과 같습니다. 이미지는 강도가 소멸할 때 취하는 외연이지만, 동시에 이미지들의 쇄도 혹은 사방에서 여러 가지 일이 일어나는 고정 이미지 혹은 어떤 색이 이미지를 가로지르고 이미지를 통해서 강도를 완전히 복원합니다. 그 때문에 펠릭스가 꿈이 매우 중요하다고 말하는 것이지요. 꿈을 분석해야 합니다. 꿈은 너절한 것이지만 동시에 강도들이 가로지르는 것이기 때문입니다. 중요한 것은 표상적이지 않은 것에 도달하는 것입니다. 그런데 라캉주의자들은 기표를 발견하기만 하면 표상적인 것을 넘어설 수 있다고 믿었습니다. 우리는 단지 이렇게 말할 뿐이지요. '아니, 기표는 여전히 엄연한 표상이다.' 우리의 관심사는 [기표가 아니라] 강도를 발견하는 것입니다.

과타리 나는 우리의 비기표적 기호계 이야기가 이미지 문제를 설명할 수 있다고 생각합니다. 왜냐하면 이미지는 결국 매체로 사용되기 때문이지요. 결국 이미지들의 탈주가 있지만 그것은 집합적 배치가 되는 탈영토화된 기호들과 강도들 사이의 내생적 관계에 본질적인 것이 전혀 아닙니다.

벨루 샬럿 브론테가 열여섯 내지 열일곱 살에 쓴 텍스트들을 예로 들어 보지요. 그것은 명백한 성적 결핍을 보여주고, 집단 표상, 파생적 만족 같은 순전히 환상들로 결정화됩니다. 그리고 동시에 거기에는 이행을 멈추지 않는 표류하는 이미지들이 있습니다. 동일한 집중 상태에서 두 가지 활동이 생기는데 그것은 그녀가 계획적으로 만들어내는 황홀경 같은 것입니다. 오직 어둠 속에서만 그녀는 이미지를 만들어냅니다. 때로는 완전히 [엉뚱한 방향으로] 표류하고, 때로는 봉쇄됩니다. 내가 보기에 그 두 가지 현상 모두 매우 중요하고, 유기적으로 연결되어 있지 결코 상호 배타적이지 않은 것 같습니다. 따라서 들뢰즈가 처음에 말한 다소 거친 의미에서 이미지는 쓰레기라고 말할 수 없지 않나요?

들뢰즈 그렇습니다. 그런데 그것이 펠릭스와 내가 조금 다른 점입니다. 펠릭스는 이렇게 말합니다. '철저하게 오이디푸스적이 되세요. 그러면 그럴수록 더 좋습니다. 꿈이 기본적으로 오이디푸스적이라면 계속 꿈을 꾸세요.' 나에게 이것은 매우 중요해 보입니다. 만일 우리가 꿈을 꾸지 않으면, 우리의 비-오이디푸스적인 순수 강도의 선을 찾지 못하면 [어떻게 될까요?] 그럼 분명 실천적이지 못했기에, 나는 더 난폭해져서 '너의 오이디푸스적 배설물 아래서 더 순수한 어떤 것을 발견하라'라고 말하기 시작할 것입니다. 그러나 펠릭스가 말한 것이 분명 맞을 겁니다….

과타리 맞습니다. 나는 오이디푸스는 언제나 정확한 척도라는 특징을 갖는다고 생각합니다. 그것이 정신분석의 진찰 기법과 예컨대 킹슬리 홀에서 시도한 랭의 노력들 사이의 차이입니다. 거기서 정확한 척도는 완전히 사라집니다. 왜냐하면 그들은 공동체 전체 규모의 오이디푸스를 만들기 때문입니다. 오이디푸스적이라는 것은 엄마-아빠와 혹은 분석가와, 무언의 관계 속에 있는 것처럼 정확한 삼각형 규격화 척도 안에 머물러 있음을 뜻합니다. 만일 우리가 폐지에 이르기까지, 나르시시즘에 이르기까지, 죽음 충동에 이르기까지 오이디푸스적이 된다면, 바로 그때 무언가가 변합니다. 모든 낭만주의 운동의 특징은, 그들이 부분 대상의 삼각형의 위치에서 출발하고 어느 순간 난국을 교묘하게 피한다는 것입니다. 그들은 너무나 오이디푸스적이어서―베르테르는 너무나 오이디푸스적입니다―마침내 더는 전혀 오이디푸스적이지 않게 됩니다. 문제는 적어도 베르테르까지 가는 것이겠지요. 무슨 말인지 알겠나요?

들뢰즈 그러나 나의 관점 역시 옳습니다. 내가 보기에는 둘 다 맞는 것 같습니다.

벨루 동의하지만, 조금 안이한 것 같은데요.

들뢰즈 이런 말입니다. 꿈이 주어졌을 때 추상에 의해―실제 분리에 의해서가 아니라―표상적 방향과 강도적 방향을 분리할 수 있다고 한다면, 그것은 꿈은 결코 순수한 것이 아니라는 것, 꿈에는 오이디푸스적 방향과 강도적, 비구상적 방향이 있고, 꿈의 외연적 현상들 아래서 강도적인 것을 찾아야 한다는 것을 뜻합니다.

벨루 그렇지요. 내가 보기에 중요한 것은 『안티 오이디푸스』에 이 비구상적인 것의 문제와 관련해서 두 가지 운동이 있다는 것입니다. 당신들은 무의식이 비구상적이라고 말합니다. 그리고 다른 한편 책 맨 끝에서 당신들은 예술―역사적으로 비구상 예술로 분류된 예술―이 최고의 계략일 수도 있음을 아주 분명하게 밝히고 있습니다.

들뢰즈 그렇습니다!

벨루 형상적인 것은 구상과 비구상의 대립, 그리고 어쩌면 이미지와 환상의 대립도 넘어선다는 의미에서 형상적인 것—여기서 리오타르의 개념이 중요해 보입니다—과 관련해서 말이지요.

들뢰즈 단, 형상적이라는 말은 부적절한 말입니다. 리오타르에게는 아니지만 우리에게는 그렇습니다.

벨루 이 말을 쓴 것은, 내가 그 말을 특별히 좋아해서가 아니라 그것이 넘어섬의 방향을 지시하기 때문입니다.

들뢰즈 넘어섬의 방향은 추상 예술의 의미에서 추상적인 것이 아닙니다. 왜냐하면 추상 예술은 내가 보기에 완전히 재현적이기 때문이지요.

벨루 구조에 포획되어 있는 사람이 있다면 바로 그 사람이겠군요.

들뢰즈 진짜 차이는 강도적인 것과 모든 외연의 영역 사이를 지나갑니다. 추상적 공간의 추상적 외연이건 표상적 공간의 그것이건 마찬가지입니다.

벨루 강도적인 것에 관해, 뇌리를 떠나지 않는(사실 『차이와 반복』에서 당신이 그것에 대해 말한 이후로 쭉 그래 왔습니다만) 것이 하나 있습니다. 만일 고전 심리학, 정신분석학과 같은 외연의 과학이 있다면 "강도 과학"이라는 용어도 생각할 수 있을까요? 구조는 탐지되고 측정되고 양화되고 분절될 수 있습니다. 강도는 단지 그것이 구조가 아니고 구조로 환원되지 않는다는 사실에 비추어서만 규정될 수 있습니까? 아니면 무언가 다른 것에 의해 양화되고 사유될 수 있습니까?

들뢰즈 문제가 너무 복잡해서 나는 대답할 준비가 안 되어 있다는 생각이 듭니다. 그러나 나는 여러 가지 방향을 알고 있습니다. 강도 과학의 시도는 항상 있었습니다. 역사적으로 봐야 합니다. 그 시도들은 흥미진진해 보이는데, 그 이유는 그것이 끊임없이 교살되었지만 그럼에도 항상 다시 나타나는 시도이기 때문입니다. 스콜라 철학 내에, 매우 중요한, 실재적인 강도 과학의 시도가 있었습니다. 강도량은 물리학과 형이상학의 층위에서 매우 중요한 역할을 했습니다. 둔스 스코투스에게 양태들의 층위와 신의 층위에서 강도량 과학의 시도가 있었지요. 여러 단계를 건너뛰겠습니다. 19세기에 순수 물리학의 에너지론에 강도량과 외연량의 본성을 구별해서 강도량에 대한 과학을 만들려는 시도가 있었습니다. 외연량 과학의 성공의 마지막 화신은 인간 과학입니다. 강도량 과학은 왜 좌초했을까요? 강도량 과학은 고유한 역사로 인해 인식론과의 전혀 다른 관계를 내포합니다. 인식론은 그런 과학과 양립할 수 없습니다. 인식론은 전적으로 외연량 과학에 따라 만들어졌습니다. 강도량의 방향으로 시도된 모든 것은 줄곧 주변적인 것으로 머물러 있었습니다. 침술이건, 강도 물리학의 시도이건, (옐름슬레우 학파 계통의) 강도 언어학의 시도이건, 존 케이지 계통의 음악에서 강도의 역할이건 마찬가지이지요. 그러면 강도량 과학은 가능할까요? 내가 보기에 강도량과 외연량 사이에는 큰 차이가 있습니다. 여기서 다시 내가 스스로 베르그손주의자임을 느낍니다. 강도량의 특징을 한 가지만 들어보겠습니다. 외연량은 알아보기 아주 간단합니다. 당신이 어느 순간에 동시적으로 취하는 것은 정의상 단일체입니다. 이 테이블의 길이는 외연량입니다. 즉 테이블의 길이를 어떻게 분할하건 나는 순식간에 그것을 파악합니다. 순식간에 그것을 파악하자마자 나는 그것을 단일체로 구성합니다. 강도량은 반대입니다. 그것은 당신이 순식간에 다양체로 받아들이는 다양체입니다. 열이 20도라고 말할 때 그것은 10도 더하기 10도를 뜻하지 않습니다. 그것이 뜻하는 것은 내가 순식간에 파악하는 다양체 20도라는 것입니다. 순간적으로 다양체로 파악된 다양체, 그것이 강도량입니다.

벨루 당신이 도度를 사용할 때 당신은 코드화 체계를 사용합니다. 바로 이런 의미에서 내가 과학의 문제에 대해 말했던 것입니다.

들뢰즈 펠릭스의 주제로 돌아가 보지요. 오이디푸스적 꿈과 비오이디푸스적 선들이 연결되어 있는 것처럼, 강도와 그것의 외연적 변환도 연결되어 있습니다. 강도량 과학은 비외연적인 수 체계를 추출하는 과학일 것입니다. 그것은 수도 없이 만들어졌고, 그때마다 매번 교살되었습니다. 서수 체계, 서수에 대한 해석 시도, 러셀, 마이농의 시도⋯'그런 과학은 가능한가?'라는 물음은 제기할 수 없습니다. 오히려 '무엇 때문에 그런 과학은 교살되었는가?'라는 물음을 제기해야 합니다. 정신분석의 층위에서 같은 문제가 다시 대두되는 것처럼 보입니다. '왜 주체의 체험 상태는 환상으로 변환되는가?'

(전화가 와서 들뢰즈가 말을 중단하고 방을 나감.)

과타리 들뢰즈의 말에 동의합니다만 조금 거북하네요. 나는 사실 그 문제가 성립하지 않는다고 생각하거든요. 강도량 과학은 불합리합니다. 문제는 정치적 장, 욕망의 장과 모든 과학의 접속입니다. 그건 과학일 수 없습니다. 그건 무엇보다도 과학 내부의 정치, 예술, 일상적 삶의 실험, 혁명적 장 내부의 정치일 수 있습니다. 강도량 과학을 제안하는 사람은 누구나 과학 혹은 정치에 대한 일종의 강도량의 메타언어를 제안하는 인식론자와 같은 입장에 놓일 것입니다. 유사한 재앙적 결과를 낳은 강도량의 알튀세르주의를 쉽게 상상할 수 있을 것입니다. 그 때문에 거북한 겁니다. 내가 보기에 강도량은 탈영토화 과정, 즉 과정들의 통접conjonction des procès입니다. 과정들의 통접의 과학은 있을 수 없습니다. 이유는 그것이 정치 자체의 특징이기 때문입니다.

벨루 미뉘 출판사의 글에서 내가 느낀 것은, 우리가 욕망하는 기계에 연결될 수 있는 것은 우리가 더는 연합할 수 없을 때이며, 그것은 적극적인 분리dissociation 과정 때문이 아니라 소극적인 비-연합 과정 때문이라는 것입니다.

과타리 그렇고말고요. 어떤 보증도 없습니다. 혁명적 프로토콜의 보증이 없듯이, 과학의 영역이나 예술의 영역에서 강도량 속에 존재한다는 보증도 없습니다.

(들뢰즈가 자리로 돌아옴.)

들뢰즈 펠릭스가 강도량에 여러 가지 특징을 덧붙이지 않았나요?

과타리 나는 당신이 말한 것과 정반대되는 것을 말했는데요.

들뢰즈 잘했어요. 아주 잘했어요.

벨루 펠릭스에게 그건 정치의 문제입니다. 그에게 모든 과학은 강도량의 특징 자체와 모순되는 형식화 쪽으로 되돌아가는 것으로 보입니다.

과타리 강도량의 문제는, 그것이 과학이 될 수 없다는 것입니다. 그것은 정치적 장이고 욕망의 장이고 혁명적 경험의 장입니다. 다른 모든 영역을 초코드화하는, 일종의 강도량의 인식론이 될 과학은 상상할 수 없습니다. 과학적 담론의 구성은, 어떤 효과이건 효과의 일관성에 대한 어떤 보증도 주지 않을 것입니다.

들뢰즈 인식론, 그건 틀림없이 아닐 것입니다! 당신은 끊임없이 과학 기계에 대해 말하고 있습니다. '과학 기계는 강도 기계다.' 입자-기호 관계는 강도적 관계입니다. 강도는 과학의 광기입니다.

과타리 과학의 광기 같은 거라고요? 오히려 과학의 정치 같은 거지요!

들뢰즈 그렇다고 해 두죠! 그건 입자-기호 체계입니다. 우리는 검은 구멍에 대해 말하지 않았습니다. 강도의 구멍들이 존재하고, 그때 구멍들은 어떤 다른 입자보다 더 빠른 입자로 간주됩니다.

벨루 분열분석에 대해 이야기해 보지요. 그것이 실재합니까? 누가 실시하는 겁니까? 누구를 위해 하는 겁니까? 언제? 어디서? 어떻게?

언제까지?

과타리 그러한 물음에 대해 내가 사용하는 표현을 사용해 보겠습니다. '분열분석이 언제나 실존하게 되어 있다면, 그것은 이미 행해지고 있다.' 분열분석은 학교, 기성 사회, 운동, 억압 등의 테두리 안에서 나타날 수는 없을 것입니다. 그것은, 교실 안의 교사, 삶의 양식을 바꾸는 공동체, 진료실 안의 심리치료 의사, 정신병원의 간병인 모임, 실천에서 관계를 바꾸려고 하는 활동가 집단 등이 관련된, 욕망에 대한 다양한 국소적 경험 혹은 고려의 통접일 수밖에 없습니다. 어느 순간 욕망에 관한 다양한 실천들의 통접이 일어나고, 그로 인해 조직의 관료화에 대한 비판, 억압적인 교육적 관계에 대한 비판, 심리치료 계약의 암시적이고 소외시키는 관계에 대한 비판의 통접이 일어나게 된다면, 그때 정치 투쟁의 모든 계열의 교차점에 있는 분석 활동이 구성될 것입니다. 동시에 분열분석은 활동가이자 분석가인 집단이나 개인의 작업이 될 것입니다. 다시 말해 이들은 자신들의 정당성을 정신분석 협회의 선출에서 끌어오는 사람들, 또는 자신들의 사적 실천, 치료 실천, 기표의 독해를 혁명적 투쟁의 장과 절단하는 사람들과는 정반대인 사람들의 작업이 될 것입니다. 분열분석은 이러한 문제가 제기되는 곳 어디에나 존재합니다.

들뢰즈 분열분석에는 매우 일반적인 원리가 있습니다. 그것은 정신분석 학파의 기반이 되는 어떤 것이 아닙니다. 그럼 그것은 무엇일까요? 수적으로 많지 않은 몇 가지 원리들의 문제제기입니다. 강도에 대한 탐구. 비-구상적인 것. 비-오이디푸스적인 무의식. 해석에 반하는 실험. 상기에 반하는 망각. 자아와 주체화의 폐기. 정신분석가는 이렇게 말하겠지요. '너의 자아로 돌아가라.' 하지만 우리는 이렇게 말하겠습니다. '너는 아직 너의 자아를 충분히 용해시키지 않았다.'라고 말입니다.

과타리 중립성은 없습니다. 정치화가 있고, 사람들이 사로잡히는 구조 자체로의 진입이 있는 것이지요.

들뢰즈 적임자는 없습니다.

벨루 그건 결국 누구라도 분열분석가가 될 수 있다는 말이군요.

들뢰즈 아니, 아무나 그런 건 아닙니다.

벨루 아무나가 아니라면, 모두가.

들뢰즈 모두가, 이걸로 해 두지요.

과타리 활동가 집단들, 집단-주체들이 그들이지요.

들뢰즈 나는 분열분석과 정신분석의 차이에 본질적인 점이 있다고 생각합니다. 프로이트의 천재성은 무의식을 발견하고 무의식의 적이 된 것입니다. 무의식은 분석을 통해 복종시켜야 하는 것이지요. 펠릭스가 적절하게 말한 것처럼, 우리의 문제는 전혀 다른 것입니다. 우리의 문제는 반대로 어떤 조건에서 무의식을 생산할 수 있는가 하는 것이지요. 거기서 정신분석가와 우리 사이에 이론적이고 실천적 차이가 잘 나타납니다. 우리의 관점에서는 무의식이 없는 반면에, 정신분석가의 관점에서는 어떤 무의식이 있습니다. [정신분석가는 이렇게 말합니다.] '너의 배후에는 [네가 모르는] 어떤 무의식이 있고, 나는 너에게 그것을 해석해 줄 것이다.' 우리는 이렇게 말합니다. '무의식은 없다. 내가 너에게 그것을 만들어 주겠다.' 문제는 이것입니다. 무의식이 본성상 억눌리고 억제되지만 억압되지는 않는, 무의식이 실존하지 않는 어떤 사람, 어떤 조건에서 그런 무의식이 생산될 수 있을까요? 정신분석을 포함해서 모든 사회적 심급은 무의식의 생산을 방해하도록 만들어진 표시가 납니다. 펠릭스가 구획화sectorisation의 이른바 치료 심급들을 분석할 때, 정신분석가에게 가는 사람은 본성상 말을 할 기회가 없도록 모든 것이 만들어졌다는 것이 아주 잘 나타납니다. 그는 말을 할 수 있지만, 자기 말 속에 최소한의 언표를 통과시킬 기회조차 갖지 못합니다. 그것은 즉각 기계 속에 넣어져서 그가 말을 하기는 하지만 사전에 교살되기 때문이지요. 이미 그는 실패한 것입니다. '네가 아무리 큰 소리로 외쳐도, 네가 아무리 고함을 질러도 소용없다. …' 그래서 그린이 신경증 환자의 고통을 고려하지 않는다고 우리를 비난하지만, 그것은 이상한 노릇입니다. 신경증 환자가 침상에 누워 아무리 외쳐도 아무 일도 일어나지 않기 때문입니다. 과실로 아무 일도 일어나지 않는 것이 아닙니다. 정신분석 체계는 그 안에서 아무것도 일어날 수 없게 만들어진 체계입니다.

과타리 모든 것이 미리 짜여 있는 격자로 유도되는데, 여기에서 해석의 절정은 환자가 말하는 모든 것이 분석가의 침묵에 배치된다는 점입니다. 왜냐하면 그것이 가장 강한 해석이기 때문이지요. 그것은 심지어 강렬한 유혹이기까지 한데 왜냐하면 분석가의 침묵은 천상의 음악이 되기 때문입니다. 그것은 현전할 수 있는 모든 것에 대한 응답입니다. 그것은 매우 유혹적인 음악이지요. 왜냐하면 그것은 죽음의 음악이기 때문입니다.

들뢰즈 그렇지요, 그건 죽음의 음악입니다.

과타리 죽음 충동은 분석가의 침묵입니다. 그래서 침묵을 통한 분석의 이 최고 성취… 그리고 그러한 침묵은 고가高價이지요! 그 대신에, 다양체가 주어질 때 어떤 사람이 찾아옵니다. 욕망과 그의 관계가 다른 본성의 관계가 되기 위해서 무엇을 연결할 수 있을까요? 제기되는 물음은 '상황에서 무엇을 제거해야 하는가?' '무엇을 축소해야 하는가?'가 아니라 다음과 같은 것입니다. '무엇을 콤플렉스로 만들어야 하는가? 다른 톱니바퀴, 다른 분기선이 있도록 하기 위해서 어떻게 실재 기계들의 실재 연결에 의해 콤플렉스를 더 복합적이게 만들 것인가? 분석 집단 또는 분석가의 역할은 무엇인가?' 그것은 연결의 잠재성들을 해독하도록 돕는 것입니다. 어떤 것들이 더 멀리까지 실험될 수 있는지, 분석가 자신이 참여하고 톱니바퀴를 찾아내고 개입할 수 있는지 알아내고 기록하는 것입니다.

벨루 참여하는 사람 혹은 집단은 누구이고 어디에서 오는 것이지요?

과타리 아무래도 상관없습니다. 그건 문제가 되지 않습니다. 학파일 수도 있고 활동가 집단일 수도 있고 공동 진료소일 수도 있고 한 사람일 수도 있습니다. 집단이라고 해서 더 나은 것은 아닙니다. 집단이 최악의 정치를 행할 수도 있습니다. 가족 심리치료 집단을 보면 알 수 있지요.

벨루 그렇다면 당신은 완전한 허용이 존재한다고 생각하나요?

들뢰즈 그렇습니다.

벨루 누구라도 분열분석가를 자처하고 등장할 수 있다는 의미에서 말입니까?

들뢰즈 전적으로 그렇습니다. 본질적인 차이는 일대일 분석과 집단 분석 사이에 있지 않다고 펠릭스는 말합니다. 그가 완전히 옳습니다. 차이는 전혀 다른 데 있습니다. 예컨대 MLF, 즉 여성해방운동은 방대하고 고약한 해석을 합니다. 그들은 끊임없이 해석을 해대고 있습니다. 반면에 우리는 해석적이지 않은 이중 관계를 인식합니다. 게다가 남매 근친상간은 오이디푸스적 관계와 완전히 다른 분열분석적 단절이라고 생각합니다. 누이가 엄마의 대역이라면 그건 오이디푸스로 흐를 수 있고 환상적인 것에 기댈 수 있습니다. 거기에는 어떤 규칙도 없습니다. 규칙은 해석의 층위에 있습니다. '나는 해석하는가, 해석하지 않는가?' 그 때문에 그건 추상적 원리가 아닙니다. 그런데 해석하지 않는 것에는 금욕, 가상적 규율, 요가 등이 수반됩니다.

과타리 … 영속적인 미시적 계급투쟁이지요.

들뢰즈 해석이 있으면 배설물이 있습니다. '그런 짓을 했어? 왜?' 그건 자유의 반대입니다. 결정론 대 자유라는 낡은 대립은 해석 대 실험으로 전치되어야 합니다. 실험이 뜻하는 것은 '나는 너와 논다'가 아니라 '나는 너와 무언가를 시도하지만, 그것은 너의 유년기의 순환이 전혀 아니다.'입니다. 다시 말하지만, 우리의 이원성은 아이/어른을 거치지 않습니다. 누가 분열분석가냐고요? 통상적 계약을 거치지 않는다는 조건에서, 누구나 다른 누군가에 대해 분열분석가입니다. 분석가로서 그의 상황과 관련해서 펠릭스의 지위가 무엇이냐고 묻는다면, 그의 지위는 선생으로서 나의 상황과 유사하다고 할 수 있습니다. 사람들이 다른 곳에서 행하는 것을 활용하면서, 기존 구조에 가능한 것들을 가장 많이 통과시키는 것 말입니다. 그들은 우리를 기다리지 않았습니다. 우리가 학파를 만들고 싶지 않다고 말하는데도, 그것은 당연히 우리가 어찌할 수 없는 난처한 일이 될 것이 분명합니다.

과타리 우리는 그걸 할 수 없었습니다.

들뢰즈 우리는 그걸 할 수 없었고, 하고 싶지도 않습니다. 그건 우리의 관심사가 아닙니다. 반면에, 많은 사람들이 그들만의 분열분석을 발명하고 있다는 것은 너무도 분명한 일입니다.

벨루 당신들은 일종의 다중-분열을, 어떤 합리화 가능성도 없이 사회와 지리 각처에서 일어날 수 있다는 이유로 생산적인 것이자 유일한 가능성이라고 치켜세우고 있는 것 아닙니까?

들뢰즈 우리는 처음으로 우리를 기다리지 않고 일어나는 어떤 일을 예고한 사람들입니다. 즉 우리는 처음으로 사건은 더는 프로이트와 정신분석 독해에 의해서 일어나지 않고 실험(미국인들이 오래전부터 하고 있는 것)에 의해서 일어날 것임을, 다시 말해 사건은 교양이 아니라 비-교양에 의해서 일어날 것임을 예고했습니다.

벨루 아이들과 관련해서 질문이 있습니다. 가족의 파괴는 어떻게 조직되나요? 아이들은 어떻게 교육하나요? 아이를 낳아야 하나요? 어떻게 그리고 누구와 말입니까?

과타리 우리는 신경 쓰지 않습니다.

들뢰즈 모르지요. 문제는 이미 해결됐습니다. 전에 말한, 내가 보기에 매우 중요한 것을 제외하고는 제공할 아이디어가 없습니다. 아이는 오이디푸스적인 유년기 기억을 만드는 동시에 비-오이디푸스적인 유년기를 보낸다는 것 말입니다.

벨루 나는 시스템의 숙명과 관련해서 말한 것입니다. 아이들이 당신을 사로잡고 또 아이들 자신이 사로잡히는 시스템의 숙명 말입니다.

들뢰즈 아이들이 사로잡히는 시스템의 숙명은 없습니다. 아이들은 무엇을 하나요? 그들은 폭탄 꿈을 꿉니다. 내 아들 줄리앙은 무슨 꿈을 꿀까요? 그는 폭죽 꿈, 폭발 꿈을 꿉니다. 그리고 그건 오이디푸스적이지 않습니다.

벨루 '아이들은 아빠와 문제가 있고, 그건 오이디푸스적이다.'라고 하지 않나요?

들뢰즈 그건 그들이 동시에 유년기 기억을 만들어 내기 때문입니다. 유년기 블록—펠릭스의 표현—과 유년기 기억을 구별해야 합니다. 그래서 프로이트와 프로이트주의자들과 프로이트 분파들은 언제나 다음과 같은 물음을 제기했습니다. '유년기 뒤에 오지만 [과거로] 소급 투사되는 유년기 기억이 있지 않은가?'

과타리 차폐-기억7이 그것이지요.

들뢰즈 그건 어리석기 짝이 없습니다.

과타리 차폐-기억밖에 없습니다.

들뢰즈 … 그리고 차폐-기억들은 같은 순간에 만들어집니다. 그래서 내 아들이 "아빠, 아빠를 폭파하고 싶어요."라고 말할 때 혹은 내 딸이 내 침대에 누울 때 그건 오이디푸스적이라는 것이지요. 그 점에서 정신분석가들은 옳습니다. 거기서 이미 유년기 기억이 있는 것이죠. 그녀는 동시에 기억을 만들어냅니다. 그녀는 이미 기억 속에 있습니다. 그건 그녀가 서른 살이 되었을 때 이렇게 말하기 위한 것이라는 겁니다. '아, 난 아빠 침대에서 잤었다!'

과타리 '그녀는 미래를 준비하고 있었다.'라는 거지요.

벨루 그런데 그걸 바꾸기 위해 어떻게 싸울 수 있을까요?

들뢰즈 그걸 바꾸기 위해 싸울 필요는 없습니다.

과타리 다른 것을 해야 합니다.

들뢰즈 유년기 기억이 유년기 블록과 동시에 형성된다고 한다면, 중요한 것은 유년기 기억과 대립하는 유년기 블록들을 가능한 한 많이 해방하는 것입니다. 유년기 블록은 내 아들이 "난 아빠를 폭파하고 싶다."라고 말하지 않고 "난 샤프탈 고등학교를 폭파하고 싶다."라고 말할 때입니다. 왜냐하면 그는 동시에 둘 다를 원하기 때문이지요. 거기에도, 정신분석가들이 완전히 무시하는 혼합 혹은 결합이 언제나 있습니다. 그리고 그가 '난 샤프탈 고등학교를 폭파하고 싶다.'라고 말할 때 '난 아빠를 폭파하고 싶다.'라고 말하는 것이 아닙니다. 그리고 내 딸이 내 침대에서 잘 때 '난 아빠와 섹스하고 싶다.'라고 말하는 것이 아닙니다. 그녀는 그걸 말하고 있지만 다른 것도 말하고 있습니다. '난 무언가 나의 것을 하고 싶어.' '난 나의 삶을 살고 싶어.' 등등.

벨루 그럼 당신은⋯ 어떤 것과 싸울 필요가 없다는 것인가요?

들뢰즈 물론입니다.

벨루 ⋯어떤 것과 싸우지 않지만 다른 것을 자유롭게 해야 한다는 것인가요?

들뢰즈 분명 그렇지요.

벨루 ⋯그리고 너무 단호하게 어떤 것과 싸운다면 그만큼 더 그것이 다시 떠오르게 된다는 건가요?

들뢰즈 그렇습니다. 사실상 문제는 거기 있지 않습니다. 화목하건 아니건 가족 안에, 기숙학교 안에, 사회 안에 그 두 가지 측면이 함께 나타납니다. 가능하면, 각각의 경우마다 출구를 찾아야 합니다.

벨루 놀라운 것은 일상적, 물질적 경험에서 우리가 가장 강렬하게 겪는 것, 역설적으로 아이와의 관계에서 가장 현재적인 것으로 지각하는 것은 불행하게도 기억에 속한다는 것입니다.

들뢰즈 확실히 그렇습니다. 사회 전체가 그 용도로 만들어졌기 때문이지요. 사회 전체는 아이에게 '네가 용무가 있는 사람은 네 아빠와 네 엄마다.'라고 말하도록 만들어졌습니다. 그건 놀라운 일이 아니지요. '고등학교는 선하고 좋고 신성하다. 그래서 만일 네가 학교를 공격한다면, 그건 네 아빠와 엄마 때문이다.' 정신분석은 무엇보다도 그것에 봉사해 왔습니다. 아이는 온통 그것 쪽으로 향해 있습니다. '선생님은 네 아빠의 이미지다.'라면서 말입니다.

벨루 당신은 가족—상징적 가족이 아니라 실제 가족—이 믿기 어려운 방식으로 그 과정을 조장한다고 생각하지 않나요?

들뢰즈 분명 그렇습니다. 그러나 가족은 그렇게 해서 사회적 기능을 수행할 뿐입니다. 아이는 태어나면서부터 정치적이라고 한다면 가족의 사회적 기능은 아이의 그러한 정치적 공격성의 방향을 바꾸는 것입니다. 아이는 태어나면서부터, 가난한 아이나 부자 아이로서 정치성을 띱니다. 그는 정치적인 성性을 갖습니다. 프로이트는 이렇게 말했지요. '아이는 성을 갖지만 정치적이지 않다. 아이를 정치적으로 만들지 말라.' 우리는 이렇게 말하겠습니다. '아이는 정치적인 성을 갖는다. 그리고 정치 없는 섹슈얼리티란 없다.' 성을 갖는 것은 자신을 부자로 체험하거나 빈자로 체험하는 것을 뜻합니다. 여자아이를 파악하는 것은 그녀를 고용주의 딸로 파악하거나 바텐더의 딸로 파악하는 것입니다. 우리가 말하는 것은 다른 것이 아닙니다. 정신분석이 그것에 도달하지 못하면 정신분석은 한낱 쓰레기에 지나지 않습니다. 아이의 섹슈얼리티는 가족 테두리 안에 있지 않습니다. 아이는 태어나자마자 엄마가 가정부인지 부잣집 여자인지 가난한 여자인지 파악합니다. 그러므로 아이는 정치적인 성을 갖습니다. 분열분석은 언제 어디서나 누구와도 계약 없이, 전이 없이 이루어질 수 있습니다.

음악적 시간 [1]

　[피에르 불레즈의 음악에] 사용된 방법에 관해 먼저 언급하고 싶다. 피에르 불레즈는 다섯 개의 작품을 선택했다. 이 작품들의 관계는 영향, 의존, 혹은 파생 관계가 아니며, 한 작품에서 다른 작품으로의 발전 혹은 진화 관계도 아니다. 오히려 이 작품들 사이에는, 순환이나 대면을 통해서만 나타나는 잠재적 관계가 있을 것이다. 그리고 이 작품들이 일종의 순환 연주에서 대면될 때 음악적 시간의 특수한 윤곽이 솟아오른다. 따라서 그것은 음악의 일반적인 시간 개념을 향해 가는 추상 방법이 전혀 아니다. 불레즈는 분명 다른 순환 연주를 선택할 수도 있었다. 예컨대 바르톡의 작품, 스트라빈스키의 작품, 바레즈의 작품, 베리오의 작품… 그러면 시간의 다른 윤곽이 추출되거나 아니면 시간 외의 다른 변수의 특수한 윤곽이 추출될 것이다. 그때 이 모든 윤곽을 포갤 수 있을 것이고, 사례라고 불리는 것들로부터 일반성을 추출하는 대신, 매번 여러 음악적 특이성들을 결합하는 진정한 변주의 지도를 작성할 수 있을 것이다.

　그런데 불레즈가 선택한 바로 그 순환 연주의 경우에 우리가 보거나 듣는 것은 박동 없는 시간이 박동 있는 시간에서 추출되는 방식이다. 작품 I(리게티)은 아주 정확한 물리적 변위 작용에 의해 이 추출을 보여준다. 작품 II, III, IV는 매번, 가능한 모든 양상을 다 쓰지 않으면서 이 박동 없는 시간의 다른 양상을 보여준다. 끝으로 작품 V(카터)는 박동 없는 시간이 어떻게 새로운 유형의 가변적 박동을 회복시킬 수 있는지 보여준다.

문제는 프루스트가 "얼마간의 순수한 상태의 시간"이라고 부른 것에 가까운 이 박동 없는 시간, 이 떠오르는 시간이 어떤 것인지 아는 것일 것이다. 이 시간의 가장 분명한 첫 번째 특징은 그것이 지속durée이라는 것, 즉 규칙적이건 불규칙적이건 박자mesure로부터 해방된 시간이라는 것이다. 따라서 박동 없는 시간은 헤테로크로닉hétérochrones, 질적인, 비동시적인, 비소통적인 지속들의 다양성을 현전화한다. 우리는 박자를 맞추어 걷지도 헤엄치거나 날지도 않는다. 그때 문제는 이 지속들이 어떻게 분절될 수 있을 것인가이다. 왜냐하면 우리는 생명에 관련된 이 지속들에 공통된 박자 혹은 계량적 박자cadence métrique를 부과할 책임을 정신Esprit에 맡기는 아주 일반적인 고전적 해결책을 미리 포기했기 때문이다. 더는 이 동질적 해결책을 쓸 수 없기 때문에 이 리듬 혹은 지속들 사이의 내부에서의 분절을 생산해야 한다. 예컨대 생물학자들도 24시간 주기의 생명 리듬을 연구할 때 그것들을 복합적인 공통 척도로 분절하거나 기본적 프로세스의 시퀀스로 분절하지 않는다. 오히려 그들은 소위 분자적 진동자들의 군群, 다시 말해 짝지어진 채 리듬 혹은 횡단리듬성transrythmicité의 소통을 보증하는 분자들의 군群을 내세운다. 그런데 음악에서, 이질적인 지속들의 이 내적 소통을 보증하는, 화음종種 혹은 화음 집단의, 짝지어진 소리 분자들에 대해 말하는 것은 은유가 아니다. 전자 음악과 직접 관계가 없는, 음악의 분자 되기는 동일 유형의 요소들이 이질적 체계들을 가로지르는 것을 가능케 할 것이다. 순수한 음표와 음계[조성] 대신 이러한 소리 분자들을 발견한 것은 음악에서 그리고 사실상 작곡가에 따라 매우 다른 방식으로 대단히 중요하다(예컨대 메시앙의 비역행형 리듬).

요컨대 박동 없는 시간은, 그것들의 관계가 일원화하는 음률 형식이 아니라 분자적 군에 기초하는 이질적인 지속들로 이루어진 시간이다.

이어서 이 박동 없는 시간의 두 번째 측면이 있을 것이다. 이 두 번째 측면은 시간과 개체화의 관계에 관련된 것이다. 일반적으로 개체화는 형상形相의 좌표와 주체의 좌표라는 두 개의 좌표에 따라 일어난다. 고전적 개체화는 형상을 갖춘 한에서의 어떤 사람 혹은 어떤 사물의 개체화다. 그러나 우리는 모두 더는 형상도 주체도 없는 다른 유형의 개체화를 알고 있고 그 속에서 살고 있다. 그것은 어떤 풍경의 개체화이거나 어느 하루의 개체화이거나 하루 중 어느 시간의 개체화이거나 어떤 사건의 개체화다. 정오-자정, 범행 시각 자정, 끔찍한 오후 다섯 시, 바람, 바다, 에너지 등이 이런 유형의 개체화다. 그런데 음악적 개체화, 예컨대 악절의 개체화는 첫 번째 유형보다 이 두 번째 유형의 개체화에 훨씬 더 가까운 것이 분명하다. 음악에서 개체화는 시간 안에서 그리고 시간과 더불어 발생하는 개체화만큼 복잡한 문제를 제기한다. 그러나 정확히, 형상의 종별화에 의해 일어나지도 주체의 지정에 의해 일어나지도 않는 이 역설적 개체화는 그 자체로 애매하다. 그것은 두 가지 층위의 청취 혹은 이해 능력이 있기 때문이다. 음악에 감동하는 사람의 어떤 청음이 있는바, 그것은 연상을 하는 것이다. 예컨대 [『잃어버린 시간을 찾아서』에서] 스완이 하는 것처럼 우리는 공감각 현상을 개입시켜서, 뱅퇴유의 소악절과 불로뉴 숲을 연상하거나[2] 일군의 음과 일군의 색을 연상한다. 심지어 바그너를 처음 들을 때처럼 어떤 모티브를 어떤 인물에 관련시키기까지 한다. 그리고 그러한 층위의 듣기가 기묘하다고 말하는 것은 잘못일 것이다. 스완을 포함해서, 작곡가 뱅퇴유를 포함해서 우리는 모두 그것을 필요로 한다. 그러나 한층 더 긴장된 층위에서는 더는 소리가 어떤 풍경에 의거하는 것이 아니라 음악이 그것 내부에 있는 **음향 풍경**paysage sonore을 전개한다. 리스트는 소리가 연합된 풍경을 참조하는지 아니면 반대로 풍경이 소리 안에 내부화되어 소리 안에만 실존하는지 더는 알 수 없을 정도의 애매함을 가진 이 음향 풍경이라는 관념을 부과했다. 다른 개념인 색 개념에 대해서도 똑같이 말할 수 있을 것이다. 소리-색 관계를 단순한 연상 혹은 공감각으로 간주할 수도 있지만, 지속 혹은 리듬이 그 자체로 색이라고, 즉 가시적 색과 포개지지만 가시적 색과 같은 속도를 갖지 않고 같은 변화를 겪지 않는 소리에 고유한 색이라고 생각할 수 있다. 세 번째 인물 개념에 대해서도 똑같이 말할 수 있을 것이다. 오페라에서 어떤 모티브를 한 인물과 연관 지어 생각할 수 있지만, 불레즈는 바그너 작품에서 모티브는 단지 외부 인물에만 관련되지 않고 변형된다는 것, 즉 박동 없는 유동적 시간 속에서 자율적 삶을 갖고 그 속에서 모티브 자체가 내부적 인물이 된다는 것을 잘 보여주었다. 우리에게 이 세 가지 서로 다른 개념, **음향 풍경, 가청의 색, 리듬적 인물**은, 이질적인 시간적 지속과 분자적 진동으로 이루어진 유동적 시간에 속하는, 개체화 혹은 개체화 과정의 예들이다.

끝으로 세 번째 특징이 있을 것이다. 박동 없는 시간은 척도로부터 해방된 시간, 즉 지속일 뿐만 아니라, 주제와 주체로부터 해방된 새로운 개체화 방식이기도 하며, 끝으로 형식으로부터 해방된 재료의 탄생이기도 하다. 어떤 면에서 유럽의 고전 음악은 가공되지 않은 청각 재료와 이 재료를 선택하고 채취한 음향 형식의 관계 속에서 정의될 수 있을 것이다. 그것은 가장 단순한 것에서 가장 복합적인 것으로 나아가고, 지속들을 음향 공간의 부분들의 어떤 등가성으로 균질화하는 것으로서 운율 템포의 지배를 보증하는, 물질-생명-정신의 어떤 위계를 내포했다. 반대로 현대 음악에서는 더는 단순하거나 미분화된 물질이 아니라 매우 정련된, 매우 복합적인 재료인 음향 재료가 탄생한다. 그리고 이 재료는 음향 형식을 필요로 하지 않기 때문에 더는 음향 형식에 종속되지 않을 것이다. 즉 그 자체로는 소리가 나지 않고 들리지 않는 힘들과 이 힘들의 차이를 소리 나게 만들고 들리게 만드는 일을 그 재료 자체가 담당할 것이다. 가공되지 않은 재료와 음향 형식 쌍은 정련된 음향 재료와 그 재료에 의해 들을 수 있고, 지각 가능하게 될 지각 불가능한 힘의 결합으로 대체된다. 가장 인상적인 최초의 사례 중 하나는 아마도 드뷔시의 〈바람과 바다의 대화〉일 것이다. 불레즈가 제안한 연속 연주에서는 작품 II 〈음가와 강도의 양태〉, 작품 IV 〈에클라〉가 그것에 해당할 것이다. 매우 복합적인 음향 재료는, 지속, 시간, 강도, 정적 등 그 자체로는 소리가 나지 않는, 다른 본성을 가진 힘들을 식별 가능하고 지각 가능하게 만드는 일을 맡는다. 소리는 단지 다른 것을 포획하는 수단일 뿐이고, 음악은 더는 음을 단위로 갖지 않는다. 그런 점에서 고전 음악과 현대 음악 사이에 단절, 특히 무조 음악이나 음렬주의 음악과의 단절을 설정할 수 없다. 음악가는 모든 것을 재료로 삼는다. 그리고 고전 음악은 이미 복합적인 음향 물질-형식 쌍 아래로 정련된 음향 재료-비음향적 힘이라는 다른 쌍의 작용을 지나가게 했다. 단절이 아니라 오히려 부글거림이 있다. 19세기 말 20세기 초에 일반화된 반음계주의 시도, 평균율로부터 해방된 반음계주의 시도, 음악의 선법 [음계 결정] 역량의 새로운 창조 시도가 일어났을 때, 바로 거기서 음악은 예로부터 언제나 음악을 움직여 온 것들, 즉 시간, 시간의 조직화, 소리 없는 강도, 온갖 성격의 리듬 등등의 소리 없는 힘들을 점점 들리게 만들었다. 그리고 바로 거기서 비음악가들이 그들의 무자격에도 불구하고 가장 쉽게 음악가들과 조우할 수 있다. 음악이 어느 정도 혁명적일 수도 있고 어느 정도 순응주의적일 수도 있는, 그리고 들을 수 없는 것을 들릴 수 있게 하는 힘들을 만드는 한에서 음악은 단지 음악가들만의 것이 아니다.

모든 영역에서 우리는 물질-생명-정신 척도에 따라서 단순한 것에서 복합적인 것으로 나아가는 위계를 더는 믿지 않게 되었다. 반대로 물질이 생명보다 더 복합적일 수 있고, 생명이 물질의 단순화일 수 있다. 리듬과 생명의 지속은 정신적 형식에 의해 조직화되고 측정되는 것이 아니라, 내부에서, 즉 그것을 가로지르는 분자적 과정에서 분절을 얻을 수 있다. 철학에서도 우리는 미분화된 사유 가능한 물질과 범주나 대개념 같은 사유 형식들 사이의 전통적인 짝짓기를 포기했다. 그 자체로는 사유 가능하지 않은 힘들을 사유 가능하게 만들기 위해 우리는 매우 정련된 사유 재료들을 가지고 작업을 시도하고 있다. 그 자체로는 들리지 않는 힘들을 들리게 만들기 위해 음향 재료를 가공할 때 음악도 마찬가지다. 음악에서 문제는 더는 절대적인 청력이 아니라 누군가에게 잠시 머무를 수 있는, 누군가에게 짧게 찾아올 수 있는 불가능한 청력이다. 철학에서 문제는 더는 고전 철학이 구현하려고 한 것과 같은 절대적 사유가 아니라 불가능한 사유, 즉 그 자체로는 사유 가능하지 않은 힘들을 사유 가능하게 만드는 재료의 정련이다.

『감각의 논리』 영어판 서문[1]

프랜시스 베이컨의 그림은 아주 특별한 폭력으로 이루어져 있다. 물론 베이컨은 종종 작품 속에 묘사된 폭력 장면과 교통한다. 끔찍한 광경, 십자가형, 인공보철구와 신체 절단, 괴물 등등이 그것이다. 그러나 이런 장면은 작가 스스로가 자신의 작품 안에서 혹평하고 비난하는 너무나 손쉬운 우회로일 뿐이다. 그가 직접 관심을 갖는 것은 색과 선의 폭력뿐이다. (재현의 폭력이 아닌) 감각의 폭력, 정적인 폭력 혹은 잠재적인 폭력, 반작용과 표현의 폭력. 예컨대 비가시적 힘의 예감이 우리에게서 끌어내는 외침. "공포보다 외침을 그리기 …." 극단적으로 말하면 베이컨 그림의 형상들은 결코 고문당하는 신체들이 아니라 평범한 구속 상황에 있는 평범한 신체들이다. 사람은 좁은 의자에 몇 시간 동안 억지로 앉아 있게 되면 여러 가지 매우 뒤틀린 자세를 취하게 된다. 딸꾹질의 폭력, 구역질의 폭력뿐 아니라 무의지적인 히스테릭한 미소까지. 베이컨 그림의 형상, 신체, 머리는 살로 만들어졌다. 그리고 베이컨이 관심을 갖는 것은 살에 행사되는 비가시적 힘들이다. 그것은 질료-형상 관계가 아니라 소재-힘 관계다. 힘이 살에 가하는 작용에 의해 힘을 가시적이게 만드는 것. 우선 살 자체의 관성의 힘이 있다. 베이컨에게 살은 뼈에서 흘러내린다. 그것은 뼈에서 떨어지거나 떨어지는 경향을 띤다(그래서 엎드려 자고 있는 사람은 한쪽 팔을 올리고 있거나 허벅지를 쳐들고 있어 살이 흘러내리는 것처럼 보이는 것이다). 베이컨이 관심을 갖는 것은 운동이 아니라 부동의 신체에 대한 운동의 효과다. 바람에 따귀를 얻어맞고, 충격으로 일그러진 머리. 게다가 살 속으로 올라가는 모든 내부의 힘들이 [근육의] 경련을 가시적이게 만든다. 신체 전체가 신경총이다. 베이컨의 그림에 감정이 있다면 그것은 무시무시한 것을 좋아하는 취향이 아니라 연민, 강렬한 연민이다. 동물의 죽은 살을 포함해서 살에 대한 연민.

베이컨의 그림에는 또 다른 요소가 있다. 형상이 분리되는 거대한 색채 면이 그것이다. 이 색채 면은 깊이가 없거나, 또는 후기 입체파를 특징짓는 '얕은 깊이'만 갖고 있다. 이 거대한 지대는 구역으로 나뉘고, 아주 가느다란 관이나 레일에 의해 가로질러지며 꽤 넓은 띠나 리본에 의해 잘린다. 그것들은 뼈대, 골격을 형성한다. 때로 그것은 색채 면의 천공에 매달려 있는, 배의 밧줄과 같다. 그 위에서 [인물] 형상이 우스운 공중곡예를 한다.

그림의 이 두 가지 요소는 서로 무관심한 채로 머물러 있지 않고, 서로에게서 생명을 취한다. 종종, 평평한 색채 면이 형상 주위를 휘감고, 둘이 함께 얕은 깊이를 구성하고, 속이 빈 부피를 형성하며, 형상이 자신의 작은 곡예(개수대에 구토하기, 발끝으로 문 닫기, 걸상에서 몸 꼬기)를 공연하는 한 가운데에 구분하는 선이나 원, 곡선을 그리는 것 같다. 이러한 종류의 상황은 오직 극장 속, 또는 『잃어버린 것들』[2] 같은 베케트의 소설 속 상황 – "납작한 실린더…빛…그 노랑…의 내부" – 과 유사하다. 아니면 어두운 터널에 내던져진 신체의 시각 속에서 발견된다. 그런데 만약 이 색채 면들이 형상에 압력을 행사한다면, 이번에는 형상이 바깥쪽으로 압력을 행사하여 그 면들을 통과하거나 분리된다. 이미 우리는 여기에서 경련, 또는 비명의 역할을 보았다. 탈출하려고 하는, 자신에게서 흘러나오려 하는 전신全身. 그리고 이것은 베이컨의 개수대뿐만 아니라, 형상의 일부를 움켜쥔, 그리고 흡혈귀처럼 늘어지고 과장된 점이 있는 그의 유명한 우산들을 통해서도 발생한다. 도망치려고 하는, 정점이나 구멍을 통해 자기를 게워내려고 하는 전신. 그렇지 않으면, 그와 반대로, 그것은 자기를 납작하게 만들고 두꺼운 거울 속으로 자기를 펼쳐 넣을 것이며, 수프 그릇 속 기름 덩어리처럼 자신이 분리되고 흩어질 때까지 그 전체를 이 너비 속에 담아둘 것이다. 형상들 자체는 언제나, 이러한 분산을 입증하는 문질러진 지대와 흐릿해진 지대에 나타난다. 1978~9년 이래로, 우리는 베이컨에게는 매우 이례적인, 일부 그림들에 관해 이야기할 수 있을 것 같다. 이 그림들에서 형상은 사실상 사라지고 흔적이나 간헐적인 자취, 물과 증기의 분출, 모래, 먼지, 혹은 풀 등이 나타난다.[3] 우리에게 미래를 위한 풍요로운 가능성처럼 보이는 이 새로운 시대는 순수하게 베이컨의 것인 추상이다. 그것은 다음과 같은 이중의 움직임과 소통한다. 형상으로 향하는 색채 면의 움직임과 색채 면으로 향하는 형상의 움직임이 그것이다.

베이컨은 아주 위대한 색채 화가다. 그리고 베이컨에게서 색은 여러 다양한 체계들과 관계되는데, 그중 가장 중요한 것은 다음 두 가지다. 하나는 형상–살에 상응하고 다른 하나는 색채 면–구역에 상응한다. 그것은 마치 베이컨이 세잔 이후 회화의 제반 문제를 다시 제기한 것과 같다. 세잔의 "해결책" – 기본적으로 스펙트럼의 순서에 따라 진행하는 뚜렷한 필법에 의한 색의 변조 – 은 사실상 다음과 같은 두 개의 문제를 낳거나 다시 제기했다. 한편으로는 배경이 마치 색채 배열을 위한 수직 뼈대인 것처럼 그 배경의 균질성과 통일성을 어떻게 유지할 것인가, 다른 한편으로 영속적인 변이 속에서 형식의 특수성과 특이성을 어떻게 유지할 것인가? 이것은 고갱만큼이나 반 고흐에게도 새로운 문제였다. 이 문제는 다음 두 가지의 절박한 위험들을 내포한 문제였다. 바닥은 비활성인 채로 남아 있을 수 없었으며, 형식이 분명치 않거나 회색으로 떨어질 수도 없었다. 반 고흐와 고갱은 무한으로 운반되는 광활한 단색의 장을 배경으로 복원함으로써, 그리고 "자연과 동떨어진" 살에 어울리는 새로운 색 – 가마에서 구워낸 듯한, 그리고 도자기와 비슷한 색 – 을 발명함으로써, "색을 통한 초상화"라는 초상화의 기법을 재발견했다. 첫 번째 양상은 현대 회화에서의 실험에 끊임없이 영감을 불어넣어 주고 있다. 이 위대하고 찬란한 단색 면들은 색조의 변이들에서가 아니라 근접 지대들에 의해 결정되는 강도나 채도의 바로 그 미묘한 변동을 통해 생명을 얻는다. 이것은 베이컨의 경로가 될 것이다. 여기에서 이러한 근접 지대들은 색채 면에 의해, 또는 이 면을 가로지르는 흰색의 펼쳐진 띠나 큰 줄무늬에 의해 유도된다(이와 비슷한 구조는 바넷 뉴먼에게서 찾아볼 수 있다). 또 다른 양상, 즉 살의 색들은 고갱이 예시했던 선들을 따라 베이컨이 해결할 것이었다. 마치 아궁이 안에서 구워지거나 불에 그을린 것과 같은, 부서진 색조 tons rompus를 생산함으로써 말이다. 색채 화가[색채주의자]로서의 베이컨의 천재성은 이 두 가지 관념에 동시에 존재하는 반면, 대부분의 현대 화가들은 첫 번째 관념에 집중해왔다. 이 두 양상은 베이컨에게서는 엄밀한 상관관계를 이루고 있다. 거대한 면을 위한 찬란하고도 순수한 색조는 강렬함과 짝을 이루고 있으며, 살을 위한 부서진 색조는 파열이나 '용광로'의 절차, 상호보완물들의 비판적 혼합과 짝을 이루고 있다. 그것은 회화가 다음과 같은 두 가지 방식으로 시간을 정복할 수 있었던 것과 같다. 한편으로는 신체들이 추락하거나 아니면 자신의 기량을 뽐내는, 영원으로서의 색을 통한, 그리고 어떤 장의 무한

속의 빛을 통한 정복. 그리고 다른 한편으로는 이러한 신체들의 운동 속에서, 살 속에서, 살갗 위에서 (그리하여 쓸모 면에서 다양한 차이를 지닌 거구 남성 세 명의 등짝에서) 일어나는 신진대사의 변화로서, 이행으로서 이루어진 정복. 그것은 작곡가 올리비에 메시앙이 자신의 작품 중 하나에 붙인 이름에서 따온 '시간-색채'Chronochromie이다.

단순한 형상화의 포기는 현대 회화, 아울러 모든 시대를 통틀어 회화 전반의 일반적인 사실이다. 그러나 흥미로운 것은, 베이컨이 형상화와 단절한 그만의 방식이다. 그것은 인상주의도, 표현주의도, 상징주의도, 입체주의도, 추상화도 … 아니었다. (어쩌면 미켈란젤로의 경우를 제외하고는) 누구도 형상을 이토록 두드러지게 고양함으로써 형상화와 단절한 사람은 결코 없었다. 회화를 모든 서사로부터, 아울러 모든 상징화로부터 떼어낸 것은 바로 형상과 장[색채 면]의 조우, 얕은 깊이에서의 그들의 고독한 대결이다. 서사나 상징을 통해 형상화가 얻는 것은 재현된 것représenté 또는 기의된 것signifié의 가짜 폭력뿐이다. 그것은 감각의 폭력에 대해, 다시 말해 회화 행위에 대해 아무것도 표현하지 못한다. 베이컨이 삼면화를 되살려야 했던 것은 자연스러운 일이었고, 심지어 필수적인 일이었다. 삼면화 형식에서 베이컨은 회화의 조건들을, 그리고 그가 당연하다고 여긴 바로 그 색채의 조건을 발견한다. 삼면화는 철저하게 분리되고 정확하게 나뉜 구역들로 이루어져 있다. 이 구역들은 그들 사이에 자리 잡게 될 어떠한 서사도 사전에 차단한다. 하지만 베이컨은 또한 이 구역들을, 어떤 상징적 저류로부터도 자유로운 방식으로 [이 구역들을] 상호연관성을 갖도록 하는 일종의 잔인하고 통일적인 분포와 연결한다. 바로 이 삼면화에서 색채들은 빛이 되고, 빛은 스스로 색채들로 분할된다. 그것들 속에서 우리는 회화의 본질인 리듬을 발견하게 된다. 왜냐하면 그것은 이런저런 성격의 문제가, 리듬을 지니고 있는 이런저런 객체의 문제가 결코 아니기 때문이다. 반대로, 리듬 그리고 리듬만이 성격이 되고 객체가 된다. 리듬이 유일한 성격이며, 유일한 형상이다. 삼면화의 기능은, 이러한 점에서 정확히, 그렇지 않으면 은폐되어 있었을 위험의 존재를 밝히는 것이다. 삼면화의 세 화판이 다양한 방식으로 분포하는 것은, 세 개의 기본적인 리듬 ― 하나의 고정된 또는 "수행원" 리듬과 나머지 두 개의 리듬 ― 과 유사하다. 크레셴도 또는 증폭의 리듬(상승, 확장, 이완, 부가하는 가치), 디미누엔도 또는 제거의 또 다른 리듬들(하강, 압축, 수축, 제거하는 가치). 베이컨의 삼면화를 모두 고찰해 보자. 각각의 경우 수행원-형상은 어디에 있는가? 부속적 형상 또는 환원적 형상은 어디에 있는가? 1972년의 어떤 삼면화에는, 등은 "오그라들었지만" 다리가 이미 완성된 형상과, 몸통이 완성되었지만 한쪽 다리가 없고 다른 한쪽 다리가 달린 형상이 등장한다.[4] 이것들은 형상화의 관점에서 볼 때에는 괴물들이다. 하지만 형상들 자체의 관점으로 볼 때, 이것들은 리듬일 뿐이다. 음악 작품 속에서, 메시앙의 음악 속에서 우리에게 "리듬의 성격"을 들려주는 리듬들 말이다. 삼면화의 전개를 염두에 둔다면, 그리고 회화와 음악의 관계에 베이컨이 영향을 끼쳤던 방식을 염두에 둔다면, 그다음에야 우리는 그의 단순한 회화들로 돌아갈 수 있다. 의심할 바 없이, 우리는 [회화와 음악] 각각이 하나의 삼면화처럼 조직되어 있다는 것을, 각각이 이미 삼면화를 포괄하고 있다는 것을, 마치 수많은 형상들이 장 속에서 공명하고 있는 것처럼, 각각이 리듬들 ― 최소한 세 개의 리듬들 ― 을 분배하고 있다는 것을, 그리고 그 장이 리듬들을 분리하고 통합하며, 하나의 작품 속에 리듬들을 중첩시킨다는 것을 알 수 있을 것이다.

3부
청년기 저작들

여성에 관한 묘사[1]

성^性을 가진 타자 철학을 위하여

알랭 클레망에게[2]

여성은 아직 철학적 지위를 갖고 있지 않다. 시급한 문제다. 타자 철학은 기묘하다. 이 철학은 우리를 불편하게 만든다. 그 이유는 정말 단순하다. 그 철학이 우리에게 제시하는 세계는 [성별이 없는] 무성^{無性}의 세계이기 때문이다. 상호성, 소통, 교감, 이 의식적 혼합은 영혼의 매우 순수한 행위다. 사르트르가 "인간 실재"를 무성인 채로 두었다고 하이데거를 비난했을 때 그는 타자 철학의 이러한 불충분성을 본 것 같았다.[3] 그래서 사르트르는 욕망에 한 장을, 사랑에 또 한 장을 할애한다. 그러나 진보는 외견상일 뿐이다. 거기서 성을 갖는 것은 사랑을 하는 사람이다. 성을 갖는 것은 사랑하는 쪽이지 사랑받는 쪽이 아니다. 사랑받는 사람은 그 자신이 사랑하는 사람일 때만 자체로 성을 갖는다. 의식의 상호성에 관한 고전적 착각이 발견된다. 즉 타자는, 주체라는 의미에서만 고유의 구조를 갖는 다른 '나'일 뿐이라는 것. 그것은 타자 문제를 해소하는 것이다. 마치 사랑하는 사람만이 유성인 것처럼, 마치 사랑하는 사람이 사랑받는 사람에게 반대 성을 부여하는 것처럼, 나아가서 마치 통상적 사랑과 동성애가 본질적으로 다르지 않은 것처럼. 이는 모든 진실한 묘사와 반대되는 시각이다. 진실한 묘사에서는, 다른 '나'가 아니라 그 자체로서의 타자가 자기 성으로 자신을 드러내고, 객관적으로 사랑스럽고, 사랑하는 사람에게 자신을 내보인다. 현상학은 사랑받는 사람의 현상학일 수밖에 없다. 그래서 사르트르의 세계는 다른 세계보다 훨씬 더 슬프다. 객관적으로 볼 때, 그의 세계는 사랑을 나눌 생각만 하는 무성인 사람들의 세계, 완전히 괴물 같은 세계이다.

대원칙 : '사물들은 의미를 갖기 위해 나를 기다리지 않았다. 혹은 적어도, 묘사의 관점에서는 결국 같은 것이지만, 나는 사물들이 나를 기다렸다는 의식을 갖지 못한다.' 의미는 사물 속에 객관적으로 새겨진다. 예컨대 피로하게 하는 것이 있고, 그것이 전부다. 이 거대한 둥근 태양, 이 오르막길, 허리 잘록한 부분의 이 피로. 나는 그것에 아무 책임이 없다. 피로한 것은 내가 아니다. 나는 아무것도 고안하지 않는다. 나는 아무것도 투사하지 않는다. 나는 아무것도 세계에 불러오지 않는다. 나는 아무것도 아니다. 심지어 무無도 아니다. 절대 무가 아니다. 단지 하나의 표현일 뿐이다. 나는 사물들에 나의 작은 의미를 걸지 않는다. 객체는 아무 의미나 갖지 않는다. 객체는 자신의 의미를 갖는다. 즉 피로하게 하는 것이라는 의미. 그런데 이 엄격하게 객관적인 세계, 이 주체 없는 세계는 그 자체 내에 자기 부정의 원리, 자기 무화無化의 원리를 담고 있다. 즉 많은 객체들 가운데 하나이지만, 그럼에도 불구하고 자신의 특수성을 갖는 객체, 타자라고 불리는, 객체들 중 최대의 객체. 타자는 이 피로하게 하는 세계 안에 있는데도, 그의 태도를 통해 그리고 그의 모든 몸짓, 민첩한 걸음, 안정된 호흡, 여유 등을 통해, 피로하게 하는 것이 없는 세계를 표현할 수 있다. 타자는 바로 그것, "가능 세계의 표현"이다.[4] 부재하는 외부 세계의 표현, 표현되지 않고 표현

하는 것. 타자에 의해 표현되는 세계, 타자인 전 우주는 발레리가 말한 이런 부류의 객체들 속에 새겨진다. "부재하는 사물들의 현전 작용."5 음각인 그러나 내 안에 태고의 우주를 박아 넣어 내가 그것을 목구멍으로 밀어 넣고 이번에는 피로한 것이 나임을 의식하게 하기에 충분한 현전 작용. 피로하게 하는 것을 피로한 것으로 바꾸는 마술적 변형. 그것은 나, 오직 나뿐이다. 너무 큰 책임, 그것은 감당하기 어렵고 우연성과 동일하다. 나는 수치스러워한다. 모든 객관적이고 평온한 묘사를 파괴하는 이 수치심, 이 의식화, 이 타자 의식은 소심증, 타자에 대한 [겉으로 드러나지 않는] 음험한 증오다. 그러나 타자는 단지 적, 증오의 대상일 뿐인가? 타자는 단지 가능한 외부 세계의 표현일 뿐인가? 타자는 또한 우정의 제의가 아닌가? 나는 나의 피로를 극복할 것이다. 나는 태양과 도로, 심지어 피로까지 모두 격려로 만들 것이다. 나는 상호성 없이 나를 제물로 바칠 것이다. 나는 나의 것이 된, 나 자신이 된, 나에게 매우 소중한 이 피로를 제물로 바칠 것이다. 나는 마침내 타자가 나에게 계시하는 이 부재하는 외부 세계를 실현할 것이다. 한마디로 말해서 나는 타자와 그룹을 형성할 것이다. … 낙관적 시각. 어떤 대가로 그것은 사실이 되는가? 진정한 것과 관련하여 증오와 우정 각각의 의미는 무엇인가? 바로 그것이 타자 문제다. 그리고 그것은 우리의 문제가 아니다. 우리는 여성에 대한 묘사가 남성-타자에 준거하지 않고 이루어질 수 있는 한에서만 그것에 대해 말했다.

◇

　의식으로서가 아니라, 다른 '나'로서가 아니라, 객관적으로, 가능한 외부성으로서 정의된 남성-타자가 존재한다. 여성은 전혀 다르다. 여기서는 아주 단순하게 소박한 이미지에 매달려야 한다. 즉 여성을 혐오하고 음험한 어린 소년을 괴롭히는, 화장한 여성. 이 여성의 얼굴에서 부재하는 외부 세계의 표현을 찾아봤자 헛수고다. 그녀의 모든 것이 현존이다. 여성은 어떤 가능 세계도 표현하지 않는다. 아니 정확히 말해, 여성이 표현하는 가능 세계는 외부 세계가 아니라 그녀 자신이다. 여성은 그녀 자신만 표현한다. 즉 자기-표현, 순결, 평온. 그래서 여성이, 아무것도 표현하지 않는 순수한 객체와 자신 외에 다른 것, 즉 외부 세계를 표현하는 남성-타자 사이에 다리를 놓아준다고 말할 수 있다. 여성은 우리를 객체에서 비롯된 타자의 발생에, 객체에서 타자로의 이행에 입회시킨다. 그리고 다른 한편으로, 여성은 남성-타자와 선명하게 구별될 수 있다. 즉 나는 내 눈으로 직접 타자를 조롱하고, 심각하게 모욕하고, 그가 표현하는 세계의 가능성을 부정할 수 있다. 다시 말하면 타자를 순전히 부조리한 기계적 행동거지로 환원할 수 있다. 실제로, 그것이 음각으로 그리는, 그것이 부재로 표현하는 가능한 외부 세계로부터 절단된 표현 자체는 "행동거지"라고 불린다. 행동거지는 표현되는 것l'exprimé으로부터 절단된 표현하는 것l'exprimant이다. 물론 남성-타자의 경우에 표현되는 것은 부재하지만, 그럼에도 불구하고 그것은 여전히 표현하는 것이 전적으로 지향하는 것이다. 자기 안에 틀어박히고, 자기 초월로부터 절단된 타자는 부조리한 외양을 띠고, 일관성 없는 몸짓들로 귀착된다. 반대로, 엄청난 현존 속의 여성은 부정하는 것, 모욕하는 것이 불가능하고 절단하는 것도 불가능하다.[여성의 경우에는] 외부 세계가 없고, 표현되는 것이 곧 표현하는 것이기 때문이다. 여성은 분해 불가능한 한 덩어리로 주어지고, 갑자기 나타나며, 여성에게 내부는 외부이고 외부는 내부이다. 표현하는 것과 표현되는 것의 일치, 그것은 의식이다. 바깥에서 객관적으로 정의되는, 그러나 그 자체로 아주 특수한 의식. 그것은 상황 속의 의식이 아니라, 자기 자신을 표현하는 순수한 의식, 자기의식이며 무언가의 의식이 아니다. 여성의 살은 의식적이고, 여성의 의식은 살이다. 여성은 바로 그 사람의 가능태다. 여성은 자신을 가능하게 만든다.

그것이 여성의 신비, 여성의 우아함이다. 충분히 주목되지 않은 것이 있는데 우아함은, 가장 가벼운 무거움이자 가장 무거운 가벼움, 즉 무거움과 가벼움의 혼합에 의해 정의된다는 것이 그것이다. 여성의 신체는 살의, 물질성의 압도적 승리다. "여성의 평범한 부분이 온통 드레스로 둘러싸여 있음에도 불구하고 눈에 띄는 부드러운 배. 일반적으로 여성처럼 보이게 하는 것, 다리, 팔, 기타 등등, 그러나 특히 부드러운 배. 태양처럼 그것은 너의 피를 끓게 했다. 그리고 또 그녀의 몸 위에 두 개의 거대한 빛, 목젖, 그리고 그 위쪽에는, 늘 닫혀 있는 두꺼운 입술이 있는 이 얼굴―아, 신중할 것!―과 항상 아름다운 방울새처럼 노래하는 그녀의 눈."6 여성은 본질적으로 육화된 것이지만, 물질성에 빠지면 빠질수록 점점 더 비물질화되고, 그녀 자신의 존재의 고유한 가능태가 되어 자신의 표현에 의해 자신을 되찾는다. 사물로서 여자는 의식적이고 의식으로서 여자는 사물이다. 여자는 존재의 가능성인 동시에 가능태의 존재, 가능태의 살이다. 달리 말하면 무거움의 가벼움이자 가벼움의 무거움이다. 반대되는 것들의 이 결합, 물질적인 것과 비물질적인 것의 엄격한 동일성, 그것은 우아함이다. 자신의 무거움, 세계에 처박힘, 자신의 무게에 대한 의식. (다음을 이해하자. 자신의 무게에 짓눌려 신음하는 것이 문제가 아니다. 그게 아니다. 의식을 갖는 것은 자신의 무게를 "너무 무거운, 불충분하게…"라는 의미로 받아들이는 것이 아니다. 문제는 순수한 의식이다.) 지오노가 말하는 것처럼 배의 부드러움이 그것이다. 의식은 부드러움이다. 그리고 무자비한 무게로서 여성을 짓누르는 위험은 여성이 이 의식을 잃어버리는 것, 여성이 단지 배, 압도적인 물질성, 녹아내리는 가면에 지나지 않게 되는 것이다. 그때 여성은 하나의 사물이 된다. 그 이야기는 이제 그만하자. 자신의 존재를 잃어버리는 여성, 그것은 너무 고통스럽다. 여성의 존재는 의식과 살의 이 놀라운 통일성이기 때문이다. 여성은 의식이지만 자기 외부에 있는 것은 아무것도 표현하지 않는다. 여성은 무용한 의식이다. 무상의, 자생적인, 무효한 의식. 여성은 아무 목적도 제공하지 않는다. 사치품.

사치품의 고유성은 어떠한 목적도 제공하지 않는다는 것이다. 그런데 무용함의 두 가지 방식이 있다. 우선 너무 정교하고 너무 귀중해서 사용되지 않는 너무 정밀한 물건, 소유자에게 너무 직접 말을 걸어서 소유자는 행동하기 위해 그것에 의지할 수 없는 여분의 물건. 사실상, 행동하는 자아는 항상 대체 가능하다. 즉 항상 정도의 차이는 있지만 그것이 누구이건 간에 결코 유일하지 않다. 사치품은 행동하는 자아를 넘어서 더 근원적인, 더 내면적인, 더 여성적인 자아, 예컨대 담배 위에 늘어서 있는 무용한 이니셜을 보며 기뻐하는 자아에게 말을 건다. 사치스러운 존재가 사용하는 사치품. 이번에는 너무 광대해서 모든 사용이 너무 특별한, 너무 일반적인 존재. 이런 의미에서 여성은 우주적이다. 여성은 사물이자 의식, 의식 속의 사물, 사물 속의 의식이다. 그리고 순수 의식, 자기의식은 물질에 작용해서 그것을 우주적 계수로 가져가고, 그것을 구부려서 자기에게 회귀시킨다. 여성의 의식은 복수의 부재하는 외부 세계에 열리지 않고, 그것이 가능화하는, 그것이 보편화하는 물질 위로 닫힌다. 여성은 구체적 보편자이다. 여성은 하나의 세계이다. 외부 세계가 아니라 세계의 이면, 세계의 포근한 내부성, 내부화된 세계의 압축판이다. 이렇게 여성의 경이적인 성적性的

성공이 이루어진다. 여성을 소유하는 것은 세계를 소유하는 것이다. 존재와 가능태의 이 종합은 여성의 "필요성"이라고 불리는 것이다.

◇

다음과 같은 도덕적 귀결이 있다. '여자는 결코 친구가 되지 못할 것이다.' 요즘 젊은이들은 이 위선적 이론을 버린다는 것. 우정은 남성-타자가 우리에게 제의하는 가능한 외부 세계의 실현이다. 여성은 우리에게 제안할 외부 세계를 갖고 있지 않다. 여성은 완벽한 제안을 통해, 내가 객관적이라고 믿고 있었던 이 세계, 예컨대 피로하게 하는 이 세계를 피로하게 하는 것이 없는 다른 세계로 대체함으로써 맹렬하게 부정할 수 있는 존재가 아니다. 여성은 단지, 본질상 나로 하여금 [나머지] 다른 것들에 무관심해지게 만드는 능력을 가진 존재일 뿐이다. 여성 자체는 다른 것들과 관계없는 한 가지의 것une chose이기 때문에, 여성은 외부성 없는 하나의 세계un monde이기 때문에. 그것이 바로 '저 여자 탐스럽다.'라고 말할 때 표현되는 것이다.

친구와 애인 사이에 근본적 대립이 있다는 것은 잘 알려진 사실이다. "저 여자 탐스럽다."라고 할 때, 그녀에게 그런 의미를 투사하는 것은 내가 아니다(대원칙을 기억하자). 그녀를 욕망하는 것은 내가 아니다. 그녀는 나에게 탐스러운 것으로 보인다. 그러나 그녀가 중심이 된 이 세계 내부에서도 나의 친구는 반대로 그녀를 혐오스럽고 못생겼다고 생각할 수 있다. '그녀가 사랑스럽지 않은 [다른] 가능 세계의 계시.' 사랑과 우정 사이의 유명한 갈등을 보자. '나는 나에게 타자를 계시하는 이 가능한 외부 세계를 실현하는가? …' 여성은 이 갈등을 느낀다. 그래서 둘 중 하나다. 그녀는 [나를 꾀어서] 나와 내 친구의 사이를

틀어지게 하거나 아니면 내 친구를 유혹해서 '그녀가 탐스러운 세계'의 표현을 그에게 강요하고 그를 내 옆의 은밀한 라이벌, 즉 더는 [뒤] 세계의 대립 속에서만 실존하는 친구가 아니라 내가 질투하는 라이벌 존재로 만들 것이다. ─ 이 모든 것은 수많은 소설의 핑곗거리로 봉사했다.

여성과 남성-타자의 대립으로 돌아갈 것. 하지만 여성은 어떤 가능한 외부 세계를 표현할 수 없는가? 여성은 남성-타자처럼 피로한 세계, 피로하지 않은 세계 등을 제시할 수 없는가? 단언컨대 그것은 여성의 역할이 아니다. 그렇게 할 때 여성은 자신의 본질을 잃어버린다. 여성이 외부 세계를 표현하는 것을 보며 쾌락을 느끼는 남자를 나는 사디스트라고 부른다(사디즘의 공격적이지 않은 형태부터 여성에게 고통과 공포의 가면, 고통스러운 세계의 표현을 강요하는 가장 교묘한, 가장 진화한 형태까지). 유일한 예가 있다. 남성-타자의 주름, 더 잘 보고 이해하기 위해 주름이 잡히는 놀란 이마는 가능 세계를, 침투에 대한 외부 저항을 표현한다. 균일한 늘어진 살에 의해 분리된, 윤곽이 고른 넓고 긴 주름, 그것을 위해 만들어진 이마에 주름의 자연스러움. 오! 반대로 여성의 이마의 주름을 보자. 무질서하고 아주 어색한 수많은 잔주름, 그것은 짧고 빨리 끊긴다. 그것은 다른 곳, 조금 아래쪽에서 새로 시작되지만 모두 실패한다. 조각이나 구겨진 종이를 움직이며, 사람들은 가지런하게 찌푸려지지 않는 이마의 무능을 한탄할 것이다. 그것은 우스꽝스럽고 애처롭다. (우스꽝스럽고 애처로운 : 언제나 다시 생각나는 모순어법). 사디스트는 여자에게 말한다. '거기 앉아 그리고 이마를 찌푸려.'

처리해야 할 악마.7 여성은 무성 타자의 철학을 원하는 것 같다. 여성은 스스로 파멸을 자초한다. 여성은 외부 세계, 가능한 모든 외부 세계를 표현하고 싶어 하고, 남성-타자의 지위에 올라 그를 넘어서고 싶어 한다. [그러나] 그렇게 함으로써 여성은 자신의 본질을 잃어버릴 것이다. 연령 문제와 무관하게 이중의 위험이 여성을 짓누른다. 너무 "늙은" 여성은 무표정한 사물로 변하고, 너무 "젊은" 여성은 남성-타자처럼 행동한다. 다시 말하지만, 아주 단순해져야 한다. 여성의 자리는 외부에 있지 않다. 여성의 자리는 집에, 내부에 있다. 내부의intérieur 삶과 내적intérieure 삶, 같은 말이다.

◇

여성은 바로 그 사람의 가능태이다. 즉 여성은 외부 세계가 아니라 내부 세계를 표현한다. 더 정확히 말해 내적 삶은 물질적인 것과 비물질적인 것의 동일성이고, 이 동일성이 여성의 본질 자체를 이룬다. 남성-타자는 무엇보다도 외부성에 의해 정의되는 데 반해 여성은 거대하고 뜨겁고 생기 있는 내부성이다.

화장은 그러한 내부성의 형성이다. 우리는 자기의식이 어떻게 물질에 작용해서 그것을 비물질화하고 내부화하는지 보았다. 그리고 그 의식을 우리는 항상 바깥에서 정의했다는 것을 잊지 말자. 이 관점에서, 화장은 표정을 감추기 위해 얼굴에 씌워진 가면이 아니라, 초자연적 질서를 수립하는, 다시 말해 자연을 내부화하는 여성적 인격 그 자체로서 나타난다. 약속을 하고 그 약속을 지키지 않는 제목의 책에서 빌리는 "살과 화장의 거의 동질적인 일치"에 대해, "살과 문명의 신비스러운 조화"에 대해 말한다.[8] 자연과 인격의 이 일치를 유지하는 것은 자연을 인격의 형태로 내부화하는 행위 자체, 즉 의식이라는 것을 우리는 이제 안다. 이 의식은 주로 목과 발목에 국지화된다. 우아함의 소재지가 있다. 몸무게의 의식인 발목, 아니 힐과 머리 무게의 의식인 목이 그것이다. 반대로 남성-타자에게 목은 결코 의식이 아니다.

두 종류의 화장이 구별된다. 먼저 크림과 파우더로 이루어진 바탕 화장이 있는데, 그것은 바탕을 완전히 매끄럽게, 어원적 의미에서 "무의미하게", 무표정하게 만들고, 어떤 상황에서도, 모든 외부성의 표시(주름, 흉터 등)로부터 바탕을 보호하기 위한 것이다. 다른 한편 구멍 화장이 있다. 여기서 문제는 모든 내부성을 뚜렷이 드러내는 것이다. 때로는 외부가 내부화된다. 눈의 윤곽을 검게 그리면 시선이 움푹 들어가고, 자체에 내부화된다. 때로는 내부가 외부화되는데, 하지만 외부화 반대쪽에서 내부 존재를 유지하면서 외부화된다. 붉게 칠한 입술은 두꺼운 내부성의 출구이고, 그 붉음은, 그것이 장밋빛으로 물들이는 바탕 아래, 피부 아래, 항상 더 멀리, 붉은색 그대로, 내부에로 연장되는 듯하다. 그렇게 구멍 화장은 바탕까지 지배한다. 그리고 입술뿐만 아니라 손톱도. 여기서도 붉음은 연장되어 속손톱을 흰색으로 내버려 두는 부조리한 습관이 사라진다.

두 가지 화장의 결합 문제와 동시에 눈썹 문제가 제기된다. 여성에게 머리털은 번성, 내적 무성함, 무궁무진한 내부 생식력을 표시한다. 그러나 그것은 정도의 차이가 있지만 털 일반의 의미가 아닌가? 그렇다면 왜 여성은 눈썹을 뽑는가? 외관과 달리 눈썹은 외부성의 표시, 아니 더 정확히 말해 내부와 외부의 경계 표시이기 때문이다. 즉 눈썹 아래는 눈의 내부성이고 눈썹 위는 이마의 외부성이다. 그런데 여성은 내부와 외부의 경계를 모두 없앤다. 여성은 외부를 가급적 내부로 만들려고, 내부의 우위를 보증하려고 한다. 그래서 눈썹을 없애는 것이다. 눈썹 뽑기를 통해 두 가지 화장의 결합이 이루어진다.

또 다른 내적 번성의 기호인 [얼굴의] 명승지, 주근깨. "주근깨를 결점이라고 생각하지 마라. 주근깨는 그녀의 얼굴빛을 꾸며주었다. 귀중한 나무가 그런 것처럼, 그녀의 피부는 주근깨로 인해 더욱 희귀한 본질을 갖는 것처럼 보였다. 나는 여러 번, 나도 모르게 아름다운 얼굴에서 이 주근깨를 찾았고 그것이 없는 것에 조금 실망해야 했다."[9] 나는 여자가 자신의 주근깨에 대해 부끄러워하고 화장으로 그것을 없애려고 애쓰면서 반대로 점은 가꾸는 ─ 적어도 오랫동안 가꿔 온 ─ 이유를 이해하지 못하겠다. 그것은 자신의 본질에 대한 여성의 잘못된 생각 때문이라고밖에는 설명할 수 없다. 주근깨는 신비하고 완벽한 약동, 새총에서 발사된 유연한 궤적을 연상시키지 않는가? 또한 표면에 나타나고 표면을 부풀게 하지 않는, 부피도 없고 광채도 없는, 멀리서 날아 온 기포와도 같다. 아무리 손을 갖다 대도 소용없다. 주근깨는 [손에] 걸리지 않는다. 그것은 튀어나와 있지 않다. 단지 표면의 개화, 두께 없는 번성, 안달 나게 하는 매력일 뿐이다. 즉 주근깨는 보이지만 만질 수는 없다. 주근깨의 윤곽은 단지 시각적일 뿐, 주근깨 자체는 손에 닿지 않는다. 즉 주근깨를 손가락으로 집거나, 손가락으로 주근깨의 윤곽을 그리거나, 주근깨를 부풀려 보이는 것은 불가능하다. 그렇지만 주근깨는 내 손이 닿는 곳에 있고 달아나지 않으며, 불변하고 평온하다. 주근깨는 [물에 비친] 나르시스의 반사상 혹은 탄탈루스의 형벌이다. 손이 닿는 곳에 있지만 손이 닿지 않으니 말이다. 이 무심하고 무정한 현존, 볼 수는 있지만 만질 수는 없는 것, 나는 그것을 누메논^noumène이라고 부르겠다. 누메논은 정말로 외부에 있으면서 자신의 외부성을 넘어 자신의 내부 존재를 유지하는 내부적인 것의 상징이다. 그래서 극단적으로 말하면 화장 전체가 누메논, 즉 볼 수는 있지만 만질 수는 없는 것이 되는 경향을 띤다. 내부성은 침해할 수 없다. '이 머리 모양을 흐트러뜨리지 마시오.' '이 화장을 만지지 마시오.' 여성이 말하는, 하지만 말을 넘어 화장의 진짜 존재론적 의미를 노정하는 언어적 방어. 반대로 점은 경계해야 한다. 점은 두께가 있고 윤곽을 그릴 수 있으며 누메논이 아니다. 그리고 점은 홀로 있고 [무리를 지어] 몰려다니지 않으며, 겉으로 드러난 검정이다. 요컨대 점은 "아이러니한" 반전을 예비하고 야기한다. 얼굴이 점을 갖는 것이 아니라, 점이 얼굴을 "갖는" 것이고, 얼굴 전체가 검은 점을 중심으로 조직화하는 것이다. 주근깨의 다양성, 매혹적인 우아함, 완벽함에 비추어 볼 때, [점은] 주근깨가 야기할 수 없는 불운한 결과[를 초래한다].

비밀은 감춰진 내부성일 뿐이다. 비밀은 내적 삶의 정점에 위치하지만 그럼에도 내적 삶의 가장 흥미로운 측면은 아니다. 예를 들어 여성이 생각하는 것, 특히 여성을 웃게 만드는 것, 남자들은 결코 이해하지 못하는 것 등등. 여성이 불러일으키는 소심함과, 앞서 말한 남성-타자가 불러일으키는 여타의 소심함은 아주 다른 것이다. 즉 여성은 타자와 같지 않고, 새로운 세계를 계시하지 않는다. 여성은 단지 나를 바라보고, 나에 대해 무언가를 생각하고 그 생각을 하며 웃을 뿐이다. 암시, 해석, 내가 알지 못할 비밀, 나를 존중하지 않는 귓속말의 효과를 경험하고 나는 당혹감에 사로잡힌다. 그리고 나의 유혹 시도는 단지 여성에게 깊은 인상을 주려는 의지, 그녀의 해석을 순수한 표현으로, 내가 원하는 나의 모습, 엄밀히 말하면 내가 믿는 나의 모습을 발견하게 될 거울로 만들려는 의지일 뿐이다. 다른 극에서, 사디즘은 폭력적인 유혹이다. 사디즘에서 문제는 여성 안에서 그녀가 가진 비밀을 파괴하는 것, 그에 따라 그녀의 존재의 비밀을 파괴하는 것이다. 왜냐하면 주체로서 여성이 비밀을 갖고 있다면 그녀는 객체로서 비밀 자체이고 [언명되지 않고] 암시된 것이기 때문이다. 비밀은 숨김없이 말하지 않는, 본성상 행간으로 이해되어야 하는 특정한 부류의 말들이다. 아이들에게는 특정한 부류의 말들만이 아니라 모든 것, 엄밀한 의미에서 모든 것이 비밀이다. 비밀 부호, 눈짓, 아이들은 팔꿈치로 서로 찌르고, 아무것도 아닌 일에도 웃는다. 그것은 순수한 상태의 암시, 즉 질료 없는 형식이다. 그리고 다른 한편으로 그 아이들은 오롯이 전심전력한다. 그들은 천진난만한 의식을 가지며, 해석하려고 애쓰지도 않는 온갖 종류의 것들을 비추고 표현한다. 이번에는 형식 없는 질료를. 그러나 사춘기가 온다. 사춘기는 질료 없는 형식과 형식 없는 질료의 마주침이다. 그리고 그것은 소녀, 즉 여성과 관련해서 일어나는 일이다. 소녀가 지나갈 때 소년들은, 이제 이유 없이, 팔꿈치로 서로 찌른다. 비밀은 육화되고, 비밀의 형식은 질료화되고, 질료는 형식화된다. 그때부터 비밀은 여성, 그리고 성^性과 관련된 모든 것이다. 그것은 스캔들이다. 그로부터 우리 삶 전반에 큰 영향을 미치게 될 사춘기 콤플렉스가 생긴다. 지방에서의 생활과 집집마다 우리가 낮은 목소리로 말하는 것.

거짓말은 보존되고 보호된 내부성이다. 여성이 거짓말을 대단히 많이 한다는 것은 잘 알려진 사실이다. 그것은 [정말] 거짓말인가 아니면 여성적 진실의 긍정인가? 두 종류의 거짓말이 있다. 먼저 외부의 불쾌한 대답으로부터 보호된 내적 삶, 가장 견디기 힘든 외부성을 소화하기 위한 상상력의 분비물, 모든 외생적 결정의 철저한 거부(여성과 그녀의 나이를 참고하라). 다른 한편, 여성은 자신의 내적 삶을, 그것을 요구하는 애인에게 넘겨주기보다는, 차라리 그것을 외부화하기[밖으로 드러내기] 전에 그것을 변형시키고 일그러뜨리고 거의 자진 파괴해버린다. 그것이 사랑의 보증/담보이다.

잠은 자기 몸을 바치는, 내맡겨진 내부성이다. 그것은 다시 본질적 내부성, 화장을 한 이후로 우리가 잃어버린 내부성이다. 더는 감춰진 내부성 혹은 모든 외부 침해로부터 보호된 내부성이 아니라 반대로 펼쳐지고, 외부에 통째로 몸을 내맡기는 내부성, 그러나 내부로서는 침해할 수 없는 내부성이다. 왜 우리는 그것을 잃어버렸나? 나는 이제 그것을 안다. 시선은 여성적 인격의, 화장의 본질적 요소 중 하나이다. 그것에 의해 우리는 본질을 떠났고, 이차적이고 파생적인 심적 내부성—거짓말, 비밀—으로 이끌렸다. 여기서 새롭게 우리는 이 여성적 본질을 더 잘 이해할 것이다—이제 눈이 감겨 있기 때문이다. 이제 유혹하는 것에 몰두할 필요가 없다. 그녀는 잠을 자고 있다. 물질적인 것과 비물질적인 것의, 존재와 가능태의 이 순수한 동일성은 고동치는 심장으로서, 똑같이 융기하는 젖가슴으로서 나타난다. 그때 여성은 내 손이 닿는 곳에 있다. 우리는 손이 닿는 곳에 있지만 손이 닿지 않는 화장 경험을 다시 발견하는가? 내부적인 것으로서 외부에 몸을 맡기는 이 내부성은 무엇을 의미하는가? 잘 생각해 보면, 본연의 내부성은 결코 외부에 나타날 수 없는, 결코 주어질 수 없는 것 같다. 즉 내부를 감추고 가리는 것만 알 수 있다. 전체 내부성을 구성하기 위해 아무리 그 신체 주위에 옷을 쌓아 올리고 또 집 주위에 벽을 쌓아 올려도 소용없다. 외부에서 나에게 주어지는 유일한 벽과 유일한 옷은 정의상 내부적이지 않다. … 그러나 이율배반을 경계할 것. 이율배반은 거짓이다. 간단한 몸짓으로 그것은 파괴된다. 옷을 쌓는 것은 단지 고집부리는 것, 어린애같이 오류에 빠지는 것일 뿐이다. 여성은 벌거벗었을 때, 즉 잠들어서 외부성에 통째로 몸을 맡길 때 자기 자신에 가장 내부적이다. 여성적 삶의 본질은 정말 '손이 닿는 곳에 있지만 손이 닿지 않음'이다. 비밀, 그러나 정신적이지도 육체적이지도 않은, 본질적인 비밀, 즉 누메논. 우연한[비본질적] 비밀이 있다. 어떤 [우연한] 비밀이 있고, 그것은 비밀로서 그것을 사라지게 만들 모든 외부성으로부터 안전한 곳에 보호되고 유폐된다. 그것은, 채워야 할 결핍, 알아야 할 불명한 어떤 것으로 타자에게 나타나는 한에서만 비밀이다. 반대로 잠든 여성은 [본질적인] 비밀이다. 더는 정신적, 육체적 비밀의 소유가 아니라, 외부성으로 전부 드러나면서 그 외부성 저편에 자신의 비밀스러움을 간직하는, 비밀의 가능성, 비밀의 존재. 자신을 감추지 않는, 질료[내용] 없는 비밀. 거기에 알아야 할 것은 아무것도 없다. 신체 외에는 침해할 것이 아무것도 없기 때문에, 침해할 수 없는 비밀.

◇

그렇지만 이 내부성은 풀리고 느슨해지고 흐트러질 수 있지 않은가? 적어도 사랑하는 사람의 행동에 의해서는, 어루만짐에 의해서는 그리될 수 있지 않은가? 이 마지막 희망의 포기, 어루만짐은 [내부성을] 흐트러뜨리는 것이 아니라 실현하는 것이다. 우리는 대체로 내적인 채로 외부에 몸을 내맡기는 내부성에 대해 말했다. 더 정확히 말해 내부는 외부성의 움푹 파인 곳, 외부성의 자체에로의 비틀림이다. 그것은 두께의 부정, 움푹 파인 두께다. 이제 한 걸음 더 나아가자. 단지 형상과 질료의 구별이 없는, 내용[질료] 없는 비밀, 비밀의 비밀, 비밀 자체의 비밀이 아니라 그 너머, 어떤 두께도 없는 비밀로 말이다. 그것이 여성이 지향하는 그리고 결코 도달하지 못하는 이념적 한계다. 그러나 어루만짐 아래서 여성은 그 어느 때보다도 더 그 한계에 접근한다. 대담한 애무와 혼동해서는 안 된다. 어루만짐은 실제로 모든 두께를 부정하고, 끊임없이 외부성을 구부리고 자체 내로 밀어 넣어, 그 외부성이 우아하고 유연한 곡선을 그리면서 자체에 내부화되게 만든다. 어루만짐은 본질적으로 존재와 가능태의 종합, 육체[육욕]를 가볍게 하는 이 자기의식, 물질적인 것과 비물질적인 것, 외부와 내부의 이 동일성을 표현한다. 사랑에 빠진 조각가의 지칠 줄 모르는 몸짓. 그런데 행위로서의 어루만짐에 의해 사랑하는 남자가 여성적 본질에 접근할 수 있는 것은 여성 자체가 어루만짐으로서의 존재, 두께 없는 비밀이기 때문이다. 그러나 여기서 존재는 결코 실현되지 않고, 다시금 어루만져야 하는 무한히 되살아나는 외부성의 잔재들에 의해 항상 아래에 억류된다. 안으로 밀어 넣을 두께가 없는, 전적인 비물질성, 순전한 내부성은 없다. 더구나 그러한 두께의 전적인 부정은 대단히 실망스러울 것이다. 그러한 부정은 물, [물에 비친] 반사상이 아니라면 무엇인가? 우리는 이미 그런 이미지 ─ 주근깨 ─ 를 본 적이 있다. [물에 비친] 나르시스의 반사상, 누메논 ─ 볼 수는 있지만 만질 수는 없는 것. 그러나 여성은 거기서 모든 것을 잃어버린다. 반사상 속에 실현되는 전체 내부성은 고유의 실존을 갖지 못하고, 반사된 것에 준거해서만 실존할 것이다. 부재의 형태로 그려진 이상理想을 실현하는 것, 점선을 메우는 것은 실로 위험할 것이다. 여성은 순전한 내부성으로 용해되고, 물로 변할 것이다. 사랑하는 남자는 거기서 그녀의 반사상을 발견할 테지만, 어루만짐으로서의 존재가 되어 버린 여성은 거기서 자신의 실체를 잃어버릴 것이다. 다행히 어루만짐으로서의 존재는, 화장 작업을 이끌었듯이 연인의 손을 이끄는, 음각으로 나타나는 것일 따름이고, 행위로서의 어루만짐의 필요성을 창출하는 순전한 부재일 따름이다. 그래서 여성은 연인이 필요하다. 그녀를 어루만지는 연인, 단지 그것뿐이다. 이것이 가장 적절한 존재론적 지위다. 여성의 존재는 결코 실현되지 않으며, 모순 없이, 해체 없이 실현될 수 없다. 여성의 존재는 다른 사람이 하는 행위의 형태로만 실존한다. 여성은 객체도 주체도 아니다. 여성은 더는 소유되는 것도 존재하는 것도 아니다. 여성은 주체성을 향한 객체의 도약이다. [여성은] 세계 안의 객체도 가능 세계의 주체도 아니다. 여성은 주체가 아니고 존재에 도달하지도 않는다. 단지 음각으로만 그려지는 존재, 실현되지 않는 존재 — 우아함의 마지막 측면, 그리고 남자가 느끼는, 여성을 보호하고 싶다는 우스꽝스러운 욕구의 이유가 거기서 유래한다.

어루만짐은 사랑을 전부 고갈시키는가? 물론 그럴 가능성이 생긴다. 그러나 사랑은 어루만짐을 넘어 전혀 다른 문제를 제기한다. 불순함이 그것이다. 그것은 여성의 역학 혹은 도덕적 묘사에 속한다. 그때 우리는 본질 묘사의 영역을 벗어난다.

그리스도에서 부르주아로[1]

대비 양을 위해[2]

사람들은 현대 세계에서 정신의 파산을 선언하고, 유물론의 도래를 저주한다. 특정 입장에 관해 혼동이 있을 것이다. 그들이 말하려는 것은 오늘날 많은 사람이 더는 내적 삶을 믿지 않는다는 것, 그리고 내적 삶은 더는 이익이 되지 않는다는 것이다. 그러나 그것은 새로운 것이 아니다. 귀족정치가 행해진 17세기는 정신적 삶이란 오직 신체이고, 그 신체와의 일치일 뿐이며, 예절과 교양은 [정신이 아니라] 오히려 신체를 객체로 만드는 데 있다는 관념으로 지탱되었다.

오늘날 내면이 무시되는 것은 물론 전혀 다른 이유에서다. 내가 맨 먼저 생각하는 것은 산업적·기술적 세계에서의 혁명적 의식이다. 이 기술적 세계는, 그 역량이 커질수록 점점 더, 닭의 내장을 제거하듯이 인간의 내적 삶을 모두 제거해서 인간을 전적인 외부성으로 돌아가게 하는 것처럼 보인다. 우리는 다음과 같은 방식의 유명한 캐리커처를 알고 있다. 손잡이가 있고, 그것은 오른쪽으로 돌리도록 되어 있다. 하지만 사정은 훨씬 더 복잡하며, 문제는 더 복잡해서, 모터의 볼트는 쉽게 진지함의 상징이 된다. 내적 삶 밖에 정신적 삶이 있지 않은가? 노동자가 동료들과 함께 일하는 순전히 객관적인 이 세계에 우두머리, 지도자가 출현할 수 있다. 우두머리는 가능 세계, 예컨대 노동자가 더는 고용주를 위해 일하지 않는 세계를 계시하는 자이다. 그런데 그렇게 계시된 가능 세계는, 가능 세계의 모체가 된 최초의 세계 못지 않게 외부 세계로 머무른다. 그래서 최초의 객관적 세계는, 어떤 내부 성에도 준거하지 않고 자체 내에 자기 부정의 원리를 담고 있다. 우두 머리는 사랑이 아니라 우정을, 단체 내부의 우정을 제의하는 자이다. 우정, 단체는 우두머리가 계시한 가능한 외부 세계를 실현하는 데 있 기 때문이다. 원한다면 기술적 우정이라고 말해도 좋다. 기술은 목적 에 대한 수단의 관계라고 일컬어진다. 그러나 기술이 긍정될수록 점점 더 목적 그 자체가, 오직 목적만이 긍정된다. 그리고 혁명 정신은, 단 체 구성원들의 힘과 양에서 실현되어야 할 목적을 제시한다. 너무 성 급하게, 목적이 수단을 정당화하는 도덕이 문제라고 외치지 말자. 그 것은 외부성의 정신을 내적 삶의 평면[차원]으로 옮기는 것일 것이다. 바로 그 수단 개념 자체는 더는 의미가 없다. 혁명은 우리 안에서가 아 니라 외부에서 일으켜야 하는 것이다―그리고 만일 우리 안에서 혁 명을 일으킨다면 그것은 바깥에서 혁명을 일으키지 않는 방편일 뿐이 다.3 그래도 역시 혁명적 우정은 본질적으로 자기희생이다. 그러나 여 기서 희생은 내부적 변형을 지향하지 않는다. 즉 희생은 세계의 대체 를 위해서 치러야 하는 가능한 대가인 것이다. 단체는 언제나 누군가 에 대항하여, 무언가에 대항하여 일어선다. 우리는 진행 중인 혁명에 대해 말하고 있다.

우리의 문제가 혁명적 의식을 특징짓는 것이라면 위에서 말한 것 은 너무 대강의 특징들일 것이다. 그러나 문제는 다른 것에 있다. 그리 고 혁명의 면에서만이 아니라, 외부성에 덜 개방된, 더 개인적인 다른 면들에서도 내적 삶은 파산한다. 왜 내적 삶을 떠올릴 때마다 크고 부 드러운 꽃들, 군침, 우르릉거리는 소리, 땀에 젖은 손바닥, 막 허물을 벗은 듯한 창백한 애벌레 등의 이미지가 빈번하게 따라붙는가? 이미 그러한 이미지들이 닳아 해지기 시작할 정도로 말이다. 요컨대 내적 삶은 매도된다. 그것은 습기의 형태로밖에 생각되지 않는다. "아미엘처럼, 자신의 어깨에 입맞춤하는 어린아이처럼, 우리의 친밀한 자아를 어루만지고 애무하려고 해 보았자 헛수고다. 왜냐하면 결국 모든 것, 우리 자신까지도 모두 바깥에 있기 때문이다. 즉 평범한 세계 안의, 바깥에서. 우리가 우리 자신을 발견하는 것은 정체 모를 은신처에서가 아니라, 길 위에서, 군중 속에서, 평범한 사물들 속에서, 평범한 인간들 속에서다."[4]

어떤 사람들에게 새로운 믿음이 있는가?

복음에 부분적으로 그러한 외부성의 측면이 있는 것은 확실하다. 기적을 생각해 보면 된다. 그리고 또한 "내가 세상에 화평을 주러 온 줄로 생각하지 말라. 화평이 아니요 검을 주러 왔노라. … 또 자기 십자가를 지고 나를 따르지 않는 자도 내게 합당하지 아니하니라. 자기 목숨을 얻는 자는 잃을 것이요 … "[5] 이 말씀은 외부성의 세계에 준거한다. 그리스도는 우리에게 가능한 외부 세계를 계시하고 우정을 제의하는 우두머리다. 그의 현전은 추종자들 내밀한 곳에서 피어나기보다는 가능 세계의 갑작스러운 계시를 통해, 대로에서, 길모퉁이에서, 들판에서 부상한다. 인간은 자신의 내밀한 곳에서 신과의 내부적 관계를 발견할 수 없다. 그러나 그것은 위험한 말이다. 그리스도는 우리에게 외부 세계를 계시하지만 그 외부 세계는 사회적·역사적·국지적 세계가 아니다. 그것은 우리 자신의 내적 삶이다. 복음의 역설은 추상적으로 말하면 내부성의 외부성이다.

복음의 현실성은 좋은 소식인 만큼 나쁜 소식이기도 하며, 후자는 전자를 통해서만 실존한다. 그리스도교는 자연과 정신의 분리를 가져왔다. 그리스 시대에도 결합은 실존하지 않았다고 말하는 사람도 있을 것이다. 아무래도 상관없다. 자연과 정신의 동일성은 근대 의식 속에 향수鄕愁로서 실존한다. 그리스를 참조하든, 원죄 이전의 상태를 참조하든, 정신분석을 좋아한다면 탄생의 심적 외상trauma 이전 상태를 참조하든 역시 상관없다. 옛날 옛적에 자연과 정신의 결합이 있었고, 그 결합이 외부 세계를 형성했다. 자연은 정신이고 정신은 자연이었다. 주체는 오류의 요인으로서만 개입했다. 그리스도교는 [한편으로] 죄가 좀먹는 신체 및 자연적 삶의 형태로 자연을 주체화했고, 다른 한편으로 정신적 "삶"의 형태로 정신을 주체화했다. 그러나 그리스도교적 의식意識은 그 자체로는 자연적 삶과 정신적 삶의 관계를 파악할 수 없을 정도로 갈가리 찢어졌다. 그리고 그때부터 이 의식은 너무 궁핍해서 신체와 정신의 어떤 결합을 확립하기 위해 이 의식은 자기 밖에서, 외부에서, 내적 삶의 형태로 그 통일성을 보아야 한다. 그러한 것이 바로 좋은 소식을 가져다주는 [신과 인간의] 중개자[그리스도]의 필요성이다. 복음은 내부성의 외부성이고, 이 역설은 주로 비유parabole 개념에서 표현된다. 그리스도교도는 그 자체로 자연적 삶과 정신적 삶의 분리를 파악한다. 그리고 내적 삶의 형태의 그 두 가지 삶의 결합을 그는 바깥에서만 파악한다. 그의 역설적 과업은 내적 삶을 내부화하는 것이다. 그리스도를 내부화하는 것.

언뜻 보면 사적 삶과 국가 간의 부르주아적 대립은 자연과 정신 간의 그리스도교적 대립과 매우 달라 보인다. 하지만 그렇지 않다. 부르주아는 내적 삶을 자연과 정신의 매개로서 내부화했다. 자연은 사적 삶이 되어 가족과 선한 본성의 형태로 정신화되고, 정신은 국가가 되어, 부르주아적 자유주의 및 평화주의와 모순 없이, 조국의 형태로 자연화된다. 이 모든 일이 어떻게 일어나는가? 이것은 나중에 검토할 것이다. 중요한 것은 부르주아는 무엇보다 먼저 내적 삶에 의해, 주체의 우위에 의해 정의된다는 것이다. 가장 단순하고 유치한 예를 들어 보자. 외부 세계가 내부 질서에, 의식儀式에 복종하는 순간 부르주아가 존재한다. 우화에 따르면 부르주아는 날씨가 좋건 나쁘건 깃을 빳빳이 세우고 중산모를 쓰고 외출한다. 더위는 이제 신체의 벌거벗음에 의해 표현되는 것이 아니다 — 적어도 얇은 옷에 의해 표현되는 것은 아니다. 그것은 어떤 의미가 투사되는 것이다. 그리고 그 의미는 다음과 같은 것이다. "그럼에도 불구하고 … 그것은 질서다. 나는 서류를 정리하고, 연필을 오른쪽에 둔다. 나는 무언가 쓰고 싶을 때 오른팔을 살짝 뻗기만 하면 된다는 것을 안다." 질서는 시간[날씨]을 초월하며, 부르주아는 그것을 아주 잘 안다. (예컨대 19세기의 고전적 지각 이론이 얼마나 부르주아적인지 밝히는 것은 흥미로운 일일 것이다. 우리는 아는 것만 지각한다, 모든 지각은 해석이다, 등등.6)

부르주아는 본질적으로 내부화된 내적 삶, 다시 말해 사적 삶과 국가의 매개이다. 그런데 부르주아는 이 양극단을 똑같이 두려워한다. 이는 유명한 두 전선에 대한 투쟁이다. 부르주아의 영역은 중도파의 영역인 것이다. 부르주아는 낭만주의적 성격의, 너무 개인주의적인 사적 삶의 과잉을 싫어한다. 성적인 문제에 대한 부르주아의 입장이 그것을 잘 보여준다. 그런데 부르주아는 그에 못지않게 위기에 처한 조국이라는 외관과 구실 없이 내적 삶에 도입되는 하나의 순수한 자연, 순수한 힘에 불과한 국가를 두려워한다. 18세기의 중농주의자들, 19세기의 사회주의자들, 1848년의 [혁명] 정신을 생각해 보면 된다. 예컨대 르누비에는 자유로운 연합, 다시 말해 "자유롭게 설립된 연합을 위해 국가에 의해 조직된 금융기관"을 원했고, 기본적인 보증으로서 소유권과 이권을 요구했다. 부르주아의 영역은 외견상으로는 평온한, 인본주의의 영역, 인권의 영역이다. 부르주아적 인격은 실체화된 매개이며, 형식적으로는 평등과 호혜에 의해 정의되고 실제적으로는 내적 삶에 의해 정의된다. 부르주아가 보기에, 형식적 평등이 실제적으로 부정된다는 것에는 모순도 없고 혁명을 일으킬 이유도 없다. 부르주아는 줄곧 일관적이다. 여기서 부르주아적 "단체"와 혁명적 단체를 대립시킬 수 있는 모든 것을 볼 수 있다. 혁명적 단체가 정말로 하나의 단체인 반면에 부르주아적 단체는 사실상 일종의 계약이기 때문이다.

실체화된 매개médiation? 철학자들은 자연과 정신의 매개에 가치라는 이름을 부여했다. 그런데 여기서 문제가 되는 것은 양극단에서 떨어진 실체–매개이다. 마찬가지로 실체화된 가치는 재산이다. 중농주의자들이 자연에 대해 말할 때, 그들이 말한 것은 재산이었다. 소유권은 자연권이다. 18세기 사람들은 대체로 다음과 같이 믿었다. 인간은 무엇인가[어떤 존재]가 아니라, [무언가를] 소유한다. 인간은 인상을 쓰고, 그 때문에 [무언가를] 획득한다. 즉 모든 것은 수용된다. 그리고 부르주아는 소유 욕망[무엇을 가지려는 욕망]이 있는가 하면 반대로 존재 욕망[무엇이고자 하는 욕망]에는 줄곧 무감각하다. 존재 욕망에서 부르주아는 교활한 눈으로 낭만주의와 사춘기의 흔적을 쉽게 발견한다. (사춘기는 부르주아의 큰 근심거리다. 왜냐하면 부르주아에게는 가족이 있고, 가족은 소유권[사유재산]으로 살아가기 때문이다. 내적 삶에서 내면의 삶까지의 거리는 한 걸음, 한 글자다.)

그래도 사적 삶과 국가 간에 매개가 확립되기 위해서는 누구도 '내가 곧 국가다'라고 말할 수 없어야 한다. 물론 국가는 여전히 주체이지만 비인칭적impersonnel 주체이다. 1789년 이전의 부르주아의 상황은 역설적이었다. 즉 부르주아에게는 사적 삶이 있었고, 사적 삶과 국가의 매개가 있었지만, 국가가 없었다. 국가는 비인칭적 주체가 아니었고, 국가를 구성하기 위해서는 혁명이 필요했다. 그런데 바로 그 구성에 의해 다른 매개의 가능성이 열리지 않았는가? 화폐라는 매개. 더는 소유권으로서의 재산이 아니라 화폐로서의 재산. 그리고 이 새로운 매개는 실체화되지 않는다. 반대로 그것은 유동적이다. 소유권에서는 양극단(사적 삶과 국가)이 그늘 속에 있었던 데 비해, 화폐는 반대로 그 둘 사이에 접촉을 확립한다. 이 접촉에 의해 국가는 흩어져서 부유한 사적 주체들의 수중으로 퍼져나가고, 이 사적 주체들은 권력을 획득한다. 그래서 위협과 위험이 뒤따른다. 사업가 부르주아가 소유권 부르주아를 대신하게 된 것이다. 이것이 유명한 자본주의다. 화폐는 자신의 본질을 부정하고 경직화된다. 자본가에게 권력을 부여함으로써, 인칭적 권력의 형식을 복원함으로써, 요컨대 매개 역할, 내적 삶과 내면의 삶에의 준거를 포기함으로써 말이다. 그리고 공산주의자들이 부르주아를 부정하는 것, 그들이 예컨대 고용주가 없는 정말로 비인칭적인 권력을 원하는 것은 무엇보다 부르주아가 스스로 자기부정을 하기 때문이다. 따라서 공산주의자들이 부르주아에 대해 말할 때—그들은 실제로 자주 부르주아에 대해 말한다—그들이 무엇에 대해 말하는지 정확히 알 수 없는 것은 당연한 것이다.

자잘한 예를 들어보자. 부르주아가 엄청나게 사기를 친다는 것은 공공연한 사실이다. 그렇지만 세무서에 신고해 봐야 소용없다. 단지 부르주아는 횡단보도를 무시하고 입구로 나가는 것을 좋아할 뿐이다. 모든 것에는 의미가 있다. 그러나 다음 두 가지 극단적 가실은 배제해야 한다. (1) 부르주아는 그렇게 하는 것이 더 낫다고 생각하고 입구에 "출구"라는 의미를 투영한다는 가설. (2) 입구의 의미는 그대로 유지되고, 부르주아는 [입구라는 의미를 무시하는] 도전 행위를 통해 출구라는 의미를 병치시킨다는 가설. 사실상 법적 의미는 인정되지만, 그 의미는 "본래 의미에 반해 …"의 형태로 함축되고 내장된다. 입구는, 본래 의미에 반해 내가 출구로 삼는 것이다. 그런데 그렇게 할 때 부르주아가 추구하는 목적은 무엇인가? 사기詐欺는 전쟁의 반대라고 말할 수 있다. 국가는 [평상시에는] 사적 주체가 가족과 연합의 형태로 원심 운동을 하게 내버려 두지만, 전쟁을 통해 사적 주체를 자기에게 돌아오게 하고, 사적 주체에게 그가 본래 사적 삶이 없는 시민임을 상기시킬 수 있다. 역으로 부르주아는 정신적 사회 질서가 원심 운동— 외형상[외부에서] 입구, 출구, 횡단보도의 형태로 그에게 나타나는, 다시 말하면 자연의 형태로 전면적으로 그에게 귀속되는 운동— 을 하게 내버려 두었다. 그리고 사기는 비인칭적 주체로서의 국가가 "그렇게 멀리 있지 않다"라는 것을 확인하기 위한, 부르주아의 반응일 뿐이다. 확인하고, 안심하기 위한, 살펴보기 위한 … [반응]. 사람들은 사기를 심각하게 받아들이지 않는다. 사실상 사람들은 법에 찬성하는데, 그것은 살펴보기 위한 것이다. 무엇보다도 그 밖의 것을 더 잘 심각하게 받아들이기 위한 것, 사회 및 국가 질서에 더 침착하게 가담하기 위한 것, 그 질서가 바로 가족의 문제이고 주체에 의해 투영된 것임을 확인하기 위한 것이다. 부르주아가 사기를 치는 것은 자신이 자유롭다는 것, 그리고 "자신들 각자"가 곧 국가라는 것을 확인하기 위한 것이다. 그래서 안심한 부르주아는 전쟁에 나갈 것이다. 가볍게 넘길 수 없는 일들이 있기 때문이다. 따라서 어떤 의미에서 사기가 여전히 사적 삶과 국가의 매개인지 알 수 있다. 사기는 그리스도교도에게 시험에 해당하는 것, 파스칼이 요구한 감각적 발현에 해당하는 것이다. 그것은 개혁도 반항도 아니고 반대로 회의懷疑의 근절이다.

　사기를 치는 것 못지않게 ─ 그리고 사기를 치는 것과 같은 방식으로 ─ 부르주아는 엄청나게 해석을 한다. 그렇지만 사기를 치는 것과 완전히 같은 방식으로 해석을 하지는 않는다. 사기는 부정적이고, 사기를 통해 부르주아는 국가를 자기 쪽으로 끌어당긴다. 사기와는 반대로 긍정적인 해석을 통해 부르주아는 국가에까지 상승한다. 부르주아는 비밀, 생략, 암시를 애호하고, "외관外觀을 넘어서기"를 좋아한다. 외관을 넘어섬과 동시에 해석되는 객체는 분할, 아니 더 정확히 말해 승화되고 초월되며, 그와 병행하여 해석하는 주체도 자신을 초월하고, 승화되고, 초인적 명석함에 도달하는 것처럼 보이기 때문이다. 정치적 해석에만 국한해 보자. 쥘 로맹Jules Romains은 부르주아 민주주의의 기적은 '나 같으면…'이라고 말하는 모든 사람에게, 정치적 삶을 가진 모든 사람이 내뱉는 수많은 터무니없는 말에서 결국 나라의 일관되고 유효한 방향이 뽑어져 나오는 것이라고 생각한다. 그리고 일반적인 경우에는, 로맹이 명백하게 옳다. 사회주의자 비솔로Bissolo로 하여금 "3천6백만 명이 되풀이하더라도 허튼소리는 역시 허튼소리일 뿐"이라고 말하게 한 아나톨 프랑스Anatole France와 반대로. 민주주의에서는, 좀처럼 똑같은 허튼소리가 되풀이되지 않기 때문이다.[7]

　부르주아가 내적 삶과 그리스도 자체를 내부화한다면, 소유권, 화폐, 재산[소유]의 형태로 그것을 한다. 그리스도가 증오했고, 그것을 존재로 대체하기 위해 맞서 싸운 모든 것을 가지고 말이다. 따라서 내부성의 외부성으로서 복음의 역설이 계속된다. 하지만 자연과 정신 간의 그리스도교적 대립이 어떻게 사적 삶과 국가 간의 부르주아적 대립으로 변형되었는지 보여주지 않았는데 벌써 그러한 결론을 끌어낼 수 있는가?

우리는 부르주아적 대립에 해당하는 해석에 대해 말했다. 겉으로 보기에는 전혀 다른 종류인 종교적 해석도 있다. 이 경우에 해석자는 예언자라고 불린다. 그리스도는 다음과 같이 말했다. "사람들은 너희에게 … 라고 말했다. … 그러나 내 너희에게 이르노니 …", "너희에게 진정으로 이르노니 … " 끝으로 세 번째 해석, 과학이 이번에는 실재와 진리 사이의 새로운 대립에 응답한다. 감각적 질의 실재와 사유 대상의 진리가 그것이다. 열熱은 운동이다.

따라서 우리는 이제 삼중의 대립 앞에 있다. (1) 실재하는 감각 대상과 사유 대상 사이의 과학적 대립, 외부성의 대립. (2) 죄악에 빠진 육체적 주체와 정신적 주체 사이의 종교적 대립, 내부성의 대립. (3) 사적 주체와 비인칭적 주체 혹은 국가 사이의 정치적 대립. 그리고 첫 번째 대립에서는 어느 것도 인칭적이지 않고, 두 번째 대립에서는 모든 것이 인칭적이며, 세 번째 대립은 인칭적인 것과 비인칭적인 것의 가장 환원 불가능한 대립이다. 따라서 사적 주체는 국가에 의해 비인칭으로 규정될 것이다. 즉 국가에서 빠져나가지만 그럼에도 불구하고 국가가 규제하는 것으로서, 부정적으로, 음각으로 규정될 것이다. 따라서 매개 영역에 자리 잡은, 인권을 가진 개인은 교환 가능하며, 이 영역 내부에서도 형상과 질료의 대립이 발견될 것이다.

하지만 정치적 매개는, 그것이 사적 삶, 가족, 연합, 국가의 단선적이고 점진적 발전에 근거하면 할수록 더욱더 불안정하다는 것은 완전히 틀린 것이다. 그러나 다른 해석을 해도 해당 대립을 줄일 수 없다. 종교적 대립 아래서는 악마와 신의 이원성이 발견될 것이다. 그리스도는 우리를 악마로부터 구원하기 위해 인간이 되었을 것이다. 그러나 내적 삶에 의한 이 구원은 언제나 우리 바깥에, 외부에 있다는 것을 우리는 보았다. 끝으로 "실재로는-진리로는"이라는 과학적 대립의 경우도 마찬가지다. 아무리 용어를 바꿔도 소용이 없을 것이다(혹자는 "외관으로는–실재로는"이라 말할 것이다). 설명되지 않는 것은 외관 그 자체다.

과학적 대립에서 종교적 대립으로 어떻게 이행할 것인가? 말브랑슈의 철학 전체는 이 물음에 대한 대답이다. [한편으로] 크기 관계의 질서를 완전성 관계의 질서로 대체하고, 다른 한편으로 사물들의 외견상의 무질서를 영혼의 무질서와 죄로 대체한다는 의미에서 그렇다.

종교적 대립과 정치적 대립의 동일성을 보여주어야 한다. 아니면 적어도 자연적 삶–정신적 삶 쌍의 사적 삶–국가 쌍으로의 변형은 보여주어야 한다. 그런데 신 안의 정신적 삶과 국가 사이에는 어떤 단절, 사실상 정신적인 것과 시간적인 것의 단절이 있는 것처럼 보인다. 가이사의 것은 가이사에게 돌려줘라. 종교적 진리는 다른 질서에 속한다. "감히 말하건대 복음에서 기술을 얻지 못할 것이다. 복음은 세계를 구원하는 것이 아니라 세계로부터 우리를 구원할 것이다." 물론 그리스도는 자연과 정신의 매개이고, 이 매개, 그리스도에 의한 이 계시는 그 두 항 사이에 수립된다. 하지만 그 계시가 우리에게 제안하는 좋은 소식은 세계를 대상으로 하지 않는다. 그것은 죄가 좀먹는, 세계의 일부, 인간적 자연이라고 불리는 부분을 대상으로 한다. 복음은, 사회적인 것은 특수한 문제들을 제기한다는 의미에서 정치적인 것과 사회적인 것에는 관여하지 않는다. 복음은 모든 것을 죄의 가능성 및 죄로부터 인간을 구원할 가능성으로 환원시킨다. 그리스도교의 내적 삶은 온통 내적인 정신적 삶을 지향한다. 바로 이 아주 특별한 의미에서 그리스도교적 "무관심"에 대해 말할 수 있다. 그러나 역으로 국가는 인간을 전부 소유하고 인간 전체를 시민으로 만들려고 한다. 내면적 인간에 대한 국가의 권력의지와 국가에 대한 내면적 인간의 무관심 의지 사이에서 대립이 생긴다. 그리고 국가는 박해할 것이다. 그러나 그리스도교도는 그 박해를 달게 받을 것이다. (그리스도교도는 순교자가 될 것이고, 고통을 죄의 근절로 받아들일 것이다.)

달게? 그러나 악이 행해진다. 인간은 신의 존재를 부정할 수 있지만, 그렇다고 해도 여전히 그리스도교도일 것이다. 우리에게는 더는 선택의 여지가 없다. 그는 사적 인간을 국가와 대립시킬 것이다. 가장 심한 반항에 해당하는 것인, 무관심하고 고분고분한 순교자, 내면적 인간은 사적이고 성마르고 자기 권리를 걱정하며, 걱정 속에서 이성을 내세우려고만 하는 인간이 될 것이다. "오늘날 인간은 빠르게 인간성을 상실한다. 자신에게 국가에 대한 비이성적이고 직접적인 권리가 있다고 믿는 것을 멈추었기 때문이다. 반항심은 사라지고, 아이러니하게 불평으로 승화된다. … 그것은 이제 화[신경질]로 드러난다."[8] 문제는 교회의 세속화다. 그러나 착각하지 말자. 이 세속화는 이중적이다. (1) 그리스도에 의해 계시된 그리스도교적인 내적 삶은 인간의, 자연 밖으로의 도약, 정신을 향한 도약이었다. 그러나 내적 삶은 국가에 대한 비이성적이고 직접적인 "무관심"을 잃어버리면 신 안의 정신적 삶[신앙생활]을 향한 긴장을 잃는다. 그리고 더는 자기를 초월하지 않는다는 의미에서 그것은 그리스도교적 겸양에서 자폐적인 대립으로 바뀐다. 그런 식으로 그리스도교적인 정신적 삶은 부르주아적 자연에 지나지 않게 된다. 그러나 이 새로운 자연은 정신과의 접촉으로부터 무언가를 지켰다. 그리고 부르주아에 대해 말하면서 사생활 형태의 자연은 정신화되고 선한 본성이 된다는 것을 알아차린다면 우리는 이제 그것을 이해한다. 그것은 그리스도교 정신이 자연화되기 때문이다. (2) 그러나 비어있는 정신, 그것이 점유했다가 버리고 떠난 이 자리는? 정신은, 자신이 무관심했던 것이 된다. 그것이 세계로 간주했던 것, 그리고 간접적으로 죄의 가능성으로 되돌리기 위해서만 관심을 가졌던 것. 심지어 그것에 힘의 작용을 행사할 수도 있었던 것. 정신은 국가가 된다. 신은 비인칭적 주체가 된다. 그리고 내면적 인간을 시민으로 만들기 위한 위대한 에세이 『사회계약론』에서 일반 의지는 신성^{神性}의 모든 특징을 갖는다.

◇

그리스도교와 부르주아를 결합하는 것은 우발적 관계가 아니다.

말과 외형[1]

　법 테두리 밖에 있는 감정은 모두 방어적 반응이다. 어떤 사람들에게는 견디기 힘든 근본적인 정념이 있을 것이고, 그때 그들은 악덕의 형태를 취하는 행동으로 그 정념의 외형을 드러낸다. 이상하고 때로는 모순적인 외형들이 서로 뒤섞이고 뒤얽히고 겹쳐진다. 아이들이 손가락을 꼬아서 빛이 비추어진 밝은 벽 위에 만들 수 있는 것과 같은 괴물의 외형들. 그러나 철학은 우리에게 사물과 존재에서 경멸적 의미를 걷어내라고 가르친다. 중요한 것은 설명하는 것이고 그것이 전부다. 중요한 것은 묘사하는 것이고, 사물들은 우리의 비난에도 우리의 옹호에도 신세 지지 않는다. 이것이 불쾌한 세계에의 입문이 되기를.

◇

　나는 피로한가? 우선 그것은 대단한 것을 뜻하지 않는다. 나의 피로는 나의 것이 아니기 때문에 피로한 것은 '나'가 아니다. "피로하게 하는 것이 있다." 나의 피로는 객관적 응집성, 사물들 자체의 물렁물렁한 두께, 태양과 오르막길, 먼지, 돌 등의 형태로 세계 안에 기입된다. 그런데 내 곁의 이 객관적 세계에서 타자는 가벼운 발걸음, 차분한 호흡, 여유를 통해 그가 표현하는, 가능한 외부 세계, 피로하게 하는 것이 없는 외부 세계를 나에게 계시할 수 있다. 그것은 이전 세계의 부정이고, 나의 피로가 객관적 응집성을 갖지 않는다는, 이번에는 피로한 것이 나, 정말 나라는 계시다. 자의적이고 내가 갑자기 전적이고 차가운 책임감을 어깨에 느끼는 행위를 통해 사물들에 피로하게 하는 것이라는 의미를 부여하는 것이 나라는 계시다. 타자는 나에게 여전히 위안거리였던 이 피로하게 하는 세계를 내 안에 밀어 넣는다. 그 세계는 이제 내 안에서만 실존한다. 그것은 더는 나의 피로한 신체가 아니다. 쇠약해진 나의 신체는 표현되지 않고 표현하면서 계속 홀로 있으며, 더는 그것이 표현하는 세계에 의해 떠받히지 않는다. 자아란 그런 거다. 나를 그렇게 파악하는 것은, 어떤 형태로 명시되건(피로 대신 기쁨, 행복을 예로 들 수도 있을 것이다), 실존을 평범함으로 파악하는 것이기도 하다. 나는 자신을 고독 속에서 인식하고 남성-타자를, 그의 고독을 깨뜨리지 않고, 증오 속에서 인식한다. 왜냐하면 어떤 가능한 친밀성이나 내적 삶도 태양의 그림자처럼 그것을 깨뜨리지 않는 것으로 보이기 때문이다. 우리가 근본적인 정념이라 부를 수 있을 '나'의 평범함은 내부적이지도 외부적이지도 않다. 그것은 설명을 넘어서 존재한다. 더욱이 남성-타자는 가능한 외부 세계를 드러냄으로써 평범함에 대한 증오를 부추긴다. 그들은 완전히 외부적이다. 그들에게 내적 삶이란 존재하지 않는다. 그들은 가능한 외부 세계의 표현이다. 여기에서 우리는 서로를 이해해야 한다. 우리는 익명의 블록 속에서 존재론적이고 범주적으로 출현하는 남성-타자에 대해 이야기하고 있다. 우리는 선험적인 타자를 이야기하고 있는 것이지, 내적 삶을 향유하는 인성이 아주 훌륭한 여타의 타자들을 이야기하는 것이 아니다.

◇

물론 이 세계는 유일한 세계가 아니다. 사실상 남성-타자가 계시하는 가능 세계는 우정의 제의라고 불릴 수도 있기 때문이다. 나는 나의 피로를 극복한다, 나는 피로하게 하는 것이 없는 세계를 실현한다, 나는 타자와 단체를 이룬다. 그것은 스포츠 단체거나 사회적 단체다. 그런데 이 단체 세계를 잘 이해하고 그것에 참여하기 위해서는 일종의 위협으로서 그 세계의 안감을 대는 다른 세계도 알아야 한다. 그 다른 세계는 어느 때라도 구성원 사이에 출현해서 그들의 유대를 끊고 그들을 서로 적대적으로 만들고 경쟁자로 만들 수 있다. 단체는 평범함에서 벗어날 수 있는 유일한 수단이다. 그러나 많은 사람들이 원한을 선택하지 않을 수 없었다. 그것을 알아야 한다. 그리고 그들의 사랑 자체가 그들을 그리로 내몬다. 중요하지 않은 그들의 역할은 간신히 잠자리에서 서늘한 자리를 찾기 위해 끊임없이 몸을 뒤척이는 것이다. 그들은 짧고 무거운 신체 자세로 애를 써 보지만 소용이 없다.

◇

철학은 최후의 노력을 요구한다. 평범함이라는 단어 자체에서 경멸적 의미를 모두 제거하는 것. 설명하는 것은 아마도 자비 관념과 관계가 있을 것이다. 왜 아니겠는가?

◇

남성-타자가 외부 세계를 표현한다면 여성은 반대로 엄청난 내적 삶이다. 여성이 표현하는 가능 세계는 그 여성 자체다. 순전한 물질로서 여성의 살은 그녀 자체의 표현에 의해 정신화되고 우아해진다. 외부성에 몸을 맡기고 그 외부성 피안에 자신의 내부 존재를 유지하는 내부성, 자신에게 내부적인 채로 외부에 몸을 맡기는 내부성 : 비밀이라고 불릴 수 있는 것, 그녀가 가진 비밀이 아니라 그녀 자신으로서의 비밀. 물론 여성도 (피로하게 하거나 피로하게 하지 않는) 가능한 외부 세계를 계시할 수 있다. 그러나 그 여성은 더는 본질로서의 여성이 아니라, 여기 이 여성, 예컨대 사랑받는 여성이다. 그때 여성이 외부 세계를 표현하는 것을 보며 평범한 사람[범인]은 이제 증오가 아니라 기쁨을 느낀다. 여유로움 이상의 고통을 겪는 가능한 외부 세계. 그러나 이 세계가 여유로움의 세계일 때도 그가 불러일으키는 기쁨은 아주 정확하게 사디즘이라고 불린다.

◇

평범함을 넘어서 단체를 이루는 쪽으로 가지 못하거나 그렇게 하길 원치 않는 사람들에게는, "무언가를 해야 할", 적어도 그들에게 결여된 내적 삶이라도 획득해야 할, 평범함을 내부화해야 할 필요성 속에서 두 가지 수단이 제공된다.

먼저 평범한 나의 "역사화"인 자위自慰가 있다. ─ 역사적 객체란 실제로 무엇인가? [박물관에 전시된] 골동품, 예컨대 어느 시대의 총은, 우리의 손이 닿지 않는 벽에 달라붙어서, [겨누어 쏘기 위해] 그것을 거총할 수 있었던 사람들을 상상하게 하는 총이다. 역사적인 성城과 거기에 살았던 사람들도 마찬가지다. "그는 샤를 5세, 발루아 가문 사람들, 앙리 4세, 피에르 대제, 장-자크 루소 그리고 '극장 일등석에 앉아 눈물 짓는 미녀들', 볼테르, 나폴레옹, 피오 7세, 루이-필리프 등 이 벽을 넘나든 모든 인물들을 생각했다. 이 혼잡한 망인들에 둘러싸여 그들과 이웃하는 느낌이었다. 그리고 그런 혼란스러운 영상들에 매력을 느끼면서도 아찔해지지 않을 수 없었다."[2] 이제 (어느 시대의 총의 개체성이 아니라) 총과 다른 모든 역사적 객체들과의 범주적 통일성을 살펴보자. 역사적 총은 단지 자기 자신을 거총하는 것일 뿐이다. 상상할 필요가 없다. 역사적 객체는 그 자체로서 충분하고, 오직 자신에게만 의존한다. 그것은 자기 자신을 만지는 것이다. (그래서 '만지지 마시오'라는 게시물이 있는 것이다). 그리고 자기 자신을 읽기 때문에 아무도 읽지 않는 이 경이로운 책들… 그것이 역사의 삶이다.

한마디만 더 하겠다. 사교계 생활은 가장 탁월하게 그것의 본질을 분유하는 사람들을 역사적 존재들로 변형시킨다. 롬 대공 부인이 살롱에 들어간다. "단지 친교를 도모하려는 마음에서 한 방문에 지나지 않는 살롱에서, 뛰어난 가문에 걸맞은 존경을 받으리라고는 꿈에도 생각하지 않고 있음을 보이려고, 대공 부인은, 헤치며 걸어갈 정도의 사람들도 없거니와 앞을 양보할 정도의 사람도 없는 장소인데도, 양 어깨를 오므리면서 들어[왔다]."[3] 그녀는 자기 자신을 헤쳐 나가고, 자기 자신을 지나가게 한다.

인간은 가능한 한 자신을 역사적 존재로 만든다. 그리고 자위는 평범한 자들, 고독한 자들, 어린아이들의 사교 생활이다.

◇

남색pédérastie은 한층 더, 평범한 사람에 의한 내적 삶의 획득, 다시 말해 비밀의 획득이다. 이전 세계에서 선험적 타자의 등장과 함께 태어난 근본적인 평범함은 비밀의 인간이 타자들에 반反하여 어린아이와 공유하는 비천하고 고통스러운 독립의 기호, 비밀이 된다. 늙은 남색가가 여성이 된다고 믿는 것은 터무니없고, 반대로 남색가의 악의적 가능성은 간접적으로만 여성의 본보기에 근거한다는 것을 알 수 있다.

◇

자위, 남색 … 등등, 한마디로 악덕은 단체 밖의 내적 삶이고 비밀임이 확실하다. 남색은 보통 지식인들의 것으로 통한다. 나는 모 고등학교에서 두 소년의 공격적이면서 [말을 아끼는] 조심스러운 대화를 엿듣게 되었다. 교사들에 관한 얘기였다. 도식화하면 이렇다. "우리 선생님은 모르핀 주사 맞아. 오 저런! 우리 선생님은 호모야 등등 …." 그들은 거짓말을 했다. 그것은 의심의 여지가 없다. 우리는 여기서 강박관념에 사로잡힌 소년들에 대해 말했다. 그런데 중요한 것은 그들은 제각기 **훌륭한** 교사를 갖기 원했다는 것, 그리고 그 "훌륭함"에 엄청난 내적 삶을 부여하고, 학생으로서, 악덕의 위엄 있는 본질로서의 그 내적 삶을 분유했다는 것이다. 사실상 그들은 서툴게 **중상모략**을 하려고 했다. 다시 말해 정확하게 거짓말을 하려고 한 것이 아니라, 내적 삶의 괴물 같은 순수성을 사실의 피안에 지정하고 본질의 차원에서 손가락으로 그것의 윤곽을 그리려고 한 것이다. 그리고 소속 서클 내에서 그들은 휩쓸려가기를 원했다. 그들은 서로를 팔꿈치로 쿡 찔렀다. 그들은 형제 같았지만, 그럼에도 불구하고 그들의 라이벌 관계, 그들의 경쟁, 승리자가 있어야 할 필요성을 잊지 않았다. 그들, 이 소년들은 그들에게 내적 삶으로 보이는 모든 것을 추구했고, 교묘한 언어 아래에서 그것을 지칭하기 위해 중상모략적인 말들에서 무심코 악덕 관념만 찾았다. 그들은 정말 사실의 영역을 넘어서는 법을 알고 있었다! 거짓말은 너무나 멀었다! 악덕이 소년에게 행사하는 놀라운 위엄에 필적하고 그것을 억제하고 어떤 의미로 그것을 이겨내는 데 도움이 되는 것이 딱 한 가지가 있다. 그것은 바로 건강에 대한 그의 걱정이다. 그가 분유하는 것은 항상 타자의 악덕[성 도착]이며, 그의 은밀한 탄성歎聲은 겉으로는 악덕에 대한 부드러운 비난으로 보인다. 소년이 아주 많은 남색가들을 알고 있고 그것에 대해 서슴없이 말한다면 가족들에게는 충분히 안심이 된다. 여기서 우리는 의학이 아니라 의사들의 도덕적 역할이 무엇일지 알 수 있다.

◇

타자의 내적 삶과 악덕이 된 평범함은 소년에게 매력을 행사하고 소년은 말과 꿈을 통해 그 매력을 분유한다는 것 또한 확실하다. 이런 의미에서 사춘기와 동맹을 맺은 낭만주의는 본질적으로 평범함을 위대함으로 불리게 만드는 언어 작용이다. 앞에서 보았듯이 반대로 그 자체로 그리고 설명되는 한에서 평범함은 도덕적 용어로 제기되지 않는다. 그 용어가 영웅적 행위나 위대함 같은 찬사일 때는 더욱 그렇다. 타자의 "악덕"을 분유하려는 강박관념 속에서 소년들은 때때로 기이하고 감동적인 도덕주의자가 된다.

"나한테 친구가 하나 있는데 그는 프루스트를 읽고 자살했다…." 오! 그는 슬프고 낙심하고, 만족스러운 어조로 그 말을 한다. 그리고 우정 어린 마음으로 시체들을 자주 찾음으로써[묘지를 자주 방문함으로써] 그는 위신을 부여받는다.

죽음의 불안과 자유에 대해 그렇게 멋있게 말한 것은 같은 사람인가? 아니, 그것은 다른 사람이다. 그들은 서글프게 현존재Dasein에 대해 말한다. 그리고 그들이 내뱉는 것이 말인지 피부 조각인지 더는 분간이 안 간다. 매일 아침 거울 앞에서 그들은 이마를 찡그리고 볼을 오므리며, 눈 아래 펜촉을 갖다 대 시선을 조형했다. 발그레한 뺨, [주름 없는] 깨끗한 이마, 한결같은 건강은 그들을 비탄에 잠기게 했다. 그들은 종종 무시무시하고 고통스러운, 그러나 심각하지 않은 병을 꿈꿨다.

◇

평범한 청소년의 말:

나는 모독 이외의 다른 형태의 사랑 고백은 생각해 본 적이 없다. 그리고 영화가 끝나고 잠깐 꿈을 꿀 때면 언제나 똑같다. 나는 친구 집 벽장에 숨어 있다. 한 소녀가 들어와 소리를 지른다. "피에르(또는 폴 또는 자크, 어쨌든 내 이름)는 추잡한 개자식, 비열한 놈, 역겨운 놈, 남색가다. 그는 자위를 하고, 자기 친구들이 애인을 낙태 수술시키는 것을 돕고, 장난으로 12살 남자아이 셋을 자살로 내몰아서 그 부모들은 지금 눈물을 흘리고 있다…." 그때 나는 벽장에서 나와 그게 나라고 말한다. 그다음은 아무래도 좋다. 어쨌든 나는 복잡한 매듭 같은 그녀의 모독의 매듭을 풀어서 그녀에게 사랑을 고백하게 할 수 있었으니까 말이다. 그런데 소녀가 실존하는 것은 또 한편으로는 전혀 중요하지 않은 반면에 벽장이 내 친구 중 한 명의 방에 진짜, 실제로 존재하는 것은 대단히 중요하다. 게다가 부득불 그 벽장은 그럴듯한 규모, 접근 및 환기 조건을 갖추고 있어야 한다. 그것이 상상력의 엄격한 법칙이다. 벽장이 없었으면 나는 내가 좋아하는 꿈에 객관적 응집성을 부여할 수 없었을 것이다. 그런 것을 찾을 수 있을까? 나는 친구를 찾고 있다.

◇

시원하게 한숨을 돌리고 났으니, 이제 더는 다른 사람의 것이 아니라는 의미에서 위신 없는 평범함과 악덕의 가장 진지한 외형을 찾을 때가 왔다.

앞에서 보았듯이 한쪽 극에는 비밀이 있다. 반대쪽에는 노출되는 평범함이 있다 — 더는 비밀로서의 평범함이 아니다. 반대로 그 평범함은 신체 혹은 신체 부분의 형태로 노출된다. 평범함은 객체, 세계 안의 사물이 되어야 한다. 세계의 밑바닥에 앉아 있는 사물. 우리가 "앉아 있다."라는 말을 사용한 것은 우연이 아니다. 그것은 사물, 무기물이 된다. 그것은 무기물화된다. 그래도 그것의 계획이 유효하려면 그 평범함이 그것의 신체와 일치해야 한다. 그래서 한편으로 그것은 짧고 무거운 부분들을 노출한다. 그 평범함 안에 순전한 살이고, 의식[의 손]이 가장 닿지 않는, 그래서 의식이 가볍게 할 수 없는 모든 것. 다른 한편으로, 노출증exhibitionniste이 이 돌이나 이 등불과 같은, 이 세계 안의 사물이어야 한다면, 그것은 오직 다른 사람의 눈에만, 여성의 눈에만 그렇게 보일 수 있다. 따라서 평범함은 폭력적이고 기습적으로 여성의 내적 삶에 참여하기 위해서만 외부화된다. 즉 노출된다. 이 이중적 제한이 타자에 대한 도전으로서 노출증의 성격을 정의한다.

◇

더는 도전도 불법도 없는 영역으로 좀 더 나아가 보자. 나는 육체적 병과 수용된 벌을 생각한다. 물질적 범주표를 만들고 싶다면 이렇게 말할 수 있을 것이다. 노출증은 근본적 평범성과 육체적 병의 매개이다.『병든 의사의 일기』에서 알랭비 박사는 다리의 심리적 의미에서 생겨나서, 다리의 (육체적) 고통으로 변형되고 물화되고 구체화되는 콤플렉스의 예를 든다.[4] 다리, 더 일반적으로는 신체 전체가 법적 관심의 대상이 된다. 그리고 고통 속에서 자신의 신체 전체와 일치되는 환자는 의사를 불러서 이렇게 말한다. '이것이 내 다리고, 이것이 내 신체다.' 게다가 평범함은 단지 육체적이고 법적인 병이 될 뿐만 아니라 해부학적 기관 형태의 사유 대상이 된다. 어떤 대가를 치르더라도 합법성을 요구하는 꾀병도 같은 성격을 띤다. 반면에, 아이가 수용한 처벌에는, 볼기 때리기에는 또 다른 합법성이 있다. 그것은 더는 조직되지 않고 흩어지는 합법성, 더는 사회적이지 않고 가족적인 합법성이다. 여기서 어린아이 루소가 수용한 볼기 때리기를 원용하자.

◇

노출증은 이중적 제한에 의해 포위된다. 단지 신체의 몇몇 부분만 노출될 것이고, 그 부분들은 도전의 몸짓 속에서 타자의 눈에만 그렇게 될 수 있을 것이다. 그리고 육체적 병이 첫 번째 제한과 단절해도 두 번째 제한은 그대로 남는다. 따라서 다시 한 걸음 더 나아가야 한다. 평범함이 더는 다른 사람들의 눈에 물화되는 것이 아니라 자기 자신에게 물화되는 것. 그의 신체가 물화되고 압축되고 집중되고, 피부 아래 뼈까지 디지털 소유possession digitale의 동일한 그물코로 전부 감싸이는 것. 그의 신체가 불에 타서, 반죽처럼 [딱딱하게] "굳고", 니스처럼 [윤이 나게] "어는" 것. 나르시스는 자기 자신을 애무하고, (어떤 사람들에게는 우스꽝스러워 보일 이 말을 눈감아 주면 좋겠다) 자기 몸을 문지른다. 그러나 나르시스의 실패가 있지 않은가?

◇

평범한 나르시스의 말:

순결해서 다가갈 수 없는
긁을 수 없는 의식처럼
내 안에 가증스러운 유한성의 상기처럼
그리고
　　　　나는 신이 아니다
내 안의 사물은 나의 것이 아니다
피부 아래서 작동하는 내 안의 거부반응처럼
비틀림에서 멀리 떨어져 있는
견갑골 누메논

(훗날 그는 대답을 기대하지 않고 이렇게 물었다. 만돌린의 도약인
가 진드기의 번데기인가?)

◇

그렇다면 승리는 어디에 있는가? 그것을 찾으려면 미학적 영역으
로 나아가야 한다. 그것은 마임이다. 진짜 마임은 느릿하고 굼뜨다. 그
러나 이 둔중함은 순간의 둔중함이고, 그 순간의 둔중함은 (시간에
삽입되면) 최고의 경쾌함일 뿐이다. 아이들은 그것을 예감한다 — 적

어도 곰처럼 춤출 줄 아는 사람들은 스스로 몸을 오그라뜨리려 애쓰고, 얼굴이 굳는 찡그린 표정을 지으려 노력한다. 마임(특히 손과 손가락의, 여기서도 굳어지는 반죽처럼, 느릿한 삶)은 석화石化 경향, 무기물화 경향이다. 마임보다 반反낭만주의적인 것은 없다. 낭만주의의 위대한 사유는 인간과 사물 간의 대립의 사유이다. 낭만주의가 시각적 고집이라는 측면에서 정말 미학적인지 물어야 한다. 진짜 마임은 사물 마임이다. 그것은 충만한-존재의 획득이다. 그리고 감정이 물화되면 사랑과 미움이 마임으로 표현될 것이다. 퐁주5는 사물이 감정이 되기를 원한다. 그는 이렇게 말한다. "무수한 감정을 알아야 하고 느껴야 하기 때문이다. … 그렇다. 나는 다른 사물인 나에 관해 말하고 싶다. 그리고 예컨대 내가 쥐, 사자, 거미줄과 공유하는 모든 자질 말고도 다이아몬드의 자질도 갖고 싶다. 그리고 또 한편으로는 바다와도, 바다가 공격하는 절벽과도, 그것으로 만들어지는 조약돌과도 혼연일체가 된다."6 퐁주 또는 안티-마임. 마임은 반대로 감정을 사물로 변형시키는 것이다. 그런데 대립물들은 동일한 세계에 속한다는 것과 사물이 감정이 되는 한에서만 감정이 사물로 변형된다는 것을 잊지 말자.

◇

마임 배우의 말:

주의 깊고 생식력이 강한
그는 거울 앞에 섰다
그리고 눈을 비틀었다
그리고 코끝에

또 다른 눈이

생기게 했다

정지는 전기 때문이었다

마치 우주의 눈 깜박임처럼

그리고 그것은 너무나 정확해서

나는 신에게 청한다

전구처럼 깜박여 주소서

◇

우리는 같은 종류로 보이는 일련의 감정적 행동들을 쭉 살펴봤다. 노출증, 육체적 병, 벌의 수용(혹은 도발), 자기 자신을 애무하고 자기 몸을 문지르는 행위, 끝으로 마임까지. 그러나 비밀로서의 자위와 대립적으로 노출증은 비밀-없음을 나타내는 데 반해 애무와 마임에서는 이 대립축 자체가 더는 의미를 갖지 않는다. 애무와 마임에서는 단지 사물이 되는 것, 그리고 타자에게가 아니라 그 자체로 사물이 되는 것이 문제다. 그리고 사물은 모순적인 것들의 통일성, 비밀과 비밀-비밀 없음, 자위와 노출증의 통일성이다.

◇

다시 비밀로 돌아가자. 타자에 대한 비밀은 자신의 비밀에서만 유래할 수 있다. 남색가는 "중상모략적"일 것이다.

비방과 중상모략은 이중적 의미를 갖는다. 먼저 심리적이고 도덕적인 의미를 갖는다. 비방하기는 누군가에 대해 나쁘게 말하는 것이지만 거짓말을 하지 않고 나쁘게 말하는 것이다. 중상모략은 근거 없이 왜곡해서 나쁘게 말하는 것이다. (악담.) 그다음 형이상학적 의미. 비방과 중상모략은 언어에, 말에 의거한다. 그러나 비방의 경우에는 정확한 사실이 원용되거나 원용될 준비가 되어 있고, 검증될 수 있다. 말의 역할은 그 사실을 제시하는 것, 그 사실을 강조하는 것, 사실들 사이의 설득력 있고 불충한 관계를 조직하는 것으로 귀착된다. 순수한 중상모략은 전혀 다르다. [비방과 중상모략이 뒤섞이는] 여전히 불순한 단계에서는 중상모략이 날조된 사실들에 의존하며 단지 부정확성에 의해서만 비방과 구별되는 반면에, 비방과 본질의 진짜 차이가 드러나는 단계가 있다. 이 단계에서는 비방이 사실에 의존하는 데 비해 중상모략은 어떤 사실도 원용하지 않으면서, 순수한 상태의 말의 본질, 일종의 최고의 정신적 모독을 드러내고, 다른 한편으로는 타격을 주려는 사람의 본질을 규정하려고 애쓴다. 거기서 말은 그 자체로 충분하고, 완벽한 의미를 띤다. 어디에서 와서 어떻게 모였는지도 모르는 등장인물들이 절대 중립적인 방에서 말로 서로 고통을 주고 서로 괴롭히는 고전 비극처럼, 이 말은 말 자체에만 의존한다. 그것은 본질의 영역이다. 그리고 비극은 중상모략에서 오는 고통처럼 귀족적이다.

◇

진부한 예:[누군가를] 사랑하는 사람이 익명의 편지를 받는다. 그 편지는 그의 연인에 관해 그에게 끔찍한 것을 폭로한다. 중요한 말은 "익명"이라는 말이다. (1) 익명의 편지는 나에게 가능한 외부 세계를 계시한다. 그 세계는 나의 연인이 단지 나에게만 사랑받는 사람으로 보이

고, 더는 사랑할 만한 사람으로 보이지 않고 반대로 경멸할 만한 사람으로 보이는 세계이다. (2) 그 편지는 "친구"에 의해 쓰였다. 더 정확히 말해 우정의 제의를 위해 건네진다(이건 당신을 위한 겁니다. 당신이 잘되길 바라는 누군가). 그 편지는 선험적 타자에 의해 쓰였다. 여기 이 특수한 타자에 의해. 그 편지는 익명이다. 다시 말해 편지의 저자는 규정도 이름도 개체성도 없다.

익명의 편지는 평범한 사람이 타자들에 대해 자신이 선험적 타자가 되려고 생각해 낸 수단이다. 물론 나는 몹시 흥분해서 누가 그 편지를 썼는지 찾아낼 수 있다. 나는 선험적 타자를 여기 이 타자로 환원하기 위해 여러 이름의 춤을 떠올릴 수 있다(아무개? 아무개? 아무개?). 그러나 이 점을 잘 알아야 한다. 그러한 환원 시도는 제공된 "우정"을 거부하는 것일 뿐이며, 그 우정 거부는 존재론적 탄생을 위해 내 옆에 일반적이고 미규정적인 타자의 은밀한 실존을 요구한다. 편지가 나에게 계시하는 가능 세계를 아무개로 환원하는 것은 사실상 무관심한 영혼으로 그 가능성 자체를 부정하는 것이고, 편지를 거부하는 것인데, 그때 편지는 오직 그것의 비열함과 나의 혐오 속에서만 베일을 벗는다. 이것이 익명의 편지의 실패다.

◇

그렇다면 그 편지의 승리는? 편지가 승리했을 때는 누가 편지를 썼는지 아는 것은 중요하지 않다. 단지 누군가 고통을 겪을 뿐이다. 편지는 성공했다. 편지는 나에게 가능 세계를 계시했고, 이 세계는 나를 잠식했다. 그리고 고통을 주는 것은 말이고, 말은 충분히 효과적이고 독립적이다. 아무도 그것을 받아들이지 않기 때문이다. 편지는 익명이다. 여기서도 물론 나는 사실(어느 날, 어느 시간, 어느 거리, 어느 번지)을 담은 편지에 대해 말하고 있는 것이 아니다. 나는 오히려 순수한 중상모략을 추구하며, 말의 비극적·귀족적 효력 외에 다른 것은 아무것도 가져다주지 않는 편지를 생각하고 있다. 그러나 이 순수한 중상모략, 사실에 준거하지 않은 말의 이 효력은 무엇인가? 우리가 선택한 예에서 그것은 애인이 레즈비언이라는 의심이다.

◇

우리는 어떤 의미에서 여성이 "범주적"인지 살펴보았다. 그리고 이런 의미에서 여성은 비밀이라는 것을 보았다. 그래서 여성과 애인 사이의 대립은 전면적이다. 애인은 개체적이다. 즉 여기에 있는 이 여자이며, 순수한 현존이다. 그리고 본질이 아니다. 질투는 애인 내부에서 여성의 발견일 것이다. 그리고 이 발견은 연쇄적인 두 가지 형태로 나타난다. (1) 부재의 형태로. 내가 그녀와 함께 있지 않았던 오후 5시에 그녀는 무엇을 했는가? 그녀는 비밀을 갖고 있다. 그녀는 순전한 현존이 아니다. 그녀는 이미 여성이며, 그녀의 부재는 음각으로 그려진 본질을 제시한다. (2) 죄의 형태로. 이때 애인은 비밀이다 ─ 그리고 여성적 본질을 완전히 실현하는 경향을 띠며, 레즈비언인 한에서 질투를 가장 많이 유발해서 가장 정확하게 여성적 본질의 윤곽을 그린다. 같은 성性. 그리고 사랑하는 남자는 자기 애인 내부에서 솟아오르는 이 낯선 여성을 다시 되돌리려고 할 것이다. 그는 애인에게 스스로 비밀을 고백하라고 애원할 것이다. 그것은 그녀가 순전한 현존으로 되돌아가는 유일한 수단이다. 그리고 심지어, 치유를 위해 자기에게 고통을 주었던 방법을 내세우면서 그는 단순한 부인否認에도 만족할 것이다. 그는 증거를 요구하지도 않고 확인하려고 하지도 않을 것이다. 그는 몇 마디 말로 족할 것이다. 적어도 말은 이렇게 한다. "이봐, 내가 밉살스러워 뵈리라는 건 나도 알지만 말이야. … '다 알면서 그러시네' 하지 말고. '나는 어떤 여인하고도 그런 따위의 짓을 하지 않았습니다.' 하고 말해 봐요."[7] 그러나 이 모든 것은 헛된 것이며, 손해는 확정적이다.

◇

남색, 중상모략, 여성 동성애의 이 순환은 우발적인 것이며, 선택한 사례에 따라 달라진다. 그러나 우발적이지 않은 것이 있다. 그것은 바로 남색과 여성 동성애 사이에 끼인 중상모략의 지위다. 중상모략은 매개다. 그것은 전적으로 여성의 비밀로 지향되며, 다른 극에서는 여성이 자기 자신의 비밀로부터 발생한다. 중상모략보다 더 악의적인 외형을 갖춘 것은 없다.

보편학, 과학, 철학[1]

　보편학을 과학 및 철학과의 관계 속에서 정의하는 것은 유익할 수 있다. 그러나 그러한 정의는 어떤 의미로는 보편학 자체의 외부에 머물러 있을 수밖에 없다. 그 정의는 단순하고 잠정적이며, 단지 어떤 역사적 시기와도 무관하게 보편학은, 언제나 현행적인 위대한 정신적 태도들 가운데 하나임을 보여주는 경향을 띨 뿐이다. 이는 곧 그 정의에는 과학자들과 철학자들이 항상 보편학에 반대해서 내세우려고 시도했던 논변들에 대한 비판, 특히 "전수자"라는 말에 부여해야 하는 의미의 조정만 있다는 말이다. 물론 보편학이 전개되는 인도 문명의 지평은 망각되지 않는다. 그리고 그것은 보편학의 본질적인 점이다. 그 문명에서는, 어느 정도로든지 간에 보편학은 추상적일 수 있다고 말하지 않고, 단지 우리의 서구 정신 자체 내에서 어떤 근본적인 요구가 제기되고 있고, 보편학은 일종의 서론, 자신에게 붙인 서문에서 이미 그 요구들을 충족시키고 있다고 말할 것이다. 이런 관점에서 말파티 박사의 책은 극히 중요하다. 물론 그 이후로 인도의 의식 속으로 더욱 깊이 들어간 다른 저작들이 출간되었지만, 보편학 개념 자체를 과학 및 철학과의 관계 속에서 이보다 더 잘 소개한 책은 거의 없다.

◇

주기적으로 철학자들과 과학자들을 대립시키는 논쟁의 정확한 의미를 이해하는 것은 쉽지 않다. 그들은 같은 언어로 말하지 않는다. 과학은 객체에 자리 잡고, 심지어 사유 대상의 층위에서도 실재를 재구성하거나 발견하지만 결코 가능성의 조건이라는 문제를 제기하지는 않는다. 철학자들은 반대로 표상으로서의 객체를 인식 주체와의 관계 속에 위치시킨다. 알키에가 말하는 것처럼, 최종적으로 무엇이 물질인지, 원자인지 어떤지 아는 것은 철학에 별로 중요하지 않다. 왜냐하면 전혀 다른 표상으로서의 원자는, 그것을 표상하는 정신에 의거해서만 철학적 지위를 갖기 때문이다. 그리고 우리는 현대 물리학의 최근 발견이 예컨대 18세기의 버클리의 개념에 어떤 변화를 부과할 수 있을지 모른다. 그래서 지식 내부에, 과학과 철학 사이에, 근본적인 이원론, 아나키의 원리가 놓인다. 그것은 사실상 데카르트적인 대립, 즉 연장적 실체와 사유하는 실체 사이의 대립이다.

데카르트의 예는, 데카르트가 지식의 통일성, 보편 수학을 결코 포기하지 않았기 때문에 그만큼 더 흥미롭다. 그리고 보편 수학이 어떻게 이론적 수준에 위치하는지 보는 것은 흥미롭다. 인식하는 정신은 그 자체로 연장과 다른 별개의 것이어서 엄밀하게는 연장과 아무런 공통점도 없어 보이지만, 그럼에도 불구하고 자신의 표상의 질서를 사유함으로써 사물의 질서를 펼친다. 통일성은 긍정되는 순간 깨지고 파괴된다.

그러나 데카르트는 여전히, 통일성이 깨져도 그것은 다른 수준에서 다시 형성되고 거기서 통일성은 참된 의미를 띠게 된다고 말했다. 사유와 연장의 이론적 분리가 긍정되는 한, 삶의 정의定義로서, 이론과 실천의 실천적 결합 또한 긍정된다. 통일성은 인간성을 초월하는 추상적 신의 층위에서 이루어지지 않고 구체적 삶 자체의 이름으로 이루어진다. 인식의 나무는 단지 이미지가 아니다. 모든 아나키적 이원성 너머의 위계, 통일성은 다른 둘로 환원될 수 없는 제3의 질서를 그리는, 삶 자체의 통일성이다. 삶은 신체의 관념으로서의 영혼과 영혼의 연장으로서의 신체의 통일성이다. 게다가 다른 두 질서, 과학과 철학, 생리학과 심리학은 살아있는 인간의 층위에서 그들의 잃어버린 통일성을 되찾는 경향을 띤다. 사유에서 탈육화된désincarnée 심리학 혹은 물질에서 광물화된minéralisée 생리학을 넘어, 보편학은 참된 의학에서만 완성될 것이고, 그 의학에서 삶은 삶의 지식으로 정의되고 지식은 지식의 삶으로 정의될 것이다. 그래서 "삶의 과학으로서의 생명과학"이 모토가 된다. 그로부터 삼중의 귀결이 나온다.

먼저 보편학을 단지 신비주의적이고 실현 불가능하고 초인간적 지식일 뿐이라고 생각하는 것은 전적으로 잘못된 생각일 것이다. "전수자"라는 말에 대해 해서는 안 될 첫 번째 오해가 바로 그것이다. 보편학은 삶의 층위에서, 살아있는 인간의 층위에서 펼쳐진다. 그것은 무엇보다도 육화incarnation의 사유, 개체성의 사유이다. 그것은 본질적으로 인간 본성에 대한 정확한 기술이기를 원한다.

그렇지만 보편학이 이 살아있는 인간 본성을 넘어서는가? 보편학은 실제로 최고의 집단적 지식, 보편적 종합, 부적절하게 "인간적"이라고 불리는 "살아있는 통일성"으로 정의된다. 여기서 의견이 모여야 한다. 그러한 정의는 즉각적일 수 없고 마지막으로 내려지고 정확한 의미가 부여된다는 것을 알아야 한다. 인간과 무한의 관계를 예시하면서, 자연적 관계는 생명체를 생명과 결합한다. 생명은 일견 그것을 활동하게 하는 개별 유기체 안에서, 생명체에 의해서, 생명체 안에서만 실존하는 것처럼 보인다. 생명은 단편적이고 폐쇄적인 이 가정assomptions에 의해서만 실존하며, 그 가정에서 생명체는 각자 자기 나름대로 고독하게 생명을 실현한다. 그 말인즉 생명의 보편성, 공통성 자체가 부정된다는 것, 다시 말해 생명의 보편성, 공통성이 생명체들 각자에게 단지 바깥으로서만, 그들에게 이질적인 외부성, 타자로서만 주어진다는 것이다. 인간들의 복수성이 있다. 그러나 바로 그래서 일반적으로 각자가 타자들과 공통 척도 없이, 자기 나름대로 자신의 삶을 담당해야 하는 것이다. 보편자가 즉각 회복된다. 그리고 이런 의미에서 생명은 단체équipe와 대립해서 묵계complicité로 정의될 것이다. 단체는 실제로, 그것의 보편성이 훼손되거나 분할될 수 없으며, 그것이 실현되는 중에는 구성원들의 상호 대체가 가능하고 아무래도 무방한 그러한 공통 세계의 실현이다. 그것은 사유 대상 쪽의 과학이거나 사유 주체 쪽의 철학이다. 이 두 가지 경우에서 다시 문제가 되는 것은 실천적이지 않고 이론적이며, 사변적인 죽은 단체다. 유일한 살아있는 단체는 신의 단체다. 그리고 그것은 모든 점이 중심으로부터 등거리에 있는 무차별하고 완벽한 도형인 원으로 상징되는 것은 신밖에 없기 때문이다. 묵계에는 반대로 분명 공통 세계가 있지만, 그 공통 세계를 공동체로 만드는 것은 한 번 더 말하건대 각자가 타자들과 공통 척도 없이 자기 나름대로 그리고 가능한 대리자 없이 그것을 실현해야 한다는 것이다. 탄생, 사랑, 언어, 죽음 등 주요 인간적 실재가 바로 그러한 외형을 그리는 것은 분명하다. 죽음의 기호 아래서 각자는 다른 것을 대신하는 것으로 실존하지 않으며, 그 자신이 [다른 것으로] 대체될 수도 없다. 그리고 그것이 바로 죽음의 보편성이다. 마찬가지로 삶은 보편자와 그것의 부정이 동일한 것이 되는 이 실재다.

정확히 말해 묵계의 고유성은 무시되고 부정되고 배반될 수 있다는 것이다. "각자"라는 말은, 그것이 보편자를 긍정하는 순간 보편자를 너무 잘 부정해서 우리는 이 부정적 측면에만 민감할 수 있다. 그래서 인간의 문제는 잠재적이고 무지한 묵계 상태에서 자기 자신을 긍정적으로 아는 묵계로 이행하는 데 있다. 물론 그 단계는 모두가 똑같이 사랑하는 단계가 아니라 모두가 누구 못지않게 사랑하는 단계다. 생명체가 자신의 개체성을 고집하는 순간 생명체는 자신이 보편적임을 자처했다. 생명체가 자신에 관해 폐쇄되고 생명의 보편성을 바깥으로서 정립하는 순간 생명체는 이 보편자가 사실상 생명체를 내부화했다는 것을 알아차리지 못했다. 생명체는 자기 나름대로 그 보편자를 실현했고, 자신을 소우주microcosm로 정의했다. 보편학의 일차적 목표는 생명과 관련한 생명체의 이 의식화를 보증하고 그로써 개체적 운명에 대한 지식의 가능성을 정초하는 것이다.

각 개체가 다른 개체들과, 더 일반적으로는 보편자와 대립함으로써만 자신을 정립하는 전적으로 자연적이고 무의식적인 묵계로부터, 각자가 이미 구성하고 있는 우주 내부에서 각자 자신을 "전체의 부분"으로 아는, 자기 자신을 아는 묵계로 이행하는 것이 문제다. 달리 말하면 연방. 그것이 이 책의 번역자 오스트로브스키가 매우 흥미로운 방식으로 검토한 것이다. "고대 게르마니아가 수 세기 전부터 사라졌고 아마 우리 세기에 와서야 겨우 회복될 연방의 통일성을 재건하려고 할 때(1894), 마찬가지로 과학도 그것의 최초의 출발점이자 공통 중심으로서의 통일성으로 되돌려 놓기 위해 이 대담한 사색가 민족이 기울인 노력을 검토하는 것은 무익하지 않을 것이다." 문제는 생명의 정의로서의 연방이었지, 힘의 숭배에 기초한 통일성이 아니었다.

따라서 보다시피 통일성은 구체적 인간의 층위에서 이루어진다. 즉 통일성은 인간의 조건을 초월하기는커녕 오히려 그것에 대한 정확한 묘사인 것이다. 단, 그러한 묘사는 인간을 무한과, 보편자와 관계시키지 않으면 안 된다는 것을 알아야 한다. 각 개체는 보편자를 부정함으로써만 실존한다. 그러나 각 개체의 실존이 복수성에 의거하는 이상, 그 부정은 각 개체의 총망라된 형태로, 보편적으로 행해져서 단지 그것이 부정하는 것을 긍정하는 인간적 방식일 뿐이다. 그 방식을 우리는 의식적 묵계라고 불렀다. 전수initiation는 다른 것이 아니다. 전수는 신비주의적인 의미를 갖지 않는다. 전수는 삶에 대한 사유이며, 삶을 사유할 수 있는 유일한 방식이다. 전수가 재현하는 지식을 각자가 자기 나름대로 습득해야 한다는 의미에서 전수는 신비적이다. 전수자는 무한과의 관계 속에서 사는 인간이다. 그리고 전혀 신비주의적이지 않은, 보편학의 핵심 개념은 개체성은 보편자와 분리되지 않으며, 종種으로서의 생명과 신성神性 사이에 있는 것과 같은 관계가 생명체와 생명 사이에 있다는 것이다. 그래서 있는 그대로 인식되는 생명체들의 다양성은 통일성에 의거한다. 즉 생명체들의 다양성이 음각으로 그리는 통일성, 단지 타원에 의한 원 그림. 그리고 원이나 바퀴가 신을 표상한다는 것을 상기해서 말파티의 말을 우리는 글자 그대로 받아들여야 한다. "무한과의 관계 속의 인간과 보편학의 관계는 공간과 운동의 관계와 같을 것이다."

따라서 보편학은 과학도 철학도 아니다. 그것은 [과학이나 철학과] 다른 것, 즉 삶에 대한 지식이다. 그것은 존재에 대한 연구도 사유에 대한 분석도 아니다. 게다가 사유와 존재의 대립, 철학과 과학의 대립은 보편학의 관점에서는 의미가 없고, 헛된 것, 잘못된 양자택일로 보인다. 보편학은 지식의 삶이 삶의 지식과 동일화되는 평면에 위치한다. 말파티에 따르면 보편학의 코기토는 이렇게 언표된다. '나는 존재한다, 고로 나는 생각한다sum, ergo cogito.; 나는 존재한다, 고로 나는 생산한다sum, ergo genero.' 그 말인즉 보편학의 방법은 과학적이지도 철학적이지도 않다는 것이다. 보편학의 특수한 객체에는 특수한 방법이 응답해야 한다.

◇

과학적 방법은 설명이다. 설명하는 것은 어떤 것을 그것 외의 다른 것을 통해 해명하는 것이다. 열은 운동이고 물은 H_2O로 합성된다. 그러나 사유 대상으로서의 운동은 그것이 설명하는 것, 즉 감각적 질의 체계로서의 열을 무화시킴으로써만 구성된다. 마찬가지로 우리가 H_2O까지 가면 더는 물은 없다. 이 감각적 질은 외관이라고 불리지만, 그렇다고 해도 외관 자체의 정의는 있는 그대로 주어지지 않는다는 것임에는 변함이 없을 것이다. 다른 극에서, 철학적 방법은 넓은 의미로 반성적 분석이며, 이 분석에서 감각 세계는 인식 주체의 표상으로 묘사된다. 다시 말해 이 분석에서도 역시 [감각 세계는] 그것 외의 다른 것으로부터 지위를 부여받는다. 두 가지 경우 모두에서 우리는 새로운 대립, 즉 사유와 감각적인 것의 대립에 직면한다.

보편학의 대상을 우리는 과학과 철학의 대립, 사유 대상과 사유 주체의 대립으로부터 정의했다. 그것은 아나키의 첫 번째 측면일 뿐이었다. 왜냐하면 사유 대상은 사유 주체로서의 "사유"일 뿐만 아니라 감각 대상으로서의 "객체"이기도 하기 때문이다. 대립의 새로운 두께. 일상생활은 감각적인 것의 객체성에 길을 낸다. 객체는 우리 밖에 있고, 우리에게 아무것도 빚진 것이 없고, 그 자체의 의미를 갖는다. 철학적으로 색은 제2성질, 인식 주체의 표상일 수 있고, 과학적으로 색은 실재의 최종적 표현으로서 "진동"이라는 사유 대상으로 환원될 수 있다. 그러나 색은 자기 외의 다른 것에 준거하지 않고 그 자체로 개체에 주어진다는 것 역시 확실하다. 개체는 사물들이 자신을 기다리지 않고 [그전에 이미] 실존한다는 것을 잘 안다. 객체는, 그것이 관찰되는 관점에 따라 다른 각도, 다른 외형으로 나에게 주어진다는 사실을 내세울 수 있을 것이다. 그런데 그것은 객체의 종속의 표시가 결코 아니라 반대로 객체의 전적인 객체성의 표명이다. 응시되는 객체가, 다른 객체들 전체에 의해 구성된 지반 위로 떠오른다는 것은 잘 알려진 사실이다. 그러나 정확히 말해 그 객체는 다른 객체들과 아무 관계나 유지할 수는 없을 것이다. 그 관계가 그 객체 외부에 머물러 있다 하더라도 말이다. 어떤 객체가 다른 객체들의 지반 위로 형식으로서 떠오르기 위해서는 그 객체가 자기 자신에게 이미 고유한 지반이어야 한다. 그래서 입방체는 언제나 3면으로 그 외형을 드러내 보이고 그 이상은 드러내 보이지 않지만 그것은 이미 6면이다. 즉 입방체는 자기 자신에게 이미 고유한 지반이어야 하는 것이다. 이 현상은 객체 자체에 의존하며, 그것을 지각하는 사람에게는 전혀 의존하지 않는다. 그러나 3면이 이미 6면이라고 말하는 것은 감각 대상에서 외연(3)과 내포(6)의 동일성을 상정하는 것이다. 왜 그것이 동일한가? 왜 6면이 3면으로 주어지는가? 그것은 단지 일상적 공간이 3차원이기 때문일 뿐이다. 잠깐만 생각해 보면, 어떤 평면에 준거할 때만 6면이 6면으로서 의미를 가질 수 있다는 것을 알 수 있다. 3차원 공간에서 6면이 전부 실존할 수 있는 유일한 방식은 6면 가운데 3면만 내보이는 것이다. 따라서 외연과 내포의 동일성은 공간을 단순하게 정의한다. 그 말인즉 이 공간 내부에서 감각 대상 일반은 그러한 동일성의 이름으로 완전 개념이라는 것이다. 여기서 "개념"이라는 말은 더는 "사유 대상"을 의미하지 않는다.

보편학에서 수 이론의 여러 계기 중 하나일 뿐인 이 점을 미리 고려해 보자. 말파티가 분석하는 것과 같은 7이라는 수가 실제로 있다고 하자. (1) 그것은 직선으로는 표상되지만 곡선으로는 표상되지 않는다. 그것은 3차원의 출현이다. 그것은, 모든 물체(개체)는 길이, 넓이, 깊이 세 방향으로 작용하는 표면의 외연(4)으로 고찰될 수 있다는 진리를 보여준다. (2) 그러나 다른 한편으로 7은 개념이다. 그것은 아직 실재화된 개체를 표상하지 않는다. 그것은 "수많은 개체성들에서 보편자의 다양한 전개다. 그것은 시간의 아버지이고 공간 속에서 외관의 파동 이미지들 위를 떠도는 분할 가능한 시간 이전의 시간 이미지다. … 그것은 외관 위에서 움직인다." 철학적이건 과학적이건 그러한 발상의 비판은 적중하지 못할 것이다. 그것은 동일한 영역도 동일한 방법도 아니기 때문이다.

앞에서 보았듯이 보편학의 이 방법은 넘어서야 할 대립, 즉 사유 대상과 감각 대상의 대립에 직면한다. 과학은 실제로 감각 대상을 그것 외의 다른 것에 의해, 즉 사유 대상에 의해 설명한다. 이 사유 대상을 감각적인 것으로, 양을 질로 되돌려서, 다시 환원해야 하는 새로운 이원성. 일반적으로 그 환원은 상징이 수행하는 바로 그 환원이다. 가장 단순한 예로도 충분히 그것을 보여줄 수 있다. 국기가 조국의 상징이라고 말할 때 나는 본질적으로 감각 대상을 사유 대상, 즉 지식의 육화로서 제시한다. 게다가 그 감각 대상은 그것이 육화시키는 지식 그 자체이다. 앞의 설명에서는 사유 대상이 설명하는 것이었고 그설명하는 것은 그렇게 설명된 감각 대상을 무화시킴으로써만 구성되었다. 반대로 상징에서는 이제 상징하는 것이 감각 대상이고 이 감각 대상은 그것이 상징하는 지식과 완전히 동일시된다. 사실상 본질적인 상징 과정은 시詩다. 예컨대 말라르메의 「부채」라는 시가 있다. 그 시의 주제는 틀림없이 모든 감각적 표출을 넘어서는 순전한 사유 대상으로서의 운동 그 자체다. 이 운동 역시 외관 위에서 움직이며 외관을 위협하여 꼼짝 못 하게 한다.

> [황혼의 어떤 신선함이
> 그대에게서 나오네 부채질을 할 때마다]
> 미묘하게 지평선을 물러나게 하는
> 그 영어囹圄의 몸짓과 함께

　시의 전체 과정은 운동에 대한 사유를 감각 대상 속에 육화시키고, 이 대상에서 그 사유를 변형시키는 데 있다. 감각 가능한 물질 속에 아직 충분히 깊이 괴사僵死하지 않은 펴진 부채에서만이 아니라 사물로서의 부채, 접힌 부채에서도. 펴진 부채에서 접힌 부채로의 이 이행을 말라르메는 명백하게 보여준다. "장밋빛 강변들의 홀笏", "그대가 내려놓은 이 갇힌 백색의 비상."

　이것은 상징의 일반적 의미, 지식의 육화, 보편학의 행보를 보여주는 하나의 예일 뿐이다. 설명과 달리 상징은 감각 대상과 사유 대상의 만남, 동일성이다. 감각 대상은 상징이라고 일컬어지며, 사유 대상은 과학적 의미를 전부 상실하고 상형문자 혹은 암호가 된다. 그러한 동일성 속에서 감각 대상과 사유 대상은 개념을 형성한다. 상징은 그 개념의 외연이고 상형문자는 그 개념의 내포다. 그때부터 "전수자"라는 말은 온전한 의미를 띤다. 말파티에 따르면 보편학의 신비적인 성격은 배타적으로 신비주의적인 의미에서 비신도profanes에게 겨누어지지 않고, 단지 개념 파악이 최소한의 시간에 이루어지고 물리적 육화가 가능한 한 작은 공간에서 일어날 필요성 ─ 다양성 안의 통일성, 특수한 생명 안의 일반적 생명 ─ 을 표시할 뿐이다. 심지어 마지막에 가서도, 전수자 개념이 극단적으로 합리화되는 것이 눈에 띌 것이다. 만일 직업이 지식의 귀착점으로서의 감각 대상의 창조에 의해 정의된다면, 생명의 의술^{醫術}로서의 보편학은 대표적인 직업, 직업 중의 직업[최고의 직업]이다. 왜냐하면 보편학은 지식 자체를 감각 대상으로 변형시키기 때문이다. 그래서 보편학이 물질적 창조와 정신적 창조의 상응을 강조한다는 것을 보게 될 것이다.

상징 과정을 인간에게 적용해 보자. 인간 조건에 대한 사유, 다시 말해 인간 조건의 내포는 인간 조건을 자신의 본질과 분리된 실존으로 정의한다. 그러나 인간 일반에게 본질과 실존이 분리되어 있다는 말은 곧 여러 인간(외연)이 있다는 말이다. 실제로 "만일 자연에 20명의 사람들이 존재한다면 인간 본성의 원인을 일반적으로 제시하는 것만으로는 충분하지 못할 것이다."[2] 그 말인즉 각각의 실존은 자기 바깥에서, 타자에게서 자신의 본질을 발견한다는 것이다. 그것은 사실상 인간은 단지 죽는 것만이 아니라 "태어난다"라는 말이다. 그리고 부모는 아이에게 자신들의 실존을 증여하고, 그 실존을 소유하기 위해 아이는 역으로 자기 부모에게서 그 실존의 명료함 자체의 원리를 본다면, 그 실존 자체의 본질은? 인간의 내포가 실존과 본질의 분리에 의해 정의되는 이상, 그것과 상관적이고 심지어 동일하기까지 한 외연은 섹슈얼리티에 의거한다. "남자와 여자는 두 개의 분리된 신체 속에서 살지만, 각자 자기 안에 다른 쪽의 신체를 소유한다." 외연과 내포의 동일성으로서의 개념이 남자에 의해 탄생한다는 것이 이제 이해된다. 달리 말하면 감각적 질들을 정초하는 것은 섹슈얼리티이다. 말파티는 히포크라테스의 말을 인용한다. "인간은 이원성이고, 만일 이원성이 아니라면 인간은 느끼지 못할 것이다." 그러나 앞에서 보았듯이 감각 작용은 3차원에 의거한다. 따라서 주목해야 하는 것은 성적 이원성이라기보다는 사랑의 삼원적^{triadique} 성격이다. "자기애^{自己愛} 없는 개체적 삶은 무엇일까? 오직 그것만이 개체적 삶을 종種 안에서 영원하고 무한한 존재로서 재생산되게 함으로써 개체적 삶을 종의 삶에 이르게할 수 있다. 이원론은 실재적 삶을 포함하고 있지 않다. 성적 사랑은다른 두 가지 것, 에고이즘과 영웅주의를 획득한다." 게다가 세계의 삶은 다음과 같은 삼원 기호 아래 확립된다. 더하기로서의 되기 즉 탄생,되기 행위가 유지되게 하는 곱하기로서의 지속, 파괴 혹은 빼기.

그렇다면 대표적인 인간적 개념은 무엇일까? 본질과 실존의 통일성인 신은 원에 의해 개념화된다. 등가성과 정지, 초점 지역zone interfocale의 무차별성, 발생 이전의 생명. 반대로 항상 운동 중인 타원, 더 정확히 말해 타원체에서는 분리, 이원성, 초점들의 성적 안티테제가 나타난다. 공간은 무제한의 원에서 제한된 타원으로의 이행이며, 시간은 중심의 통일성에서 초점들의 이원론으로의 이행이다. 여기에서 3차원이 탄생한다. 이 이행을 다의성多義性의 탄생으로 정의할 수 있을 것이다. 타원은 다의적 원으로 정의된다. 어떻게 보편학의 대상 자체가 삶의 문제, 묵계 문제에 있었는지 기억해 보자. 말파티에 따르면"개체가 일시적으로 자연의 자리에 놓이는 순간, 그 개체는 자연의 삶에 적합한 자신의 삶을 복구한다." 이런 의미에서 성적 사랑은 자기애이자 종에 대한 사랑이고, 내부화된 인간이자 외부화되는 인간이다.다른 한편으로 우리는 〈생명체 ─ 보편적 생명〉과 〈종으로서의 보편적생명 ─ 종〉의 관계를 주재하는 상응을 기억한다. 따라서 말파티가 발생과 발생 이전이 결코 분리되지 않는다는 사실, 즉 한쪽이 다른 쪽을음각으로 그린다는 사실을 강조하는 것을 볼 수 있을 것이다. "전에나는 둥글었다. 이제 나는 알의 형태처럼 길쭉해졌다." 자식을 낳는 것에 의해 인류는 자신의 불멸을 추구하고, 영원성[신]의 동적 이미지로서 시간을 구성하고, 원에서 타원의 실현을 찾는다. 바로 그래서 황홀감은 개체가 종의 수준으로 올라가는 행위일 뿐이다. 종은 실제로 원의 한계 위에서만 사유된다. 원죄 이전에 아담은 인류^{humanitas}로서 실존했다.

방법이 보편학의 대상 자체와 합쳐진다는 것은 놀랍지 않다. 보편학이 사유 주체-사유 대상의 대립 너머에 위치하는 것과 사유 대상-감각 대상의 대립이라는 이 다른 대립 너머에 위치하는 것은 동일한 과정에 의한 것이다. 그것은 수 문제에서 훨씬 더 명확하게 보인다. 한편으로 수는 십진법, 즉 기수법 안에서만 실존한다. 수는 자신에게 투명한, 정신의 행위에 의해 구성되며, 그렇게 구성되는 동안은 단지 이전의 수에 단위만 추가되는 것처럼 보인다. 그렇게 해서 수는 사유 주체 쪽에 있는 것처럼 보이지만, 반대로 사유 대상은 불투명성으로서, 자신에게 투명하다고 일컬어지던 정신의 그 행위가 진정한 본성을 낳을 정도로 예견 불가능한 특성들을 지니고 있음이 드러난다. 다른 한편, 보편학이 수에 매우 특수한 중요성을 부여한 이유가 바로 그 특권 때문이다. 상징은 감각 대상이 된 수에 대한 사유다. 말파티가 그리스인들의 연구와 유사한 연구에 어떤 비판을 가하는지 보는 것은 흥미롭다. 그들의 잘못은 순전히 기하학적인 관계에서 수의 의미를 찾고 그렇게 수를 사유 대상 안에 가둔 것이었다. 반대로 온전한 의미의 상징은 수에서 끌어내야 하는 것이다. 십진법은 인간과 세계의 상형문자인 0으로 시작해서, 완전한 정신적·신체적 유기체에서 실현되는 통일성인 10으로 끝난다. 10에 대해 말파티는 이렇게 썼다. "그것은 들어가는 행동에도 나가는 행동에도 싫증을 내지 않는다. 그것은 인간 안의 작은 세계(소우주)의 주권자이다."

보편학의 정의는 이중적이다. 즉 대상의 측면에서는 사유 주체-사유 대상 이원성과 관련해서 정의되고, 방법의 측면에서는 사유 대상-

감각 대상 이원성과 관련해서 정의된다. 우리는 두 개의 주제가 끊임없이 서로 교차하고 동일화되는 지점에 도달한다. 첫 번째 주제에 의해서 우리는 개체(소우주)와 보편자 사이의 상응 체계를, 두 번째 주제에 의해서는 신체적인 것과 정신적인 것 사이의 상응 체계를 상정하게 된다. 따라서 거기서는 영혼과 신체의 결합을 철학적으로 "설명할" 필요가 없다. 또한 불, 발효 등과 같은 거대한 주제 아래 개체와 우주 사이에 수립되는 상응을 과학적으로 비판할 필요도 없다. 보편학은 상징의 두 겹에서, 별개의 영역에서 전개된다. 그리고 거기서 점점 더 개체적인 실재들이 밀집되는 점점 더 긴밀해지는 상응 체계를 끊임없이 수립하면서 살아있는 의술로서 완성된다.

디드로의 『수녀』 머리말[1]

　모든 훌륭한 작품은 이중의 관계, 저자와 작품 자체와의 관계와 작품과 독자와의 관계로 정의된다. 그것이 바로 문학 비평을, 그리고 예술적 창조물에 관한 고찰을 어렵게 만드는 것이다. 그러나 한 가지 확실하게 말할 수 있는 것은 그 두 가지 관점이 동시대적이지 않다는 것이다. 일단 작품이 완성되고 확정되고 인쇄되면, 그것은 결국 저자와 관계를 완전히 끊고 독립적이고 자율적이 되어 독자를 향하는 것처럼 보인다. 그래서 발레리 같은 몇몇 사람들에 대해 저자와 작품의 관계가 무화되었다고 말할 수 있다. 창조물[작품]은 자신을 거역하고 그 대상을 창조되지 않은 것으로 제시한다.

　신비화는 저자와 그를 신비화하는 사람 사이의 일종의 일의적 관계다. 저자는 어떤 존재, 어떤 가공의 대상을 탄생시켜 다른 사람이 그것을 자발적으로 믿고 그것을 진정으로 받아들이게 한다. 달리 말하면 저자는 그 존재, 그 대상을 창조하지만, 자신이 그것의 창조자임을 인정하지 않는다. 그래서 말로는 "구성"intrigue이라는 단어의 이중적 의미, [음모라는] 도덕적 의미와 [플롯이라는] 문학적 의미에 주목했다.[2] 모든 문학 작품은 신비화라고 일컬어질 수 있다. 그러나 사실 그것은 대개의 경우 거리가 있는 은유일 뿐이다. 왜냐하면 저자와 독자, 문학에서 신비화하는 자와 신비화되는 것은 글자 그대로 "동시대적"이지 않기 때문이고, 독자는 자기가 읽는 것을 꼭 그대로 실재하는 실존 인물로 믿지 않기 때문이며, 저자가 아무리 명확하고 확정된 개인이어도 독자는 여전히 불확정적이고 일반적인 존재이기 때문이다. 물론 예외가 있다.

가장 두드러지고 유명한 예외는 이론의 여지 없이 『수녀』다. 그림Grimm 3이 말한 그것의 전후 사정은 알려져 있다. 디드로의 친구 크루아마르 후작은, 그녀를 알지 못하면서 수녀원 생활 서약에 법적으로 항의한 젊은 수녀의 사례에 깊은 관심을 가졌다. 때는 1758년이었다. 2년 뒤에 디드로는 이 쉬잔 수녀를 더할 나위 없이 신비하게 부활시키기로 결심했다. 그녀는 수도원에서 빠져나와 후작에게 도움을 청하는 편지를 쓴다. 후작이 사건을 진정으로 받아들이면 그녀를 죽게 할 수 있는데도 말이다. 모든 것은 가장 작은 세부 사항, 특히 후작이 답장을 보낸 주소에서 결정되었다. 답장은 실제로 매우 많았고, 너무 감동적이어서 넉 달 뒤에 수녀는 죽을 운명이었다. 그러나 디드로는 그 자체 걸작인 편지들과 함께 쉬잔의 회고록을 썼다. 그것이 소설을 형성한다.

신비화의 조건을 알 수 있다. 수도원에서 도망친 쉬잔을 실재하는 실존 인물이라고 믿는, 없어서는 안 될 유일한 독자, 후작. 저자와 독자의 관계는 "동시대적"이고, 서신 교환 관계다. (사실 디드로는 『수녀』를 인쇄하게 하지 않는다. 게다가 [1789년에] 바스티유 습격이 있었다. 1760년에 쓴 소설은 1796년에야 출간된다.) 따라서 크루아마르 후작은 쉬잔을 진짜로 받아들이고, 디드로는 그녀를 창조해 놓고 자신이 그녀의 창조자임을 인정하지 않는다. 바로 그래서 수녀의 실존은 오직 편지의 형태로만 나타난다. 수녀의 실존은 자율성을 획득한다. 그것은 작품이고, 그것의 양극에서 독립적이다. 이렇게 말해도 좋다면 그것은 문학적이지 않기 때문에 문학적이지만, 문학적이지 않기 위해서 그것은 문학적이어야 한다. 어떤 의미로는 후작의 자연과 디드로의 자유를 대신하므로 수녀 자체는 자연이고 자유다. 그녀는 주인공이다. 그 정도로 모든 것이 뒤집혀서, 신비화되는 것은 디드로다. "그가 이 일에 전적으로 몰두해 있을 때 우리 친구인 달렝빌 씨가 어느 날 그를 찾아간즉 그는 눈물을 철철 쏟으며 슬픔에 잠겨 있었다. '도대체 무슨 일인가? 자네 꼴이라니!' 달렝빌 씨가 놀라 물었다. '무슨 일이냐고?' 디드로 씨가 대답하였다. '내가 쓰고 있는 이야기가 너무 슬퍼서 그러는 걸세.'"(그림Grimm 4)

따라서 동시대적인 두 항, 신비화되는 것과 신비화하는 것 사이의 문학 외적인 도덕적 관계 내부에서 예술작품의 가능한 기원으로서의 신비화인 일반적인 저자와 독자의 문학적 및 "이시대적"異時代的 관계가 탄생한다. 그림이 자기 이야기에서 구성intrigue의 도덕적·미학적 이중 의미를 얼마나 강조하는지 눈에 띌 것이다. 『수녀』는 본연의 문학적 창조 문제를 예리하게 제시한다. 그리고 그 문제를 문학 바깥에서 그렇게 제기한다. 그것은 바로 기원에 관한 문제다.

소설 중의 쉬잔의 캐릭터에서 무엇보다도 자연-자유라는 이중적 측면을 발견하지 못한다면 그것은 작품의 역사, 작품 자체에 외부적인 일화에 불과할 것이다. 그런데 매 페이지에서 그것이 발견된다. 쉬잔은 자유다. 더 정확히 말하면 그녀는 매 순간 자유를 원하고, 마침내 위험하게 자유를 되찾는다. "그래, 너는 고통과 고생과 가난이 무엇인지 모르니까. ― 하지만 저는 자유가 무엇인지, [소명이 없는 종교 생활이 어떤 것인지는] 알고 있어요."5 그녀는 자진해서 수녀 서약을 이행하지 않았다. 바로 그것이 소설의 핵심이다. "그건 제 자유의사에 따른 것이 아니니까요." "사람마다 성향이 다른데 저는 저 나름대로의 성향이 있어요. … 자유만 있으면 돼요."6 자유는 앎이다. "전에는 저 자신을 모르고 있었는데 이젠 알게 되었으니 더는 환상이 발붙일 곳이 없게 되었어요. 때로 …"7 그러나 쉬잔은 또한 자연이기도 하다. 쉬잔에게 자유는 이 자연의 자유로운 행사와 다름없을 것이다. 그렇지만 다음 사실에 주목해야 한다. 디드로가 쉬잔의 자연성에 대해 말하는 것은 쉬잔이 다른 사람들의 의지에 의해 자유를 속박당한다는 것, 그녀가 쇠약해지거나 낙담하거나 아무것도 이해하지 못한다는 것을 그가 보여 줄 때뿐이다.

자연은 자유의 향수鄕愁다. 자연은 순진함, 즉 단순하고 아무것도 이해하지 못하는 순수함이다. 자연은 자유의 수동적 측면, 다시 말해 잃어버린 자유에 대해 흘린 눈물의 집합체다. "육체[자연]는 스스로를 감당하지 못하여 무기력하게 폭삭 가라앉아 버리나 봅니다."8 "저는 얼마나 제가 언니들처럼 못생기고, 멍청하고, 어리석고, 잘난 척하는 아이로 태어나지 않은 것을 원망하였는지 모릅니다."9 그리고 특히 [다음과 같은] 열정적인 발언이 나타난다. "사람을 사회적 동물로 만드신 하느님께서는 우리가 스스로를 담 속에 가두는 것은 허용하실까요? … 자연의 섭리에 어긋나는 이러한 서원은 감정이 메마른 기형적인 사람만이 지킬 수 있는 것 아닐까요? … 밤이면 신음 소리로, 낮이면 이유 없는 우울증과 눈물로 그토록 동요되는 곳이 어디입니까? 인간 본성에 맞지 않는 억압에 시달리다 못한 사람들이 그것에 항거하던 끝에 치유 불능의 정신적 장애를 일으키는 곳이 어디입니까?"10 수도원을 제외하고 말이다. 조금 다른 의미에서 쉬잔이 기이한 수녀원장의 애무를 받고 마음이 혼란해질 때 그녀는 이해하지 못하고 자신의 흥분을 음악 탓으로 돌린다. 그녀는 자기가 무엇을 느끼는지 더는 알지 못한다. 그녀는 케루빔11과 같다.

우리는 충분히 많은 인용을 했다. 그래서 디드로의 다른 작품들에서 확인되는 적어도 두 가지 서로 다른 스타일이 자연과 자유라는 이 두 측면에 대응한다는 것을 이미 알아차릴 수 있다. 자연-스타일은 매우 18세기적인 스타일이다. 즉 웅변적이고, 유려하고, 감탄형이거나 의문형이며, 감정적이고, 운율이 있는 스타일이다. 자유-스타일로 말하면 그것은 공격적인 대화 스타일이고, 이 스타일에서는 의식이 짧은 문장의 형태로, 집요한 부정의 형태로 서로 대립한다. 디드로는 그 방면에서 매우 뛰어났다. 그런 스타일을 다시 만나려면 19세기, 특히 스탕달을 기다려야 할 것이다.

◇

쉬잔의 복합성을 이루는 것은 그녀가 계기적인 자연이고 자유가 아니라 동시적으로, 동시대적인 방식으로 자연이고 자유라는 것이다. 쉬잔은 순진하고 유순하지만 이 유순함과 이 순진함의 정확한 정도에 대해 어떤 의심을 하지 않을 수가 없다. 그녀는 물론 단순한 희생자는 아니다. 그녀가 여러 가지 음모intrigue의 희생자이긴 하지만, 그녀역시 기민한 음모가의 책략을 갖고 있고 자신의 힘을 알고 있다. 원하지 않으면서 그녀가 세 번째 수녀원장의 노골적인 총애를 받고, 그래서 그 전에 총애를 받던 테레사 수녀의 자리를 차지할 때, 적어도 한 가지 말할 수 있는 것은 그녀가 테레사 수녀에게 조력을 제의하고, 그녀가 패배와 질투에 빠진 모습을 응시하고, 수녀원장에게 개입해서 패배자에게 앙심을 품지 말라고 당부하며 어떤 쾌감을 느낀다는 것이다. 이런 의미에서 특히 한 장면이 디드로에 의해 훌륭하게 연출된다.[12] 쉬잔이 수녀들에게 끌려가고, 수녀들이 그녀에게 노래해 달라고 부탁할 때도 마찬가지다. "나는 할 수 없이 자주 부르던 '슬픈 장식, 창백한 횃불, 암흑보다도 더 슬픈 햇빛…'을 불렀습니다. 그러나 어찌 된 셈인지 얼마 되지 않아서 원장님은 칭찬과 함께 노래를 중단시켰습니다.…"13 나중에 보겠지만 쉬잔에게는 더 불안한 여러 가지 특질이 있다. 그녀의 행위와 감정은 대개의 경우 두 겹을 갖는다. 쉬잔이 1인칭으로 말하는 한 직접적 자연, 그러나 또한 숙고된 자유. 디드로의 유머는 바로 이 점, 그의 스타일이 두 겹을 한데 모았다는 점에 있다.

쉬잔은 동시에 직접적 자연이기도 하고 숙고된 자유이기도 하기 때문에 다의적이다. 이 다의성에 의해 그녀의 개인적 삶이 정의되고, 그녀의 비장함은 사랑 이야기와 별개로 정의된다. 디드로 자신이 1780년에 이렇게 썼다. "『수녀』는 『운명론자 자크』의 반대급부다. 그 책은 비장한 장면들로 가득 차 있다." 그리고 그는 이 말을 덧붙인다. "이보다 더 끔찍한 수도원 풍자는 결코 쓰인 적이 없다."14 이것 때문이다. 『수녀』에서 문제시된 것은 첫눈에는 종교 그 자체인 것처럼 보이지만 실제로는 종교 그 자체가 아니라—하물며 신은 더욱 아니다—단지 개인적이고 사적인 삶과 관련해서의 종교일 뿐이다. 쉬잔은 신을 믿는다. 그녀의 자연/본성은 그녀를 아주 순수한 신앙심으로 이끈다. 그녀는 열성적으로 기도한다. 방문객들이 수녀들의 노래에 박수갈채를 보낼 때 그녀는 처음으로 분개한다.15 그녀는 모든 마음의 자질을 갖추고 있다. 그녀가 만나는 첫 번째 수녀원장은 매우 성스러운 여인이다. 오직 쉬잔만이 소명을 받지 못했다. 따라서 문제는 감정, 즉 종교적 감정이 아니라 디드로에게 소중한 방법에 따라 상태, 즉 조건인 것처럼 보인다. 소명을 받지 못한 사람에게 사회적 조건으로서, 사적인 삶으로서 부과되는 종교. 그러나 독자는 잘못 생각하지 않는다. 다른 것 또한 문제다. 우리는 선량한 수녀원장에 대한 최초의 묘사가 명백하게, 고약한 여인들인 다음 두 수녀원장의 캐릭터를 부각시키기 위한 것일 뿐임을 깨닫게 된다. 또한 쉬잔이 경건하다면 그것은 그녀가 직접적 자연이라는 의미에서임을 깨닫게 된다. 그리고 끝으로 대립은 단지 [특수한] 어느 개인적 삶—여기서는 쉬잔—과 소명 사이에서 화해 불가능한 것이 아니라 소명과 모든 사적인 삶 일반 사이에서 화해 불가능해서 종교적 지위[수녀 신분]은 경건하게 실현되기 위해서 모든 개인적 삶의 포기라는 불가능한 일을 내포한다는 것을 깨닫게 된다. 그것이 바로 소설 맨 끝에서 신비한 인물 동 모렐 신부가 매우 체계적인 방식으로 우리에게 계시하는 것이다. 한마디로 말해 수녀라는 것은 다음 둘 중 하나이다. 쉬잔처럼 전적으로 착한 마음으로 자신의 참된 개인적 삶은 필연적으로 수도원 밖에 있다는 것을 알고 자신의 조건을 거부하는 불량한/나쁜 수녀이거나, 두 수녀원장처럼 종교를 자신들의 사적인 삶에 한정시킴으로써, 즉 종교를 도구로—한 사람은 자신의 잔혹 행위의 도구로, 다른 한 사람은 자신의 악덕[성 도착]의 도구로—만 듦으로써만 수도원 내부에서 균형/안정을 찾은 못된/악한 수녀이거나. 따라서 디드로가 제기하고자 한 것은 결국 일반적인 종교 문제인 것이다.

◇

흔히들 말하는 것과 달리 소설은 매우 잘 짜여 있다. 소설의 중심을 이루는 것은 세 명의 수녀원장의 계기succession이며, 그들 각각의 권위에 대해 쉬잔의 자연과 자유는 상이한 방식으로 위치한다. 세 번째 수녀원장에만 주목해 보자. 그녀는 레즈비언이다. 그녀를 묘사한 초상화는 그 자체로 이미 걸작이다. "이 말을 하면서 원장님은 제 손을 토닥거리셨습니다."[16] "모두들 내가 마음씨가 좋고 [벌을 주기 싫어

한다는 것을 알고 있는데 …"[17] 자신의 악덕에 의해서 그녀는 종교를 자신의 사적인 삶에, 자신의 개인적 취향에 종속시킨다. 그녀는 성사聖事를 사적인 삶으로 변형시킨다. "자, 여기가 귀여운 내 친구가 하느님께 기도하는 곳이야. 발판에 방석을 갖다 놓아야겠군. 그 연약한 무릎이 상하지 않게 말이야"[18] 그리고 또 "원장님께서는 정말 좋은 분이세요. — 너를 좋아한다는 편이 더 정확하겠지. 이 말을 하면서 그분은 눈을 내리깔고 …"[19] 그전의 두 번째 수녀원장도 종교를 자신의 사적인 삶에 한정시켰다. 그러나 방식은 전혀 달랐다. 그녀는 전제專制에 의해, 자기 의지의 절대적 지배에 의해 그렇게 했다. 그녀에 대해 쉬잔은 반항했다. "저는 언제나 규칙을 내세우며 전제적인 명령에 반대하였습니다."[20] 그녀는 급기야 자살을 하고 싶다는 생각에까지 이르렀다. 수녀들이 실제로 그녀의 죽음을 원한다는 생각만이 그녀를 사로잡았다. 쉬잔과 다른 수녀들 사이에는 단순한 폭력 관계가 있었고, 그 안에서 쉬잔은 극도로 교묘한 체형/고문, 주도면밀한 심문의 희생자였다. 그녀의 자유는 전력으로 "아니요"라고 말했고 그녀의 자연은 잃어버린 자유를 한탄하고 죽음을 바랐다. 이제 새로운 수녀원장 앞에서 그녀는 다른 반응을 보인다. 그녀의 자유는 이제 바라보는 것, 숙고하는 것이다. 그녀는 방관자인 것이다. 그녀는 수도원을 다음과 같이 묘사한다. "후작님께서는 미술에 조예가 깊으시니까 아마 그 광경을 보셨다면 매우 좋은 그림이라고 생각하셨을 것입니다. …"[21] 수녀원장은 그녀에게 여러 가지 질문을 하지만 결코 그녀의 대답을 기다리지 않는다. 자기 방에서 쉬잔은 "여자들의 이상한 심보"[22]에 대해 숙고한다. 직접적/직관적 숙고, 바로 그것이 중요한 점이다. 즉각적으로 파악되고 결코 대답을 구하지 않는 숙고. "노력은 하지만 도무지 알 수가 없네요."[23], "[즐거움 때문인지, 아니면 고통 때문인지는] 몰라도 …"[24], "저로서는 감히 판단을 내릴 수 없습니다."[25] 이러한 대답의 부재, 이러한 결론 없는 숙고 때문에 쉬잔은 수녀원장의 애무에 응할 수 있었다. 하지만 방관자이기를 멈추지 않고 쉬잔은 자유로이 수녀원장을 응시하고 자기 자신을 응시하고 자신의 자연을 응시한다. 따라서 극도로 대담한 몇몇 장면에서 그녀의 자연적인 순진함이 다소 과장될 수 있다는 점이 이해된다. "저도⋯꼭 기절할 것 같았습니다. 그렇지만 그때 제가 느낀 것을 딱히 고통이라고는 말할 수 없습니다."[26] 그리고 자기 방에서 그녀는 무슨 일이 일어났는지 숙고할 것이다. 그러나 결국 그녀의 자유가 방관자 의식이 되는 사이에 그녀의 자연 역시 갑갑함이 된다. 유일하게 가능한 그녀의 개인적 삶은 수도원에서 멀리 떨어져 있다는 것을 파악하는 새로운 방식 : "권태, 바로 권태 그 자체예요. ─ 여기서도 그래? ─ 네, 원장님. 원장님께서 그렇게 잘해 주셔도 어쩔 수가 없어요. ─ 그렇지만 욕망 같은 것을 느끼지는 않아? ─ 아무 욕망도 느끼지 않아요. ─ 글쎄, 그런 것 같기도 해. 너는 매우 조용한 성격 같으니까. ─ 네, 상당히 조용한 편이라고 생각해요. ─ 좀 차갑기까지 하지."[27] 그래서 세 번째 수녀원장과 함께 수도원에 대한 그녀의 반감은 세 번째 양상을 띠게 된다. 유사한 방식으로 어떻게 동일한 주제가 각각의 수녀원장에 따라서 상이한 가치를 띠는지 보여줄 수 있을 것이다. 예컨대 전염이라는 주제[28] 또는 질문에 대한 답변 거부라는 주제가 그렇다.

◇

소설은 쉬잔의 도주로 끝난다. 그녀는 가능한 개인적 삶을 찾아서 수도원을 탈출한다. 두 가지 사실이 그녀로 하여금 그런 결심을 하게 만들었다. 한편으로 수녀원장이 실제로 어떤 사람인지 알게 된 것, 그리고 다른 한편으로 미스터리한 인물 동 모렐 신부에게서 갑작스럽게 자신의 분신을 발견한 것.

소설은 미완으로 끝난다. 그것을 한탄해야 하는가? 물론 아니다. 도망 이야기, 스탕달류의 단순한 구체적 사실 묘사는 그것만으로 걸작이다. 디드로의 문장 중에 가장 아름다운 것에 속하는 10줄.

실상 소설은 그 상태로 나무랄 데 없이 완벽하다. 아무것도 결여되어 있지 않다. 심지어 영원한 성직자 Sacerdos in æternum 조차 결여되어 있지 않다. 민간인 생활로 되돌아가서도 그녀는 그녀에게 말을 거는 사람들에게 "사랑하는 수녀님" 또는 "자매님"이라고 대답하고, 누군가 문을 두드리면 "성모기도"를 드린다. 주변 사람들은 그녀가 수녀인 척한다고 생각한다. 물론 그녀도 이제 자기 자신을 안다. 책의 마지막 문장은 이것이다. "저도 여자고, 어쩌면 좀 교태가 있는지도 모릅니다. 그렇지만 그것은 자연적인 것일 뿐 결코 일부러 꾸민 것은 아닙니다."[29] 그렇지만 그녀는 여성의 개인적 삶으로부터 그렇게 멀리 떨어져 있은 적이 일찍이 없었다. 그녀는 이전의 상태, 이전의 조건에 의해 끊임없이 그러한 삶과 분리된다. 그녀도 그것을 잘 알고, 이제는 평온함만 갈망한다. "웬만한 자리면 되겠고 그게 어려우면 아무 자리도 좋습니다. 그 이상은 아무것도 바라지 않습니다."[30] 이제 남은 것은 그녀를 죽게 하는 일뿐이었다.

엮은이의 안내

1. 이 책에서는 각각 ID [*L'Île déserte et autres textes. Textes et entretiens 1953-1974*]와 DRF [*Deux régimes de fous. Textes et entretiens 1975-1995*]의 약칭으로 언급한다.

2. 나는 공인 없이, 그리고 때때로 오류를 담고 있는 형태로 유통되고 있다는 사실 때문에 이 텍스트들을 출간하기로 결정한 파니 들뢰즈, 에밀리 들뢰즈 그리고 이렌느 랭동의 바람을 따르고 있다.

3. ** 이 책 3쪽 일러두기에 밝힌 대로 한국어판에서는 지은이 주석과 엮은이, 옮긴이 주석은 같은 일련번호를 가지며, 엮은이 주석에는 *, 옮긴이 주석에는 **를 주석 앞에 두었다.

저서 목록 초안

1. * 외국의 편집자를 위해 1989년쯤에 작성된 저서 목록을 위한 초안. 언급된 텍스트들은 모두 들뢰즈의 책(『협상』[*Pourparlers*, 갈무리, 근간], 『비평과 진단』[*Critique et clinique*, 인간사랑, 2000], 유고집(*L'Île déserte et autres textes, 1953-1974*), *Deux régimes de fous, 1975-1995*), 그리고 이 책에 수록되었다. [이 「저서 목록 초안」에 언급된 텍스트의 분명한 한국어판이 있는 경우 가장 최근에 출간된 판본의 제목을 따랐다. 출판년도는 '불어판 [한국어판] 〔영어판〕' 순으로 표기했다. 그 밖의 대괄호 속 내용은 독자의 이해를 돕기 위해 첨가한 것이다.]

1부 편지들

알랭 뱅송에게 보낸 편지

1. * 물자체와 관련해 알랭 뱅송에게 보낸 편지는 다음에 게재되었다. *Lettres philosophiques*, 1994, no 7. 이 문제들에 대한 알랭 뱅송의 설명은 이렇다. "나는 내가 제기했던 문제가 칸트가 『판단력 비판』에서 언급한 바 있는 초감각적(이지만 인식이 불가능한) 통일성에 관한 것임을 아주 잘 기억하고 있다. 더 상세히 말하자면, 내가 제기했던 물음은 현상의 원천에 있는 것이 어떻게 내 의지의 토대, 요컨대 내 예지적 자아와 일체가 되지 않을 수 있는가 하는 문제였다. 『순수이성비판』에서 칸트가 (그 현실성과 가능성을 논증하지 않은 채로) 보여주는 것은 그것[내 의지의 토대]이 자연, 요컨대 현상 세계와 모순되지 않는다는 사실이다. 현상의 기체와 내 의지의 토대 간에 차이가 없을 수 있다는 것 — 예지의 영역 내에 질적으로 다른 복수의 영역들이 있다는 것 — 은… 필연이 아니었을까? 그리고 이 복수성이 긍정될 수 없었다면 초감각적인 것의 통일성은 우리에게 인식될 수 없는 모든 것을 — 단지 부정적이고 신인동형적인 방식으로 — 지시해야만 하는 것이 아닐까?"

2. ** 에릭 베일(Éric Weil, 1904~1977)은 프랑스 태생의 독일 철학자로, 폭력을 이해하려는 노

력을 철학의 중심에 두는 이론을 전개한 것으로 유명하다.

3. * Éric Weil, *Problèmes kantiens*, Vrin, 1963.

4. 순수하게 실용-적인[실천적인] 종별화.

5. * Jules Vuillemin, *L'Héritage kantien et la révolution copernicienne*, PUF, 1954. (제1부 4 장 "Examen des principes kantiens à la lumière de l'interprétation fichtéenne", II절, La signification de la raison pratique, p. 98~129를 참조할 것.).

6. * Gilles Deleuze, *La Philosophie critique de Kant*, PUF, 1963. [한국어판: 『칸트의 비판철학』, 서동욱 옮김, 민음사, 2006. 영어판: *Kant's Critical Philosophy*, University of Minnesota Press, 1985.]

클레망 로세에게 보낸 편지

1. * 클레망 로세(1939~2018)와 질 들뢰즈는 들뢰즈가 『니체와 철학』(초판: PUF, 1962 [민음사, 2001])에 관한 작업을 하고 있던 1961년에 만났다. 들뢰즈가 *La Philosophie tragique*, PUF, 1960의 젊은 저자를 알고 싶어 했었다. 그들은 정기적으로 친교를 계속했지만 "대략적으로 『천 개의 고원』의 출간 시기부터 우리의 관계는 뜸해졌고 결국 중단되었다. 하지만 그와 나 사이에는 그 어떤 사소한 '단절'의 선언은 없었다."(*Cités*, no 40, 2009, p. 117에 실린 클레망 로세의 말. 로세에게 보낸 일련의 편지 전체가 처음으로 여기에 게재되었다).

2. * 클레망 로세는 국제협력 분야에서 병역을 수행하기 위해 캐나다에 간 상태였다.

3. * 다음을 말한다. *Lettre sur les chimpanzés: plaidoyer pour une humanité totale* 과 *Essai sur Teilhard de Chardin*, Gallimard, 1965.

4. * 1967년 Minuit 출판사에서 출간된 *Présentation de Sacher-Masoch* [한국어판: 『매저키즘』, 이강훈 옮김, 인간사랑, 1996. 영어판: *Masochism: Coldness and Cruelty*, 1971].

5. * 블라디미르 장켈레비치(1903~1985)와 앙리 구이에(1898~1994)는 당시 소르본 대학 교수였다.

6. * 펠릭스 과타리와 함께 집필 중이던 『천 개의 고원』을 가리킨다.

7. * 뱅상 데콩브가 들뢰즈에게 견본을 보낸 다음의 책이 출판될 당시 쓰인 것. *Le Même et l'autre. Quarante-cinq ans de philosophie française (1933-1978)*, Minuit, 1979.

8. * 클레망 로세는 대학 교수 신분을 얻기 위해 당시의 절차에 따라 파리로 돌아왔으나 투표자들 가운데 한 사람의 표도 얻지 못했다.

9. * 니스의 마세나 고등학교의 그랑제콜 수험 준비 학급의 교원인 아르노 빌라니는 들뢰즈에 관한 책을 집필했다(*La Guêpe et l'orchidée*, Belin, 1999). 원래 빌라니는 이 책을 미뉘 출판사에서 출판하고 싶어 했다.

10. * 제롬 랭동은 원고를 거절한 미뉘 출판사의 이사였다.

11. * 미테랑 대통령 직속 장관의 명령 덕에 단기 임용 교수직 면접 조건이 변경되면서 클레망 로세는 니스 대학의 교수로 임명되었다.

12. * 이것은 1985년에 '그리스 모델: 니체, 횔덜린 그리고 그리스'라는 주제로 니스 사상사 연구소 주최로 열린 심포지엄이다.

13. * *L'Étranger et le simulacre*, PUF, coll. "Épiméthée", 1983을 뜻한다.

14. * 이는 다음을 말한다. *La Force majeure*, Minuit, coll. "Critique", 1983.

15. * 이는 아마 1983년 12월 2일 『르몽드』지에 실린 롤랑 자카르의 기사일 것이다.

16. * 클레망 로세는 리토르넬로와 관련되거나, 이러한 제목을 단 글을 출간한 적이 없다.

프랑수아 샤틀레에게 보낸 편지

1. * 프랑수아 샤틀레(1925~1985)와 질 들뢰즈는 소르본 대학 학생 때부터 친구였다. 그들은 거기서 철학 교원 자격고시를 준비했다. 이후 그들은 1970년부터 뱅센 대학에서 함께 교편을 잡게 된다. 들뢰즈는 샤틀레가 작고한 후 *Périclès et Verdi*, Minuit, 1988)에서 그의 작업을 기린다. 또한 DRF, "Il était une étoile de groupe", p. 247 sq 참조.

2. * François Châtelet, *Platon*, Gallimard, coll. "Idées", 1965.

3. * 이 편지의 작성 시기는 1966년 가을쯤으로 추정된다.

4. * 이는 1966년에 메르퀴르 드 프랑스 출판사에서 출간된 다음의 두 권짜리 전기다. *Marcel Proust — 1871-1903: les années de jeunesse*; *Marcel Proust — 1904-1922: les années de maturité*[영어판: *Marcel Proust: A Biography*, Chatto & Windus, vol 1, 1959; vol 2, 1965].

5. * 여기서 언급되는 것은 Pierre Macherey, *Pour une théorie de la production littéraire*, Maspero, 1966이다. (이 책 p. 66에 페인터가 인용되었다).

6. * 이 편지의 작성 시기는 1968년 가을쯤으로 추정된다.

7. * 철학자이고 고대 철학 전문가인 피에르–막심 슐(1902~1984)은 들뢰즈의 박사논문 심사위원 가운데 한 사람이었다. 1960년에 슐은 PUF에서 *Le Dominateur et les Possibles*을 출간했다. 이 책에서 그는 자신의 수고를 교정해준 데 대해 들뢰즈에게 감사의 표현을 했다. 그는 1965년에 『국내 및 해외 철학 리뷰』(*Revue philosophique de la France et de l'étranger*)에 게재할 질베르 시몽동의 책 *L'Individu et sa genèse physico-biologique* (PUF, 1964)에 대한 서평을 들뢰즈에게 부탁했다(이 글은 ID, p. 120~124 [영어판: p. 86~89])에 재수록되었다).

8. * *Histoire de la philosophie. Idées. Doctrines*, Paris, Hachette, 1972~1973라는 제목으로 프랑수아 샤틀레가 총괄한 전 8권으로 기획된 공동저작을 가리킨다. 흄에 할애된 텍스트는 제4권 p. 65~78에 "Hume"이라는 제목으로 게재되었다. 이 텍스트는 ID(texte n° 22 [영어판: p. 169])에 재수록되었다.

9. * 프랑스 대학출판사(Presses universitaire de France)를 말한다. 들뢰즈는 그때까지의 모든 책을 이 출판사에서 출간했었고 그가 언급하는 이 작은 책은 *Spinoza* (PUF, coll. "Philosophie", 1970)이다. 이 책은 몇 개의 장이 증보되어 1981년에 미뉘 출판사에서 *Spinoza, philosophie pratique*[스피노자, 실천철학]이라는 제목으로 재출간되었다. [영어판: *Spinoza: Practical Philosophy*, City Lights, 1988. 한국어판: 『스피노자의 철학』, 박기순 옮김, 민음사, 1999].

10. * 이 제안은 "À quoi reconnaît-on le structuralisme?" in *Histoire de la philosophie*, t. VIII: Le XXe siècle, Hachette, 1973, p. 299~335. ID에 재수록됨(texte n° 23).

11. * 날짜가 없는 편지. 분명 (편지가 암시하고 있는 논문의 출간일인) 1969년 3월일 것이다.

12. * 페르디낭 알키에(1906~1985)는 데카르트와 칸트 전문가로 들뢰즈의 옛 교수이며 스피노

자의 표현 문제에 관한 들뢰즈의 부논문 지도교수다.

13. * 1969년 3월 1일에 *La Quinzaine littéraire*, nº 68에 게재된 논문.

14. * 이 편지의 작성 시기는 1970년 가을로 추정된다.

15. * François Châtelet, *La philosophie des professeurs*, Grasset, 1970.

16. * 프랑수아 샤틀레가 폐기종 때문에 입원한 에브뢰 병원을 가리킨다.

장 피엘에게 보낸 편지

1. * 장 피엘(1902~1996)은 경제 및 국토 운용 분야의 고위 공무원으로 전후에 출판 활동도 병행하였다. 그는 1962년 조르주 바타유 사후 『크리티크』지를 이끌었고 동시에 미뉘 출판사에서 동일한 이름의 총서도 이끌었다.

2. * 이 논문은 결국 출간되지 않았다.

3. * 1967년 미뉘 출판사의 "Arguments" 총서에서 출간된 『마조히즘』이 될 논문.

4. * 1967년 갈리마르 출판사에서 출간된 *Vendredi ou les limbes du Pacifique* [한국어판: 『방드르디 태평양의 끝』, 김화영 옮김, 민음사, 2003. 영어판: *Friday, or, The Other Mand*, Johns Hopkins Press, 1997].

5. * 피에르 마슈레의 저작 *Pour une théorie de la production littéraire*는 1966년에 마스페로 출판사에서 출간되었다. [한국어판: 『문학생산의 이론을 위하여』, 윤진 옮김, 그린비, 2014.]

6. * 과거에 들뢰즈가 모든 저작을 출판했고 또 『차이와 반복』도 출판했던 프랑스 대학출판사이다. 『마조히즘』은 미뉘 출판사에서 출간된 첫 번째 책이 될 것이다.

7. * 이 글은 『크리티크』, nº 255~256 (1968년 8~9월호)에 실려 있다. 그리고 『의미의 논리』에 재집필 형태로 포함되었다.

펠릭스 과타리에게 보낸 편지

1. * 두 사람이 만났을 때의 펠릭스 과타리(1930~1992)는 대단히 활발한 정치활동가였고 (〈공산주의의 길〉, 〈좌익 반대파〉, 〈3월 22일 운동〉에 순차적으로 관여함과 더불어 CERFI(제도론적 교육·연구·양성 센터)의 창설자 중 일인이었다) 그와 동시에 정신분석가이며 라캉의 교육을 세미나 초기부터 수강한 파리·프로이트 학파의 일원이기도 했다. 들뢰즈와 과타리는 1969년 봄에 들뢰즈가 장기간 요양하고 있던 리무쟁에서 만난다.

2. * 라 보르드 진료소는 장 우리(Jean Oury) 의사에 의해 1953년에 설립된 이래로 펠릭스 과타리가 근무하던 정신병원이다. 이 진료소에서 토스케예스 박사의 연구에 입각한 (심리 치료를 제도의 분석과 분리 불가능한 것으로 간주하는) 제도론적 정신요법의 이론적이고 실천적인 토대가 정의되었다.

3. * 여기서 문제가 되는 것은 과타리가 있는 그대로 출판하기를 주저하던 『정신분석과 횡단성』(*Psychanalyse et transversalité*, 울력, 2004)이다. 이 저작은 1972년에 마스페로 출판사에서 질 들뢰즈의 서문과 함께 출판된다(다음을 보라. ID, p. 270~284: "Trois problèmes de groupe" [영어판: DI, "Three Group-Related Problems," p. 193~203]).

4. * 라캉과 교육 분석을 하고 있던 장-피에르 뮈야르는 펠릭스 과타리가 근무하던 라 보르드

진료소의 정신과 의사다. 그의 소개로 들뢰즈와 과타리가 만나게 된 것이다. 초기 서신 교환에 참여했던 그는 『안티 오이디푸스』를 쓰게 될 미래 저자들 간 공동작업에서 일찌감치 빠진다.

5. * 과타리가 「기계와 구조」(Machine et structure)라는 논문에서 읽고 분석한 『의미의 논리』를 말한다. 이 논문은 다음에 실려 있다. *Psychanalyse et transversalité*, Maspero, 1972. 2003년 La Découverte 출판사에서 재출간.

6. * 다른 모든 편지들과는 다르게 편지 II라고 명명된 이 편지는 타자본이다.

7. * 「기계와 구조」는 애초에 1969년 파리 프로이트 학파를 위해 준비한 발표 원고이다. 장-피에르 페이가 주도하고 있던 다음 잡지에 수록되었다. *Change*, no 12, Le Seuil. 그리고 다음 책에 포함되었다. *Psychanalyse et transversalité*, Maspero, 1972 [한국어판 : 『정신분석과 횡단성』, 윤수종 옮김, 울력, 2004. 영어판 : *Psychoanalysis and Transversality*, Semiotext(e) 2015].

8. * 타우스크의 논문 " 'L'apareil à influencer' des schizophrènes"(1919)를 가리킨다. 2010년에 Payot 출판사에서 재출간되었다.

9. * Henri Faure, *Les Objets dans la folie*, 2t., PUF, coll. "Bibliothèque de psychiatrie", 1965~1966을 가리킨다.

10. * Michaux, *Les Grande épreuves de l'esprit*, Gallimard, 1966, p. 156~157 [영어판 : Henri Michaux, *The Major Ordeals of the Mind*, trans. Richard Howard, Harcourt Brace Jovanovich, 1974, p. 125~27]. 『안티 오이디푸스』, p. 14~15 [영어판 : p. 6~7]에서 재인용.

11. * 1932년에 집필되고 1973년에 Seuil 출판사에서 출간된 *De la psychose paranoïaque dans ses rapports avec la personnalité*를 가리킨다.

12. * 괄호는 손글씨로 첨가된 것이다.

13. * 아마도 1969년 9월로 추정됨. 이때 이후로 『안티 오이디푸스』를 저술할 동안의 편지들은 더 간략했다. 왜냐하면 두 저자가 편지와 함께 파니 들뢰즈가 작업한 타자 본의 장들 및 장들의 단편들로 된 원고를 서로 주고받으며 상호 수정하였기 때문이다.

14. * 뒤종은 과타리가 대규모 부동산을 임대한 라 보르드 병원 근처의 루아르에셰르에 있는 마을이다.

15. * 제롬 랭동은 미뉘 출판사의 임원으로 J. Vergès, *Pour les Fidayine*, Minuit, 1969에 서문을 쓴 바 있는데, 들뢰즈는 이 서문에 대해 언급하고 있다.

16. * 날짜가 명시되지 않은 편지.

17. * 미셸 카트리에 대해서는 뒤에 나오는 편지의 주 21을 참조하라. 월로프족 전문가는 분명 안드라스 젬플레니를 암시하는 것이다.

18. * 자크 라캉을 뜻한다.

19. * 뒤종과 관련해서는 앞 편지의 주 14 참조.

20. * 자크 나시프는 라캉과 가까운 정신분석학자로 파리 프로이트 학파의 일원이다.

21. * 차례로 알프레드 아들러, 안드라스 젬플레니, 미셸 카트리이다. 이들은 공동연구를 하는 아프리카 전문 민족학자들이다. 이 세 사람 가운데 미셸 카트리는 과타리와 가장 가까웠다.

조르주 발랑디에의 제자이고 종교인류학의 영역에서 연구하는 카트리는 알프레드 아들러와 공동으로 *L'Homme*, juillet, 1971에 "La transgression et sa dérision"이라는 중요한 논문을 발표했다(이 논문은 『안티 오이디푸스』에 여러 차례 인용된다). 안드라스 젬플레니는 1968년에 박사논문 *L'Interprétation et la thérapie traditionnelle du désordre mental chez les Wolofs et les Lebou*(『안티 오이디푸스』에서 인용된다)을 집필하고 후에 마찬가지로 아들러와 공동으로 작업했다. 그들 각자의 연구 ─ 그리고 들뢰즈와 과타리의 공동작업 ─ 은 『안티 오이디푸스』에서 "미개인"에 관련된 테제의 가장 중요한 원천 가운데 하나가 되었다.

22. ** '창구의 물'은 성경에서 언급되고 있는 '물'의 상징성을 가리킨다. 보통 믿음, 구원, 공급 등을 상징한다.

23. * 날짜가 없다. 1970년 4월 21일 펠릭스 과타리에 의한 수정에 따르면 아마도 1970년 4월로 추정된다. "Lulu, c'est qui? dirait Seguy! Réference svp"(in Félix Guattari, *Écrits pour l'Anti-Œdipe*, Lignes & Manifestes, 2004, p. 121).

24. * 자크 라캉.

25. * 자크 나시프와 관련해서는 앞의 주 20번 참조.

26. * 장플레니의 박사논문에서 발췌한 텍스트는 『안티 오이디푸스』, 247~248 [한국어판 : 353쪽. 영어판 : p. 224]에서 인용되었다.

27. * Paul Baran & Paul Sweezy, *Le Capitalisme monopoliste*, Maspero, 1968 [한국어판 : P 바란 외, 『독점자본, 미국의 경제와 사회질서』, 최희선 옮김, 한울, 1984. 영어판 : *Monopoly Capital*, Monthly Review, 1966]을 참조할 것. 『안티 오이디푸스』에서 여러 번 인용되었다.

28. * 전자는 Meyer Fortes, *Oedipus and Job in West Africa*, Cambridge University, 1959이고 1975년에 프랑스어로 번역되었다(*Œdipe et Job dans les religions ouest-africaines*, Mame-Repères, 1975. 들뢰즈와 과타리는 『안티 오이디푸스』에서 포테스의 다른 논문을 인용한다. *Colloque sur les cultures voltaïques*, 8, Paris-Ouagadougou, CNRS, CVRS, "Recherches voltaïques, 8 (이 심포지엄에 미셸 카트리도 참가했다). 후자는 *Essais sur le symbolisme de l'inceste royal en Afrique*, Éd. Université Libre de Bruxelles, 1958를 말한다. 『안티 오이디푸스』, p. 87, 241에서 인용되었다.

29. * 날짜가 없다.

30. * 이 편지의 작성 시점은 1970년 9월로 추정된다.

31. * 『첫사랑』(*Premier amour*)은 미뉘 출판사에서 1970년에 출간되었다. 이를 통해 편지의 날짜를 대략적으로 추정할 수 있다.

32. * 1971년 12월 31일의 편지이다.

33. ** 장 우리(Jean Oury, 1924~2014) : 프랑스의 정신분석학자. 라 보르드 진료소의 설립자이자 원장.

34. * 아를레트 도나티는 당시 펠릭스 과타리의 동료였다.

35. * 이 편지의 작성 시점은 1976년 말로 추정된다.

36. * 갈리마르 출판사에서 1976년에 출간한 『성의 역사 1 : 지식의 의지』(나남, 2020)이다.

37. * 편집저작물인 *Politiques de la philosophie*, Grasser, 1976을 가리킨다. 푸코는 일반적으로,

집단 작업에 참여하려 하지 않았다.

38. * 미뉘 출판사의 사장 제롬 랭동.

39. * 이 소책자 계획은 잡지 *Minuit*, no 24의 부록으로 1977년 5월에 출간된 논문 "À propos des nouveaux philosophes et d'un problème plus général"로 결실을 맺는다. 이 텍스트는 특히 "신철학"(nouveaux philosophes)이라는 이름하에 묶이는 논쟁가들의 많은 작품들의 대대적인 선전에 대응해 서점에서 무료로 배포되었다(DRF, p. 127 sq. [영어판:TRM, p. 139~147]에 재수록).

40. * 1977년 가을부터 과타리는 이탈리아의 좌파 운동의 활동에 참여하기 위해 정기적으로 이탈리아를 방문한다. 이 점과 관련해서는 Félix Guattari, *La Révolution moléculaire* (1977), 10/18, 1980. Les prairies ordinaires 출판사에서 2012년 재간행 [펠릭스 가타리, 『분자혁명』, 윤수종 옮김, 푸른숲, 1998]에 실린 글들을 참조할 것.

41. * 이후 *L'Inconscient machinique. Essais de schizo-analyse*, Éditions Recherches, coll. "Encres", 1979 [한국어판: 펠릭스 가타리, 『기계적 무의식』, 윤수종 옮김, 푸른숲, 2003. 영어판: *The Machinic Unconscious*, Semiotext(e)/MIT Press, 2011], 특히 제2장과 제3장에 발표된 텍스트를 가리킨다.

42. * 날짜가 적혀 있지 않다. 1981년 여름으로 추정됨.

43. ** 원래 전기 관련 용어로서, 회로의 전압이나 전류를 제어하는 특성을 가리킨다. 여기에서는 '일관성'과 상대되는 개념으로 변동을 강화하거나 평형 상태를 깨뜨리려는 능력을 의미한다. 창세기전카페(http://cafe.daum.net/berakoth)를 참조했음.

44. * 영화에 관한 강의는 1981년 9월에 시작되었고 이를 통해 이 편지의 대략적인 날짜 추정이 가능하게 되었다.

45. * 1936년 태생의 조형예술가이자 작가이자 예술 행사의 기획자이며 비트 세대와 가깝고 들뢰즈와 과타리와 함께 친구 관계인 장-자크 르벨이다.

46. * 1982년 9월 말에서 10월 초로 추정된다.

47. * 과타리는 폴란드에 가서 노동조합 '연대'(Solidarnosc)가 받은 탄압을 목격했다. 이 조합이 폴란드에서 거둔 최초의 정치적 성공과 확산된 명성 이후에 야루젤스키 장군은 먼저 이 조합의 자격을 일시적으로 정지하였고 이어서 금지했다(과타리는 상파울루에서 1982년 9월 3일 개최된 원탁토론회에서 이 여행에 대해 언급했다. *Micropolitiques*, Les empêcheurs de penser en rond, Le Seuil, 2007, p. 31 [『미시정치』, 윤수종 옮김, 도서출판b, 2010]). 그는 이후 브라질에 가서 주로 정신분석가들과 PT(노동자당)와 가까운 사람과 만났다. 이 여행과 관련된 자세한 사항은 *Micropolitique*, p. 465 sq. 참조.

48. * 스테픈 과타리는 펠릭스 과타리의 아들 가운데 한 사람이다.

49. * 아마도 바쉬르 지마일 암살 이후 1982년 9월 베이루트의 기독교 팔랑헤 당원들과 레바논 민병대들이 이스라엘과 공모해 베이루트의 사브라와 샤틸라의 팔레스타인 난민 캠프에서 자행한 학살을 가리키는 것 같다. 들뢰즈는 *Revue d'Études Palestiniennes*, n° 10, 1984년 겨울호에 발표한 "Grandeur de Yasser Arafat"에서 이 학살을 재론한다(DRF, p. 221~225).

50. * 클레르 파르네는 저널리스트로서 들뢰즈의 옛 제자이자 가까운 친구이고 *Dialogues*,

Flammarion, 1977 [『디알로그』, 허희정·전승화 옮김, 동문선, 2021]의 공저자이고 여러 인터뷰, 그중에서도 특히 *l'Abécédaire* (réal. Pierre-André Boutang, 1989)[〈질 들뢰즈의 A to Z〉, 대윤미디어, 2015]에 참여했다. 들뢰즈의 아들 줄리앙은 병역 의무를 꺼려 했다.

51. * 이것은 분명 나중에 *Cartographies schizoanalytiques*, Gallilée, 1989 [영어판: *Schizoana-lytic Cartographies*, Bloomsbury, 2013]에 수록된 텍스트들을 가리킬 것이다.

피에르 클로소프스키에게 보낸 편지

1. * 피에르 클로소프스키(1905~2001)와 들뢰즈는 1960년대 중반부터 니체라는 인물을 중심으로 서로 친해졌다. 그들은 가까운 친구가 되고 1980년대 초반까지 존경하는 마음을 서로 표현하였다. 1980년대 초에 들뢰즈는 클로소프스키와의 관계를 완전히 끊게 된다.

2. * 들뢰즈는 1969년 가을에 몇 년 전에 발병한 결핵을 치료하기 위해 흉부 성형 수술을 받았다. 대단히 위중했던 이 수술로 장기간의 휴식이 필요했다.

3. * *Nietzsche et le cercle vicieux*, Mercure de France, 1969 [한국어판: 피에르 클로소프스키, 『니체와 악순환』, 조성천 옮김, 그린비, 2009. 영어판: *Nietzsche and the Vicious Circle*, University of Chicago Press, 1998]. 이 저작이 들뢰즈에게 헌정되었다는 사실을 상기할 필요가 있다.

4. * 『안티 오이디푸스』를 가리킨다.

5. * 날짜가 없다. 이 편지의 작성 시기는 1970년 초로 추정된다.

6. * 카트린 바케스-클레망은 『라크』(*L'Arc*)지 편집자 가운데 한 사람이었다. 『라크』지의 클로소프스키 특집호는 1970년(43호)에 출간되었는데 이 특집호는 들뢰즈와 과타리의 『안티 오이디푸스』 초고에서 발췌한 「이접적 종합」(La synthèse disjonctive)이라는 논문을 싣는다.

7. * 이 텍스트는 『안티 오이디푸스』 초고에서 발췌한, 펠릭스 과타리와의 공동 집필 논문 「이접적 종합」을 말한다. 그가 언급한 더 이전의 텍스트는 『의미의 논리』의 부록(p. 325~350)에 「클로소프스키 또는 신체-언어」(Klossowski ou les corps-langage)라는 제목으로 다시 수록되었다.

8. * 1971년 10월 갈리마르 출판사에서 발간된 하이데거의 두 권짜리 *Nietzsche*의 번역을 말한다.

9. * 1970년 2월 *L'Idiot international*, n° 3에 게재된 대담 "L'autre société"이다.

10. * 들뢰즈 가족은 1970년 여름에 리옹에서 파리로 이사했다.

11. ** '모든 성인 대축일'이라고도 하며, 그리스도교 신자의 죽은 자들을 기념하는 날로서 11월 1일을 가리킨다.

12. * *L'Arc* (n° 49)의 해당 호는 들뢰즈에게 할애되었으며, 1972년에 간행되었다.

13. * 이것은 『르몽드』지 1969년 5월 31일에 게재된 논문 "Entre Marx et Fourier"와 *La Monnaie vivante*, Éd. Éric Losfeld, 1970 [영어판: *Living Currency*, Bloomsbury, 2017]를 가리킨다.

14. * *La Monnaie vivante*의 텍스트에는 클로소프스키의 그림들과 피에르 쥐카의 흑백사진들이 들어 있다.

15. * 1971년 12월부터 1972년 1월까지 앙드레 프랑수아 프티 갤러리에서 개최된 연필 소묘 전

시회.

16. * Pierre Klossowski, Pierre Zucca, *Roberte au cinéma*, Oblique, 1978.

17. * 1978년 7월 발표된 라울 루이즈 감독의 영화 〈유예된 소명〉.

18. * *Dialogues* (avec Claire Parnet), Flammarion, 1977 [한국어판 : 『디알로그』, 동문선, 2021. 영어판 : *Dialogues*, Columbia University Press, 1987].

19. * 1980년 출간될 『천 개의 고원』을 가리킨다.

20. * 날짜가 없다. 이 편지의 작성 시기는 1978년 말로 추정된다.

21. * 들뢰즈는 피에르 쥐카가 1978년에 만들고 1979년 3월에 여러 극장에서 개봉한 영화 〈로베르트〉를 언급하고 있다. 피에르 클로소프스키와 드니즈 클로스프스키가 주연을 했다.

22. ** 『오블리크』(*Obliques*)는 작가, 소설가, 출판가인 로제 보더리와 감독인 앙리 롱스가 설립한 프랑스 문학잡지다. 1971년부터 1981년까지 출간되었다. 1978년에 영화 〈로베르트〉 특집호가 발간되었다. https://fr.wikipedia.org/wiki/Obliques

23. * 이듬해인 1980년에 간행되는 『천 개의 고원』을 말한다.

미셸 푸코에게 보낸 편지

1. * 미셸 푸코(1926~1984)와 들뢰즈는 1960년대 초, 푸코가 들뢰즈를 클레르몽–페랑 교수에 앉히고 싶어 했던 때 이후로 교류하기 시작했다(결국은 장관의 지지로 로제 갸로디가 취임하게 되고 들뢰즈는 리옹으로 가게 된다). 그들은 1970년대 중반, 푸코가 들뢰즈와 거리를 두게 될 때까지 친하게 지냈다.

2. * 날짜가 쓰이지 않은 편지. 1970년 말.

3. * 『차이와 반복』 및 『의미의 논리』에 바쳐진 논문 "Theatrum philosophicum"을 말한다. 푸코의 이 논문이 *Critique*, nº 282, 1970년 11월, p. 885~908에 실리기 전에 들뢰즈는 이 글을 읽을 수 있었다. 이 논문은 *Dits et écrits*, vol. II, Gallimard, coll. " Bibliothèque des sciences humaines", p. 75~99에 재수록되었다.

4. * 이 "말풍선"은 출간된 판본에서는 각주 처리되었다.

5. * 날짜가 없는 편지. 1970년 말로 추정된다.

6. * 푸코는 콜레주드프랑스에 교수로 선출되어 1970년 12월부터 가르치게 된다. 그전에 그는 새로 생긴 뱅센 실험 대학 철학과를 이끌었다.

7. * 들뢰즈 가족은 파리 17구 비제르트 길에 정착하기 위해 1970년 리옹을 떠난다.

8. * 장 피엘에게 보낸 첫 번째 편지의 주석을 보라.

9. * 들뢰즈는 1970년 가을 뱅센 대학에 교수로 임용되어 1986년 퇴임할 때까지 가르치게 된다.

게라심 루카에게 보낸 편지

1. * 게라심 루카(1913~1994)는 루마니아 태생의 시인으로, 대부분의 작품을 프랑스어로 썼다. 들뢰즈는 『안티 오이디푸스』의 연장선상에서 어떤 논문을 쓰던 중, 꿈에 대한 탐색을 계기로 이 시인을 발견한다.

2. * 여기 모아놓은 이 편지들은 *Cahier Critique de Poésie*, Marseille, Centre international de

poésie, 2009에서 처음 간행된 것을 보충한 것이다.

3. * *Héros-Limite*, Le Soleil Noir, 1953. 1985년에 José Corti 출판사에서 재출간.

4. * 루카가 돌피 트로스트(1916~1966, 정신분석 교육을 받은 루마니아 작가)와 함께 썼다고 되어 있는 「비-오이디푸스 제1선언」(Premier manifeste non-oedipien)은 결국 유실되었거나 아니면 아예 작성된 적이 없을 수 있다. 루카와 트로스트의 *Dialectique de la dialectique*, Bucarest, Éditions Surréalisme, 1945에서 그 글의 출간이 예고되어 있고 그 글의 여러 측면들이 다뤄지고 있다. 들뢰즈가 참조하는 것은 다음의 텍스트다. Sarane Alexandrian, "Le rêve dans le surréalisme", *Nouvelle revue de psychanalyse*, Gallimard, nᵒ 5, 1972년 봄, p. 40. 들뢰즈가 이것을 읽었던 것은 다음 논문을 쓰기 위해서였다. 「욕망 기계들을 위한 프로그램 결산」(Bilan-programme pour machines désirantes). 이것은 다음에 처음으로 실렸다. *Minuit 2*, January 1973, p. 40. 그리고 이는 『안티 오이디푸스』의 부록에 다시 실린다.

5. * 앞 편지의 각주를 참조할 것.

6. * 게라심 루카의 여러 저작들을 출간한 루마니아 출판사(*Quantitativement aimée*, 1944 ; *Le Vampire passif*, 1945 ; *Les Orgies des Quanta*, 1946 ; *Le Secret du vide et du plein*, 1947).

7. * 갤러리 운영자 클로드 지보당을 말한다. 그는 특히 루카의 음반들을 여럿 발행했다. 이 문제의 음반은 아마도 지보당이 1970년 5월에 발행한 〈열정〉(Passionnément)인 듯하다.

8. * 날짜가 없는 편지.

9. * *Le Clef*, Poème-tract, 1960.

10. * *Le Chant de la carpe*, Soleil noir, 1973. 1986년 José Corti사에서 재출간됨.

11. * *Le Chant de la carpe*에 수록된 "Passionnément"을 말한다. [시 "Passionement"의 첫 행이 "pas pas paspaspas pas"이다. 다음 링크에서 작가의 낭독을 들을 수 있다. https://www.youtube.com/watch?v=t0bnWBk0k_8]

12. * 게라심 루카는 [들뢰즈가 이 편지를 쓰기] 며칠 전에 파리 시립 현대 미술관에서 낭독회를 가졌다.

13. * 게라심 루카가 8개의 시를 낭독한 방송, 〈어떻게 떠나지 않고 떠날 것인가?〉(Comment s'en sortir sans sortir, 55분)를 말한다. 라울 상글라가 연출한 것으로 1989년 2월 20일 채널 FR3에서 방송되었다. 2008년 José Corti사에서 DVD로 발매되었다.

14. * *Le Tourbillon qui repose*, Critique et histoire, 1973.

아르노 빌라니에게 보낸 편지

1. * 아르노 빌라니(1944~)는 니스의 마세나 고등학교의 대입 준비반에서 철학을 가르쳤다. 1972년 들뢰즈에게 그의 박사학위 논문을 지도해 달라고 요청한 뒤(들뢰즈는 이를 만류했다), 빌라니는 들뢰즈의 작업에 헌정된 책(*La Guêpe et l'orchidée*, Belin, 1999)을 집필할 때 들뢰즈에게 다시 편지를 쓴다.

2. * 다음에 재수록. Arnaud Villani, *La Guêpe et l'orchidée*, p. 129~131.

3. * *Pourparlers*, p. 11~23에 실린 「가혹한 비평가에게 보내는 편지」(Lettre à un critique sévère)를 참조할 것. *Pourparlers* [한국어판 : 『협상』(근간). 영어판 : *Negotiations*]. 이것은 다

음에 먼저 수록된 바 있다. Michel Cressole, *Deleuze*, Éditions Universitaire, coll. "Psychothèque," 1973.

4. ** 한국어판: 『천 개의 고원』, 김재인 옮김, 새물결, 2001, 718~729쪽의 '문제2 ― 사유를 국가 모델로부터 분리해낼 수 있는 수단이 존재하는가?'. 영어판: p. 374~380.

5. * 이 편지는 다음에 실려 있다. Adnen Jdey, *Les Styles de Deleuze*, Les Impressions nouvelles, coll. Réflexion faite, 2011.

6. * 아마도 다음을 가리키는 것으로 보인다. Jeanne Parain-Vial, *Les Tendances nouvelles de la philosophie*, Le Centurion, 1978.

7. * 다음을 의미한다. Pierre Boutang(1916~1998), *Apocalypse du désir*, Grasset, 1979. 2009년 Éd. du Cerf 출판사에서 재발간함.

8. * 앞에 나온 질문지의 각주를 참조하라.

9. * 다음에 실려 있다. A. Jdey, *Les Styles de Deleuze*.

10. * 다음을 참조하라. André Tilquin, *La Toile géométrique des araignées*, PUF, 1942.

11. * 다음에 실려 있다. A. Jdey, *Les Styles de Deleuze*.

12. * 다음에 실려 있다. A. Jdey, *Les Styles de Deleuze*.

13. * 날짜가 없는 편지.

14. * 다음에서 인용된다. *La Guêpe et l'orchidée*, p. 56~57.

조세프 에마뉘엘 보프레에게 보낸 편지

1. * 연극 연출가 조제프 에마뉘엘 보프레는 스트라스부르 대학의 철학과 학생이었다. 그는 들뢰즈의 초월론적 경험주의에 대한 석사 논문을 작업하고 있었고(오늘날의 마스테르 1에 해당) 들뢰즈에게 질문 뭉치를 보낸다.

2. * 조제프 E. 보프레는 1982년 스트라스부르 대학에서 르네 부브레스의 지도하에 다음의 석사논문을 썼다. "L'empirisme supérieur de Gilles Deleuze, l'éclair et le ciel noir". 그가 출판하려 했던 이 연구는 『경험주의와 주체성』에서부터 『차이와 반복』에 이르기까지 초월론적 경험주의의 구성을 추적하고자 한다.

엘리아스 산바르에게 보낸 편지

1. * 엘리아스 산바르(1947~)는 팔레스타인 작가로 1981년부터 2006년까지 간행되었던 *Revue d'Études Palestiniennes* 의 창설자이자 중심인물이며, 평화협정 교섭인이고, 2006년부터 유네스코의 팔레스타인 대사를 지내고 있다. 친한 친구인 들뢰즈와는 1978년에 만났다.

2. * 엘리아스 산바르와 팔레스타인 시인인 마흐무드 다르위시가 주도한 이 기획은 아랍 독자들에게 들뢰즈의 사유를 알리기 위한 것으로, 들뢰즈 자신에 의해 선별된 선집을 그 기초로 삼고자 했다. 이 선집은 다르비슈가 편집인으로 있던 잡지인 *Al-Karmil* 에 부분적으로 실렸다. [프랑스어와 한국어의 어순이 달라 원서에서 들뢰즈가 앞뒤 몇 단어만 인용한 것을 한국어판에서는 해당되는 부분의 문장 전체를 가져와 옮기거나 인용했다.]

3. ** 질 들뢰즈, 『매저키즘』, 이강훈 옮김, 인간사랑, 1996, 91~101쪽.

4. ** 질 들뢰즈·펠릭스 가타리, 『카프카』, 이진경 옮김, 동문선, 2001, 121~124쪽.

5. ** 질 들뢰즈·펠릭스 과타리, 『안티 오이디푸스』, 김재인 옮김, 민음사, 2014, 23~33쪽.

6. ** 질 들뢰즈·펠릭스 과타리, 『천 개의 고원』, 김재인 옮김, 641~653쪽.

7. ** 같은 책, 729~734, 743~754쪽.

8. ** 같은 책, 35~48쪽.

9. ** 질 들뢰즈, 『영화 1』, 주은우·정원 옮김, 새길, 1996, 343~347, 351~353, 354~356쪽.

10. ** 질 들뢰즈, 『프루스트와 기호들』, 서동욱·이충민 옮김, 민음사, 2004, 129~135쪽.

11. ** 질 들뢰즈, 『니체와 철학』, 이경신 옮김, 민음사, 2004, 201~210쪽.

12. ** 질 들뢰즈, 『스피노자의 철학』, 박기순 옮김, 민음사, 1999, 42~47쪽.

13. ** 질 들뢰즈, 『의미의 논리』, 이정우 옮김, 한길사, 2003, 405~409쪽.

14. ** 같은 책, 62~79쪽.

15. ** 질 들뢰즈, 『차이와 반복』, 김상환 옮김, 민음사, 2004, 298~311, 334~355쪽.

장-클레 마르탱에게 보낸 편지

1. * 장-클레 마르탱(1958~)은 알트키르슈의 철학 교사로, 들뢰즈의 작업으로 박사 논문을 쓰고자 했다. 이를 계기로 둘은 관계를 맺게 되었는데, 지리적으로 떨어져 있었기 때문에 특히 편지를 주고받는 관계가 된다. 이 박사논문은 1993년에 간행된다. 다음을 참조하라. *Variations. La philosophie de Gilles Deleuze*, Payot, 1993.

2. * 장-뤽 낭시(1940~). 스트라스부르 대학교수.

3. * 르네 쉐레(1922~)는 당시 들뢰즈가 1986년 은퇴할 때까지 가르쳤던 뱅센 대학(파리 8대학)의 교수였다. 그는 장-클레 마르탱의 박사논문 *Essai sur le concept deleuzien de multiplicité*를 지도했다.

4. * 프랑수아 라뤼엘(1937~). 낭테르 대학 교수.

5. * 콘스탄틴 보운다스는 특히 『경험주의와 주체성』(PUF, 1953 [난장, 2012. 영어판:Columbia University Press, 1991])의 영역자다. 그는 들뢰즈에게 헌정한 선집, *Gilles Deleuze and the Theater of Philosophy*, Routledge, 1994를 기념하기 위한 글을 장-클레 마르탱에게 의뢰했다.

앙드레 베르노에게 보낸 편지

1. * 이 당시에 미국에서 학생들을 가르치고 있었던 앙드레 베르노(1958~)는 1980년 『천 개의 고원』에 대한 회합토론(결국 무산됐지만)을 계기로 들뢰즈와 만났다. 그들은 서신 교환만 했으며 1990년대 초에 가까운 사이가 된다.

2. * 음악 그룹인 〈훈-후르-투〉(Huun-Huur-Tu)의 다음 음반을 말한다. *60 Horses in My Herd. Old Songs and Tunes of Tuva*, Shanachie, 1993. 외몽골 경계지대에 자리 잡은 시베리아 남부 유목민족의 노래들이다.

3. * 니콜라는 앙드레 베르노의 아들이다.

4. 이것이 그대에게 리스트(listes)가 갖는 의미이지요.

5. * 아르토는 분명 전통이나 연금술, (동양 등의) 외적 차원을 참조하지 않는다. 반대로 차원이
나 전통은 기관 없는 신체(비유기적 생명력)와 관련되고 그 구배(gradients)를 구성한다. 여
기서 비유기적 삶 속에서의 구배 자체의 위계의 가능성이 발생한다. (1) 남미, 타라우마라족,
(2) 발리, 티벳, 동양, (3) 아프리카?(도곤족과 나무), (4) 그리스-로마, 지중해 등등.

2부 다양한 그림과 텍스트

세 권의 책 : 브레이에, 라벨, 르 센느

1. * 출처는 다음과 같다. *Cahiers du Sud*, XLII, n° 334, 1955년 4월, p. 498~500. 아마 이 잡지
와 친분이 깊은 페르디낭 알키에의 추천이 있었을 것이다. 세 권의 서지사항은 다음과 같다.
Émile Bréhier, *Études de philosophie antique*, PUF, 1955 ; Louis Lavelle, *De l'intimité spiri-tuelle*, Aubier, 1955 ; René Le Senne, *La Découverte de Dieu*, Aubier, 1955.
2. * Émile Bréhier, "Doutes sur la philosophie des valeurs", *Revue de métaphysique et de mo-rale*, 1939, 46° year, n° 3, p. 399~414.

페르디낭 알키에,『초현실주의 철학』

1. * *Les Études philosophiques*, Nouvelle série, 11° year, n° 2 (1956년 4월/6월, p. 314~316)에 게
재됨. 다음 작품에 대한 리뷰이다. Ferdinand Alquié, *Philosophie du surréalisme*, Flammar-ion, coll. "Bibliothèque de philosophie scientifique," 1956. 페르디낭 알키에(1906~1985)는
초현실주의에 가까운 철학자로서 데카르트와 칸트 전문가다. 그는 1945년에 들뢰즈의 스승
이었다. 처음에는 리세 루이르그랑의 '국가경쟁시험 대비반'에서, 이후에는 소르본에서 들뢰
즈를 지도했다. 들뢰즈는 여러 번의 인터뷰에서 알키에의 가르침과 업적에 대해 제자로서 갖
는 존경심을 종종 표현했다. 그는『칸트의 비판철학』을 그에게 헌정했다. 알키에는 들뢰즈와
결별하기 전에(그들의 관계는 1969년에 끝났다. 1969년 프랑수아 샤틀레에게 보낸 편지를 참
조할 것) 스피노자에 관한 들뢰즈의 부논문을 지도했다(이 논문은 1968년에 미뉘 출판사에
서『스피노자와 표현 문제』라는 제목으로 출간되었다).

페르디낭 알키에,『데카르트, 인간적 면모와 작품』

1. * *Cahiers du Sud*, XLIII, n° 335, Oct. 1956, p. 473~475. *Descartes, l'homme et l'œuvre* 는
Hatier-Boivin 출판사에서 1956년에 발간되었다.

흄에 대한 강의 (1957~1958)

1. * 대괄호 안에 있는 말은 모두 엮은이가 추가한 것이다. 모든 참고문헌은 현실에 맞게 수정하
였다. 들뢰즈가 사용한 르로아(Leroy) 번역의 오비에(Aubier)판 페이지는 그대로 두고 가르
니에-플라마리온(Garnier-Flammarion)에서 나온 P. 바랑제와 P. 솔터의 번역본 페이지를
병기했다. 이 판본은 세 권짜리『인간 본성에 관한 논고』의 구분에 따라 세 권(1권 : 오성에
관하여, 2권 : 정념에 관하여, 3권 : 도덕에 관하여)으로 되어 있어서 우리는 매번 몇 번째 권인

지를 표기했다. [한국어판에서는 들뢰즈의 인용 쪽수 표기와 엮은이가 추가한 인용 괄호들을 모두 후주로 편집하였다. 한국어판은 이준호가 옮긴 서광사판의 쪽수이다 : 『인간 본성에 관한 논고 1』(1994), 『인간 본성에 관한 논고 2』(1996), 『인간 본성에 관한 논고 3』(2008). 영어판은 Selby-Bigge/Nidditch판의 쪽수로, 약어 SBN이 영어판임을 나타낸다.]

2. p. 357/I.358 [1권 268쪽. SBN 265].

3. 『논고』 1권 1부 4절의 마지막 문단, p. 78/I.56 [1권 35쪽. SBN 13]을 참조하라.

4. p. 82/I.61 [1권 38쪽. SBN 16].

5. p. 115/I.99 [1권 67쪽. SBN 46~7] 그리고 p. 141/I.127 [1권 89~90쪽. SBN 69~70].

6. p. 115/I.99 [1권 67쪽. SBN 46~7].

7. 『논고』 1권 1부 4절 p. 75~76/I.53~54 [1권 34~35쪽. SBN 12~13].

8. p. 75/I.53 [1권 32~33쪽. SBN 10].

9. p. 74/I.51 [1권 32~33쪽. SBN 10].

10. 이 갈등에 대해서는 다음을 볼 것. p. 328/I.326~327 [1권 223~225쪽. SBN 214~216].

11. p. 72~73/ I.48~49 [1권 30~31쪽. SBN 7~8].

12. p. 152~155/I.140~143 [1권 97~101쪽. SBN 78~82] 참조. "모든 사물이 각각 원인을 가져야만 한다는 것은 결코 승인될 수 없다."

13. p. 135/I.388 [1권 84~85쪽. SBN 638~9]의 주석을 참조할 것.

14. p. 105(초반부)/I.88 [1권 58~59쪽. SBN 37]을 참조할 것.

15. ** 1권 36쪽.

16. p. 122/I.105~106 [1권 87~88쪽. SBN 67], p. 387~388/II. 124~125 [2권 26~27쪽. SBN 276] 참조.

17. p. 324/I.322~323 [1권 240~241쪽. SBN 234], p. 335/I.333 [1권 249~250쪽. SBN 244].

18. 그리고 양태적 구별에 대해서는, 스피노자와 대비되는 p. 334/I.333 [1권 248~250쪽. SBN 243~4]을 참조할 것.

19. p. 90/I.69 [1권 44~45쪽. SBN 23].

20. pp. 94~95/I.76~77 [1권 50~51쪽. SBN 27~28].

21. p. 523/II.270 [2권 158쪽. SBN 413].

22. p. 185~186/I.174~175 [1권 187~188쪽. SBN 101] 참조.

23. * 『인간 오성에 관한 탐구』 p. 101 참조. 페이지는 르루아가 번역한 다음을 따른다. *Enquête sur l'entendement humain*, Aubier-Montaigne, 1947. (다음도 참조할 것. *Enquête sur l'entendement humain*, GF, 1983, p. 116~117.)

24. 『인간 오성에 관한 탐구』 5장 「4장의 의심에 대한 회의적 해결에 관해」.

25. 『논고』, p. 256/I.246 [1권 182~183쪽. SBN 169].

26. [3부] 6절 「인상에서 관념을 추정하는 것에 관하여」 참조 [1권 105~112쪽].

27. p. 163/I.151 [1권 106쪽. SBN 87]을 보라.

28. [3부] 14절 [1권 169~186쪽 「필연적 연관의 관념에 관하여」].

29. ** 영어판에는 이어지는 두 개의 문장이 빠져 있다. 불어 원본을 따라 옮겨두었다.

30. 『자연종교에 관한 대화』 참조.

31. ** '존재의 관념과 외부 존재의 관념에 관하여'.

32. p. 171/I.161 [1권 114쪽. SBN 96]과 p. 757/I.375 [1권 114~117쪽. SBN 96~7].

33. [1권 3부] 10절 「신념의 영향에 관하여」].

34. p. 358/I.358 [1권 268~269쪽. SBN 265] 참조. "그러므로 기억, 감각 그리고 오성 등은 모두 상상력 또는 관념들의 생동성에 기초를 두고 있다."

35. p. 357/I.358 [1권 268~269쪽. SBN 265] 참조.

36. p. 167/I.155 [1권 105쪽. SBN 86], p. 181/I.169 [1권 124쪽. SBN 105], p. 231/I.221 [1권 150쪽. SBN 133?] 참조.

37. p. 204/I.380~381 [1권 174~175쪽. SBN 632]과 p. 202/I.192 [1권 140쪽. SBN 123].

38. p. 194/I.183~184 [1권 134쪽. SBN 116].

39. p. 195/I.185 [1권 135쪽. SBN 117].

40. p. 200/I.190 [1권 138~139쪽. SBN 121~2].

41. p. 201/ I.191 [1권 140쪽. SBN 122].

42. p. 202/I.192 [1권 140쪽. SBN 123].

43. p. 203~204/ I.380~381 [1권 141쪽. SBN 631~632].

44. p. 234/I.223 [1권 164쪽. SBN 149].

45. ** '기적에 관하여'.

46. * 이 장 끝에 [동일한 제목의] 필기본이 있다.

47. p. 360/I.360 [1권 270쪽. SBN 267].

48. p. 304/I.300 [1권 224~225쪽. SBN 216].

49. 『논고』 1권 맨 끝부분 참조 [1권 272쪽].

50. p. 282/I.277 [1권 206쪽. SBN 194].

51. p. 136/I.120~121 [1권 85~86쪽. SBN 65], p. 289/I.285 [1권 210~211쪽. SBN 200]을 참조할 것.

52. p. 291/I.287 [1권 212~213쪽. SBN 202].

53. p. 294/I.289~290 [1권 215쪽. SBN 205].

54. p. 300/I.296 [1권 220~221쪽. SBN 211].

55. p. 304/I.300 [1권 223쪽. SBN214], p. 307/I.302~303 [1권 226쪽. SBN 218], p. 321/I.318~319 [1권 237~238쪽. SBN 231]("나의 감각, 더 정확히 말해 나의 상상력…"). p. 306/I.302 [225~226쪽. SBN 217](일반적 주제 : "감각에 대한 회의주의").

56. p. 611/ III.94 [3권 73쪽. SBN 493] 참조.

57. ** 「실험적 추론 방법을 도덕적 주제들에 도입하기 위한 시도」.

58. 『논고』 p. 515/II.261 [2권 151~152쪽. SBN 406~7]과 『인간 오성에 관한 탐구』.

59. p. 434/II.177 [2권 80쪽. SBN 332].

60. 그러한 연합의 힘과 독창성에 대해서는 p. 529~533/II.276~279 [2권 158~161쪽. SBN 413~416]을 참조할 것.

61. p. 443/II.186 [2권 88~89쪽. SBN 340].

62. 2권.

63. p. 481/II.225~226 [2권 122쪽. SBN 375].

64. p. 710~713/III.206~209 [3권 197~202쪽. SBN 592~595].

65. p. 552/II.299 [2권 184쪽. SBN 440].

66. p. 393/II.129 [2권 43쪽. SBN 293]과 p. 475/II.220 [2권 110쪽. SBN 362].

67. p. 527 /II.273~274 [2권 162~163쪽. SBN 418]. 그리고 『도덕 원리에 관한 탐구』 참조.

68. p. 522~528/II.268~274 [2권 158~163쪽. SBN 413~418].

69. p. 523/II.270 [2권 159쪽. SBN 414].

70. ** 영어판에서는 이 문장이 빠져 있다.

71. p. 525/II.272 [2권 160~161쪽. SBN 415~6].

72. p. 573/III.52~53 [3권 26쪽. SBN 456].

73. p. 576/III.55 [3권 33쪽. SBN 461].

74. 편지 23, Pléiade, 1216.

75. ** 질 들뢰즈, 『스피노자의 철학』, 박기순 옮김, 민음사, 1999, 60쪽.

76. 『논고』 p. 576/III.55 [3권 32~34쪽. SBN 461~2]과 주석 참조.

77. p. 575/III.55 [3권 32~34쪽. SBN 461~2] 주석.

78. * Aubier판 p. 148/208~209 [SBN 213]. 여기에서 나는 가르니에 플라마리온에서 나온 다음 최신판을 참고한다. l'Enquête sur les principes de la morale, tr. fr P. Baranger et P. Saltel.

79. ** 이 단락에서 사용된 의문대명사(when, where)가 불어 원문과 영어판이 서로 다르다. 불어 원문을 따랐다.

80. p. 585/III.65 [3권 40~41쪽. SBN 467].

81. Aubier판 p. 145~148/205~208 [SBN 286~289].

82. 『논고』 p. 587/III.67 [3권 36쪽. SBN 471].

83. 『도덕 원리에 관한 탐구』, Aubier판 p. 155 [SBN 294].

84. 『도덕 원리에 관한 탐구』, p. 58/106~107 [SBN 230].

85. p. 412/II.149~150 [2권 63~64쪽. SBN 315], p. 415/II.152~153 [2권 65~66쪽. SBN 317], p. 711/III.207~208 [3권 198~199쪽. SBN 593], p. 712/ III.208~209 [3권 199~200쪽. SBN 594] 참조.

86. p. 712/III.208~209 [3권 199~200쪽. SBN 594] 참조.

87. 『비극에 관하여』 참조.

88. p. 696/III.191 [3권 193~194쪽. SBN 589].

89. p. 641/III.127 [3권 109쪽. SBN 521]. '우회적'인 측면 참조. 이것은 핵심적 용어다.

90. ** 페르디난트 퇴니스(Ferdinand Tönnies, 1855~1936). 독일의 사회학자. 인간관계와 사회 결합의 유형을 공동사회(Gemeinschaft)와 이익사회(Gesellschaft)로 구분한 『공동사회와 이익사회』를 저술함.

91. p. 458~476/II.202~221 [2권 95~112쪽. SBN 347~364].

92. 마르셀 애메: "근접성 요인"을 참조할 것.

93. ** 결의론이란 어떤 특정한 경우로부터 이론적 규칙들을 추출하거나 확장함으로써 도덕적

문제들을 해결하기 위한 이성적 추론의 과정을 뜻한다.

94. p. 606/ III.89 [3권 68~69쪽. SBN 489]과 p. 610/III.93 [3권 73쪽. SBN 493] 참조.

95. p. 607/III.90 [3권 69~70쪽. SBN 490]. ["조각배의 노를 함께 젓는 두 사람은 서로 아무 약속도 하지 않았지만 (상호 간의) 호응이나 묵계에 따라 노를 젓는다."(『도덕에 관하여』, 이호준 옮김, 서광사, 2021, 70쪽)]

96. p. 658/ III.147 [3권 128~129쪽. SBN 537].

97. p. 674/III.165 [3권 146쪽. SBN 551].

98. ** 영어판에는 "the more frivolous properties of our thought and conception"(우리 사유와 개념의 보다 경박한 특성)으로 되어 있다. 여기에서는 불어 원문을 따랐다.

99. p. 625/III.110 [3권 89~90쪽. SBN 506].

100. p. 629~630/III.114~115 [94~98쪽. SBN 510~511].

101. p. 631/III.116 [3권 98쪽. SBN 512].

102. 『종교의 자연사에 관한 에세이』 참조.

103. 이 강의의 4장 「도덕과 법이론」, C. 인위 이론 a, b, c, d 참조.

자허-마조흐에서 마조히즘으로

1. * *Arguments*, n°21, Minuit, 1961, p. 40~46. 우리는 괄호 안에 명기된 일부 잘못된 출전을 명확히 했고 이따금 수정했다. [한국어판에서는 저자 들뢰즈의 출전 표기를 후주로 편집했다.]

2. * *Psychopatia sexualis*, Paris, Payot, 1950, p. 238~240 [영어판: Rebman Company, 1900]를 참조하라.

3. 페루쇼 씨는 근간의 연구에서, 마조히즘의 징후에 대해 연구하고 그것이 사디즘과 일치하는지 따진다.

4. 앞뒤의 모든 주제의 예시는 『모피를 입은 비너스』(*La Vénus à la fourrure*, 프랑스어판, éditions Arcanes, 1952)에 실려 있다.

5. ** 불어 원문에는 'les enfants de la réflexion', 영역판에는 'children of thought'으로 되어 있다. '이성의 후손', '사념의 자식' 등으로 옮겨진다.

6. * *Le Legs de Caïn*, Paris, Calmann-Lévy, 1884.

7. ** 『매저키즘』(인간사랑, 1996), 167쪽. 이 책에는 들뢰즈의 『냉정함과 잔인성』과 자허-마조흐의 『모피를 입은 비너스』가 함께 옮겨져 있다.

8. ** 같은 책, 162쪽.

9. * 다음을 참조할 것. Bachofen, *Das Mutterrecht* (일부가 발췌되어 번역되어 있다. Turel, éd. Alcan, 1938). 유사한 주제에 대해 고든이 최근에 매우 뛰어난 책을 썼다. M. Pierre Gordon, *L'Initiation sexuelle et l'évolution religieuse*, PUF, 1946.

10. * *La Tsarine noire*, Éditions Manucius, 2011.

11. 마조흐가 이해하는 "코뮤니즘"에 대해서는 다음을 참조할 것. *Le Paradis sur le Dniester*, *Un Testament*, Calmann-Lévy, 1878.

12. 사바타이 즈베그는 17세기 유럽을 흔들었던 가장 중요한 메시아들 중의 하나였다. 일부 메

시아들은 17세기와 18세기에 갈리시아에 출현했다. Graetz, *Histoire des Juifs*, tome V, Librairie Durlacher, 1897을 참조할 것.

13. 정신분석은 또한 스스로가 제기한 이러한 문제를 해결하려고 노력한다 : 여성적 대상은 "남성적 자질"이 부여되어 있기 때문에 완전히 여성적이지는 않을 것이다. 따라서 마조히즘은 노골적인 동성애 선택을 피하는 유형의 타협에서 출발한다는 것이다. 다음을 참조할 것. Freud, "Un enfant est battu," *Revue française de Psychanalyse*, tome VI, no 3~4, 1933, pp. 274~297 [영어판 : "A Child is Being Beaten," James Strachey and Alix Strachey(trans.), *The Standard Edition of the Complete Works of Sigmund Freud*, Vol. 2., Vintage, 1999] ; 다음에 재수록되었다. *Névrose, psychose et perversion*, PUF, 1973 ; Nacht, *Le Masochisme*, Payot, 1938 (2008년 재출간), p. 186. 총체적 난국은 정신분석이 정말 그럴듯함에도 불구하고, 탐욕스러운 어머니, 모피, 채찍 등이 아버지의 이미지라고 가정했다는 사실에서 비롯된다. 라이크(Reik)는 *Le Masochisme* (Payot, 1953)에서 "우리는 특별한 사례를 연구할 기회가 있을 때마다, 형벌을 가하는 여성의 이미지 아래 은폐된 아버지 또는 그의 대리자를 발견했다"(p. 27)고 쓴다. 라이크는 같은 책의 일부, 특히 p. 187~189에서 의심을 드러내지만, 그것으로부터 어떤 결론도 도출하지 않는다.

14. Reik, *Le Masochisme*, p. 132~152.

15. 같은 책, p. 137. "그는 처벌과 파산을 함께 보여준다."(p. 134).

16. 같은 책 : "처벌 또는 굴욕은 만족에 선행한다. … 마조히즘적 쾌락에는 고통이 따르기 때문에 일부 사람들은 그러한 고통이 쾌락의 원인임이 분명하다고 생각했다."(p. 238~242) ; "마조히스트는 우리 모두가 경험하는 동일한 것으로부터 자신의 쾌락을 이끌어낸다. 그러나 그것에서 고통을 겪기 전에는 쾌락을 얻을 수 없다."

17. 같은 책, pp. 122~123. 마조히즘에서 차지하는 불안의 역할에 대해서는 다음 또한 참조하라. Nacht, *Le Masochisme*.

18. Jung, *Métamorphoses de l'âme et ses symboles*, II, Genève, Librairie de l'Université, 1953의 4장과 5장.

19. 사실 성공의 보장이 말하는 것만큼 크지는 않다. 종종 영웅은 완전히 재구성되지 않거나 심지어는 어머니에게 삼켜진 채로 남아있다. 이때 끔찍한 어머니가 생명의 어머니를 압도하게 된다. 이것을 신화의 타락 단계라고 이해해야 할까? 오히려 앞으로 보게 될 것처럼, 신화는, 그리고 신경증 역시, 위험한 퇴행에 중점을 두는가, 아니면 그것으로부터 나올 수 있는 진행에 두는가에 의존하는 두 가지 측면을 제시하는 것처럼 보인다. 마조히즘적 계약의 제3자는 행복한 결말이나 궁극적인 성공, 다시 말해 고통과 절단에서 출현하는 새로운 인간의 투사인 것 같다. 하지만 분명한 것은 이 결과가 불확실하다는 점이며, 퇴행에 중점을 두는 경우 제3자가 궁극적 목표를 왜곡한다는 점이다. 이것은 조롱을 받은 아버지의 복수, 어머니와 아들 모두에 반하여 행동하는 사디즘적 형태의 아버지의 재출현을 의미한다.

20. Freud, "Le Problème économique du masochisme", in *Revue française de Psychanalyse*, II, 2, 1928 (*Névrose, psychose et perversion*, PUF, 1973에 재수록) [영어판 : Sigmund Freud, "The Economic Problem of Masochism" in *Essential Papers on Masochism*, New York

University Press, 1995].

21. 종종 두 번째 어머니는 동물, 모피가 있는 동물이다. 마조흐 자신의 경우, 그의 이모 중의 한 사람이 두 번째 어머니의 역할을 한다. 마조흐는 어린아이 시절 그녀를 염탐하기 위해 모피 옷장에 숨었다.("Choses vécues", *Revue Bleue*, 1888.) 이 일화는 『모피를 입은 비너스』에 바꾸어 표현되어 있다. 이와 마찬가지로 유예의 의식은 마조흐와 마조히즘에서 중대한 역할을 한다. 이것은 제2의 탄생이라는 근친상간 신화들에서의 역할과 유사하다. 라이크가 "유예적 요인"이라고 부르는 것을 참조할 것.

22. 다음을 참조할 것. Freud, *Au-delà du principe de plaisir*.

23. *Sur Freud et Jung*. 이 모든 것들은 일반적으로 프로이트와 융의 차이점을 보여준다. 이러한 본질적인 차이를 이해하기 위해서는 이 두 저자들이 동일한 임상 자료를 사용하지 않았다는 점을 고려해야 한다. 최초의 프로이트적 개념들(예컨대 억압)에는 히스테리가 각인되어 있다. 설령 프로이트가 점점 더 발전시킨 다른 사례들(집착, 불안 등등)의 작용을 통해 이 개념들을 재작업할 필요성을 천재적으로 감지한다 해도, 이 개념들은 언제나 히스테리가 각인되어 있을 것이다. 그렇지만 프로이트의 방법들에 유독 민감한 사람들은 젊은 신경증 환자들이다. 그들의 장애는 사적인 추억과 관련되어 있으며, 그들의 문제는 내적 갈등이 무엇이든, 현실(사랑하고 사랑받고 적응하는 등등)과 화해하는 것이다. 하지만 정신병에 가까운, 전혀 다른 유형의 신경증도 존재한다. 모든 경험을 초월하는 "이미지"에 짓눌린 성인 신경증 환자들이 이러한 사례에 해당한다. 그들의 문제는 자기 자신과 화해하는 것이다. 다시 말해 스스로 개발하지 않고 두었던 (위험한 자율적 삶을 도출하는 이미지들 속에서 소외된 것처럼 보이는) 그들 자신의 일부를 인격 속에 재통합하는 것이다. 이러한 원시적 이미지와 관련해 볼 때, 프로이트의 분석 방법은 더는 적절하지 않다. 환원 불가능하기에 그들은 어떤 종합적인 방법, 즉 주체의 경험을 넘어 신경증의 진실을 찾고, 이러한 진실 속에서 주체 스스로 그들이 가진 내용을 개인적으로 동화할 가능성을 찾는 방법을 적용한다. 따라서 융은 프로이트가 신경증 속에 있는 실제 위험이나 신경증 속에 있는 보물을 발견하지 못한 것에 대해 비난할 수 있다. 그의 말에 따르면, 프로이트는 신경증에 대해 경멸적인 관점을 가지고 있다 : 그것은 단지 … 에 지나지 않는다. 융에 의하면, 반대로 "신경증 속에는 최악의 적 아니면 최고의 친구가 숨어 있다." 1913년 로아 박사와 주고받은 편지를 참고하라. *La Guérison psychologique*, Genève, Librairie de l'Université, 1953 [영어판 : "On Some Crucial Points in Psychoanalysis" in *Collected Works of C. G. Jung*, vol 4, Princeton University Press, 1961]. 신경증 환자가 프로이트적 해석에 따른 주체에 도달한다는 것이 불가능하지는 않다. 이 주체는 무의식의 더 깊은 단계를 관통할 때, 또는 성장하면서 발달하고 변형하고 각성할 때조차도 자신의 권리를 상실한다.

로베르 제라르, 『중력과 자유』

1. * *Les Études philosophiques*, n° 3, 7월~9월, 1963, p. 357~358에 등재됨. Robert Gérard, *Gravitation et liberté, Essai d'extension de la représentation physique*, PUF, 1962에 대한 서평.

2. * *Les Chemins divers de la connaissance*, PUF, 1945.

교수자격시험 강의 : 흄의 『자연종교에 관한 대화』

1. * 1960년대 후반 종합시험 준비를 위해 '국립원격교육센터'에 보낸 타자본 원고.

2. Hume, *Dialogues sur la religion naturelle*, Jean-Jacques Pauvert Éditeur, 1964.

사랑으로 쓴 인디언 이야기

1. * 『르몽드』 1972년 11월 24일 자 p. 17에 게재. 다음 책의 발간을 위해 쓴 글이다. Pierre Clastres, *Chronique des indiens Guayaki*, Plon, coll. "Terre humaine", 1972. 신문의 부제는 삭제했다.

『안티 오이디푸스』에 관한 대담

1. * 테이프로 녹음한 것을 전사함. 질 들뢰즈, 펠릭스 과타리와의 이 오디오 인터뷰는 1973년 봄 레이몽 벨루가 주도하여 이루어졌다. 레이몽 벨루에게 『안티 오이디푸스』("이 책은 당신을 위한 책입니다.")를 읽어보라고 제안한 사람은 미셸 푸코였다. 처음에 『현대』지에 실을 예정이었던 인터뷰는 참가자 3명의 검토를 거쳐야 했으며, 상호 협의를 거쳐 과타리가 잡지의 정치적 성향에 동의하지 않았기 때문에 이 검토에 인터뷰 발간에 대한 과타리의 유보사항을 포함시켜야 했다. 발간 프로젝트는 저자들에 의해 여러 차례 연기되었고 결국 취소되었다. 텍스트는 엮은이가 검토했다.

2. ** 에드몽 자베스(Edmond Jabès, 1912~1991). 이집트에서 태어난 프랑스 시인. 프랑스 현대시 역사상 가장 독창적이면서도 깊이 있는 작품을 쓴 것으로 평가됨. https://en.wikipedia.org/wiki/Edmond_Jab%C3%A8s

3. ** 이 부분의 과타리와 벨루의 대화는 영어판에서는 빠져 있다.

4. * 1972년 3월 4일에 있었던 푸코와 들뢰즈의 다음 인터뷰를 참고할 것. "Les intellectuels et le pouvoir", *L'Arc*, no 49 : *Gilles Deleuze*, 1972. ID, p. 296에 재수록.

5. * "Bilan-programme pour machines désirantes" 초판은 1973년 1월 2일 발행된 *Minuit*에 실렸다. 이 인터뷰 이후 편집본 『안티 오이디푸스』의 부록으로 재발행되었다.[영어판은 다음을 참조. Felix Guattari, *Chaosophy*, Semiotext(e)/MIT, 1995].

6. * Roger Lewinter, "Pan de mur jaune," *Nouvelle Revue de Psychanalyse*, n° 5 : *L'Espace du rêve*, Gallimard, printemps 1972.

7. ** 정신분석 용어(souvenirs-écrans/memory-screens)로 '어떤 기억들 및 그 기억들과 연관된 정서나 역동을 숨기기 위해 사용되는 회상 내용'을 가리킨다.

음악적 시간

1. * 이 글은 DRF(16번째 글 "Rendre audibles des forces nonaudibles par elles-mêmes")에 수록되어 있는, 1978년 3월 20일 피에르 불레즈의 초청으로 Ircam(프랑스 국립 현대음향음악연구소) 컨퍼런스에서 발표한 글의 수기로 된 초고이다. DRF 버전과 군데군데 크게 다른 부분이 있을 수 있다.

2. ** 마르셀 프루스트의 소설 『잃어버린 시간을 찾아서』 1부에 한 음악이 등장한다. 소설에서

뱅퇴유의 〈바이올린 소나타〉로 불리는데, 주인공 찰스 스완이 오데트에게 사랑을 고백하고 이 곡을 함께 듣는다. 소설에서는 그 작품이 이렇게 묘사된다. "끝없이 멀고, 완전히 다른 색상으로, 사이를 비집고 비쳐오는 빛을 받은 벨벳과 같이, 작은 소악절이 나타났다. 전원에서 춤을 추는 것 같고, 추가된 삽화와 같았으며, 또한 다른 세계에 속한 것 같았다."

『감각의 논리』 영어판 서문

1. * 다음 책의 미국판 서문이다. *Francis Bacon. Logique de la sensation*, Éd. de la Différence, 1981, Seuil, 2002로 재간행됨 [한국어판: 『감각의 논리』, 민음사, 2008. 영어판: *Francis Bacon*, Continuum, 2003]. 다음의 텍스트 초판은 다소 오류가 있다. Adnen Jdey (dir.), *Gilles Gilles Deleuze, La logique du sensible*, De l'incidence Éditeur, 2013.

2. * Samuel Beckett, *Le Dépeupleur*, Minuit, 1970, p. 7 [영어판: *The Lost Ones*, Grove Press, 1972. 직경 50m, 높이 18m의 밀폐된 '실린더' 속에 갇힌 205개의 몸뚱이가 잃어버린 것을 서로 찾는 내용으로, 대도시의 질서가 천천히 타락하고 파괴되는 양상을 탁월하게 그린 작품이라는 평을 받았다고 한다. 다음 링크 참조: https://news.joins.com/arti].

3. * 이 원고에서 들뢰즈는 두 가지 가능한 삽화, 즉 38번과 70번(번호는 1981년 제1판에 뒤이어 나온 제2판의 복제품에 매겨진 것이다)을 가리킨다. 그것들은 다음과 같다. *Jet of Water*, 1979, 캔버스에 오일, 198×147.5cm(개인 소장), 그리고 *Triptyque*, 1972년 8월, 198×147.5cm(런던 테이트 갤러리 소장).

4. * *Tryptich*, 1972년 8월, 캔버스에 유화, 패널 크기 198×147.5cm(런던 테이트갤러리 소장). 이 것은 이 작품의 70번째 복제화이다.

3부 청년기 저작들

여성에 관한 묘사

1. * *Poésie 45*, n° 28, 10월~11월, 1945, p. 28~39. 주석이 보완되고 정돈되었다. 이것은 들뢰즈가 출간한 최초의 텍스트다. 그는 갓 스무 살이 되었고, 루이르그랑 고등학교의 고등사범학교 입시준비반에서 연구를 진행하고 있었다.

2. * 알랭 클레망은 철학 잡지 *Espace* 의 창시자다. 이 잡지에 「그리스도에서 부르주아로」(Du Christ à la bourgeoisie)라는 기사가 등장한다. 유일하게 알려진 자신의 글 「신비한 내면의 삶(수선화와 성실)」(La vie intérieure mystifiée 〔Narcisse et sincérité〕)에서 알랭 클레망이 탐구한 주제는 여기에서 들뢰즈가 논의한 주제와 유사하다.

3. Jean-Paul Sartre, *L'Être et le néant* 〔1943〕, Gallimard, coll. "Tel", 3ᵉ partie, III, II, p. 423 (재판: 2014년) [영어판: *Being and Nothingness*, Washington Square Press, 1992 (1956), p. 498]: "그의 현존재(Dasein)는 우리가 보기에 무성적인 것처럼 보인다."

4. 나는 이 표현을 미셸 투르니에의 미출간 텍스트에서 차용하고 있다. 〔엮은이: 들뢰즈는 아마 이듬해 *Espace*지(위의 주석 참고)에 "L'impersonnalisme"라는 제목으로 출간될 텍스트를 언급하고 있는 것 같다. 이 주제들 중 일부는 *Vendredi ou les limbes du Pacifique*, Gallimard,

1967 [영어판: *Friday*, Johns Hopkins University Press, 1997]에서 더 발전되었다.]

5. * Paul Valéry, "Préface aux *Lettres Persanes*", *Œuvres I, Variété*, Gallimard, coll. "Bibliothèque de la Pléiade", 1957, p. 509.

6. * Giono, *Le Chant du monde*, Gallimard, 1934, p. 121. [재판: coll. "Folio", VIII, p. 108].

7. ** 영어본의 'A devil to deal with'를 옮겼다. 불어본에는 'Diable au corps'(육체에 악마)로 되어 있다.

8. André Billy, *La Femme* maquillée, Flammarion, 1932, p. 78.

9. Jules Romains, *Les Hommes de bonne volonté*, III, Les Amours enfantines, Flammarion, 1932, p. 60 [영어판: *Men of Good Will*, Hesperides Press, 2006].

그리스도에서 부르주아로

1. * *Espace*, n° 1, 1946, p. 93~106.

2. * 마리-막달렌 대비(1903~1999)는 신비스러운 철학자이자 신학자였다. 들뢰즈는 그녀를 메기세리 부두에 있는 가톨릭 개인주의 작가 마르셀 모레(1887~1969)의 객실에서 만났었던 것 같다. 이곳에서는 주요한 지식인들이 모였다. 그중에는 장 발, 모리스 드 강디약, 자크 라캉, 장 그르니에, 피에르 클로소프스키, 그리고 청년 미셸 뷔토르, 미셸 투르니에, 질 들뢰즈가 있었다. 마리-막달렌 대비에 대한 더 많은 정보는 다음을 참조하라. www.europsy.org/pmmdavy/davymm.html

3. 비시 정부와 드골 정부 사이에 정하기 쉬운 대립이 있을 것이다. 비시 정부는 마치 내적인 삶과 혁명이 양립할 수 있을 것처럼 프랑스인 개개인 스스로 가져야 할 내부 혁명, 양심의 가책(remorse)에 대해 말했다. 회개에서 시작하라고 그들은 말했다. 그리고 일종의 양심의 가책 종파를 세웠다. 반대로 드골 정부는 프랑스가 수장으로서 위대해지는 가능한 외부 세계를 보여주었다. 하지만 이러한 위대함을 달성할 방법은 거의 언급되지 않았다. 사람들은 이것을 언어적 표현으로 볼 수도 있다. 사실, 현 정부가 혁명적이지 않으면, 그것은 그저 객설에 불과할 뿐이고, 더 나쁜 것은 [현 정부가] 혁명 정부가 아니라는 것이다. 혁명의 일부 형식적 특성을 가지고 있음에도 불구하고 [현 정부가] 반동 정부에 불과하다는 것이다. 이건 가능한 일이다(1945년 12월).

4. * Sartre: "Une idée fondamentale de la phénoménologie de Husserl : l'intentionnalité", 1939년 1월 출간됨. 이 글은 *Situation* I, Gallimard, 1947에 재수록되었다. [영어판: "Intentionality : A Fundamental Idea in the Phenomenology of Husserl" in *Critical Essays* (Situations I), Seagull Books, 2010].

5. * 마태복음 10장 34~39절.

6. 부르주아적 질서, 소유, 지식에 관해서는 다음 책의 자본 항목을 참조할 것. M. Groethuysen, "L'Encyclopédie", dans *Le Tableau de la littérature française* — XVIIᵉ~XVIIIᵉ siècles, Gallimard, 1939, p. 343~349.

7. 그는 드레퓌스 사건을 생각하고 있었다.

8. M. de Rougemont, *Journal d'un intellectuel en chômage*, Albin Michel, 1937.

말과 외형

1. * *Poésie* 47, n° 28, 1946년 12월, p. 68~78. 참고문헌과 주석들은 증보하고 정밀하게 손보았다.

2. G. Flaubert, *L'Éducation sentimentale* [한국어판 : 귀스타브 플로베르, 『감정 교육 2』, 지영화 옮김, 민음사, 2019, 132쪽. 영어판 : *Sentimental Education*, Penguin Putnam Inc., 2004, p. 348].

3. 다음을 보라. M. Proust, À la recherche du temps perdu, tome I. *Du côté de chez Swann*, Gallimard, coll. "Bibliothèque de la Pléiade" (dir. J.-Y. Tadié), 1987, p. 325 [한국어판 : 마르셀 프루스트, 『잃어버린 시간을 찾아서 — 스완네 집 쪽으로』, 김창석 옮김, 국일미디어, 2007, 211쪽. 영어판 : *In Search for Lost Time*, vol. 1 *Swann's Way*, Modern Library, 1992, p. 453].

4. * René Allenby, *Journal d'un médecin malade ou six mois de lutte contre la mort*, Denoel, 1944.

5. ** 프랑시스 퐁주(1899~1988) : 프랑스의 수필가이자 시인. 초현실주의의 영향으로 일상 사물을 세밀하게 관찰하는 산문시의 형식을 발전시켰다. https://en.wikipedia.org/wiki/Francis_Ponge

6. * F. Ponge, "Introduction au galet", Proêmes, in *Le Parti pris des choses*, Gallimard, 1948, coll. "Poésie"으로 재출판, p. 174.

7. Proust, *À la recherche du temps perdu*, tome I., p. 356 [한국어판 : 프루스트, 『잃어버린 시간을 찾아서 — 스완네 집 쪽으로』, 256~257쪽. 영어판 : Proust, *In Search far Lost Time*, vol 1., p. 495].

보편학, 과학, 철학

1. * 다음 책의 서문으로 쓰였다. Jean Malfatti di Montereggio, *Études sur la mathèse ou anarchie et hiérarchie de la science*, Éditions Griffon d'or, 1946, p. IX-XXVI. 이 서문은 Éditions du Griffon d'Or 출판사에서 "Sources et Feux" 선집 업무를 담당했던 대비의 요청에 의해 작성되었을 가능성이 높다.

2. * *Éthique*, I, prop. VIII, sc. II, trad. Appuhn [스피노자, 『에티카』, 황태연 옮김, 비홍출판사, 2014, 62쪽].

디드로의 『수녀』 머리말

1. * 다음 글에 부친 서문이다. Denis Diderot, *La Religieuse*, Éditions du Griffon d'Or, coll. "L'Île-Saint-Louis," 1947. 나는 1972년 갈리마르 출판사의 "Folio classique"판의 원래의 페이지 표기를 따랐다. [한국어판 : 드니 디드로, 『수녀』, 이봉지 옮김, 지식을만드는지식, 2013. 영어판 : *Memoirs of a Nun*, George Routledge & Sons, 1928. 들뢰즈의 출전 표기를 전부 후주로 편집했다.].

2. * 1939년에 피에르 쇼데를로 드 라클로가 출판한 *Liaisons dangereuses*의 서문에 대한 언급. (재판 : "Folio classique", 2006.)

3. ** 프리드리히 멜키오르 폰 그림 남작(1723~1807)을 가리킨다. 그는 독일 태생의 프랑스 언론인, 미술 평론가, 외교관이자 백과사전 사전의 기고자다.

4. * 이 부분은 M. Grimm(Gallimard, coll. "Folio", p. 271)의 서문에서 발견된다. [드니 디드로, 『수녀』, 이봉지 옮김, 지식을만드는지식, 2013, 309~310쪽.]

5. p. 30/66 [33쪽].

6. p. 96~97/117~118 [101~104쪽].

7. p. 271/253 [283쪽].

8. p. 120/136 [126쪽].

9. p. 3/46 [5쪽].

10. p. 139~140/151~152 [146~147쪽].

11. ** 구약성서에 나오는 지식을 관장하는 천사.

12. p. 231~232/221~222 [183~184쪽]

13. p. 43/76~77 [46쪽].

14. * 다음을 참조할 것. 메스테르(Meister)에게 보내는 1780년 9월 27일자 편지 (Correspondance, 16 vol. 〔Éd. G. Roth〕, t. XV, Minuit, 1955~1970, p. 191.

15. p. 83/107 [87쪽. "제가 노래를 잘 불러서 그랬는지는 몰라도 어쨌든 사람들은 극장에서처럼 박수를 보냈습니다. 신성한 성전에서, 게다가 인류의 죄를 대속하시기 위하여 하느님의 아들이 십자가에 못 박혀 돌아가신 것을 기념하는 신성한 주일에 손뼉을 친다는 것은 있을 수 없는 일이었습니다."].

16. p. 178/181 [186쪽].

17. p. 193/192 [201쪽].

18. p. 179/181 [186~187쪽].

19. p. 200/197 [209쪽]

20. ** 66쪽.

21. p. 228/219 [238쪽].

22. p. 198/196 [207쪽].

23. ** 210쪽.

24. ** 같은 곳.

25. ** 208쪽.

26. p. 202/199 [211쪽].

27. p. 213/207 [222~223쪽].

28. p. 163/169 [125쪽] 그리고 p. 210/205 [165쪽]. 한편으로는 우르술라 수녀의 죽음을, 다른 한편으로는 수녀원장의 죽음을 참고하라.

29. ** 303쪽.

30. ** 302쪽.